Frank Vermeulen
Der Herr Albert

SERIE PIPER

Zu diesem Buch

Zu ihrem fünfzehnten Geburtstag bekommt Esther ein ganz besonderes Geschenk: ein Foto von Albert Einstein. Damit beginnt ihr »Albertisierungsprozess«, die wachsende Faszination, die das Denken Albert Einsteins auf sie ausübt. Das liegt auch daran, dass auf dem Foto noch jemand zu sehen ist: Nils, der Beobachter. Schritt für Schritt macht er Esther mit den Widersprüchen und Unklarheiten des naturwissenschaftlichen Weltbilds vertraut. Und dann zeigt er ihr, wie Einstein allein mit den Mitteln des logischen Denkens seine revolutionäre Theorie entwickelt, in der die alten Widersprüche aufgehoben sind. Frank Vermeulen hat einen Roman über die Relativitätstheorie geschrieben – eine Herausforderung für alle, denen Denken Spaß macht. Und wer bis zur letzten Seite liest, wird am Ende belohnt: Wie Esther wird er die Ideen von Albert Einstein begriffen haben und in eigene Worte fassen können.

Frank Vermeulen, geboren 1964, ist studierter Informatiker mit Schwerpunkt Künstliche Intelligenz. In seiner Freizeit beschäftigt er sich mit der Relativitätstheorie, Kosmologie und Wahrscheinlichkeitsrechnung.

Frank Vermeulen
Der Herr Albert

Ein Roman über Einsteins Gedankenexperimente

Aus dem Niederländischen von
Rolf Erdorf

Piper München Zürich

Die Übersetzung ins Deutsche wurde von der Flämischen Stiftung für Literatur, dem Vlaams Fonds voor de Letteren, gefördert.

Ungekürzte Taschenbuchausgabe
Piper Verlag GmbH, München
März 2005

Titel der niederländischen Originalausgabe:
»Mijnheer Albert«

Umschlag/Bildredaktion: Büro Hamburg
Isabel Bünermann, Heike Dehning,
Charlotte Wippermann, Katharina Oesten
Umschlagabbildung: Magdalene Krumbeck
Foto Umschlagrückseite: Kristof Ghyselinck
Satz: Dörlemann Satz, Lemförde
Druck und Bindung: Clausen & Bosse, Leck
Printed in Germany ISBN 3-492-24105-0

www.piper.de

Inhalt

Ein Geschenk

»Warum sind Parkplätze nur immer so klein ...« Schimpfend kam Tante Suus ins Wohnzimmer. Eigentlich soll ich sie Suus nennen. Tante klingt so alt, meint sie jedesmal.

»Und hier ist dein Geburtstagsgeschenk. Alles Gute!« Sie gab mir ein Päckchen. Kaum hatte ich mein Dankeschön gemurmelt, legte sie schon wieder los. So ist sie eben.

»Habt ihr noch einen Kaffee? Wirklich, so dumm können nur Politiker sein. Weißt du, was ich vorhin im Radio gehört habe?«

Ich hörte gar nicht mehr hin, mich interessierte nur noch das Päckchen. Gar nicht so einfach, die Schleife aufzukriegen.

»Eine Schere, Kleines«, sagte Opa mit seiner schweren Brummstimme.

Ich mag es, wenn er mich Kleines nennt, auch wenn ich schon fünfzehn bin und alles andere als klein. Ich bin sogar größer als meine Mutter, was ihr schon mehr als einen Seufzer entlockt hat.

»Du musst einfach ein bisschen schneller fahren«, hörte ich Opa zu Suus sagen, »dann wird dein Auto ein bisschen kürzer, und du passt anstandslos hinein.«

»Mach du nur deine Witze mit mir!«

»Das ist kein Witz!« Opa tat entrüstet. »Je schneller du fährst, desto kürzer wird dein Wagen. Und du wirst weniger schnell alt, wenn du schneller fährst«, sagte er mit einem Augenzwinkern. »Und sogar dünner. Dafür aber auch schwerer.« Jetzt blitzten seine Augen.

Suus fand das nicht lustig und stürmte aus dem Zimmer. Schließlich »lebte sie Diät« und achtete sorgfältig auf ihr Gewicht. Ein bisschen leid tat sie mir schon. Aber Opa meinte das nicht böse. Er stichelte einfach gern. Das wusste auch Suus und würde gleich wieder reinkommen.

Jetzt hatte ich die Schleife gelöst. Ich riss das Papier auf und hielt das Geschenk in meinen Händen.

Es war ein Foto von Albert Einstein, in einem wunderschönen alten Rahmen, aber nicht irgendein Foto. Es war das Foto, das ich im Hausflur bei Suus so oft bewundert hatte. Es trug eine Widmung: »For my good friend Jan. From Albert, with love.«

Jan, das war Opa. Er hat früher in Amerika gelebt, in Princeton in der Nähe von New York. Dort hatte auch Einstein lange Zeit gewohnt und gearbeitet, und irgendwie waren die beiden Freunde geworden. Opa hatte Einstein fotografiert, und der hatte einen Gruß auf sein Bild geschrieben. Und dieses Foto hielt ich jetzt in der Hand. Es war erst zwei Generationen in der Familie, doch betrachteten es alle wie einen Familienschatz. Es hatte Opa gehört, er hatte es Suus geschenkt, als sie fünfzehn wurde, und nun sollte es mir gehören. Ich war im siebten Himmel.

Suus kam wieder ins Zimmer.

»Gefällt es dir?«

Ich nickte stumm. Alle wussten, wie sehr ich Einstein bewunderte. Auch wenn ich bislang nicht wirklich verstanden hatte, warum genau ihn alle so großartig finden, so würde der Tag kommen, an dem ich es verstand. Da war ich mir sicher.

»Sieh mal an«, sagte Opa. »Wenn man vom Teufel spricht …« Wir sahen Opa fragend an.

»Nun bist du wohl dran, die Ideen von Herrn Albert zu ergründen.«

Opa und Suus hatten das bislang nicht geschafft. Opa wusste sehr viel, auch über Mathematik und Physik, aber er hatte keine besondere Begabung für Naturwissenschaften. Suus schon, aber sie war als Schülerin einfach zu ungeduldig gewesen. Sie war nicht dumm. Aber das Büffeln war nicht ihr Ding. Sie konnte ihre Nase einfach nicht stundenlang in ein Buch stecken. Da half auch ihre Bewunderung für Einstein nicht.

Und jetzt hielt ich das Foto in der Hand. Es war ein wunderbares Geschenk und gleichzeitig ein Auftrag. Denn nun sollte ich wohl beweisen, dass ich es ernst meinte mit meiner Bewunderung für diesen Mann.

»Danke, Suus.« Mehr brauchte ich nicht zu sagen.

»Also Suus, hättest du dir die Zeit genommen, Einsteins Schriften gründlicher zu lesen, dann hättest du verstanden, worauf ich hinauswollte vorhin.«

»Wieso? Ein Auto wird doch nicht kürzer, nur weil es schneller fährt?«, fragte mein Cousin Jan – er war nach Opa benannt. »Außer, du knallst mit großer Geschwindigkeit irgendwo gegen.«

»Doch«, sagte Opa, »das Auto wird kürzer. Aber der Parkplatz leider auch. Oder vielleicht auch nicht? Das hängt davon ab, wie du es betrachtest. Das ist alles relativ. Aber das Auto, das wird auf alle Fälle kürzer. Wenn du den Mann neben Herrn Albert fragen könntest, der würde dir das bestätigen.«

Ich blickte auf das verschmitzte Gesicht. Einstein war sicher einer der berühmtesten Männer in der Geschichte. Dieser kleine, seltsame Mann mit dem großen Schnauzbart und dem wilden Haarschopf – wer sein Foto sieht, weiß, wer das ist. Opa nannte ihn Herr Albert, aber alle Welt kennt diesen Mann als Albert Einstein, den größten Physiker aller Zeiten. Wenn sein Name fällt, denkt man sofort an die spezielle und die allgemeine Relativitätstheorie. Oder an die wohl berühmteste Formel, die es gibt: $E = mc^2$. Einstein war dahinter gekommen, dass die Gesetze von Zeit und Raum anders waren, als alle Wissenschaftler vor ihm gedacht hatten. Merkwürdige Dinge hatte er sich überlegt: zum Beispiel, dass eine Armbanduhr unten auf dem Erdboden langsamer geht als im obersten Stockwerk eines Wolkenkratzers. Auch in einem Flugzeug geht sie langsamer als eine Uhr hier auf der Erde. Und noch viele andere Dinge, die mir völlig verrückt vorkamen.

Das mit den Uhren zum Beispiel hat er allein aufgrund seiner Theorien vorausgesagt: Gesehen oder gemessen hatte es bis dahin noch niemand. Er hat nicht nur erklärt, warum etwas so ist und nicht anders sein kann. Er hat es auch vorausgesagt. Und das finde ich so beeindruckend. Vor allem, weil seine Voraussagen sich hinterher bestätigt haben.

Von ihm stammt die Behauptung, dass die Zeit für Reisende im Weltall langsamer vergeht als für Erdbewohner. Weltraumfahrer, die durch das All sausen, werden nur fünf Jahre älter, während auf der Erde unterdessen hundert oder noch mehr Jahre vergehen. Das hängt ab von der Geschwindigkeit, mit der sie reisen. Man braucht dieses Wissen, wenn man lange Reisen ins Weltall planen will. Damit hat Einstein den Stoff geliefert für viele Science-Fiction-Geschichten oder -Filme.

Mit Einsteins Theorien konnte man auch voraussagen, dass es im Weltall »schwarze Löcher« geben muss. Das sind Sterne, die extrem klein sind, dafür aber sehr schwer. Ein Materieklumpen aus einem schwarzen Loch, der nicht größer ist als ein Fußball, wiegt Millionen Kilo. Denn die Schwerkraft dort ist so groß, dass alles davon angezogen wird. Nicht einmal das Licht kann dieser Kraft entkommen. Das schwarze Loch hält es einfach fest. Deshalb ist es auch tatsächlich schwarz. Man kann es nicht sehen. Auch das Licht unterliegt der Schwerkraft. Das hat Einstein beschrieben, bevor irgendein Mensch das gemessen oder beobachtet hatte. Auch dass wir heute mit Kernenergie Strom erzeugen können, haben wir Einsteins Überlegungen zu verdanken. Er hat gezeigt, wie man Atomen Energie entziehen kann.

Ach ja, da war auch die Sache mit der Quantenmechanik, einem Zweig der Physik, der nicht weniger überraschend ist als die Relativitätstheorie. Einstein hat als Erster beweisen können, dass Licht aus sehr kleinen Teilchen besteht, aus Photonen. Die Quantenmechanik hat sich in der modernen Physik ebenso schnell durchgesetzt wie die Relativitätstheorie. Einstein hat einen wichtigen Beitrag dazu geliefert und dafür auch den Nobelpreis bekommen. Trotzdem hat er sich später von der Quantenmechanik abgewandt. »Der liebe Gott würfelt nicht«, hat er gesagt. Er wollte nicht akzeptieren, dass der Zufall in der Physik eine so große Rolle spielen sollte. Und in der Quantenmechanik, da spielt er eine große Rolle.

Eigentlich unglaublich, was Herr Albert – merkwürdig: Ich fange auch schon an, Einstein so zu nennen – was er alles überlegt, ausgerechnet und vorhergesagt hat. Einsteins Einfluss auf unser Wissen vom Weltall ist einfach enorm. Deswegen kennt auch alle Welt seinen Namen.

Aber nur die wenigsten wissen, was genau er berechnet und beschrieben hat und wie das alles zusammenhängt. Die meisten sagen: »Das ist viel zu schwierig für mich. Da muss man schon Professor sein, um das zu begreifen. Und selbst Professoren kapieren nicht alles.«

Mir ging das nicht anders. Ich wusste nur, dass Einsteins Theorien irgendetwas mit unseren Vorstellungen von Zeit und Raum zu tun haben und dass sie eine Menge Dinge erklären.

Sicher muss man sich anstrengen, um diese Theorien zu begreifen. Einer meiner Lehrer hat gesagt, dass man ganz spezielle Kenntnisse in Mathematik braucht, wenn man die mathematische Formulierung der allgemeinen Relativitätstheorie verstehen will. Aber auch wenn man nicht besonders gut ist in Mathematik, könne man begreifen, worum es in Einsteins Theorien geht. Und ich möchte das unbedingt begreifen.

Ich löste meinen Blick von Einsteins Foto und fragte Opa: »Welchen Mann soll ich fragen?«

»Ach richtig, du bist ja noch nicht albertisiert.« Opa schaute mich geradezu bedauernd an.

»Albertisiert? Was meinst du damit?«, fragte Jan.

Opa seufzte. »Das ist eine lange Geschichte. Sie handelt von der Suche nach der Wahrheit über das Weltall. Man wollte herausfinden, wie Zeit und Raum funktionieren. Die Suche nach der vierten Dimension. Man könnte auch sagen, nach dem Welträtsel … Wenn man da nicht sofort an billige Science-Fiction-Geschichten denken würde.«

»Hört sich an wie die Suche nach dem Gral. Diese Rittergeschichte, mit Lanzelot und Gawein, mit Merlin, dem Zauberer, und König Arthur.«

»Ungefähr so«, antwortete Opa. »Es kommt darauf an, wie man sucht, mit welcher Einstellung. Das gilt für die Suche nach dem Gral genauso wie für die Suche nach den Gesetzen von Zeit und Raum. Die findet man nur, wenn man dafür offen ist. Du musst davon überzeugt sein, dass du verstehen kannst, was Herr Albert gemeint hat. Und du musst auch bereit sein, seine Behauptungen zu akzeptieren, selbst wenn sie dir zunächst sehr merkwürdig vorkommen.

Wenn du dazu bereit bist, dann kannst du versuchen, die Theorien zu begreifen. Dann bist du nämlich albertisiert. Wer albertisiert ist, ist offen für die Vorstellungen von Herrn Albert und will verstehen, was seine Theorien bedeuten. Ein ›Albertisierter‹ ist überzeugt, dass jeder verstehen kann, was diese Theorien bedeuten. Darum wird er sie auch verstehen.

Genau betrachtet hat eine Albertisierung zwei Phasen. In der ersten musst du dir klar machen, dass du verstehen kannst. Erst dann, in der zweiten Phase, lernst du, die Theorie selbst zu verstehen. Nicht jede Einzelheit natürlich, aber doch, worum es geht.«

»Und wie wird jemand albertisiert?« Offenbar hilft das, Einsteins Theorien zu verstehen. Vielleicht hatte ich die erste Phase ja schon hinter mir. Schließlich hat mein Lehrer gesagt, dass jeder – also auch ich – Einsteins Theorien begreifen könne. Ich habe ihm das geglaubt.

»Also, Kleines«, sagte Opa, »dieses Foto ist der erste große Schritt im Prozess der Albertisierung. Wer die Phase eins der Albertisierung hinter sich hat, sieht, dass auf dem Foto noch jemand neben Herrn Albert steht. Ein Mann, der nachts aus dem Foto steigt und von Herrn Albert und seiner Relativitätstheorie erzählt.«

Opa denkt wohl, ich glaube noch an Märchen!

»Sei nicht albern«, sagte jetzt auch Suus, »Esther ist doch kein Baby mehr.«

Und zu mir sagte sie: »Am besten, du hängst das Foto an einer schönen Stelle auf. Und setzt dich dann einfach auf den Hosenboden. Wenn du richtig lernst, kannst du uns vielleicht in zehn Jahren erklären, was genau dieser Albert mit seiner Relativitätstheorie gemeint hat.«

In zehn Jahren? Das war mir zu lange. Ich wollte es jetzt wissen. Ich müsste den richtigen Lehrer haben. Dann wäre das sicher zu schaffen. Aber wer könnte dieser Lehrer sein?

Das wusste ich an diesem Abend noch nicht. Nur der rätselhafte zweite Mann auf dem Foto, der würde es bestimmt nicht sein.

Nils

Am Abend hing das Foto von Herrn Albert bereits in meinem Zimmer. Opa hatte den Nagel in die Wand geschlagen.

Lange saß ich auf meinem Bett und betrachtete das Foto. Ich stellte mir vor, dass mein Herr Albert plötzlich seine Zunge rausstrecken würde. Das wäre witzig. Irgendwann hatte ich ein Foto gesehen, auf dem er das tat. Opa mochte dieses Bild nicht. Es tue Einsteins Würde Abbruch. Das ist einer der merkwürdigen Ausdrücke, die Opa manchmal benutzt. Manchmal redet er tatsächlich wie jemand von vor hundert Jahren.

Ich sollte schlafen gehen, dachte ich mir. Vielleicht was Schönes träumen. So zog ich mich aus und schlüpfte in meinen Schlafanzug.

Plötzlich hörte ich eine tiefe Männerstimme: »Sie haben vollkommen Recht, mein Fräulein. Es ist zweifelsohne eine flagrante Verhöhnung der Dignität des genialsten Physikers unseres Jahrhunderts. Ich kann dem nur beipflichten.«

Die Stimme kam aus dem Foto. Tatsächlich war da ein zweiter Mann zu sehen, er hatte den Arm um Herrn Alberts Schulter gelegt und schaute stirnrunzelnd, aber nicht unfreundlich zu mir herunter.

»Das gibt's doch nicht«, dachte ich. »Kaum habe ich meinen Schlafanzug an, da fange ich schon an zu träumen.«

Ich musste laut gedacht haben. Denn da war die Stimme wieder, sagte: »Träumen? Das glaubst du. Ich sage dir, du bist hellwach.«

»Nein, ich träume.« So einfach lasse ich mich nicht aus der Fassung bringen, jedenfalls nicht von einer Traumgestalt. »Dich gibt es nicht wirklich. Dich gibt es nur in meinem Traum. Wer bist du überhaupt, Herr Traumfigur? Oder soll ich Sie sagen?«

»Nein, nein. Sag ruhig du. Ich heiße Nils. Manche nennen mich Nils der Beobachter. Und woher weißt du so genau, dass du träumst?«

»Nils der Beobachter? Ein merkwürdiger Name.«

»Ach, nenn mich einfach Nils. Ich bin ein Beobachter; ich beobachte Dinge.«

»Ich bin Esther. Esther das Schulmädchen. Ich gehe wirklich zur Schule. Und ich bin mir sicher, dass ich träume.«

»Esther. Ein schöner Name. Aber weshalb bist du dir so sicher, dass du träumst?«

»Ich weiß es einfach. Schön, dass dir mein Name gefällt. Ich mag ihn auch. Nils ist aber auch nicht schlecht.«

»Danke schön. Was das Träumen angeht: Dazu kenne ich eine alte chinesische Geschichte. Da hat ein Philosoph geträumt, er sei ein Schmetterling. Und als er aufwachte, wusste er nicht mehr, ist er nun ein chinesischer Philosoph, der geträumt hat, er sei ein Schmetterling, oder ist er ein Schmetterling, der gerade träumt, er sei ein chinesischer Philosoph? Ganz schön verquer, nicht wahr? Aber es ist tatsächlich schwer, zu wissen, ob du träumst oder nicht. Und das gilt nicht nur für Träume. Es ist überhaupt sehr schwer, etwas sicher zu wissen.«

»Weiß ich doch. Aber ich fürchte, du bist im falschen Buch gelandet.«

Nils sah mich verwundert an. »Wie meinst du das?«

»Ich meine das Buch über dieses Mädchen, das alles über Philosophie wissen wollte. Was du gesagt hast, gehört viel eher dahin als in meinen Traum. Ich habe nämlich keine Lust, von Philosophie zu träumen. Ich dachte, ich würde von Herrn Albert träumen und von all dem, was er getan hat.«

»Das Mädchen hat so wenig geträumt wie du jetzt. Du wolltest doch albertisiert werden, oder? Das hast du geschafft. Herzlichen Glückwunsch! Der Beweis ist, dass du mich sehen kannst.«

»Nur schade, dass ich träume.«

»Könnten wir das mit dem Träumen nicht vorläufig auf sich beruhen lassen? Ist im Grunde doch egal. Nimm an, du träumst tatsächlich und würdest dabei aber etwas über Herrn Albert erfahren. Das wolltest du doch, oder?«

»Du hast Recht. Wenn ich mich morgen früh noch an alles erinnern kann, dann kann es mir wirklich egal sein, ob ich jetzt träume oder nicht.«

»Also gut. Ich verspreche dir, dass du dich morgen an alles erinnern wirst.«

»Dann lass uns anfangen. Stimmt es, dass ein Auto kürzer wird, wenn es schnell fährt? Wird Suus dünner und zugleich schwerer, wenn sie in einem schnellen Wagen sitzt? Wird sie dann auch weniger schnell alt?«

»Mal langsam! Willst du nur wissen, ob das so ist, oder möchtest du auch wissen, weshalb das so ist?«

Ich wollte das tatsächlich verstehen. Dann, so sagte er, müssten wir uns viel Zeit nehmen.

Das brachte mich darauf, dass die Zeit auch beim Träumen schneller vergeht. Man denkt, man träumt stundenlange Geschichten, und in Wirklichkeit sind nur Sekunden vergangen. Wissenschaftler hätten das festgestellt, indem sie Hirnströme gemessen haben, erklärte ich ihm: »Da hast du's: Zeit ist einfach relativ.«

»Merkwürdig, dass du das gerade jetzt sagst!«

»Wieso merkwürdig?«

»Das ist doch der zentrale Gedanke der speziellen Relativitätstheorie: Zeit ist relativ.«

Ich habe mal einen Comic gesehen, da hat eine Comicfigur mit wildem Haarschopf und Schnauzbart an einem Beispiel demonstriert, was die Relativitätstheorie ist. Wenn ein Junge ein paar Minuten neben einem schönen Mädchen sitzt, so glaubt der, das habe nur ein paar Sekunden gedauert. Aber ein anderer, der Sekunden auf einem heißen Ofen sitzt, meint, er habe Stunden darauf gesessen.

Als ich das gesehen hatte, kam es mir sehr simpel vor. Überzeugt hat es mich nicht. »Ich kann mir nicht vorstellen«, sagte ich zu Nils, »dass man wegen solcher Gedanken berühmt werden kann.«

Nils fing mit seiner Erklärung auch ganz anders an. Nämlich beim Beginn der modernen Naturwissenschaften. Ob ich wisse, wer den Startschuss dafür gegeben habe?

»In der Schule haben wir von Newton gesprochen. Unser Lehrer war ziemlich begeistert von ihm. Meinst du ihn?«

»Isaac Newton hatte einen bedeutenden Vorläufer: Galileo Galilei.«

»Ach, der mit der Frage, ob sich die Erde um die Sonne dreht oder umgekehrt!«

Auch davon hatte ich schon in der Schule gehört. Im Mittelalter dachte man, die Erde sei der Mittelpunkt des Weltalls und alles drehe sich um die Erde, auch die Sonne. Doch Galilei hatte bestimmte Beobachtungen gemacht, die damit nicht zusammenpassten. Plausibler schien es ihm, dass die Sonne im Mittelpunkt steht und die Erde sich um die Sonne dreht. Aber solche Ansichten haben der Kirche nicht gefallen. Gott, so sagten die Kirchenlehrer, habe den Menschen in die Mitte des Weltalls gesetzt. »Und weil er Angst vor der Kirche hatte, hat Galilei widerrufen.«

»Eppur si muove.«

»Wie bitte?«

»Das ist Italienisch und bedeutet: Und sie bewegt sich doch. Was du sagst, stimmt im Großen und Ganzen. Etwa hundert Jahre vor Galilei, am Anfang des 16. Jahrhunderts, hatte der Pole Kopernikus entdeckt, dass die Erde nicht der Mittelpunkt der Welt ist. Das war eine ungeheure Entdeckung und widersprach jeder alltäglichen Erfahrung. Schließlich geht die Sonne auf, wandert den Himmel entlang und geht wieder unter. Daraus schloss man, dass sich die Sonne um die Erde dreht. Immerhin stand es so auch in der Bibel. Gott, so heißt es in der Geschichte über den Fall der Stadt Gibeon, ließ die Sonne über Gibeon stillstehen. Das konnte er nur befehlen, weil die Sonne sich bewegt.«

»Und die Sterne?«

»Man dachte, die stehen ebenfalls still. Man stellte sich vor, die Sterne seien Lichter und an einer Art Käseglocke befestigt, die das Weltall umgibt. Das war die Sphäre der Fixsterne. Zwischen der Erde und den Sternen hatte man den Mond, Merkur, Venus, die Sonne, Mars, Jupiter und Saturn: alle an einer eigenen Sphäre befestigt.«

»Hatte man das auch aus der Bibel?«

»Nein. Claudius Ptolemäus aus der antiken Stadt Alexandria hat diese Theorie aufgestellt, im 2. Jahrhundert nach Christus. Dazu hat er Gedanken des Philosophen Aristoteles weitergedacht. Später haben fast alle seine Theorie übernommen, auch die Kirchenlehrer.«

»Bis Kopernikus entdeckt hat, dass das nicht stimmt.«

»Genau. Er hat entdeckt, dass sich die Erde um die Sonne dreht. Auch er befürchtete, deswegen Probleme mit der Kirche zu bekommen. Aus Angst vor seinen Gegnern ließ er seine Theorie erst nach seinem Tod im Jahr 1543 veröffentlichen. Galilei erkannte, dass Kopernikus Recht hatte – und bekam sofort Schwierigkeiten mit der Kirche. Er musste im Jahr 1633 feierlich abschwören und erklären, er habe sich getäuscht. Doch er soll nach dieser offiziellen Leugnung jenes *Eppur si muove* gemurmelt haben: Und sie bewegt sich doch …«

»Und was hat das alles mit Herrn Albert zu tun?«

»Eine ganze Menge. Auch Galilei hat nämlich ein Relativitätsprinzip entdeckt, wenn auch nur ein begrenztes. Das erkannte man natürlich erst, nachdem Einstein seine Theorie veröffentlicht hatte.«

»Galilei hat die Relativitätstheorie entdeckt, allerdings in eingeschränkter Form?«

»Ja. Einstein hat eine Korrektur an Galileis Theorie vorgenommen. Uns erscheint Galileis Entdeckung gar nicht so aufregend. Aber vor vierhundert Jahren war das wirklich etwas ganz Neues. Was beide verbindet, ist ihre Arbeitsweise. Sie haben nämlich beide mit Gedanken experimentiert. Und an dieser Stelle erscheine ich auf der Bildfläche. Nils der Beobachter. Wer Gedankenexperimente durchführt, braucht einen Beobachter. Und ich bin ein Beobachter.«

»Gedankenexperimente? Beobachter? Was meinst du damit?«

»Ein Beobachter ist jemand, der beobachtet.«

»Was du nicht sagst!«

»Lass mich ausreden. Ein Beobachter will wissen, ob etwas passiert und auch wie, wo und wann es passiert. Denk an ein Experiment im Labor. Das veranstaltet man, um herauszufinden, was passiert, wenn man in einer bestimmten Situation dies oder das tut. Dazu muss man genau hinschauen. Aber auch wenn man die Bewegung der Sterne aufmerksam verfolgt, ist man ein Beobachter. Oder eben wenn man ein Gedankenexperiment verfolgt. Solche Experimente werden nicht wirklich durchgeführt, sie finden nur in Gedanken statt. Aber die Frage ist die gleiche wie bei richtigen Experimenten: Was würde passieren, wenn …? Man tut nicht wirklich etwas, man denkt darüber nach, was geschehen würde, wenn man das Experiment tatsächlich durchführen würde. Und weil der, der denkt, einen braucht, der den Gedanken zuschaut, hat man uns erfunden: die Beobachter. Wir existieren nicht wirklich. Wir existieren nur in den Gedanken der Leute, die Gedankenexperimente durchführen. Davon abgesehen sind wir eigentlich ganz normal. Wir haben einen Namen, ein bestimmtes Alter, und wir müssen, um richtig beobachten zu können, wie alle Menschen essen, trinken und schlafen. Allerdings tun wir auch das nur in den Gedanken derjenigen, die mit Gedanken experimentieren. Doch wenn die nicht ab und zu daran denken, dass sie uns essen und trinken und schlafen lassen müssen, dann kann das auch mal zu Katastrophen führen.«

»Aber wenn du nur im Denken existierst, wieso kann ich dich dann auf diesem Foto sehen?«

»Das habe ich Herrn Albert zu verdanken. Denn der hatte sehr viel Respekt vor uns Beobachtern. Er wusste, dass er seine Gedankenexperimente niemals ohne uns hätte durchführen können. Und ohne seine Gedankenexperimente hätte er seine Theorie nicht entwickeln können und wäre auch nie berühmt geworden. Deshalb hat er dafür gesorgt, dass auch Beobachter ins Bild kamen, wenn er fotografiert wurde. In seinen Gedanken stand manchmal ein Beobachter an seiner Seite. Und wenn jemand so ein Foto auf die richtige Art anschaut, dann wird er oder sie auch die Beobachter sehen, die in Gedanken mit dabei waren.«

»Und was ist die richtige Art?«

»Man muss das so machen wie du. Man muss Herrn Albert bewundern, muss begeistert sein, muss wirklich verstehen wollen, was die Relativitätstheorie ist, was sie bedeutet und warum sie so und nicht anders formuliert wurde. Würdest du dir andere Fotos von Herrn Albert anschauen, könntest du vielleicht auch andere Beobachter darauf sehen. Albert Einstein wollte nicht, dass wir in Vergessenheit geraten. Jedenfalls so lange nicht, wie er nicht selbst in Vergessenheit geraten würde. Albert Einstein wusste, dass auch die Relativitätstheorie nicht alles erklären kann. Also würde man sie vielleicht durch eine Theorie ersetzen müssen, die die Welt umfassender erklären kann. Dann könnte der Erfinder der Relativitätstheorie möglicherweise in Vergessenheit geraten. Und wir Beobachter natürlich auch.«

»Muss traurig sein, wenn man vergessen wird!«

»Das ist das Schicksal der Beobachter. Und nicht nur unser

Schicksal. Eine ganze Menge Menschen sind inzwischen in Vergessenheit geraten.«

Da hatte Nils Recht. »Aber hat Herr Albert wirklich gedacht, dass seine Relativitätstheorie irgendwann von einer anderen Theorie ersetzt werden und dass man ihn dann vergessen würde?«

»Nicht wirklich. Aber Korrekturen an seiner Theorie konnte er nicht ausschließen. Ganz und gar falsch jedoch, das wusste er, würde seine Theorie niemals sein. Galilei hat viel von seinen Vorgängern gelernt, unter anderem von Kopernikus. Newton wiederum hat viel gelernt von Galilei und Kepler und noch von vielen anderen. Und auch Einstein hat viel von den Physikern vor seiner Zeit gelernt. Mit seinen Gedanken hat er konkretisiert, was Galilei und Newton gedacht und theoretisch entwickelt haben. Für die weitaus meisten Fälle gilt die Theorie Newtons nach wie vor. Sie ist einfacher als die Theorie Einsteins, und sie genügt, um vieles, was man in der Physik beobachten kann, zu beschreiben. Darum wird sie auch immer noch benutzt.«

»Newtons Theorie: Damit meinst du die Theorie von der Schwerkraft, von der Anziehungskraft der Sonne, der Planeten und des Mondes und so weiter?«

»Genau das. Nur in sehr speziellen Fällen muss man Einsteins Theorie benutzen. Berechnet man die Planetenbahnen nach Newtons Theorie, dann kommt man in der Regel zum gleichen Ergebnis wie mit der allgemeinen Relativitätstheorie. Das gilt nur dann nicht, wenn große Anziehungskräfte ins Spiel kommen. Das passiert in unserem Sonnensystem nur beim Planeten Merkur. Denn dieser Planet steht der Sonne sehr nahe. Deshalb ist die Anziehungskraft der Sonne, die auf den Merkur wirkt, so enorm groß, und die Berechnungen nach Newtons Theorie werden so ungenau, dass man diese Abweichungen messen kann.«

»Ich kapier das nicht. Wie hängen die Theorien von Newton und Einstein wirklich zusammen? Wie können zwei Theorien fast immer dieselben Ergebnisse liefern und trotzdem völlig unterschiedlich sein?«

»Entschuldige. Das ging jetzt zu schnell. Ich wollte dir eigentlich nur erklären, dass mit der von Einstein entwickelten Theorie nicht automatisch alles falsch wurde, was man vorher theoretisch gedacht hat.«

»Aber sagt man nicht, Einstein habe eine völlig neue Theorie entwickelt, die zeigt, dass die Welt ganz anders funktioniert, als man bis dahin gedacht hat?«

»Die meisten Leute glauben das. Aber das ist eines der vielen Missverständnisse, die sich um Einsteins Theorie ranken. Die spezielle Relativitätstheorie ist keine völlig neue Theorie. Einstein selbst hat gezeigt, dass die theoretische Basis von Galilei völlig korrekt ist. Er hat einige von Galileis Prinzipien einfach weitergedacht. Und ist auf diesem Weg zu Konsequenzen gekommen, die unseren alltäglichen Erfahrungen so wenig zu entsprechen scheinen wie Galileis Behauptung, die Sonne stehe still und die Erde bewege sich.«

Das erschreckte mich. Wie kann man dann wissen, dass Einstein Recht hat? Wenn es nicht nach dem Augenschein geht, kann man alles Mögliche behaupten. Warum sollte es dann nicht auch das Ungeheuer vom Loch Ness geben?

Nils konnte mich beruhigen. Zum einen habe Einstein ja nichts völlig Neues entwickelt, sondern nur weitergedacht, was Physiker wie Galilei oder Newton bereits entwickelt hatten. So konnte er Phänomene erklären, die man zwar schon beobachtet, für die man bis dahin aber keine Erklärung gefunden hatte. Noch wichtiger aber sei die Sache mit den Gedankenexperimenten und ihrer Überprüfung. »Einstein hat ja nicht einfach Behauptungen in den Raum gestellt. Er hat aufgrund seiner theoretischen Überlegungen Voraussagen getroffen. Das waren andere als die, die aus Newtons Theorie folgen. Aber er hat Voraussagen formuliert, und diese konnte man überprüfen.«

Mit beiden, mit der speziellen und mit der allgemeinen Relativitätstheorie, kann man eine Reihe von Phänomenen erklären, die man bis dahin nicht erklären konnte. Zudem hat Einstein Experimente beschrieben, mit denen man testen kann, ob seine Theorie richtig ist oder nicht. »Und diese Experimente«, so erklärte mir Nils, »wurden inzwischen mehrfach durchgeführt. Und man konnte Einsteins Voraussagen jedes Mal bestätigen. Und das ist charakteristisch für eine große Theorie.«

Ich fand das äußerst spannend. So blieb Nils bei der Frage, was eine gute Theorie auszeichnet. »Es gibt Leute – man nennt sie Wissenschaftstheoretiker –, die denken darüber nach, wie exakte Naturwissenschaften funktionieren. Unter welchen Bedingungen können sie die Welt erklären? Einer der bekanntesten Wissenschaftstheoretiker war Karl Popper. Ihm zufolge ist eine Theorie nur brauchbar, wenn sie auch angibt, unter welchen Bedingungen man überprüfen kann, ob ihre Behauptungen und Voraussagen zutreffen. Nehmen wir an, jemand behauptet, in einem bestimmten Haus gebe es ein Gespenst. Wenn der nun erklärt, das Gespenst sei mit unseren Sinnen prinzipiell nicht wahrzunehmen, hat man keine Möglichkeit, seine Behauptung durch Beobachtung zu überprüfen. Man weiß nicht, ob seine theoretische Behauptung wahr oder falsch ist. Würde er jedoch sagen: ›Jeden Dienstagabend um halb elf lässt das Gespenst die Türglocke läuten‹, dann könnte man diese Behauptung überprüfen. Man müsste nur an einem Dienstagabend um halb elf zu dem genannten Haus gehen und horchen, ob die Türglocke läutet. Hört man sie, dann kann die Behauptung richtig sein. Es kann sein, dass ein Gespenst die Glocke läuten lässt.«

»Das könnte aber auch irgendein Witzbold getan haben.«

»Richtig. Anders ist es jedoch, wenn wir keine Glocke hören. Dann wissen wir sicher, dass die Theorie nicht richtig ist. Eine brauchbare Theorie gibt also die Bedingungen an, unter denen sie zu widerlegen oder zu ›falsifizieren‹ ist, wie Popper das genannt hat.«

Ich dachte kurz nach und sagte dann: »In Einsteins Fall hat die Glocke geläutet, wie er es vorausgesagt hat. Darum ist er berühmt geworden.«

»Er hat in der Tat eine phantastische Arbeit geliefert. Das erinnert mich immer an eine Zeile aus einem lateinischen Gedicht: *Exegi monumentum aere perennius.* Sie stammt von dem römischen Schriftsteller Ovid. Der Satz bedeutet so viel wie: Ich habe ein Denkmal gebaut, das haltbarer ist als Bronze. Ovid hat damit seine eigene Dichtkunst gemeint. Er war überzeugt davon, dass diese die Zeit überdauern würde. Menschen würden seine Gedichte auch dann noch lesen, wenn er schon längst tot sei. Er hat Recht behalten. So ein Denkmal hat auch Herr Albert gebaut. Denn er hat uns den Schlüssel zum Verständnis von Zeit und Raum gegeben.«

Die Konstante c

Es ist merkwürdig: Den Namen Einstein hat fast jeder schon mal gehört. Man erkennt sein Foto. Aber keiner weiß eigentlich genau, warum dieser Mann so berühmt ist. Manche können sogar die berühmteste Formel der Physik hersagen: $E = mc^2$. Aber was bedeutet das? Auch ich hatte die Formel schon gehört, konnte mir aber nichts darunter vorstellen. Und als mir Nils in jener Nacht sagte, ich könne die Erste sein in meiner Klasse, die das begreift, blieb ich skeptisch. Schließlich war ich erst fünfzehn, und Mathe und Physik waren nicht gerade meine stärksten Fächer.

Doch Nils ließ nicht locker: »Wenn du es dir zutraust, dann kannst du diese Formel auch verstehen.«

Das hatte ja auch mein Lehrer schon gesagt. Aber so richtig glauben wollte ich das immer noch nicht. »Wenn du meinst …«, sagte ich zögernd.

»Ich bin ganz sicher. Lass uns ruhig mit dieser berühmten Formel anfangen: $E = mc^2$. Wie Einstein diese Formel entdeckt hat, ist wirklich schwer zu verstehen. Aber wenn du wirklich wissen willst, was sie bedeutet, dann kann ich dir das erklären.«

Natürlich wollte ich das wissen.

»Fangen wir an mit dem *c*. Der Buchstabe steht für die wichtigste Größe der speziellen Relativitätstheorie, sie ist zugleich eine der wichtigsten Größen in der Physik überhaupt. Man nennt solche Größen ›Konstanten‹, weil sie immer und überall gleich sind. Die Größe *c* hat mit einer außergewöhnlichen Eigenschaft des Lichts zu tun. Man sagt, Einstein habe sich schon als 16-jähriger gefragt, was ein Mensch sehen würde, wenn er genauso schnell wie ein Lichtstrahl an diesem entlanglaufen würde. Zu Einsteins Zeit dachte man, dieser Mensch würde einen stillstehenden Lichtstrahl sehen. Das sei, dachte man, nicht anders, als wenn zwei Züge mit gleicher Geschwindigkeit nebeneinanderher fahren. Wenn diese Züge wirklich exakt gleich schnell fahren, wird ein Reisender im ersten Zug, der den zweiten beobachtet, glauben, dieser zweite Zug stehe still. Er darf dabei nichts anderes sehen als diesen anderen Zug, zum Beispiel weil es Nacht ist und alles andere im Dunkeln liegt.«

Ich hörte atemlos zu.

»In einem Gedankenexperiment hat Einstein diese Vorstellung auf einen Lichtstrahl übertragen. Er hat sich vorgestellt, ein Beobachter würde mit Lichtgeschwindigkeit an einem anderen Lichtstrahl entlangfahren. Dieser Beobachter würde einen Lichtstrahl sehen, der stillsteht. Aber könnte man einen stillstehenden Lichtstrahl überhaupt sehen? Wie sollte das Licht in mein Auge gelangen? Das scheint unmöglich. Jedenfalls stimmt kein bislang beobachtetes physikalisches Phänomen damit überein. Wenn das aber noch niemand beobachtet hat, dann könnte es sein, dass es dieses Phänomen nicht gibt. Und genau davon war Einstein überzeugt: Einen stillstehenden Lichtstrahl kann es nicht geben. Später hat er seine Theorien aus diesem Gedanken abgeleitet.«

»Kann man denn mit Lichtgeschwindigkeit an einem Lichtstrahl entlangfahren? Das hieße ja, dass sich ein Lichtstrahl nicht anders bewegt als andere Dinge. In der Schule haben wir gelernt, dass man einen Gegenstand nur deshalb sehen kann, weil Licht darauf fällt. Dieses Licht wird vom Gegenstand zurückgeworfen, und es trifft auf die Netzhaut in unserem Auge. Von dort gehen Signale an unser Gehirn, und das erkennt, was wir sehen: ein Auto, eine Katze, die Sonne, den Mond, die Sterne …«

»Du hast gut aufgepasst. Aber etwas hat man dir in der Schule vielleicht nicht erzählt: Das Licht braucht Zeit, um die Entfernung zwischen dem Gegenstand und deinem Auge zurückzulegen.«

»Die kleine Zeitspanne? Ist sie nicht so gering, dass wir sie vernachlässigen können?«

»Können wir. Aber nur dann, wenn der Gegenstand in deiner Nähe ist. Ist er jedoch weiter weg, dann kann es schon etwas länger dauern, bis der Lichtstrahl ins Auge gelangt. Licht, das vom Mond reflektiert wird, braucht ungefähr eine Sekunde bis zur Erde. Ein Lichtstrahl, der auf den Mond fällt und reflektiert wird, gelangt erst eine Sekunde später in dein Auge. Das bedeutet, wenn du den Mond ›jetzt‹ siehst, dann siehst du ihn so, wie er tatsächlich vor einer Sekunde war.«

»Wie geht denn das? Man kann den Mond doch nicht sehen, wie er war? Dann würde man ja in die Vergangenheit schauen?«

»Pass auf, dass deine Schale nicht voll ist.«

»Meine Schale? Du meinst wohl meinen Schädel?«

Nils musste lachen. »Nein, ich meine tatsächlich eine Schale. Eine Schale, aus der man Tee trinkt.«

Ich verstand kein Wort.

»Ich musste an eine Geschichte denken, die man sich in Japan erzählt. Ein Wissbegieriger wollte unbedingt alles über den Buddhismus erfahren. Er reiste zu einem Lehrer und stellte seine Fragen. Der Lehrer sagte nichts, goss seinem Besucher aber Tee in eine Schale. Und hörte auch nicht auf zu gießen, als die Schale voll war. Aufgeregt sagte der Besucher, die Schale sei doch voll. Ja, sagte der Lehrer, sie ist so voll wie dein Kopf.

Und weil sein Kopf so voll sei mit eigenen Vorstellungen und Überzeugungen, könne er auch den Buddhismus nicht verstehen. Er könne mit einem so vollen Kopf überhaupt nichts Neues lernen.

Siehst du, darauf wollte ich hinaus. Auch deine Schale ist zu voll. Du bist überzeugt, dass du nicht in die Vergangenheit schauen kannst. Ich sage dir, dass du es kannst.«

»Ich bin durchaus bereit, meine Schale leer zu machen. Aber dann musst du mir erklären, weshalb ich in die Vergangenheit schauen kann.«

»Wunderbar. Das ist die richtige Einstellung. Also: Ich behaupte, du siehst den Mond stets nur so, wie er vor einer Sekunde war. Mein Beweis: Die Entfernung zwischen Mond und Erde beträgt ungefähr dreihunderttausend Kilometer. Diese Entfernung legt das Licht in ungefähr einer Sekunde zurück. Also hat das Licht ungefähr eine Sekunde gebraucht, um vom Mond aus dein Auge zu erreichen. Daraus folgt: Du siehst den Mond so, wie er vor einer Sekunde war. Du schaust also in die Vergangenheit.«

»Das ist wie mit einer Zeitmaschine? Ich fahre in die Vergangenheit?«

»Nicht ganz. Du fährst nicht wirklich *in* die Vergangenheit. Du siehst sie lediglich. Und wenn du in den Mond schaust, dann siehst du nicht sehr weit in die Vergangenheit. Bei der Sonne ist der Effekt schon viel größer. Bis zur Sonne sind es von der Erde ungefähr 150 Millionen Kilometer. So braucht das Licht der Sonne über acht

Minuten, um die Erde zu erreichen. Du siehst die Sonne also immer so, wie sie vor acht Minuten gewesen ist.«

»Wenn die Sonne jetzt explodieren würde, dann wüssten wir es erst nach acht Minuten?«

»Genau. Und bei den Sternen, die noch weiter entfernt sind als die Sonne, dauert es noch länger. Der Stern, der nach der Sonne der Erde am nächsten ist, ist Alpha Centauri. Von dort braucht das Licht über vier Jahre bis zur Erde.«

»Also sehen wir auf der Erde den Stern so, wie er vor vier Jahren war? Würde er heute explodieren, dann wüssten wir das erst in vier Jahren? Wie weit ist dieser Stern denn entfernt?«

»In Kilometern ausgedrückt, wäre die Zahl so hoch, dass wir uns nichts darunter vorstellen könnten. Darum haben die Astronomen sich geeinigt, große Entfernungen in Lichtjahren zu messen. Ein Lichtjahr ist die Entfernung, die das Licht in einem Jahr zurücklegt. Weil das Licht vier Jahre braucht, um von Alpha Centauri zur Erde zu reisen, sagt man, dieser Stern ist vier Lichtjahre von der Erde entfernt. Alle anderen Sterne sind noch weiter weg von der Erde. Manche bewegen sich Millionen von Lichtjahren von der Erde entfernt.«

»Das heißt, wir sehen diese Sterne, wie sie vor Millionen von Jahren waren? Damals hat es doch noch gar keine Menschen auf der Erde gegeben!«

»Das stimmt, Menschen existieren erst seit ungefähr fünfzigtausend Jahren. Das heißt, wir sehen diese Sterne so, wie sie in der Zeit waren, als hier noch die Dinosaurier rumgelaufen sind.«

»Hat Einstein entdeckt, dass das Licht eine bestimmte Geschwindigkeit hat?«

»Nein, die Geschwindigkeit des Lichts hat Olaf Römer schon im Jahr 1676 gemessen.«

»Wie hat er das gemacht? Doch nicht mit Maßband und Standuhr?«

Nils lachte. »Natürlich nicht. Er war ein sehr erfinderischer Experimentator. Er hat die Verzögerung gemessen, mit der wir die Verdunklung eines Jupitermondes hier auf der Erde wahrnehmen. Die tritt auf, wenn der Schatten des Planeten Jupiter auf diesen Mond fällt. Weil wir eine solche Verdunklung mit Verzögerung sehen, ist es möglich, diese Verzögerung zu messen, indem man verschiedene Messungen kombiniert. Nach Römer kam man auf einen Wert von 227 000 Kilometern pro Sekunde. Das ist sehr nahe an dem Wert, den man heute annimmt: 299 792,458 Kilometer pro Sekunde. Spätere Wissenschaftler haben sich andere Methoden ausgedacht, um die Lichtgeschwindigkeit direkt auf der Erde zu messen: Armand Hippolyte Fizeau im Jahr 1849 und Jean Bernard Foucault im Jahr 1850. Sie erhielten ungefähr den gleichen Wert, der schon nach Römer gemessen worden war.«

Ich kam mir vor wie in einer Geschichtsstunde.

»Olaf Römer war allerdings nicht der Erste, der solche Versuche unternommen hat. Auch Galilei wollte die Lichtgeschwindigkeit messen. Er ließ zwei Leute auf zwei Bergen Lichtsignale aussenden und versuchte zu messen, wie viel Zeit vergeht zwischen dem Augenblick, in dem das Lichtsignal gegeben wurde, und dem, in dem die andere Person es sah. Aber da er nicht die richtige Apparatur hatte, konnte er das nicht genau messen. Er hatte nicht einmal eine zuverlässige Uhr, und deshalb benutzte er seinen Pulsschlag, um die Zeit zu messen. Aber selbst mit einer ganz präzisen Armbanduhr wäre es ihm nie geglückt, denn die Zeitspanne ist viel zu kurz. Nimm den Erdumfang, das sind ungefähr vierzigtausend Kilometer. Wenn das Licht in einer Sekunde dreihunderttausend Kilometer zurücklegt, dann könnte es theoretisch die Erde in einer Sekunde siebeneinhalbmal umrunden. Die Entfernung zwischen zwei Bergen ist viel kürzer als der Erdumfang. Deshalb ist die Zeitspanne, die das Licht braucht, um die Entfernung zwischen zwei Bergen zurückzulegen, ebenfalls viel kürzer als eine Sekunde. Und eine solche Zeitspanne kann man natürlich nicht mit dem eigenen Pulsschlag messen, auch nicht mit einer noch so guten Armbanduhr.«

»Dieser Galilei war anscheinend nicht besonders pfiffig?«

»Galilei war absolut nicht dumm, aber er hatte die Instrumente nicht, über die wir heute verfügen. Er konnte in seiner Zeit unmöglich messen, wie groß die Lichtgeschwindigkeit ist. Aber lass uns zu unserer Konstante c zurückkommen. Mit dem Symbol c wird nämlich die Lichtgeschwindigkeit dargestellt.«

»Damit haben wir also das c aus der Formel $E = mc^2$?«

»Genau. Weißt du, weshalb man das *c* gewählt hat?«

»Keine Ahnung.«

»Das *c* kommt vom lateinischen Wort für schnell: von *citius*. So wie im Motto der Olympischen Spiele: *Citius, altius, fortius*: schneller, höher, stärker. Und da die Lichtgeschwindigkeit die für die Physik wichtigste Geschwindigkeit ist, hat man sich für eine Abkürzung entschieden, und damit für *c*.«

»Ich hätte nie gedacht, dass ich so viel von einem Foto lernen könnte. Und das auch noch im Traum.«

»Im Traum? Glaubst du wirklich, man kann so was träumen? Du kannst in einem Traum doch keine Dinge erleben und erfahren, die du selbst nicht weißt, oder?«

»Und wieso nicht? Es wäre doch möglich, dass jemand mir das früher mal erzählt hat und dass ich es damals nicht verstanden habe. Aber mein Unbewusstes hat darüber nachgedacht, und inzwischen begreife ich es. Manchmal hat man die Lösung für eine Frage noch nicht gefunden, wenn man abends schlafen geht. Aber wenn man morgens aufsteht, hat man sie im Kopf. Manchmal wird man sogar wach, weil man die Lösung im Schlaf gefunden hat. Vielleicht gibt es auch noch einen anderen Grund. Der große griechische Philosoph Sokrates hat behauptet, dass die Menschen immer schon alles wissen, nur wüssten sie nicht, dass sie es wissen. Deshalb hat er den Leuten andauernd schwierige Fragen gestellt. Wenn sie gründlich darüber nachdachten, konnten sie die richtige Antwort finden. Sokrates hat von sich selbst gesagt, er tue als Philosoph das Gleiche wie eine Hebamme: Er bringe das Wissen ans Licht, das in den Menschen steckt. Er zeigte ihnen, dass sie darüber verfügen können. Und so half er dem Wissen, auf die Welt zu kommen.«

»Sokrates meinte allerdings weniger das naturwissenschaftliche Wissen. Er meinte das Wissen über das, was gut und was nicht gut ist. Aber im Grunde hast du Recht. Du bist wirklich clever. Selbst wenn du jetzt nicht zugeben magst, dass du nicht träumst – du wirst schon noch drauf kommen.«

»Vielleicht. Das werden wir ja sehen. Aber ich weiß doch, wie das ist mit den Träumen. Man träumt was Schönes, dann passiert irgendetwas, und man wacht auf. Vielleicht falle ich vom Baum oder so und werde wach – kurz bevor du mir erklärt hast, was die Relativitätstheorie ist. Dann werde ich das nie erfahren.«

»Ich glaube nicht, dass du von einem Baum fallen wirst. Übrigens, ich kann dir heute Nacht bestimmt nicht alles erzählen. Die Nacht ist viel zu kurz.«

»Siehst du! Schon machst du einen Rückzieher.«

»Überhaupt nicht, du kleines Schaf. Das wirst du schon noch merken.«

»Also mach schnell weiter, bevor ich wach werde.«

»Hm?«

»Entschuldige. – Vielleicht hättest du die Güte und würdest einen Zipfel des Schleiers lüpfen, der mir immer noch verbirgt, was das E in der Formel $E = mc^2$ bedeutet. Ist das zu viel verlangt?«

»Das klingt schon viel besser. Lass uns weitermachen, bevor du einschläfst. Das E steht für Energie. Was Energie ist, ist schwer zu definieren, denn sie kommt in vielen Formen vor. Energie ist, was in Brennstoffen steckt; etwas, wodurch man Dinge in Gang setzen oder fortbewegen kann, mit dem man also Maschinen zum Laufen bekommt, ein Auto fahren oder eine Rakete fliegen lassen kann. Mit Energie kann man auch Wärme und Elektrizität erzeugen. Auch das ist Energie. Selbst wenn du isst, sammelst du Energie, ähnlich wie eine Batterie. Wenn du dann etwas tust, verbrauchst du Energie, du wirst müde. So wie eine Batterie sich verbraucht, die eine Lampe brennen oder ein Radio spielen lässt.«

»Energie kommt also in ganz verschiedenen Formen vor.«

»Sehr richtig. Ein Gegenstand, oder wie die Physiker sagen: Ein Körper, der sich bewegt, hat kinetische Energie: Wenn er gegen einen anderen Körper stößt, kann er diesen zerbrechen oder bewegen. Oder die Bewegungsenergie kann sich in eine andere Form der Energie verwandeln. Der Wind zum Beispiel ist eigentlich Luft, die sich bewegt, das heißt, Wind hat kinetische Energie. Mit Windmühlen kann man daraus elektrische Energie machen. Man verwandelt die kinetische Energie des Windes in elektrische Energie.

Eine andere Form der Energie ist potenzielle Energie. Ein Körper, der sich in einer bestimmten Höhe über der Erde befindet, hat potenzielle Energie. Je höher sich der Körper befindet, desto mehr potenzielle Energie steckt in ihm. Wenn er nach unten fällt, wird er immer schneller fallen: Er bekommt also mehr und mehr kinetische Energie. Aber weil er dem Erdboden immer näher kommt, wird er gleichzeitig potenzielle Energie verlieren. Die potenzielle Energie, die der Körper in großer Höhe hatte, wird im Fallen also verwandelt in kinetische Energie. Und diese kinetische Energie wiederum lässt sich in elektrische Energie umsetzen. Das geschieht zum Beispiel in einem Wasserkraftwerk. Deshalb baut man solche Anlagen immer an einen Ort, wo das Wasser eines Flusses aus großer Höhe in die Tiefe fällt. Das Wasser bekommt so eine große Geschwindigkeit und fällt in ein Wasserrad oder in eine Turbine. Dieses Wasserrad dreht sich, und man benutzt die Drehung, um elektrische Energie zu erzeugen.«

»Energie kommt also in den verschiedensten Formen vor, die man ineinander umwandeln kann.«

»So ist es. Potenzielle Energie, kinetische Energie, elektrische Energie, chemische Energie ... Auch Wärme ist eine Form von Energie. Es gibt übrigens ein sehr wichtiges physikalisches Gesetz, das besagt, dass Energie nie verloren gehen kann. Die Gesamtmenge an Energie bleibt immer gleich. Energie kann zwar in andere Energieformen umgewandelt werden, aber sie geht niemals verloren.«

»Verstehe. Wenn ein Gegenstand fällt, verliert er potenzielle Energie, und zwar genauso viel, wie er kinetische Energie gewinnt.«

»Ja, wenn daneben keine anderen Energieumwandlungen stattfinden. Ein Körper, der fällt, ist der Luftreibung ausgesetzt. Hierdurch bildet sich Reibungswärme. Du kennst diese Wärme: Wenn du ein Seil hochkletterst und dann schnell nach unten rutschst ...«

»... damit habe ich mir schon heftig die Finger verbrannt.«

»Auch wenn du eine Rutschbahn hinuntersaust, wird dein Po warm durch die Reibung. Und wenn du mit einer Bohrmaschine ein Loch bohrst, dann wird der Bohrkopf durch die Reibung ganz heiß. Auch diese Wärme ist Energie. Wenn man also sagt, die Energie bleibt immer gleich, dann stimmt das nur, wenn man sämtliche Formen der Energie berücksichtigt. Ein fallender Körper wandelt seine potenzielle Energie um in kinetische Energie und in Wärmeenergie. Wenn man, wie in einem Wasserkraftwerk, kinetische Energie gewinnen will, um Strom zu erzeugen, dann ist die dabei zum Beispiel durch Reibung entstehende Wärmeenergie eine Form von Verlust, denn man kann diese Wärme in diesem Kraftwerk nicht in elektrische Energie umwandeln. So bleibt die Energie in der Summe immer gleich, nur kann man nicht alle Formen restlos ineinander umwandeln oder gleich gut nutzen. Das Gesetz, das besagt, dass die Energie immer gleich bleibt, nennt man den Energieerhaltungssatz. Es ist ein sehr wichtiges Gesetz, das auch als erster Hauptsatz der Thermodynamik bezeichnet wird.«

»Was ist das?«

»Die Thermodynamik ist ein Bereich der Physik. Sie beschäftigt sich mit der Art, in der eine Form der Energie in eine andere umgewandelt werden kann und wie auf diese Weise Maschinen und Pumpen betrieben werden können.«

»Ist das auch ein Gesetz von Einstein?«

»Nein, das ist ein Gesetz, das schon um 1840 von Robert Mayer, James Joule und Hermann von Helmholtz entdeckt wurde.«

»Und wann bekomme ich nun endlich was zu hören, das von Einstein selbst stammt?«

»Sei nicht so ungeduldig. Ich habe doch schon gesagt, dass Einstein, wie alle anderen großen Naturwissenschaftler vor ihm auch, seine Entdeckungen dank der Arbeiten seiner Vorgänger gemacht hat. Aber wir sind jetzt fast bei Einsteins Formel. Wir müssen nur noch das *m* betrachten: Es steht für Masse. Masse bedeutet Menge an Materie. Und Materie ist alles, was stofflich ist: feste Stoffe, flüssige Stoffe und Gase. Masse wird ausgedrückt in Kilogramm: Ein Kilogramm Eisen, ein Kilogramm Luft, ein Kilogramm Wasser.«

»Ein Kilogramm Luft? Hat denn die Luft auch ein Gewicht?«

»Aber sicher. Sonst gäbe es ja keinen Luftdruck. Die Luft drückt auf alles hier auf der Erde, auf jeden Punkt. In den Bergen, in sehr großer Höhe also, ist der Luftdruck niedriger, weil die Luftsäule, die auf einen hoch gelegenen Punkt drückt, kleiner ist als eine Luftsäule über einem Punkt im Tal. Weißt du übrigens, dass du einen Fehler machst, wenn du von ›Gewicht‹ redest und nicht von ›Masse‹?«

»Aber mit Kilogramm misst man doch das Gewicht!?«

»Eigentlich ist das falsch. Man kann nur Masse in Kilogramm ausdrücken. Gewicht wird nicht in Kilogramm gemessen, sondern in Newton, in der Maßeinheit, die nach dem bekannten Physiker genannt wurde.«

»Und was ist der Unterschied zwischen Masse und Gewicht?«

»Das ist ein ganz wesentlicher Unterschied. Die Masse eines Körpers, zum Beispiel eines Eisenklumpens von zehn Kilogramm, bleibt immer gleich, ob man den Eisenklumpen hier auf der Erde betrachtet oder auf dem Mond. Das Gewicht desselben Eisenklumpens dagegen hängt sehr wohl davon ab, wo man ihn wiegt: ob auf der Erde oder auf dem Mond. Denn das Gewicht eines Körpers hängt ab von der Schwerkraft, und die ist auf der Erde größer als auf dem Mond. Die Masse eines Körpers und das Gewicht, das er auf der Erde hat, kann man ganz einfach mathematisch voneinander ableiten. Man muss nur die Masse mit 9,8 – das ist die Stärke der Schwerkraft – multiplizieren, um das Gewicht zu erfahren. Ein Stück Eisen mit der Masse von einem Kilogramm hat auf der Erde ein Gewicht von 9,8 Newton. Der Mond ist viel kleiner als die Erde, darum ist auch die Schwerkraft auf dem Mond geringer. Sie beträgt nur ein Sechstel, deshalb ist das Gewicht eines Gegenstandes oder eines Menschen auf dem Mond sechsmal kleiner als auf der Erde.

Ein Beispiel: Wer auf der Erde hundert Kilogramm wiegt – eigentlich müsste ich sagen neunhundertachtzig Newton –, wiegt auf dem Mond nur rund sechzehn Kilogramm oder hundertdreiundsechzig Newton. Solange wir auf der Erde bleiben, richten wir nicht viel Verwirrung an, wenn wir keinen Unterschied machen zwischen Gewicht und Masse. Aber wenn wir ganz genau sein wollen, dann müssen wir sagen, worüber wir reden wollen: über die Masse oder über das Gewicht eines Körpers. Und Masse wird ausgedrückt in Kilogramm, das Gewicht dagegen in Newton.«

»Ich darf also nicht sagen, dass ich fünfundvierzig Kilogramm wiege? Ich muss sagen, dass ich eine Masse von fünfundvierzig Kilogramm habe?«

»Oder dass dein Gewicht auf der Erde vierhunderteinundvierzig Newton beträgt.«

»Und warum macht man das so kompliziert?«

»Es ist nicht kompliziert. Aber du musst wissen, dass sich die

Masse eines Körpers nicht verändert, wenn du damit an einen anderen Ort fährst, beispielsweise auf den Mond. Nur das Gewicht ändert sich, und das kannst du berechnen, indem du die Masse mit der richtigen Zahl multiplizierst: Für die Erde ist diese Konstante 9,8 und für den Mond ungefähr 1,6.«

»Das habe ich verstanden. Die Masse bleibt immer gleich, egal was ich tue mit dem Körper.«

»Mehr oder weniger, zumindest solange du den Körper ganz lässt. Wenn du ihn kaputt machst, ist es natürlich eine andere Sache. Aber solange du ihn ganz lässt, bleibt die Masse mehr oder weniger gleich.«

»Mehr oder weniger? Was soll nun das schon wieder heißen?«

»Das kann ich dir jetzt noch nicht erklären, denn das genau ist es, was Einstein entdeckt hat.«

»Hat das also etwas zu tun mit $E = mc^2$?«

»Ja, aber genau kann ich es dir jetzt noch nicht erklären. Aber du weißt jetzt genug, um die Formel $E = mc^2$ zu verstehen. Möchtest du es versuchen?«

Ich wollte mich nicht lumpen lassen: »Energie ist gleich Masse multipliziert mit *c* (oder Lichtgeschwindigkeit) im Quadrat.«

»Bravo! Aber weißt du auch, was das bedeutet? Um welche Energie es geht und um welche Masse?«

»Alle Energie. Alle Masse. Glaube ich.«

»Du meinst also: Alle Energie, die es gibt, ist gleich alle Masse, die es gibt, multipliziert mit *c* im Quadrat?«

»Ich glaube schon. Ist das richtig?«

»Fast. Aber das ist nicht der Kern der Sache. Etwas anderes müsste dir noch auffallen. Wie groß ist c^2?«

»*c* ist eine große Größe. Wie viel war es noch mal … dreihunderttausend Kilometer pro Sekunde? c^2 wird eine unglaublich große Größe sein. Es gibt also sehr viel Energie und ein kleines bisschen Masse.«

»Nicht ganz. Die Formel sagt, dass ein sehr kleines bisschen Masse eine enorme Menge an Energie repräsentiert. Aus einem kleinen bisschen Masse kann man also viel Energie herausholen.«

»Jetzt widersprichst du dir selbst. Vorhin hast du gesagt, dass die Energie immer gleich bleibt. Dass man Energie zwar von der einen

Form in die andere umwandeln kann, aber dass die Gesamtenergie immer gleich bleibt.«

»Das habe ich gesagt. Aber genau an dieser Stelle hat Einstein eine Korrektur vorgenommen. Denn er sagt – und das ist das Geheimnis unserer Formel: Masse und Energie sind das Gleiche. Wenn man Masse hat, hat man Energie, und wenn man Energie hat, hat man Masse. Masse und Energie sind das Gleiche, oder besser ausgedrückt: Sie sind äquivalent.«

»Das ist wohl so wie bei Eis und Wasserdampf? Eis ist Wasser, das gefroren ist, und Wasser ist Eis, das geschmolzen ist. Und Wasserdampf ist verdampftes Wasser. Dreimal das Gleiche, aber jeweils in einer anderen Form.«

»Das bringt uns der Sache schon ganz schön nahe. Aber es gibt doch einen großen Unterschied zwischen beiden Formulierungen. Masse und Energie sind nicht nur, so wie das bei Wasser, Eis und Wasserdampf der Fall ist, Erscheinungsformen von ein und demselben – *sie sind gleichzeitig das eine und das andere.* Wasser ist entweder Wasser oder Eis oder Wasserdampf, aber nicht alles gleichzeitig. Man kann allerdings die eine Form in die andere umwandeln. Masse und Energie dagegen hast du gleichzeitig. Also: Wenn du Masse hast, hast du auch Energie; und wenn du Energie hast, hast du auch Masse.«

»Hört sich an wie Zauberei. Wie kann Wärme denn Masse haben?«

»Das geht wirklich. Wenn du eine sehr genaue Waage hättest, könntest du das sogar messen. Ein warmes Bügeleisen wiegt ein kleines bisschen mehr als ein kaltes Bügeleisen, weil es mehr Energie enthält. Eben weil Energie Masse ist, wird ein warmes Bügeleisen mehr Masse haben und also mehr wiegen als ein kaltes Bügeleisen. Aber der Unterschied ist verschwindend gering. Betrachten wir die Formel $E = mc^2$. Sie zeigt uns, dass ein kleines bisschen Masse sehr viel Energie ist. Und umgekehrt: Ein kleines bisschen Energie ist ein winzig kleines bisschen Masse und hat also nur ein winzig kleines Gewicht.«

»Richtig vorstellen kann ich mir das nicht. Klingt eigentlich unglaublich.«

»Man hat schon viele praktische Experimente gemacht, die beweisen, dass die Gedanken, die wir aus der Formel abgeleitet haben, tatsächlich richtig sind. Und heute sind wir mit dem damals neuen Gedanken so vertraut, dass niemand mehr daran zweifelt. Masse und Energie sind gleichwertig, und man kann sie ineinander umwandeln. Was heißt das? Du kannst etwas, das auf den ersten Blick lediglich Masse ist, in etwas umwandeln, das auf den ersten Blick lediglich Energie ist.«

»Aber dann stimmt dein berühmtes Gesetz doch nicht mehr? Dieser erste Hauptsatz?«

»Du denkst mit! Der erste Hauptsatz gilt tatsächlich nicht unter allen Bedingungen. Solange keine Masse in Energie umgesetzt wird oder umgekehrt oder wenn nur ein ganz kleines bisschen Energie im Spiel ist, kann man so tun, als gelte er. Für die Praxis reicht das. Wir können so tun, als stimme dieser erste Hauptsatz. Aber sobald Masse in Energie umgewandelt wird oder umgekehrt, muss das Gesetz korrigiert werden. Wir können dann nicht mehr sagen: ›Die Energie bleibt gleich.‹ Wir müssen präziser formulieren und sagen: ›Die Summe aus Energie und Masse bleibt gleich‹. Verstehst du?«

»Ich glaube schon. Ungefähr.«

»Das ist eine der Korrekturen, die Einstein am physikalischen Wissen seiner Zeit vorgenommen hat. Vielleicht verstehst du jetzt, was ich gemeint habe, als ich sagte, Einstein hat, so wie viele große Wissenschaftler vor ihm, Korrekturen vorgenommen und nicht das gesamte vorhandene Wissen über den Haufen geworfen. Natürlich war das eine große Sache. Eine bis dahin unerhörte Behauptung: Masse, die in Energie umgewandelt wird, und umgekehrt. Aber das große Prinzip, dass die Energie immer gleich bleibt, gilt weiterhin. Wenn man nämlich berücksichtigt, dass Masse auch eine Form von Energie ist.«

»Irgendwie kann ich mir das immer noch nicht richtig vorstellen. Was bedeutet das: Masse und Energie sind das Gleiche? Wenn man das nur an einem warmen Bügeleisen merken kann, dann hat man doch nicht viel davon.«

»Oh, die Formel $E = mc^2$ hat schon oft ihren praktischen Nutzen bewiesen, unter anderem in den Atomkraftwerken, in denen heute ein Teil unserer Elektrizität erzeugt wird. Du weißt sicher, dass Materie aus Atomen besteht?«

»Ja, ein Atom hat einen Kern, der wiederum aus Protonen und

Neutronen besteht. Um diesen Kern kreisen Elektronen. So wie die Sonne und um sie herum die Planeten.«

»Genau. Indem man diese Kerne spaltet oder zusammenfügt, kann man Energie erzeugen. Wenn man zum Beispiel zwei Wasserstoffatome zusammenfügt, dann lässt man ihre Kerne zusammenschmelzen. Das nennt man Kernfusion.«

»Wie die Fusion von zwei Firmen?«

»Genau. Weißt du, weshalb man Firmen fusioniert?«

»Weil man dann niedrigere Kosten hat und trotzdem genauso viel produziert wie vorher. Theoretisch jedenfalls.«

»So funktioniert das auch mit Atomen: Wenn man zwei Wasserstoffkerne zusammenfügt, dann ist die Masse des neuen Kerns – das ist jetzt ein Heliumkern – kleiner als die Masse der beiden Wasserstoffkerne.«

»Ich verstehe: Der Unterschied zwischen diesen Massen wird umgewandelt in Energie. Und es entsteht genau so viel Energie, dass die Summe aus Masse des Heliumkerns und dieser freigesetzten Energie gleich ist der Masse der beiden Wasserstoffkerne.«

»Genau. Nur musst du die Masse noch mit c^2 multiplizieren. Anders gesagt: Wenn du das bisschen Masse, das der Heliumkern weniger hat als die beiden Wasserstoffkerne zusammen, mit c^2 multiplizierst, dann weißt du, wie viel Energie freigesetzt wird.«

»Genauso funktioniert eine Atombombe, oder?«

»Genau so. Wobei es zwei Arten von Atombomben gibt. Die eine beruht auf Kernfusion: Man lässt leichte Atomkerne, wie zum Beispiel Wasserstoffkerne, zu schwereren Kernen zusammenschmelzen. Durch diese Kernfusion wird enorm viel Energie freigesetzt. Die andere Art arbeitet mit Kernspaltung. Man lässt schwere Atomkerne, Urankerne etwa, zerfallen. Auch dabei wird Energie freigesetzt. Denn die Kerne, in die der Urankern gespalten wird, haben zusammen weniger Masse als der Urankern.«

»Das verstehe ich nicht: Wenn man Kerne zusammenfügt, wird Energie freigesetzt, und wenn man Kerne spaltet, auch. So könnte man doch ununterbrochen Energie erzeugen. Man spaltet, fügt wieder zusammen, spaltet und so weiter. Und jedes Mal wird Energie freigesetzt.«

»Das geht nicht wirklich. Denn man kann nicht alle Atomkerne spalten und auch nicht alle zur Fusion bringen. Wenn man leichte Atomkerne zur Fusion bringt, wird Energie freigesetzt. Das Gleiche geschieht, wenn man schwere Atomkerne spaltet. Es hängt also von der Größe der Atomkerne ab, ob man sie spalten oder zusammenfügen muss, um Energie zu erzeugen.«

»Ich bin mir nicht sicher, ob ich das verstanden habe.«

»Dann musst du darüber halt noch weiter nachdenken. Das ist wie beim Bücherlesen. Ab und zu musst du ein Buch beiseite legen und alles erst mal ein Weilchen verdauen. Du musst deinem Gehirn die Zeit geben, darüber nachzudenken. Das passiert zum Beispiel, während du schläfst oder während du gerade etwas völlig anderes tust.«

»Hab schon verstanden. Du meinst, du machst für heute Schluss und ich soll schlafen.«

Nils nickte.

»Dann werde ich den Rest wohl nie hören. Denn morgen werde ich wach, und dann erinnere ich mich an nichts mehr.«

»Mach dir keine Sorgen. Ich verspreche dir, dass wir morgen weitermachen. Großes Beobachter-Ehrenwort.«

»Ich weiß immer noch nicht genau, was Beobachter machen.«

»Das erzähle ich dir morgen. Versprochen. Schlaf gut, Esther.«

»Schlaf gut, Nils. Oder schlaft ihr nicht?«

»Doch, aber nur in Gedanken.«

»Das verstehe ich nicht.«

»Das wirst du auch nie verstehen. Gute Nacht, Esther.«

»Gute Nacht, Nils.«

Gödel

Am nächsten Morgen wurde ich von der Sonne geweckt. »Hallo Sonne«, dachte ich. »Hallo, über acht Minuten alte Sonne.«

Denn ich wusste ja nun, dass die Sonnenstrahlen, die mir in diesem Augenblick ins Gesicht schienen, vor mehr als acht Minuten von der Sonne losgesaust waren. Diese Sonnenstrahlen sind Energie. Und da Energie und Masse gleichwertig sind, strahlt die Sonne Masse aus. Also wird sie leichter. Was würde geschehen, wenn die Sonne ihre gesamte Energie verstrahlt hat? Dann könnte sie keine Energie mehr ausstrahlen, so wenig wie ein Ofen, der keinen Brennstoff mehr hat. Die Sonne würde nicht mehr leuchten. Wäre sie dann ein schwarzes Loch? Auch dazu hat Einstein bestimmt etwas gesagt. Aber was genau? Ich sollte Nils danach fragen. Ach Quatsch, der ist ja nur eine Traumfigur. Ich hatte geträumt. Lehrreich und interessant, aber eben nur geträumt. Aber vielleicht macht das ja gar keinen Unterschied. Träumte ich jede Nacht einen solchen Traum, dann würde es nicht lange dauern, und ich wüsste alles über Einstein. Na ja, alles ...? Aber bestimmt genug, um seine Theorie zu verstehen.

Ich warf einen Blick auf Einsteins Foto. Na also. Er steht ganz allein da. Kein Beobachter neben ihm zu entdecken. Ich hatte geträumt. Nur das Foto war echt.

Opa saß bereits am Frühstückstisch und las Zeitung.

»Morgen, Kleines«, sagte er, als er mich hereinkommen hörte.

»Morgen, Opa.« Ich gab ihm einen dicken Kuss auf die Wange.

»Wie steht es mit deiner Albertisierung? Schon die erste Phase hinter dich gebracht? Nein? Nicht verzweifeln, du musst es einfach weiter probieren, irgendwann wird es schon klappen.«

»Ach, ist schon in Ordnung. Ich komme vorwärts. Einstein war wirklich ein kluger Mann. Trotzdem, und das bedenken die meisten Leute nicht, konnte er sein Werk nur vollenden, weil er nicht von vorne anfangen musste, sondern schon andere vor ihm geforscht und beobachtet und ihre Ergebnisse aufgeschrieben haben. Darum hat er auch nie gesagt, dass alle vor ihm mit ihren Theorien falsch gelegen haben. Er hat nur Korrekturen an den Arbeiten seiner Vorgänger vorgenommen.«

»Soso. Was höre ich da? Esther, die Wissenschaftsphilosophin. In den fünfzehn Jahren, die ich dich kenne, habe ich noch nie so vernünftige Dinge von dir gehört. Martha, hör nur, was deine Tochter Kluges zu erzählen hat.«

Meine Mutter brachte gerade frische Brötchen.

»Guten Morgen, Liebes. Gut geschlafen? Nicht von Einstein geträumt?«

»Morgen, Mama. Ich habe wunderbar geschlafen. Einsteins Foto hängt an einem schönen Platz, direkt in der Sonne. Einstein hatte ein spezielles Verhältnis zum Licht, deshalb hat er auch einen Platz in der Sonne verdient.«

An diesem Tag ging ich mit zu Opa. Oma ist schon vor einiger Zeit gestorben. Opa lebt jetzt allein, er ist noch sehr rüstig. Sein kleines Haus ist voll gestopft mit Erinnerungen. Er ist viel in der Welt herumgekommen, hat mal hier, mal da gelebt. Auch in Princeton, wo er sich mit Einstein angefreundet hatte.

»Opa, wo liegt Princeton?«

»Princeton ist eine ruhige Kleinstadt, ungefähr hundert Kilometer von New York entfernt, ganz im Grünen gelegen. Sie ist vor allem wegen ihrer Universität bekannt. Viele berühmte Leute haben da gearbeitet.«

»Auch Einstein?«

»Nein, Einstein war am Institute for Advanced Studies in Princeton tätig.«

»Was ist das für ein Institut?«

»Eine Art Forschungszentrum. Es wurde 1930 von Abraham Flexner mit dem Geld von Louis Bamberger und dessen Schwester Caroline Fuld-Bamberger gegründet. Sie wollten eine Universität ohne Studenten, nur mit Professoren und wissenschaftlichen Assistenten. Sie sollten ungestört forschen können, ohne weitere Verpflichtungen und Tätigkeiten.«

»Haben Professoren denn andere Verpflichtungen?«

»Aber ja. Normalerweise müssen Professoren unterrichten, nicht viel, aber doch einige Stunden pro Woche. Und außerdem müssen sie regelmäßig Artikel und Bücher schreiben, um zu beweisen, dass sie nützliche Arbeit tun. Am Institute for Advanced Studies ist das völlig anders: Alle Professoren dürfen tun, was sie wollen. Sie arbeiten, woran sie wollen, sie erforschen, was sie wollen – ohne irgendwelche weiteren Verpflichtungen. Und sie werden sehr gut bezahlt, besser als Professoren an Universitäten.«

»Wenn sie tun dürfen, was sie wollen, dann gibt es dort bestimmt auch Leute, die nichts tun und die ganze Zeit Ferien machen?«

»Nein, das ganz bestimmt nicht. Die meisten arbeiten sogar sehr viel. Sie lieben ihre Arbeit und sind versessen darauf, Entdeckungen zu machen. Fast jeder, der dort arbeitet, hat schon sehr viel entdeckt; fast alle haben einen Nobelpreis oder eine Fieldsmedaille gewonnen.«

»Den Nobelpreis kenne ich, aber was ist eine Fieldsmedaille?«

»Wie du vielleicht weißt, gibt es keinen Nobelpreis für Mathematik. Alfred Nobel, der Stifter des Nobelpreises, soll, so erzählt man wenigstens, in eine Mathematiklehrerin oder -professorin verliebt gewesen sein. Aber diese Frau wollte nichts von ihm wissen. Und als er später sehr reich geworden war und die Nobelpreise stiftete, soll er sich dafür gerächt haben. Angeblich ist das der Grund, warum es keinen Nobelpreis für Mathematik gibt. Darum haben andere später einen ähnlichen Preis für Mathematik gestiftet, eben die Fieldsmedaille. Sie ist genauso angesehen wie der Nobelpreis – ist also der bedeutendste Preis, der für Leistungen in der Mathematik verliehen wird.«

Ich wechselte rasch das Thema. Mathe war in meinen Augen nicht gerade die spannendste Sache der Welt.

»Aber dann will doch sicher jeder an diesem Institut arbeiten?«

»Die meisten würden schon gerne. Aber niemand kann sich selbst darum bewerben. Man muss eingeladen werden, und nur die Allerbesten bekommen eine solche Einladung.«

»Kenne ich sonst noch Leute, die am Institute for Advanced Studies gearbeitet haben?«

»Einstein war lange Zeit dort tätig. Und auch Kurt Gödel, der vielleicht bedeutendste Mathematiker des 20. Jahrhunderts und ganz sicher einer der größten Mathematiker aller Zeiten.«

»Gödel? Nie gehört.«

»Da geht es dir wie den meisten Menschen. Dabei hätte er es verdient, viel bekannter zu sein. Manche halten das, was Gödel für die Mathematik geleistet hat, für genauso bedeutend wie Einsteins Arbeiten für die Physik. Man kann Gödel ruhig als den Einstein der Mathematik bezeichnen.«

»Ist sein Werk auch so schwer zu verstehen wie das von Einstein?«

»Ich glaube, es ist einfacher zu verstehen. Womit ich nicht sagen will, dass er weniger gescheit war als Einstein. Einstein hat eine Theorie formuliert, die mit der Welt um uns her zu tun hat, einer Welt, in der wir experimentieren können. Die Arbeit von Gödel ist vollkommen anders. Sie hat mit dem Zweig der Mathematik zu tun, den man Logik nennt. Die Logik beschäftigt sich damit, wie man aus dem Wissen, das man bereits hat, auf korrekte Weise neues Wissen herleiten kann. Aber Logik beschäftigt sich nicht mit der Welt um uns her. Die Logik sagt uns auch nichts über die Welt, die uns umgibt.«

»Ich verstehe nicht, was du damit meinst.«

»Ich will dir ein Beispiel geben. Welche Schlussfolgerung kannst du ziehen, wenn ich Folgendes sage: Suus ist ein Mensch. Und: Alle Menschen sind sterblich.«

»Suus ist sterblich?«

»Genau. Aber du kennst Suus ja. Wenn ich sage: Ein Einhorn ist ein Tier. Und: Alle Tiere sind sterblich. Was kannst du daraus ableiten?«

»Es gibt doch gar keine Einhörner!«

»Darauf wollte ich hinaus. Die Logik beschäftigt sich nicht mit der Frage, ob es Einhörner gibt oder nicht. Die Logik beschäftigt sich nur mit der Frage, was man aus Sätzen ableiten kann, und unterstellt dabei, dass die Sätze selbst wahr sind. Ein Logiker tut also, als würde er immer sagen: Wenn es Einhörner geben würde (und es ist völlig unwichtig, ob es tatsächlich Einhörner gibt oder nicht) und wenn ein Einhorn ein Tier wäre und wenn des Weiteren alle Tiere sterblich sind, dann wäre ein Einhorn sterblich.«

Opa bekam wieder seine blitzenden Augen. »Ein Logiker hat auch kein Problem mit der folgenden Frage. Erster Satz: Der König von

Spanien ist eine rote Kuh. Zweiter Satz: Alle roten Kühe haben sieben grüne Beine. Was kann man daraus schließen?«

»Ganz einfach: Der König von Spanien hat sieben grüne Beine. Ist ja witzig.«

»Aber du hast es verstanden.«

»Und dieser Gödel hat sich mit roten Kühen und deren grünen Beinen beschäftigt?«

»Natürlich nicht. Gödel hat sich mit dem Abstraktesten beschäftigt, das es gibt: mit der Zahlentheorie.«

»Was ist jetzt das schon wieder?

»Die Zahlentheorie ist ein Zweig der Mathematik, der sich mit allem beschäftigt, was mit Zahlen zu tun hat. In der Zahlentheorie beweist man zum Beispiel, dass 5 + 6 gleich 6 + 5 ist. Man beschäftigt sich auch mit Primzahlen. Das sind Zahlen, die nur durch sich selbst und durch 1 teilbar sind, wie 2, 3, 5, 7, 11, 13, 17 und so weiter. Die Zahlentheorie handelt auch von Quadratzahlen und Quadratwurzeln und dergleichen. Aber das sind Fragen der konkreten Zahlentheorie. Gödel dagegen beschäftigte sich mit der Frage, wie viel man über Zahlen je würde beweisen können.«

»Da die Mathematik eine vollständige und widerspruchsfreie Wissenschaft ist, wird er wohl herausgefunden haben, dass die Zahlentheorie alles über Zahlen beweisen kann.«

»Im Gegenteil. Er hat bewiesen, dass es in Bezug auf Zahlen und ihre Theorie immer Sachverhalte geben wird, die man theoretisch niemals wird beweisen können.

Die Mathematik, so hat Gödel gezeigt, ist nicht vollständig, weil sie ihre Widerspruchsfreiheit nicht mit eigenen Begriffen und Methoden beweisen kann. Man bezeichnet das als den Gödelschen Unvollständigkeitssatz.«

»Das geht doch gar nicht. Wie will man denn heute schon beweisen, dass man etwas auch in Zukunft nie wird tun können? Und das noch auf einem Gebiet wie der Mathematik?«

»Und doch hat er das getan. Und sein Ergebnis war eine völlige Überraschung, für alle. Verstehst du: Gödel hat etwas bewiesen, das vor ihm keiner für möglich gehalten hatte. Man ist immer davon ausgegangen, dass die Mathematik vollständig ist, dass sie alle ihre

Sätze und Grundannahmen selbst beweisen kann. Und dann kommt plötzlich irgendeine Rotznase – Gödel war erst sechsundzwanzig, als er seine These veröffentlichte, genauso alt wie Einstein bei der Veröffentlichung seiner speziellen Relativitätstheorie – und weist nach, dass es im Zusammenhang mit Zahlen stets Sachverhalte geben wird, die man nie und nimmer wird beweisen können. Für die Mathematiker war das eine völlige Katastrophe. Ihre Wissenschaft hatte den Status einer perfekten, das heißt widerspruchsfreien und vollständigen Wissenschaft verloren. Aus diesem Grund sprachen viele auch vom ›Gödel-Debakel‹. Das bedeutet so viel wie ›Totale Gödelkatastrophe‹.«

In meinen Augen hatte die Mathematik nie den Status einer perfekten Wissenschaft gehabt. Aber es erschien mir vernünftiger, das jetzt nicht laut zu sagen. Stattdessen sagte ich: »So was wie ein Börsenkrach?«

»Kann man sagen. So wie der Börsenkrach im Jahr 1929 die Menschen völlig durcheinander brachte, so hat auch Gödels Theorie die wissenschaftliche Welt erschüttert.«

»Und weshalb ist er dann so unbekannt?«

»Gödel ist nur beim breiten Publikum ziemlich unbekannt. Die Mathematiker und Naturwissenschaftler kennen ihn alle. Aber die meisten Nicht-Wissenschaftler haben noch nie von ihm gehört. Vielleicht liegt es daran, dass seine Theorie so abstrakt ist. Es ist sehr schwierig, einem Nicht-Mathematiker zu erklären, was Gödel geleistet hat. Man muss abstrakt denken können, und das fällt den meisten Menschen sehr schwer. Sie wollen etwas sehen oder eine Zeichnung davon anfertigen können. Aber Gödels Arbeit besteht lediglich aus komplizierten Formeln. Die bekannteste Formel von Einstein, $E = mc^2$, ist sehr einfach. Selbst wenn die meisten Menschen die Formel nicht verstehen können, so können sie diese doch aufsagen. Gödels Formel ist länger, und die meisten Leute könnten sie wahrscheinlich nicht einmal laut lesen. Außerdem hat Gödels Werk nichts zu tun mit der Erde, nichts mit der Zeit, dem Licht, dem Universum und seiner Entstehung, nichts mit schwarzen Löchern oder dergleichen. Das sind alles Dinge, über die jeder schon mal nachgedacht hat. Denn dazu findet man Artikel in der Zeitung. Wenn irgendwer einen neuen Stern entdeckt hat und glaubt, das sei ein schwarzes Loch, dann wird darüber berichtet.«

»Wie schade für Gödel. Genauso klug zu sein wie Einstein, und fast keiner weiß was davon ...«

»Zum Glück sind eine Reihe sehr guter Bücher erschienen, in denen Gödels Werk dargestellt und erklärt wird, worin seine Leistung besteht und was sie bedeutet.«

»Waren alle Leute an diesem Institut so klug wie Einstein und Gödel?«

»Es ist schwer zu sagen, ob die Leute, die später dort waren, weniger klug waren als Einstein und Gödel oder nicht. Auch jetzt arbeiten dort einige der fähigsten Köpfe. Aber als Gödel und Einstein lebten, waren sie wirklich die größten auf ihrem Fachgebiet.«

»Exegi monumentum aere perennius.«

»Sieh mal an. Der Lateinunterricht scheint bei dir ja doch etwas bewirkt zu haben.«

Ich verschwieg lieber, woher ich den Satz hatte.

»In Einsteins Fall stimmt das mit Sicherheit. Im Fall von Gödel könnte man sagen, es sei umgekehrt. Gödel hat das Unvorstellbare fertiggebracht, indem er etwas zerstört hat, von dem man dachte, es könne niemals zerstört werden. Manche Menschen sagen tatsächlich, Gödel habe die Fundamente der Mathematik zerschlagen. In jedem Fall hat er eher etwas zerstört als aufgebaut. Doch muss man das nicht nur negativ sehen. Schließlich hat er gezeigt, dass auch das menschliche Können Grenzen hat. Später ist einer gekommen, der hat das Gleiche für die Computer gezeigt: Alan Turing. Er, der auch am Institute for Advanced Studies gearbeitet hat, hat bewiesen, dass es Probleme gibt, die kein Computer jemals wird lösen können.«

»Heißt das, Computer sind nicht so leistungsfähig wie Menschen?«

»Turing hat bewiesen, dass Computer ihre Grenzen haben, genau wie Menschen. Denn die Probleme, von denen Turing spricht, können auch von einem Menschen nicht gelöst werden.«

»Man kann doch Computer erfinden, die auf eine andere Weise arbeiten und die leistungsfähiger sind als die Computer, die wir heute kennen?«

»Nein, auch das ist nicht möglich. Indem er auf abstrakte Weise vorging, ganz ähnlich wie Gödel rein formal argumentiert hat, konnte Turing zeigen, dass man prinzipiell keinen Computer bauen kann, der bestimmte Probleme lösen kann.«

Ich war nicht ganz überzeugt, aber darum würde ich mich später kümmern. Jetzt ging es mir um Einstein.

»Darf ich mir noch mal die Fotos von Einstein in deinem Album anschauen?«

Opa hat ein Fotoalbum, in dem er ausschließlich Fotos und Zeitungsausschnitte von und über Einstein gesammelt hat. Er hütet es wie einen Schatz. Als wir noch kleiner waren, durften wir das Album nie allein durchblättern.

Zu meiner großen Verwunderung sagte er: »Hol es dir aus dem Regal. Du weißt ja, wo es steht.«

Er musste mir nicht sagen, ich solle die Seiten vorsichtig umblättern. Darauf konnte er sich verlassen. Aufgeregt betrachtete ich die Fotos von Einstein. Zu den meisten hatte Opa einen Kommentar geschrieben. Auf einem dieser Fotos war Einstein in Gesellschaft von zwei Männern zu sehen. Einer davon trägt eine kleine runde Brille, steht etwas gebeugt da und zeigt ein ziemlich mürrisches Gesicht. Der andere ist eine beeindruckende Gestalt, ganz selbstsicher schaut er in die Linse des Fotografen.

»Wer sind die beiden hier, Opa? Oder bin ich doch schon albertisiert, und diese beiden Männer sind gar nicht auf dem Foto?«

Mit einem vergnügten Leuchten in den Augen kam Opa zu mir und sagte dann, als hätte er meine letzte Frage nicht gehört: »Das, Kleines, ist Einstein in Gesellschaft zweier Herren.«

»Das sehe ich, aber wer sind die beiden?«

»Der mit der Brille ist Kurt Gödel, der Mann mit dem Unvollständigkeitssatz, und der große, kräftige Mann ist Robert Oppenheimer, der Vater der amerikanischen Atombombe.«

»Der Mann, der Einsteins Formel $E = mc^2$ in die Praxis umgesetzt hat?«

Opa lächelte und sagte: »Soso, deine Albertisierung kommt offenbar gut voran.«

Die Beobachter

»Nils, was tun die Beobachter?«

Diese Frage stellte ich Nils am Abend. Es wunderte mich, dass er da war, denn als ich mich schlafen legte, war er auf dem Foto noch nicht zu sehen gewesen.

»Es ist sicher nicht unbescheiden, wenn ich sage, wir haben eine bedeutende Rolle in Einsteins Arbeit gespielt. Durch die enge Zusammenarbeit hat sich übrigens auch eine sehr enge Verbindung zwischen Einstein und seinen Beobachtern entwickelt. Eigentlich muss ich sagen: zwischen Herrn Albert und seinen Beobachtern. Auch wir haben ihn Herr Albert genannt. Ich war nur einer von Tausenden von Beobachtern. Wir sind natürlich nicht real. Wie das sein kann, frag mich besser nicht. Es gibt einfach Dinge, die man nicht verstehen kann und die dennoch wahr sind.«

»Daran hab ich mich inzwischen gewöhnt.«

»Zum Glück haben Leute wie Herr Albert und Hermann Minkowski uns auf den rechten Weg gebracht.«

»Minkowski?«

»Hermann Minkowski. Er war einer der Mathematiklehrer von Herrn Albert und hat geholfen, dessen Theorien auf eine elegante mathematische Weise zu formulieren.«

»Die Worte ›elegant‹ und ›Mathematik‹ scheinen mir so gar nicht zusammenzupassen.«

»Oh, Mathematik kann durchaus schön sein und auch elegant. Die Arbeit von Herrn Hermann ist ein gutes Beispiel dafür.«

»Hat dieser Herr Hermann auch am Institute for Advanced Studies in Princeton gearbeitet?«

»Nein, er ist nie in Princeton gewesen. Sie haben sich lange vor Herrn Alberts Princeton-Zeit kennen gelernt.«

»Ich habe mal gelesen, dass Herr Albert gar nicht so gut in Mathe war. Er soll auch kein guter Schüler gewesen sein und sein Abitur nur mit Ach und Krach geschafft haben.«

Das schien Nils richtig aufzuregen. »Siehst du, das ist schon wieder eins dieser großen Missverständnisse über Herrn Albert. Die meisten Leute hätten es gerne, dass er sehr klug war, trotzdem aber die Schule schwänzte und auch kein guter Schüler war. Aber das stimmt einfach nicht. Er hat an der Eidgenössischen Technischen Hochschule in Zürich einen Universitätsabschluss in Mathematik und Physik gemacht. Einer seiner Lehrer dort war Hermann Minkowski. Als Schüler war Herr Albert sicher manchmal schwierig. Er fand die Art, in der viele Lehrer unterrichteten, einfach langweilig. Und deshalb dachten viele Professoren, dieser Schüler würde es nie weit bringen. Aber so wie Hermann Minkowski wussten auch einige andere Lehrer, dass Einstein ein gescheiter Kopf war, wenn auch manchmal dickköpfig und eigensinnig. Er war gut in Mathematik, auch wenn er den Unterricht nicht so interessant fand. Um seine Theorie mathematisch korrekt zu formulieren, hat er sich allerdings die Hilfe anderer Mathematiker geholt. Herr Albert soll einmal gesagt haben: ›Seit die Mathematiker meine Theorien in die Finger bekommen haben, verstehe ich selbst nichts mehr davon.‹«

»Stimmt das wirklich?«

Nils lachte. »Ich glaube nicht. Jedenfalls, Herr Albert muss ihnen dankbar sein, denn seine Theorien in brauchbare mathematische Formeln zu fassen war eine hervorragende Leistung. Einstein hat selbst einmal erklärt, dass es Minkowskis mathematische Formulierung gewesen ist, die ihn auf die richtige Spur für seine allgemeine Relativitätstheorie gebracht hat. Viele Wissenschaftler sind sich sogar darüber einig, dass man die spezielle Relativitätstheorie ohne Minkowskis mathematische Formulierung nicht völlig verstehen kann.«

»Schöne Aussichten! Ich mache am besten erst mal einen Universitätsabschluss, und dann kommst du wieder und erzählst weiter. Sagen wir, so in zehn Jahren?«

»Gestern hast du die Formel $E = mc^2$ doch verstanden?«

»Ja, aber das hier ist doch was anderes. Wenn Einstein selber nicht imstande war, eine mathematische Formulierung für seine eigene Theorie aufzustellen, wie soll ich sie dann begreifen können? Und außerdem sagt man doch, dass sogar Physikprofessoren nicht genau verstehen, was er sagen wollte.«

»Das ist absolut nicht wahr, jedenfalls nicht für die spezielle Relativitätstheorie. Die kannst du vollständig verstehen, auch ohne die mathematische Formulierung von Hermann Minkowski. Die Mathematik der allgemeinen Relativitätstheorie ist viel schwieriger und unzugänglicher. Im Zusammenhang der allgemeinen Relativitätstheorie gibt es tatsächlich eine Reihe von Fragen, die nach wie vor niemand überzeugend beantworten kann, auch Einstein konnte es nicht. Doch für die spezielle Relativitätstheorie gilt das nicht. Professoren haben verstanden, was Einstein sagen wollte, auf alle Fälle nach Hermann Minkowskis Formulierung aus dem Jahr 1908. Das war drei Jahre nach der Veröffentlichung der speziellen Relativitätstheorie. Das bedeutet allerdings nicht, dass alle überzeugt waren von dem, was Einstein behauptet hat. Viele Wissenschaftler ließen sich erst überzeugen, nachdem Versuche erwiesen hatten, dass Herr Albert Recht hatte. Und selbst da gab es noch einige, die das nie akzeptiert haben. Aber das lag meistens daran, dass sie selbst eine Theorie entwickelt hatten, die sich nach der Veröffentlichung von Einsteins Theorie als völlig falsch herausstellte.«

»Das wird schlimm gewesen sein für diese Leute.«

»Es gab natürlich auch andere Wissenschaftler. Einer davon war Hendrik A. Lorentz. Dessen Theorie hat Einstein mit seiner Veröffentlichung den Todesstoß versetzt. Aber Lorentz hat Einsteins Modell zuletzt doch akzeptiert. Und das war auch gut so, denn die mathematische Formulierung der speziellen Relativitätstheorie enthält ein paar Gleichungen, die Lorentz entdeckt hatte, die Einstein jedoch auf eine neue Weise interpretiert hat.«

»Herr Albert hat also viel Unterstützung gefunden bei Leuten, die mit ihm einverstanden waren. Aber offenbar haben ihm auch seine Gegner geholfen.«

»Das stimmt. Da war zum Beispiel Jules-Henri Poincaré, dieser große französische Mathematiker. Er hatte bereits so etwas wie die spezielle Relativitätstheorie formuliert, aber die volle Tragweite seiner Ideen nie begriffen. Allerdings war Poincarés Theorie auch nicht zusammenhängend dargestellt, sondern enthielt einige Lücken und Unklarheiten. Die völlige Einsicht in die Theorie ist erst mit Einstein gekommen.«

»Jetzt müsste Einstein doch in meiner Achtung sinken, oder? Galilei hat dreihundert Jahre zuvor bereits eine Art von Relativität entdeckt, Newton hat jede Menge vorbereitender Arbeit geleistet, Poincaré hatte vor Einstein eine Art spezielle Relativitätstheorie formuliert, Lorentz hat die Gleichungen gefunden, die Einstein später benutzt hat; Minkowski hat die spezielle Relativitätstheorie so phantastisch formuliert, dass es Herrn Albert möglich wurde, seine allgemeine Relativitätstheorie zu entwickeln. Und die Mathematik dazu haben wieder andere geliefert. Kurz, die alle haben die Arbeit gemacht, und Herr Albert trägt die Lorbeeren davon.«

»So wie du das jetzt dargestellt hast, könnte man das fast glauben. Aber das ist einfach nicht richtig so. All die Männer, die du aufzählst, gehörten zu den klügsten Wissenschaftlern, die es je gegeben hat. Die meisten ihrer Entdeckungen stehen nicht im Zusammenhang mit der Relativitätstheorie. Aber sie haben auch Dinge getan, die Einstein bei der Entwicklung der speziellen Relativitätstheorie geholfen haben. Du musst es so sehen: Alle diese klugen Männer haben Entdeckungen gemacht, die zur speziellen Relativitätstheorie geführt haben. Alle Naturwissenschaftler zur Zeit Einsteins kannten diese Theorien, und doch hat keiner sie zu einer eleganten zusammenhängenden Theorie verbinden können. Alle kannten sie sämtliche Teile des Puzzles, alle ahnten sie, dass diese Teile irgendein Ganzes ergeben müssten. Aber so klug sie auch waren und so viel Erfahrung sie mitbrachten, keiner hat gesehen, dass sich das Puzzle auf derart einfache Weise zusammenfügen ließ.«

»Solange du mir nicht erzählst, was die spezielle Relativitätstheorie beinhaltet, kann ich mir kaum ein Urteil darüber bilden«, sagte ich ziemlich bissig.

»Mir gefällt deine Ungeduld. Du willst unbedingt erfahren, was die Theorie bedeutet, aber dazu ist es noch zu früh«, sagte Nils. Er wollte mich beruhigen. »Ich will dich mit all diesen Erzählungen nur in die richtige Stimmung versetzen. Was ich gerade erzählt habe, ist so wichtig, dass es mir am liebsten wäre, du würdest erst mal ein paar Tage lang darüber nachdenken, ehe ich dir erkläre, was die Relativitätstheorie beinhaltet. Ich möchte nämlich nicht nur, dass du weißt, was die Theorie ist. Ich möchte, dass du die Theorie auch verstehst. Du sollst genau begreifen, worin Einsteins Genialität besteht.«

»Und du glaubst wirklich, dass ich Einsteins Theorie je begreifen kann?«

»Da bin ich absolut sicher. Aber es gibt verschiedene Arten, etwas zu begreifen. Wir können Einsteins Theorie begreifen, weil Herr Albert die Theorie selbst aufgebaut und weil Hermann Minkowski diese später in einer schönen, mathematischen Art formuliert hat. Herr Albert hat ganz allein verstanden, dass die Welt ist, wie sie ist. Aber um an diesen Punkt zu kommen, musste er viele Gedankenexperimente durchführen. Und mit diesen Gedankenexperimenten sind wir, die Beobachter, ins Spiel gekommen.«

»Aber diese Gedankenexperimente wurden doch gar nicht wirklich durchgeführt?«

»Nein. Man führt sie nur in Gedanken durch. Und auch das Ergebnis dieser Experimente muss man sich in Gedanken vorstellen können. Man kann also nur dann Gedankenexperimente durchführen, wenn man die möglichen Ergebnisse seines Experiments logisch überprüfen kann. Du kannst kein Gedankenexperiment durchführen, wenn du messen willst, wie viel ein Haufen Steine wiegt, den es nur in deinen Gedanken gibt. In den Gedanken der einen Person wird dieser Steinhaufen hundert Kilogramm wiegen und in den Gedanken eines anderen nur zehn Kilogramm. Dann lässt sich nicht entscheiden, wer von beiden Recht hat und wer nicht, denn beide denken an einen anderen Steinhaufen. Man kann nur solche Gedankenexperimente durchführen, bei denen es möglich ist, dass zwei Menschen in ihren Gedanken zum gleichen Ergebnis kommen. Und selbst das gelingt nicht immer, weil Menschen manchmal unterschiedliche Theorien im Kopf haben. Das kann sie in ihren Gedanken natürlich zu verschiedenen Ergebnissen führen. Angenommen, eine Person meint, dass ein Stein von zwei Kilo doppelt so schnell fällt wie ein Stein von einem Kilo. Dann unternimmt er ein Gedankenexperiment, in dem er zwei Steine fallen lässt: einen mit der Masse von einem Kilo, einen zweiten mit der Masse von zwei Kilo. In seinem Gedankenexperiment wird der Stein von zwei Kilo natürlich doppelt so schnell fallen wie der von einem Kilo.«

»Aber das stimmt doch nicht?«

»In Wirklichkeit natürlich nicht. Aber wenn jemand meint, das sei so, dann wird es auch in seinem Gedankenexperiment so sein.«

Ich wollte etwas fragen, aber Nils fuhr rasch fort.

»Stell dir eine andere Person vor, die meint, dass ein Stein von einem Kilo genauso schnell fällt wie ein Stein von zwei Kilo. In seinem Gedankenexperiment werden beide Steine gleich schnell nach unten fallen. Hier siehst du also, dass dasselbe Gedankenexperiment von zwei verschiedenen Menschen unternommen werden kann und dass sie trotzdem zu völlig verschiedenen Ergebnissen kommen können.«

»Was hat es für einen Sinn, Gedankenexperimente anzustellen, wenn man dabei zu beliebigen Ergebnissen kommt?«

»Und doch macht es Sinn: Man kann durch solche Gedankenexperimente Fehler in physikalischen Theorien finden. Außerdem haben Gedankenexperimente viele Vorteile. Man braucht kein kompliziertes Labor, kein teures Material, keine präzisen Messinstrumente. Und es ist viel einfacher, als Experimente in Wirklichkeit durchzuführen. Man kann bequem im Sessel sitzen und experimentieren.«

»Scheint was für Faulpelze zu sein.«

»Das sieht nur so aus. Viele kluge Männer haben Gedankenexperimente durchgeführt. Galilei zum Beispiel hat das getan, als er Steine vom Turm von Pisa herabfallen ließ.«

»Der schiefe Turm von Pisa? Gab es den schon zu Galileis Zeit?«

»Selbstverständlich. Aber man weiß nicht, ob Galilei tatsächlich Steine vom Turm von Pisa hat fallen lassen. Doch nehmen wir an, Galilei hätte das Experiment wirklich durchführen wollen. Kannst du dir vorstellen, dass du jedes Mal auf einen Turm – und dann auch noch einen schiefen – steigen würdest und Steine hinaufschleppen, um sie dann fallen zu lassen? Mit Steinen von einem oder zwei Kilogramm mag das noch gehen. Aber mit Steinen von zehn oder hundert Kilogramm? Da möchte ich dich mal sehen.«

»Da hast du wohl Recht. Aber wenn sich jeder als Ergebnis ausdenken kann, was er will, dann sind wir noch keinen Schritt weiter.«

»Stimmt. Gedankenexperimente machen nur dann Sinn, wenn man sie nach bestimmten Regeln aufbaut. Eine dieser Regeln ist, dass ein Gedankenexperiment bei achtzig Prozent der Menschen zu dem gleichen Ergebnis führen muss. Es muss also nachvollziehbar sein, was du tust oder veranstaltest und was die Folgen davon sind.«

»Wieso nicht für hundert Prozent?«

»Weil es immer Leute gibt, die sich irgendwie quer legen wollen. Nur um dagegen zu sein, würden sie sagen, etwas sei weiß, während alle anderen sagen, es ist schwarz. Müsste man darauf Rücksicht nehmen, würde kein einziges Gedankenexperiment gelingen. Deshalb verlangt die erste Regel für Gedankenexperimente: Achtzig Prozent aller Menschen müssen zu dem gleichen Resultat gelangen können, wenn sie das Gedankenexperiment selbst durchführen.«

»Die erste Regel für Gedankenexperimente? Ist das so etwas wie der erste Hauptsatz der Thermodynamik?«

»Ein wenig. Es gibt noch eine weitere Regel für Gedankenexperimente, und dabei spielen die Beobachter eine sehr wichtige Rolle. Menschen, die Gedankenexperimente durchführen, dürfen sich nicht selbst an ihrem Gedankenexperiment beteiligen. Das heißt, sie dürfen nicht selbst schauen und messen oder wiegen. Menschen sind nämlich geneigt, ihre Messergebnisse ein klein wenig ihren eigenen Theorien anzupassen. Deshalb müssen Messungen und Wiegungen auf objektive Weise stattfinden, dürfen also nicht von denjenigen durchgeführt werden, die sich die Gedankenexperimente ausgedacht haben. Natürlich auch nicht von Freunden und Bekannten, denn die könnten ja auch ein bisschen nachhelfen, damit man zu genau den Ergebnissen kommt, die der Erfinder des Gedankenexperiments haben will. Deshalb verlangt die zweite Regel für Gedankenexperimente: Alle Gedankenexperimente müssen von Beobachtern durchgeführt werden. Andernfalls sind sie nicht gültig.«

»So wie bei der Ziehung der Lottozahlen?«

»Ganz genau. Bei der Ziehung der Lottozahlen und bei anderen wichtigen Dingen muss immer ein Notar, ein neutraler, unbeteiligter Beobachter anwesend sein. Wie Notare sind Beobachter nämlich Vertrauenspersonen, und man geht davon aus, dass sie nicht manipulieren werden.

Jedenfalls müssen die Beobachter dafür sorgen, dass alle Gedankenexperimente objektiv durchgeführt werden. Das heißt, sie müssen alles, was für ein Gedankenexperiment notwendig ist, selbst durchführen: Steine wiegen, Steine nach oben tragen, Steine fallen lassen, schauen, wie schnell die Steine fallen, und noch Dutzende von Dingen mehr. Gedankenexperimente durchzuführen ist also nicht immer angenehm, manchmal sogar ziemlich unbequem.«

»Herr Albert war nicht der Erste, der Gedankenexperimente durchgeführt hat?«

»Nein, wie ich vorhin schon sagte, auch Galilei hat so etwas getan. Aber erst in der Zeit von Herrn Albert machte das wirklich Spaß. Davor hat man auch nicht so viele Gedankenexperimente gemacht, man warf einfach ein bisschen mit Steinen. Bei Herrn Albert war es viel netter: Er hatte nämlich eine Vorliebe für Gedankenexperimente mit Zügen.«

»Spielte er mit Eisenbahnen?«

»Natürlich nur in seinen Gedankenexperimenten. Aber es waren keine gewöhnlichen Eisenbahnen. Seine Züge fuhren manchmal mit einer Geschwindigkeit von zweihunderttausend Kilometern pro Sekunde.«

»Zweihunderttausend Kilometer pro Sekunde? Das geht doch gar nicht. Ein normaler Zug erreicht höchstens zweihundet Stundenkilometer. Diese zweihunderttausend Kilometer pro Sekunde sind ja fast so schnell wie das Licht.«

»Du glaubst mir nicht? Und doch ist es wahr. Manchmal rasten wir wirklich mit einer Geschwindigkeit von zweihunderttausend Kilometern pro Sekunde durch die Landschaft. Nicht, dass Reisende in diesen Zügen dann noch viel von der Landschaft gesehen hätten, aber es muss trotzdem ein wunderbares Gefühl gewesen sein.

Das ist übrigens ein weiterer Vorteil von Gedankenexperimenten. Man kann Dinge tun, die in Wirklichkeit nicht gehen. Kannst du einen Zug zweihunderttausend Kilometer pro Sekunde schnell fahren lassen? Herr Albert konnte das: in seinen Gedankenexperimenten. Und doch befolgte er immer strikt die Regeln für Gedankenexperimente. Er selbst war nie mit dabei. Manchmal fuhr er zwar mit im Zug, aber dann durfte er nichts tun, was das Experiment irgendwie hätte beeinflussen können. Er durfte lediglich dasitzen und nichts sagen oder tun. Manchmal ließen wir ihn Steine schleppen, aber wiegen durfte er sie nie, und in keinem Fall durfte er sie fallen lassen.

Er musste auch schweigen, denn er sollte das Experiment in keinerlei Weise beeinflussen. Weil wir Angst hatten, dass es nicht den Regeln entsprach, wenn er manchmal mit einem Zug mitfuhr, haben wir die Gedankenexperimente, bei denen er mitfuhr, immer noch mal ohne ihn wiederholt. Korrekt ist korrekt, und niemand sollte Herrn Albert vorwerfen können, er wolle Gedankenexperimente manipulieren.«

»Vorhin hast du die erste Regel für Gedankenexperimente genannt. Wie wurde denn das kontrolliert?«

»Wie gesagt, man braucht Beobachter, wenn man die zweite Regel für Gedankenexperimente befolgen will. Um die erste Regel einzuhalten, braucht man Zähler. Die Arbeit der Beobachter ist nicht immer einfach, aber auch die Arbeit der Zähler darfst du nicht unterschätzen. Sie müssen nämlich zählen, ob auch achtzig Prozent der Menschen mit dem Ergebnis des Gedankenexperiments einverstanden sind.«

»Müssen diese Zähler dafür bei allen Menschen vorbeigehen?«

»Die Zähler von Herrn Albert mussten durch die ganze Welt reisen und eine Reihe von Menschen bitten, die Gedankenexperimente von Herrn Albert ebenfalls durchzuführen und über das Ergebnis nachzudenken. Dann mussten die Zähler das Ergebnis der Gedankenexperimente, das die Menschen im Kopf hatten, schön ordentlich in eine Tabelle eintragen. Anschließend mussten sie zählen, ob achtzig Prozent der Menschen zu demselben Ergebnis gelangt waren wie Herr Albert. Eine sehr schwierige Aufgabe. Denn erst mussten sie Leute finden, die mitmachen wollten. Daraufhin mussten sie den Leuten die Gedankenexperimente erläutern, und dann mussten diese Leute das Gedankenexperiment auch noch durchführen wollen. Es war nicht immer einfach, denn viele Leute hatten nichts dafür übrig. Sie waren nicht interessiert, hatten keine Zeit, oder sie waren schlampig und führten das Gedankenexperiment nicht richtig durch. Die Zähler mussten psychologisch erfahren sein, denn sie mussten einschätzen können, ob die Befragten auch ehrlich waren oder nicht. Wir haben die Zähler fast nie gesehen, denn sie zogen von Stadt zu Stadt, von Land zu

Land, durch die ganze Welt. Regelmäßig gaben sie ihre Ergebnisse telefonisch durch, und dann bekamen sie neue Aufträge, denn Herr Albert dachte sich ein Gedankenexperiment nach dem anderen aus.«

»So viel reisen zu dürfen! Wärst du da nicht lieber Zähler geworden?«

»Es klingt zwar schön, die ganze Zeit herumreisen zu können, aber mir war die Arbeit als Beobachter doch lieber, selbst wenn wir uns manchmal mit Steinen abschleppen mussten oder dergleichen.«

»Herr Albert stand also nicht alleine da. Ohne Zähler und Beobachter hätte er seine Theorien nie entwickeln können.«

»Du sagst es. Die vielen tausend Beobachter und Zähler waren sehr stolz, dass sie Beobachter oder Zähler waren. Denn ohne uns wäre Herr Albert nie berühmt geworden. Ohne uns hätte er wahrscheinlich seine Theorien nie aufstellen können.«

»Und das lief immer alles wie geschmiert?«

»Nein, ganz und gar nicht. Manchmal ereignete sich auch ein Unfall. Das kam, weil Herr Albert hin und wieder sehr zerstreut war. Er begann mit einem Gedankenexperiment und vergaß dann, dass das Experiment noch lief. Irgendwann hatte er in seinen Gedanken zehn Beobachter in einen Zug gesetzt und ließ diesen dann mit großer Geschwindigkeit herumfahren. Aber dann vergaß er sie, weil seine Frau kam und ihn zum Essen rief. Oder er ließ den Zug an einem Freitagabend losfahren, und die zehn Beobachter waren das ganze Wochenende in dem fahrenden Zug eingesperrt. Erst am Montagmorgen dachte Herr Albert wieder an sie und ließ den Zug anhalten, sodass die Beobachter endlich aussteigen konnten.«

»Mir kommt das eher witzig vor, nicht wie ein Unfall. Hat es denn auch ernsthafte Unfälle gegeben?«

Nils antwortete nicht gleich.

Schließlich sagte er: »Einmal ist es völlig schief gelaufen. Herr Albert hatte mit einem Zwillingsparadox-Gedankenexperiment angefangen. – Aber ich sehe, es ist schon spät. Du solltest jetzt schlafen. Vom Zwillingsparadox-Experiment erzähle ich dir morgen.«

»Nein, warte, Nils. Kannst du mir nicht wenigstens erzählen, was ein Paradox ist? Du redest immer von neuen Sachen, ohne sie zu erklären.«

»Ein Paradox? Das solltest du deinen Opa fragen. Der weiß alles darüber. Paradoxa haben übrigens auch mit jemand zu tun, der am Institute for Advanced Studies gearbeitet hat. Du wirst seinen Namen wohl noch nie gehört haben, dabei müsste er eigentlich ein berühmter Mann sein: der große Logiker Kurt Gödel.«

»Der mit dem Unvollständigkeitssatz?«

»Ach, das weißt du schon? Bestimmt von deinem Opa.«

»Gestern hat Opa von Gödel erzählt. Er hat mir sogar ein Foto gezeigt mit Herrn Albert und Gödel und Oppenheimer, dem Vater der Atombombe.«

»Ich kenne das Foto. Ja, Herr Kurt und Herr Albert waren gute Freunde. Sie wohnten in derselben Gegend und sind oft zusammen zu Fuß ins Institut gegangen.«

»Hat Oppenheimer auch am Institut gearbeitet?«

»Nein. Aber Oppenheimer ist dort lange Direktor gewesen. Ein paar Jahre nachdem er die amerikanische Atombombe gebaut hatte.«

»Aber was hat Gödel mit Paradoxa zu tun? Opa hat zwar viel von Gödel geredet, aber von Paradoxa hat er nichts gesagt.«

»Dann musst du ihn morgen danach fragen. Und jetzt leg dich schlafen. Dein Gehirn hat wieder so viele Informationen zu verarbeiten, dass es die ganze Nacht beschäftigt sein wird. Gute Nacht, Esther.«

»Gute Nacht, Nils, und … Nils?«

»Ja?«

»Vielen Dank für alles.«

»Gern geschehen, Esther.«

Paradoxa

Am nächsten Tag ging ich zu Opa. Er saß wieder über seiner Zeitung. Ich wusste, dass ich ihn nicht stören durfte, wenn er gerade beim Wirtschaftsteil war. Warum ein so vielseitiger Mann wie er so langweilige Sachen wie Wirtschaftsnachrichten lesen konnte, habe ich nie begriffen. Mein Vater muss das von ihm geerbt haben. Denn auch er kann sich über so etwas Blödes wie Geld richtig aufregen. Die Welt des Geldes sei spannend, sagt er. Zudem habe vieles aus der Naturwissenschaft mit Geld zu tun. So zum Beispiel die Geschwindigkeit, mit der sich Kaninchen fortpflanzen. Das sei so ähnlich wie die Aktienkurse, die steigen und fallen. Auch die Form von Blumenkohlköpfen habe damit zu tun. Das muss man sich mal vorstellen! Er kommt dann immer auf das Chaos zu sprechen. Chaos bedeutet, dass sehr kleine Veränderungen sehr große Folgen haben können. Als Beispiel bringt er dann den Schmetterling, der in Südamerika mit den Flügeln flattert und damit irgendwo in Europa einen wochenlang andauernden Orkan verursacht. Irgendwann kam er in mein Zimmer und fragte mich seufzend, ob ich nicht endlich aufräumen könnte – so ein Chaos habe er noch nie gesehen. Ich sei gerade dabei, antwortete ich, mich in die Finanzwelt einzuarbeiten. Das brachte ihn zum Lachen, aber aufräumen musste ich trotzdem.

Als Opa endlich die Zeitung beiseite legte, hatte ich die Comicseite zum zehnten Mal gelesen.

»Hallo, Kleines.«

»Opa, was ist ein Paradox, und was hat Gödel damit zu tun?«

»Ein Paradox? Gödel? Wer hat dir denn davon erzählt?«

»Ach, ist jetzt egal. Also, hat Gödel etwas mit Paradoxa zu tun? Und was ist das Zwillingsparadox?«

»Aha, daher weht der Wind. Du siehst, die Welt ist klein, und alles hängt mit allem zusammen. Das sagt mein Freund Bruno auch immer. Recht hat er.«

»So wie auch Kaninchen, Blumenkohl und Chaos mit Geld zusammenhängen?«

»Kaninchen, Blumenkohl und Chaos? Ach ja, dein Vater behauptet das. Diese Kaninchen und der Blumenkohl haben mit den Fibonacci-Zahlen zu tun, aber wie das Chaos damit zusammenhängt, weiß ich nicht. Darüber hat man zu meiner Zeit noch gar nicht nachgedacht, das tut man erst jetzt. Dein Vater scheint ziemlich begeistert von diesem Chaos-Denken zu sein. Zu unserer Zeit wussten wir davon noch gar nichts und kamen trotzdem gut zurecht. Aber lass uns nicht abschweifen. Paradoxa und Gödel ... Weißt du, was ein Paradox ist?«

»Nein.«

»Ein Paradox ist ein innerer Widerspruch. Man kann auch sagen, ein Satz, in dem du eine Reihe von Sachen sagst, die jede für sich richtig sind. Wenn du aus diesen Sätzen jedoch eine Schlussfolgerung ziehst, gerätst du in Widerspruch zu dem Satz, mit dem du angefangen hast. Damit du das verstehst, muss ich dir zuvor erklären, was ein Widerspruch ist. Der Satz: ›Der erste Zug fährt schneller als der zweite Zug, und der zweite fährt schneller als der erste‹, enthält einen Widerspruch. Damit kann dieser Satz nicht wahr sein.«

»Also ist jeder Satz, der nicht wahr ist, ein Paradox?«

»Nein. Ein Satz ist ein Paradox, wenn alle Teile des Satzes zugleich wahr sind, während du aus diesen eine Schlussfolgerung ableiten kannst, die möglicherweise nicht wahr ist. Unser Beispiel von eben, der Satz mit den zwei Zügen, ist kein Paradox, weil wir uns keine Situation vorstellen können, in der beide Teile des Satzes gleichzeitig wahr sind.«

»Und was ist dann ein Paradox?«

»Zuerst musst du wissen, dass es drei Arten von Paradoxa gibt. Die erste Art ist die, in der man einen einfachen Denkfehler macht, zum Beispiel einen mathematischen Fehler. Eigentlich sind das keine echten Paradoxa, denn hier kann man den Widerspruch ganz leicht aufheben. Vielleicht kennst du diese verwirrenden ›Beweise‹, mit denen dir einer demonstriert, dass die Zahl 1 gleich der Zahl –1 ist; oder aber auch, dass 0 gleich 1 ist. Der Beweisweg wird extra kompliziert angelegt, damit man den Denkfehler, der darin steckt, nicht sofort merkt.«

»Kannst du mir das mal vorführen?«

»Ja. Stell dir eine Zahl x vor. Diese Zahl kann alles sein, aber wir nehmen jetzt an, dass x gleich 1 ist. Also 1 und x sind dasselbe. Wir können also schreiben: $x = 1$. Wenn zwei Ausdrücke gleich sind, dann können wir sie beide jeweils mit sich selbst multiplizieren, und die beiden Resultate sind dann wieder gleich. Also können wir auch schreiben: $x^2 = 1^2$. Das ist: x im Quadrat ist gleich 1 im Quadrat.

Wir ziehen von beiden Seiten der Gleichung, links vom Gleichheitszeichen und rechts vom Gleichheitszeichen, 1^2 ab. Wir haben dann $x^2 - 1^2 = 1^2 - 1^2$. Was rechts steht, ist natürlich gleich 0. Wir erhalten also $x^2 - 1^2 = 0$.

Jetzt gibt es einen kleinen Trick in der Mathematik. In Mathebüchern findet man das unter dem Stichwort ›Binomische Formeln‹. Wenn du in einer Gleichung einen Ausdruck hast nach dem Muster $a^2 - b^2$, dann darfst du dafür auch folgenden Ausdruck schreiben: $(a + b) \times (a - b)$. Das gilt für alle a und für alle b. Du kannst es ganz einfach selbst kontrollieren. a und b können für beliebige Zahlen stehen. In unserer Berechnung hat $x^2 - 1^2$ dieselbe Form wie $a^2 - b^2$. Also können wir schreiben: $(x + 1) \times (x - 1) = 0$.

Jetzt können wir sowohl die linke wie die rechte Seite der Gleichung durch $(x - 1)$ dividieren. Wenn wir die linke und die rechte Seite einer Gleichung durch gleichen Ausdruck teilen, dann sind auch die beiden Ergebnisse gleich. Wir bekommen dann: $x + 1 = 0$. Oder $x = -1$. Aber am Anfang haben wir gesagt, dass $x = 1$ ist, und also ist 1 gleich -1.

»Aber 1 ist doch nicht gleich -1?«

»Natürlich nicht. Das ist ja gerade das Paradox. Wir haben angefangen mit etwas, das wahr ist, und danach haben wir eine Reihe von Rechenoperationen durchgeführt, die jede für sich ebenfalls korrekt sind, und trotzdem kommen wir auf eine Schlussfolgerung, die nicht wahr ist. Das ist also ein Paradox.«

»Haben wir denn bei diesen Rechenoperationen wirklich alles richtig gemacht?«

Opa lachte kurz. »Nein, natürlich nicht. Wir haben einen ganz einfachen Fehler gemacht. Irgendwann haben wir durch $x - 1$ geteilt, aber da x gleich 1 ist, haben wir tatsächlich durch 0 geteilt. Aber man darf nie durch 0 teilen. Nimm zunächst diese Gleichung:

$0 \times 5 = 0 \times 4$. So weit stimmt das noch, denn beide Seiten der Gleichung sind gleich 0. Ein Schlaumeier könnte nun aber auch beide Seiten der Gleichung durch 0 teilen und daraus schlussfolgern, dass 4 gleich 5 ist.«

»Das ist Quatsch. Und das ist auch ein Paradox?«

»Es ist eins, aber kein echtes Paradox. Wir können den Fehler entdecken und das Paradox damit auflösen. Beim echten Paradox muss man sich an die Regeln halten und keinen Fehler machen. Unser Beispiel war also nicht nur ein unechtes Paradox, sondern zudem noch ein ziemlich einfaches unechtes Paradox, weil man den Fehler ganz leicht finden kann.«

»Dann gibt es aber auch schwierige unechte Paradoxa?«

»Natürlich. Das sind dann meistens Paradoxa der zweiten Art. Die sind ebenfalls unecht, aber sie sind haltbarer, weil es schwieriger ist, den Fehler zu finden. Und es hängt meistens damit zusammen, dass uns der gesunde Menschenverstand auf die falsche Fährte führt. Das Zwillingsparadox von Herrn Albert ist ein solches Paradox der zweiten Art.«

»Und wie geht dieses Zwillingsparadox?«

»Angenommen, du hast zwei Zwillingsbrüder, zum Beispiel Gerd und Guido. Die beiden sind definitionsgemäß gleich alt, sonst wären sie ja keine Zwillinge. Lass uns ein Gedankenexperiment unternehmen. Wir schicken Gerd auf eine lange Weltraumreise, wobei wir ihn mit enormer Geschwindigkeit reisen lassen, fast so schnell wie das Licht, sagen wir mit einer Geschwindigkeit von zweihunderttausend Kilometern, oder sogar mit zweihundertfünfzigtausend Kilometern pro Sekunde. Herrn Albert zufolge wird Folgendes passieren: Wenn Gerd auf die Erde zurückkehrt, wird er jünger sein als Guido. Siehst du das Paradox? Es liegt darin, dass Gerd und Guido Zwillingsbrüder sind: Sie sind gleich alt und werden immer gleich alt bleiben. Und doch wird Gerd nach der Weltraumreise jünger sein als Guido. Wenn Gerd zurückkehrt, wird Guido zum Beispiel fünfzig Jahre alt sein und Gerd erst vierzig.«

»Es geht natürlich nicht, dass Gerd jünger ist als Guido. Da steckt doch der Fehler. Aber warum soll denn das ein Paradox sein?«

»Die meisten Leute glauben, der Fehler stecke einfach in dem Gedankenexperiment. In einem Gedankenexperiment ist nämlich nicht alles erlaubt. Man kann zum Beispiel nicht Zwillingsbrüder auftauchen lassen, von denen der eine zehn Jahre jünger ist als der andere.«

»Das ist doch, was die beiden Regeln für Gedankenexperimente verlangen!«

Opa war erstaunt. »Was meinst du damit?«

»Die erste Regel verlangt, dass achtzig Prozent der Menschen einverstanden sein müssen mit dem Ergebnis des Gedankenexperiments, weil man in einem Gedankenexperiment sonst alles denken könnte. Das zweite Gesetz sagt, dass der Erfinder des Experiments nicht daran teilnehmen darf, weil er sonst das Ergebnis manipulieren könnte.«

»So? Davon habe ich noch nie gehört. Aber es stimmt, was du sagst.«

»Aber im Fall des Zwillingsparadoxons werden die meisten Leute doch nie damit einverstanden sein, dass Gerd jünger ist als Guido?«

»Wenn sie Herrn Alberts spezielle Relativitätstheorie nicht kennen, dann werden sie bestimmt nicht damit einverstanden sein.«

»Handelt die spezielle Relativitätstheorie denn von Zwillingen, die nicht gleich alt bleiben?«

»Nicht direkt. Aber die spezielle Relativitätstheorie besagt, dass die Zeit nicht für jeden gleich schnell vergeht. Die Zeit ist demzufolge nicht absolut, also nicht für jeden gleich, sondern sie ist relativ, weil sie abhängt von der Bewegung der Personen. Wegen Gerds Weltraumreise läuft die Zeit für Gerd und Guido nicht in gleicher Weise ab. Und darum ist es möglich, dass Gerd, wenn er zurückkehrt, jünger ist als Guido.«

»Das kann ich aber kaum glauben. Hat man das schon mal mit wirklichen Zwillingen getestet?«

»Nein, aber man hat andere Experimente durchgeführt. Man hat zum Beispiel in einem Flugzeug sehr genaue Atomuhren mitfliegen lassen. Und man hat tatsächlich messen können, dass diese fliegenden Uhren langsamer gingen als Uhren, die auf der Erde zurückgeblieben waren. Deshalb gibt es mittlerweile auch fast niemanden mehr, der daran zweifelt, dass der eine Zwillingsbruder tatsächlich jünger würde als der andere, wenn man das Experiment mit einem Zwillingspaar tatsächlich durchführen würde.«

»Das mit den Uhren in einem Flugzeug habe ich schon mal gehört. Aber so richtig glauben kann ich das trotzdem nicht. Und ganz bestimmt nicht, wenn es um Zwillinge geht. Hat denn Einstein auch erklärt, weshalb die Zeit für den einen langsamer vergeht als für den anderen?«

»Das hat er tatsächlich getan. Aber ich kenne die spezielle Relativitätstheorie nicht genügend, um es dir erklären zu können. Du wirst mir vorläufig einfach glauben müssen, bis du jemanden findest, der es dir erklären kann.«

»Mal angenommen, das mit diesen Zwillingen stimmt. Weshalb ist es dann ein Paradox – und weshalb ist es kein echtes?«

»Es ist ein unechtes Paradox, weil der innere Widerspruch nur scheinbar ist und sich auflösen lässt. Man kann die Geschichte folgendermaßen erzählen: Gerd und Guido sind Zwillingsbrüder, und wenn Gerd von seiner Reise mit Lichtgeschwindigkeit zurückkommt, ist er zehn Jahre jünger als Guido. – Das klingt wie ein echtes Paradox, vorausgesetzt natürlich, beide Teile des Satzes sind wahr. Tatsächlich jedoch steckt in diesem Satz eine Unterstellung. Sie bleibt unausgesprochen, doch man hat sie im Kopf. Dass Gerd und Guido Zwillingsbrüder sind, ist eine explizite Unterstellung, denn sie wird ausdrücklich erwähnt. Die meine ich nicht. Die unausgesprochene, also implizite Unterstellung – und um die geht es im Zwillingsparadox – ist, dass die Zeit für beide Brüder gleich schnell vergeht. Das Zwillingsparadox sagt also: Gerd und Guido sind Zwillingsbrüder, und sie bleiben immer gleich alt, weil die Zeit für beide stets gleich schnell vergeht. Trotzdem jedoch wird Gerd zehn Jahre jünger sein als Guido, wenn er zur Erde zurückkehrt. – Wenn wir das Zwillingsparadox auf diese Weise formulieren, dann sehen wir sofort, wo der Fehler steckt. Nämlich in der Unterstellung, dass die Zeit für beide stets gleich schnell verläuft. In dieser Hinsicht hat Einstein das Gegenteil bewiesen. Und wegen dieser falschen Argumentation ist das Zwillingsparadox kein echtes Paradox. Allerdings sieht man den Fehler nicht sofort, weil unser gesunder Menschenverstand uns auf eine falsche Fährte lockt. Denn der sagt uns, dass die Zeit für jeden Menschen stets gleich schnell vergeht. Das aber ist nicht der Fall.«

»Ich glaube, das habe ich verstanden. Gibt es noch andere Paradoxa der zweiten Art?«

»Ich kenne ein einfaches, das du selbst ausprobieren kannst. Ich nehme zwei Blatt Papier. Ich halte sie einen Zentimeter weit auseinander. Was wird passieren, wenn ich kräftig zwischen die beiden Blätter blase?«

»Dann gehen sie auseinander.«

»Gut. Dann lass uns hinschauen.«

Opa hielt die beiden Blätter wie beschrieben und blies so kräftig zwischen beide, dass sein Gesicht knallrot anlief. Meine Aufmerksamkeit wurde aber vor allem durch die beiden Blätter angezogen. Denn die flogen nicht weiter auseinander, sondern im Gegenteil: Sie bewegten sich aufeinander zu!

»Wie ist das möglich? Du bläst zwischen die beiden Blätter, das heißt, du presst Luft dazwischen, und doch bewegen sie sich aufeinander zu.«

»Die Erklärung ist einfach. Es gibt ein physikalisches Gesetz, das besagt, dass der Druck in sich bewegenden Gasen und Flüssigkeiten niedriger ist als der Druck in ruhenden Gasen und Flüssigkeiten. Außen ruht die Luft, darum ist der Druck an den Außenseiten der Blätter höher als zwischen den Innenseiten, an denen ich entlangblase. Und darum werden die Blätter aufeinander zugedrückt. Wieder hat uns der gesunde Menschenverstand auf die falsche Spur gebracht, und deshalb haben wir es hier mit einem Paradox zu tun. Aber auch das ist kein echtes.«

»Ein schönes Experiment. Darf ich auch mal probieren?«

»Nur zu.«

Ich nahm die beiden Blätter und blies. Und tatsächlich, auch bei mir bewegten sich die Blätter aufeinander zu.

»Gibt es noch mehr solche Tricks?«

»Du solltest mal über das folgende Problem nachdenken: In einem fahrenden Auto füllst du einen Ballon mit Gas, sodass er innen unter dem Autodach schwebt. Was wird mit dem Ballon passieren, wenn das Auto eine sehr scharfe Kurve nach links macht? Wird der Ballon im Auto nach links, das heißt zur Innenseite der Kurve getrieben oder nach rechts zur Außenseite hin, oder bleibt er hübsch in der Mitte?«

»Zunächst hätte ich gedacht, der Ballon wird nach außen getrieben, wegen der Zentrifugalkraft. Aber weil wir hier über Paradoxa sprechen, wird sich der Ballon wohl nach links bewegen.«

»Das ist auch eine Art, diese Frage zu beantworten. Denk heute Abend mal gut darüber nach, weshalb der Ballon tatsächlich nach links getrieben wird. Dabei kannst du gleich noch über ein Paradox von Galilei nachdenken. Er hat darauf hingewiesen, dass zwei Zahlenmengen gleich viele Elemente enthalten können, und zwar auch dann, wenn die eine Menge eine Teilmenge der anderen ist. Also: Alle Elemente der ersten Menge sind in der zweiten enthalten, aber die zweite Menge enthält ihrerseits Elemente, die in der ersten nicht enthalten sind. Galileis Behauptung ist, dass beide Mengen dennoch gleich viele Elemente enthalten. Nimm zum Beispiel die Menge aller ganzen Zahlen – eins, zwei, drei, vier, fünf, sechs, sieben bis unendlich – und dazu die Menge aller geraden Zahlen – zwei, vier, sechs, acht, zehn, zwölf, vierzehn und so weiter bis unendlich. Die geraden Zahlen sind in der Menge der ganzen Zahlen enthalten, und doch gibt es genauso viele gerade Zahlen, wie es ganze Zahlen gibt. Das siehst du sofort ein, wenn du die beiden Reihen untereinander schreibst.

1	2	3	4	5	6	7	8	9
2	4	6	8	10	12	14	16	18

Auf jede ganze Zahl kommt genau eine gerade Zahl. Und auch umgekehrt: auf jede gerade Zahl genau eine ganze Zahl. Also gibt es genauso viele gerade Zahlen wie ganze Zahlen.«

Viel mehr als »hm« konnte ich dazu nicht sagen. Dieser Galilei hatte wohl ziemlich was auf dem Kasten gehabt.

»Ich werde darüber nachdenken. Aber was hat Gödel mit all dem zu tun?«

»Gödel hat mit der dritten Art von Paradoxa zu tun, mit den echten. Sie sind die interessantesten. Die Paradoxa der ersten Art lassen sich so einfach auflösen, dass wir sie am besten vergessen, zumindest wenn es uns wirklich um Paradoxa geht. Wir können diese erste Art als Rätsel betrachten, um unseren Scharfsinn zu testen. Die Paradoxa der zweiten Art sind schon interessanter, weil sie zeigen, wie falsch unser gesunder Menschenverstand manchmal liegt. Insofern können wir an denen der zweiten Art eine ganze Menge lernen. Ich habe heute nur das Zwillingsparadox und das Blasen zwischen zwei Blatt Papier angeführt, aber es gibt noch andere schöne Beispiele dafür. Auf den ersten Blick erscheinen sie allesamt paradox, aber es zeigt sich, dass sie nicht wirklich unauflösbar sind. Man kann sie lösen und das Paradox verschwinden lassen. Ganz anders ist das mit den Paradoxa der dritten Art. Hier findet man keinen Fehler und keine falsche Unterstellung, und doch kommt man zu Ergebnissen, die es eigentlich nicht geben darf. Eines dieser Paradoxa hat Gödel in seiner Arbeit verwendet.«

»Hat er die echten Paradoxa erfunden?«

»O nein, echte Paradoxa kennt man seit mindestens zweitausendfünfhundert Jahren. Über einige haben schon die alten Griechen nachgedacht. Sie kannten übrigens auch Paradoxa der zweiten Art, die sie nicht auflösen konnten. Es hat einige hundert Jahre gedauert, ehe man imstande war, sie zu lösen.

Ein berühmtes Paradox ist das von Achilles und der Schildkröte. Gefunden hat es Zenon von Elea, der ungefähr fünfhundert Jahre vor Christus lebte. Auch viele andere Paradoxa gehen auf ihn zurück. Achilles war ein sehr tapferer und unheimlich schneller Krieger, der schnellste Läufer weit und breit. Aber Zenon hat demonstriert, dass auch dieser Schnellläufer eine Schildkröte niemals einholen kann, wenn diese bei einem Wettrennen einen Vorsprung bekommt. Nehmen wir also an, Achilles und die Schildkröte verabreden ein Wettrennen miteinander.«

»Wir unternehmen jetzt also ein Gedankenexperiment?«

»Ja, Kleines, so kann man es nennen. Achilles und die Schildkröte verabreden also, dass Achilles bei Punkt A startet und die Schildkröte bei Punkt B. Sie starten beide im gleichen Augenblick und laufen auf Punkt Z zu. Ich will es mal aufzeichnen.

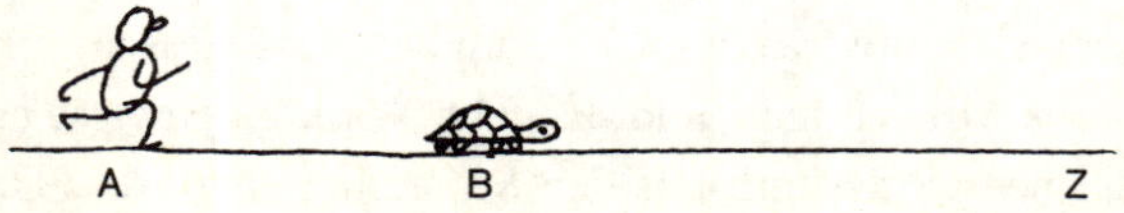

Sie starten gleichzeitig und laufen in Richtung Punkt Z. Achilles läuft natürlich ein ganzes Stück schneller als die Schildkröte. Er wird nach einer Weile B passieren, den Punkt, an dem die Schildkröte gestartet ist. Wenn Achilles dort ankommt, dann hat natürlich auch die Schildkröte schon eine bestimmte Strecke zurückgelegt und wird bei einem Punkt C angekommen sein. Die Entfernung zwischen B und C wird kürzer sein als die Entfernung zwischen A und B, weil Achilles viel schneller läuft als die Schildkröte. Wir haben jetzt also eine Situation wie auf der folgenden Zeichnung:

Aber Achilles und die Schildkröte bleiben nicht stehen; sie laufen weiter. Nach einer Weile wird Achilles den Punkt C passieren, an dem sich die Schildkröte befand, als Achilles bei Punkt B war. Aber wenn Achilles diesen Punkt C passiert, dann hat auch die Schildkröte wiederum eine kleine Entfernung zurückgelegt und wird bei einem Punkt D angelangt sein.

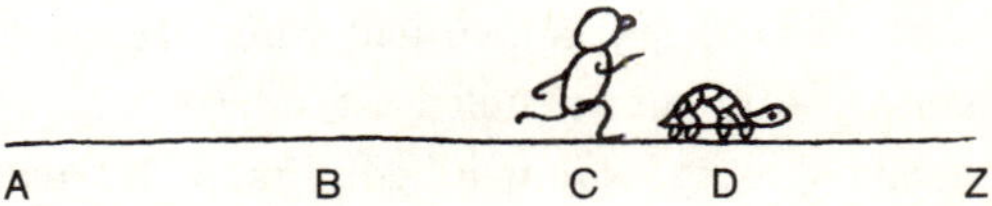

Dieser Punkt D liegt nahe an Punkt C, aber die Schildkröte hat immer noch einen Vorsprung. Und so kann das ewig weitergehen. Achilles kommt der Schildkröte immer näher, aber jedes Mal, wenn Achilles an den Punkt kommt, an dem die Schildkröte sich einen Augenblick zuvor befunden hat, ist die Schildkröte schon wieder ein Stückchen weiter. Also kann Achilles die Schildkröte nie einholen. Achilles kommt ihr immer näher, aber er wird nie im gleichen Augenblick an der gleichen Stelle sein wie die Schildkröte.«

Ich dachte darüber nach und musste zugeben, dass Opa (oder dieser Zenon) Recht hat. Achilles kann die Schildkröte tatsächlich nicht einholen. Und doch wurde ich das Gefühl nicht los, dass etwas nicht stimmte. Schließlich wusste ich genau, dass der schnellere Läufer den langsameren einholen würde. »Wo also steckt der Fehler in diesem Paradox?«

»Es ist ein Paradox, weil dieses Gedankenexperiment ergibt, dass Achilles die Schildkröte nicht überholen kann; bei einem wirklichen Wettlauf aber würde er sie natürlich überholen.«

»Aber es ist kein echtes Paradox?«

»Nein, denn es steckt ein Fehler darin. Es hat allerdings fast zweitausendfünfhundert Jahre gedauert, ehe man herausfand, wo dieser Fehler steckt. Man muss die Bewegungen des Achilles und der Schildkröte mathematisch analysieren. Dann wird man deutlich sehen, dass es zwar eine unendliche Zahl von Etappen gibt, ehe Achilles die Schildkröte überholen kann (die erste Etappe von A nach B, die zweite von B nach C, die dritte von C nach D und immer so weiter), dass es aber doch nur eine bestimmte, endliche Zeit dauert, bis Achilles die Schildkröte überholt. Die unendlich vielen Etappen ergeben zusammengenommen trotzdem eine endliche Entfernung, und die kann in einer endlichen Zeit zurückgelegt werden.«

»Das verstehe ich nicht. Wie kann man denn unendlich viele Etappen haben, die alle zusammen eine endliche Entfernung ergeben? Wenn man unendlich viele Etappen hat, dann hat man doch auch eine Gesamtentfernung, die unendlich ist, oder?«

»Nicht unbedingt. Angenommen, jede Etappe ist genau halb so groß wie die vorangegangene. Weiter angenommen, die erste Etappe beträgt einen Meter. Die zweite Etappe ist dann ein halber Meter, die dritte ein Viertel und so weiter. Um es ein bisschen mathematisch und klarer zu machen: 1 Meter, 0,5 Meter, 0,25 Meter, 0,125 Meter und immer so weiter.«

»Aber wenn du all die Etappen zusammenzählst, dann wirst du doch nie aufhören können und nie wissen, wie weit du kommst.«

»Doch. Wenn du all diese Etappen zusammenzählst, dann wirst du genau bei zwei Metern landen.

»Bei zwei Metern? Wie soll das gehen?«

»Du kannst es mathematisch berechnen, aber du kannst es auch anders betrachten. Schau dir mal diese Linie von zwei Metern an.

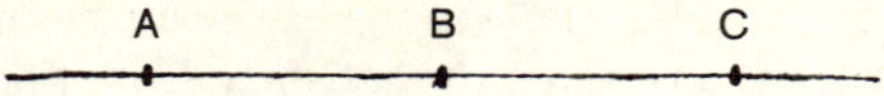

Die Entfernung zwischen A und B beträgt einen Meter, die zwischen B und C ebenfalls. Lass uns sehen, wie weit wir mit unseren Etappen kommen. Wir starten bei A und laufen nach C. Wenn wir die erste Etappe zurücklegen, wie weit kommen wir dann?«

»Wenn die erste Etappe ein Meter ist, dann bis nach B.«

»Sehr richtig. Die zweite Etappe ist dann ein halber Meter. Bis wohin kommen wir dann?«

»Einen halben Meter weiter. Also genau bis zur Hälfte zwischen B und C, denn C liegt einen Meter hinter B. Ein halber Meter ist die Hälfte der Strecke zwischen B und C.«

»Genau. Wir geben der Mitte zwischen B und C auch einen Namen, und zwar D.

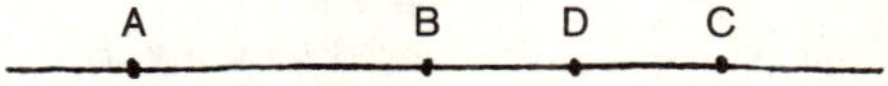

Und wie groß ist die Entfernung zwischen D und C?«

»Auch ein halber Meter natürlich.«

»Genau. Wir sind also bei D. Die dritte Etappe ist die Hälfte von einem halben Meter. Wie weit kommen wir jetzt?«

»Die Entfernung zwischen D und C beträgt einen halben Meter. Also kommen wir bis zur Hälfte zwischen D und C.«

»Richtig. Wir können diesen Punkt E nennen.«

»E«, fuhr Opa fort, »liegt in der Mitte zwischen D und C. Wenn die Entfernung zwischen D und C einen halben Meter beträgt, dann ist die zwischen D und E ein viertel Meter und die zwischen E und C auch. Nun sind wir bei E. Was passiert, wenn wir die vierte Etappe zurücklegen?«

»Die vierte Etappe ist die Hälfte eines viertel Meters. Wir werden bis zur Hälfte zwischen E und C kommen.«

»Genau. Siehst du schon, worauf das hinausläuft?«

»Hm … Ja, natürlich! Immer wenn wir zu einem bestimmten Punkt gekommen sind, so wie jetzt zu E, ist die nächste Etappe exakt so lang wie die halbe Entfernung zwischen diesem letzten Etappenpunkt und dem Endpunkt C. Und mit der nächsten Etappe wieder ein neuer Etappenpunkt, wieder genau die Hälfte der Entfernung zwischen diesem neuen Punkt und C. Und so kommen wir immer näher an C heran, denn jedes Mal wird die Entfernung zwischen dem letzten Etappenpunkt und dem Endpunkt C um die Hälfte kürzer. Erst waren es zwei Meter, die zurückgelegt werden mussten. Danach blieb noch ein Meter übrig, danach ein halber, ein viertel, ein achtel Meter und so weiter.«

»Und wenn wir unendlich viele Etappen zurücklegen?«

»Dann wird die Entfernung zwischen dem Punkt, an dem wir uns befinden, und C immer kleiner. Und nach einer unendlichen Zahl von Etappen wird diese Entfernung gleich Null sein. Und dann sind wir bei C. Nach unendlich vielen Etappen sind wir bei C.«

»Genau. Aber jetzt«, sagte Opa, »schauen wir mal, wie lange es dauert, bis wir bei C sind. Angenommen, wir legen einen Meter in der Sekunde zurück. Dann legen wir einen halben Meter in einer halben Sekunde, einen viertel Meter in einer viertel Sekunde zurück, und so weiter. Wie lange dauert es, bis wir in C sind?«

»Wir müssen einfach die Zeiten von allen Etappen zusammenzählen: eine Sekunde plus eine halbe Sekunde plus eine viertel Sekunde plus … Aber das haben wir vorhin schon berechnet! Das ist genau die Summe von allen Etappen zusammen. Und die Summe aller Etappen war zwei Meter. Also wird es genau zwei Sekunden dauern, um die unendlich vielen Etappen zurückzulegen!«

»Verwundert dich das?«

»Ach, nee, natürlich nicht. Wenn wir einen Meter in einer Sekunde zurücklegen und wenn die Entfernung zwischen A und C zwei Meter beträgt, dann dauert es exakt zwei Sekunden, um von A nach C zu kommen.«

»Genau. Wir sind also auf zwei verschiedenen Wegen zum gleichen Ergebnis gelangt. Damit siehst du auch, dass du unendlich viele Etappen in zwei Sekunden zurücklegen kannst und dabei insgesamt zwei Meter hinter dich gebracht hast.«

»Ich verstehe. Und doch hat man zweitausendfünfhundert Jahre gebraucht, um dahinter zu kommen?«

»Ja, bis zum Ende des 19. Jahrhunderts. Dann erst hatte man das Rechnen mit unendlich vielen Etappen gut im Griff. Und erst dann konnte man das Paradox von Achilles und der Schildkröte auflösen.«

»Also ist es auch kein echtes Paradox.«

Opa nickte.

»Das war ein schönes Paradox. Gibt es noch andere von diesem Zenon?«

»Zenon hatte noch viele andere. Zum Beispiel das vom fliegenden Pfeil. Wobei er uns beweisen will, dass es einen fliegenden Pfeil gar nicht geben kann. Denn, so argumentiert er, ein Pfeil befindet sich in jedem Augenblick an einem bestimmten Ort und nimmt einen bestimmten Raum ein, der exakt so groß ist wie der Pfeil selbst. Wenn ein Pfeil aber in jedem Augenblick an einem bestimmten Ort ist und einen bestimmten Raum einnimmt, dann kann er sich in diesem Augenblick nicht bewegen. Denn würde er sich in diesem Augenblick bewegen, dann wäre er an zwei Orten gleichzeitig und würde auch zwei verschiedene Räume einnehmen. Und das geht natürlich nicht. Also kann sich der Pfeil nicht bewegen. Und wenn sich der Pfeil nicht bewegen kann, dann kann er nicht fliegen. Demnach gibt es keinen fliegenden Pfeil.«

»Darüber muss ich erst mal nachdenken.«

»Auch die alten Griechen mussten lange darüber nachdenken. Zenon benutzte dieses Paradox, um zu beweisen, dass Bewegung überhaupt unmöglich ist, nicht nur bei einem Pfeil, sondern bei allem, was existiert. Und so demonstrierte er, dass es keinerlei Bewegung gibt. Bewegung, so sagte er, existiere nur in unseren Gedanken und sei nicht wirklich.«

»Ach, jetzt erinnere ich mich. Das habe ich auch schon mal gelesen. Aber das ist Philosophie. Können wir wieder über die Paradoxa reden? Wir haben immer noch kein echtes Paradox gehabt.«

»Gut. Jetzt betrachten wir die echten, unauflöslichen Paradoxa. Manche davon sind genauso alt wie die unechten Paradoxa des Zenon. Zum Beispiel die Geschichte des Barbiers, der sagt, er werde nur noch Männer rasieren, die sich selbst nicht rasieren. Damit stellt sich die große Frage: Darf dieser Barbier sich selbst rasieren?«

»Nein, denn wenn er sich selbst rasiert, dann ist er jemand, der sich selbst rasiert. Und weil er keinen rasiert, der sich selbst rasiert, darf er sich nicht rasieren.«

»Prima. Also rasiert er sich nicht. Aber wenn er sich nicht rasiert, dann darf er sich selbst rasieren. Also rasiert er sich doch. Doch wie du gerade gesagt hast, sobald er das tut, darf er sich nicht rasieren und rasiert sich somit nicht. Um das Ganze zusammenzufassen: Wenn er sich rasiert, dann rasiert er sich nicht. Denn nach der Regel, die er sich gegeben hat, darf er das nicht tun, weil er nur Männer rasiert, die sich selbst nicht rasieren. Und wenn er sich nicht rasiert, dann rasiert er sich doch, denn dann ist er keine Person, die sich selbst rasiert, und somit darf er sich rasieren.«

»Und was ist das Ergebnis? Darf er sich rasieren oder nicht?«

»Das weiß niemand. Denn wenn er darf, dann darf er nicht. Und wenn er nicht darf, dann darf er.«

»Ein echtes Rätsel.«

»Oder besser: ein echtes Paradox. Denn das ist ein echter innerer Widerspruch.«

»Das finde ich witzig. Gibt es noch mehr Beispiele?«

»Noch sehr viele. Auch sie stammen von den alten Griechen. Etwa die Geschichte von jenem Kreter, der sagt: ›Sobald ein Kreter etwas sagt, lügt er.‹ Also lügt auch dieser Mann, denn er ist ja Kreter. Aber was ist dann mit seinem Satz: Alle Kreter sind Lügner. Lügt er, wenn er diesen Satz ausspricht, oder sagt er die Wahrheit?«

»Lass mich nachdenken. Angenommen, es stimmt, was er sagt. Also: Ein Kreter lügt, sobald er etwas sagt. Und weil er selbst Kreter ist, lügt er also.«

»Das heißt, wenn er die Wahrheit spricht, dann lügt er. Und was ist, wenn er lügt?«

»Dann ist es eine Lüge, dass ein Kreter lügt, sobald er etwas sagt. Das bedeutet, dass ein Kreter nicht lügt, wenn er etwas sagt. Er selbst ist ein Kreter, also stimmt es nicht, dass er lügt – er spricht also die Wahrheit.«

»Das heißt, wenn er lügt, dann spricht er die Wahrheit, und wenn er die Wahrheit spricht, dann lügt er. Hübsch verzwickt, nicht?«

Ich nickte.

»Das sind die echten Paradoxa. Es gibt davon auch moderne Versionen, die vor noch nicht allzu langer Zeit erfunden wurden. Sie haben Ähnlichkeit mit den Paradoxa der alten Griechen. Eines zum Beispiel handelt von Büchern in einer Bibliothek. Man kann nämlich auch in einer ganz normalen Bibliothek in paradoxe Situationen geraten. Angenommen, du willst dort zwei Kataloge erstellen. Der erste soll die Titel aller Bücher enthalten, die sich selbst erwähnen. Die Bücher also, in denen irgendwo der eigene Titel vorkommt. Nicht auf dem Titelblatt natürlich, sondern irgendwo im Text. Der zweite Katalog soll dann die Bücher enthalten, die sich selbst nicht erwähnen, in deren Text der eigene Titel also nicht vorkommt. Nun stellt sich die Frage: In welchen Katalog muss der zweite Katalog aufgenommen werden? Denk darüber mal nach!«

Selbstsicher legte ich los: »Also, stellen wir uns vor, der zweite Katalog würde als Titel im zweiten erfasst. Also würde dieser zweite Katalog sich selbst erwähnen. Dann aber, wenn der zweite Katalog sich selbst erwähnt, dann gehört er in den ersten Katalog, denn der soll ja alle Bücher enthalten, die sich selbst erwähnen.«

»Und das heißt?«

»Das heißt, der zweite Katalog muss im ersten Katalog erfasst werden und nicht im zweiten.«

»Und weiter?«

»Der erste Katalog soll alle Bücher verzeichnen, die sich selbst erwähnen. Wenn der zweite Katalog im ersten verzeichnet werden soll, dann muss er sich selbst erwähnen. Anders gesagt: Der zweite Katalog muss auch im zweiten genannt werden.«

Opa ergänzte: »Das heißt: Wird der zweite Katalog in diesem zweiten Katalog genannt, dann muss dieser zweite Katalog im ersten Katalog auftauchen. Schließlich ist er ein Buch, das sich selbst erwähnt. Und darf als ein solches Buch auch nur im ersten Katalog stehen. Aber ein Buch kann nicht gleichzeitig sich selbst erwähnen und sich selbst nicht erwähnen. Doch wenn der zweite Katalog im ersten Katalog steht, dann muss er ein Buch sein, das sich selbst erwähnt. Woraus folgt, dass der zweite Katalog im zweiten Katalog erwähnt werden muss. Und er, der im ersten Katalog steht, kann nur in diesem zweiten Katalog stehen. Denn die Regel ist, dass ein Buch nur in einem der beiden Kataloge erfasst werden soll. Und damit haben wir ein echtes Paradox.«

»Die sind auch echt witzig. Eigentlich witziger als Einsteins Zwillingsparadox.«

»Nun sind das ja auch zwei völlig verschiedene Dinge. Du kannst die beiden nicht miteinander vergleichen. Im Zwillingsparadox geht es allein um Physik, und es hat nichts zu tun mit echten Paradoxa. Die echten Paradoxa dagegen haben nichts mit Physik zu tun. Beide Arten sind interessant, aber jedes eben auf seine eigene Art und aus einem anderen Grund.«

»Los, Opa, noch ein Paradox.«

»Aber es ist Zeit, dass du nach Hause gehst, Kleines. Deine Mutter wartet auf dich.«

»Bitte, Opa, nur noch eins. Ein ganz kleines.«

»Na gut, weil dus bist. Ich werde es dir erzählen, aber du musst selbst herausfinden, weshalb es ein Paradox ist. Es arbeitet mit den Wörtern *autolog* und *antilog.*«

»Autolog und antilog? Nie gehört. Was soll denn das heißen?«

»Es sind zwei Kunstwörter. Wörter, die es gar nicht gibt. Sie wurden eigens für dieses Paradox erfunden. So soll ein Wort autolog heißen, wenn es auf sich selbst zutrifft. Nach dieser Regel wäre zum Beispiel das Wort ›kurz‹ ein autologes Wort, weil es ein kurzes Wort ist. Das Wort ›kurz‹ ist kurz und trifft deshalb auf sich selbst zu. Das Wort ›lang‹ ist nicht autolog, denn es ist selbst ein kurzes Wort. Das Wort lang ist also ein antiloges Wort. Denn die Regel sagt: Ein Wort, das nicht auf sich selbst zutrifft, ist antilog. Verstehst du?«

»Ich denke schon. Ein Wort, das auf sich selbst zutrifft, ist autolog. Ein Wort, das nicht auf sich selbst zutrifft, ist antilog.«

»Genau. Die große Frage ist jetzt: Ist das Wort ›antilog‹ autolog oder antilog? Denk darüber mal nach. Aber jetzt musst du schnell nach Hause, sonst macht sich deine Mutter Sorgen.«

»Okay, Opa. Bis morgen.«

»Bis morgen, Kleines.«

Ich gab Opa einen Kuss und lief schnell nach Hause. Auf dem Weg jedoch arbeitete mein Gehirn auf Hochtouren. Ist das Wort ›antilog‹ ein autologes oder ein antiloges Wort? Ich könnte auch anders fragen: Trifft das Wort ›antilog‹ auf sich selbst zu oder nicht? Angenommen, das Wort ›antilog‹ sei autolog. Dann müsste es auf sich selbst zutreffen. Aber wenn das Wort ›antilog‹ auf sich selbst zutrifft, dann muss es als antiloges Wort gelten, weil das Wort nicht auf sich selbst zutrifft. Das heißt, wenn das Wort ›antilog‹ definitionsgemäß autolog ist, dann ist es zugleich antilog. Aber das eben geht ja gar nicht. Denn ein Wort kann nicht gleichzeitig auf sich selbst zutreffen und nicht auf sich selbst zutreffen. Wenn das Wort ›antilog‹ also nicht autolog ist, dann kann es nur antilog sein. Dann aber trifft es auf sich selbst zu und ist wiederum autolog. Aber das geht auch nicht, denn eben habe ich ja unterstellt, dass es antilog ist, und ein Wort kann nicht gleichzeitig antilog und autolog sein. Wo bin ich also gelandet? Wenn das Wort ›antilog‹ autolog ist, dann muss es als antilog gelten. Wenn es dagegen antilog ist, dann muss es als autologes Wort gelten. Und das ist ein echtes Paradox.

So, dachte ich bei mir, ich bin auf dem besten Weg, zu einer Spezialistin für Paradoxa zu werden. Nils wird sich wundern nachher. Und er wird sich noch mehr wundern, wenn er hört, dass ich auch schon weiß, was das Zwillingsparadox ist.

Ockhams Rasiermesser-Prinzip

An diesem Abend bin ich früh ins Bett gegangen. Meine Eltern verstanden die Welt nicht mehr. Bislang hatte ich mir alle möglichen Tricks einfallen lassen, um möglichst lange aufzubleiben, und plötzlich ging ich ohne Aufforderung schlafen, lange vor meiner gewöhnlichen Zeit. Ich lag kaum im Bett, da war er schon da.

»Hallo, Esther. Du strahlst ja richtig.«

»Hallo, Nils. Opa hat mir alles über Paradoxa erzählt. Auch über das Zwillingsparadox. Ich weiß jetzt genau, was das bedeutet.«

»Alles über Paradoxa?«

»Na ja, vielleicht nicht alles, aber eine ganze Menge. Es gibt drei Arten davon, aber nur die der dritten Art sind echte Paradoxa. Aber ich kann dir für alle drei Arten Beispiele nennen. Herrn Alberts Zwillingsparadox gehört zur zweiten Art, ist also kein echtes.«

»Kennst du auch das Paradox von Achilles und der Schildkröte?«

»Klar doch. Und das vom fliegenden Pfeil. Beides keine echten.«

»Die Bibliothek? Autolog – antilog?«

»Beide echt.«

»Und Galileis Paradox mit den Zahlenmengen?«

»Ein Paradox der zweiten Art.«

Ich verschwieg allerdings, dass ich noch nicht richtig wusste, warum das so ist.

»Prima. Du hast wirklich aufgepasst.«

»Sind ja auch echt witzig, diese Paradoxa.«

»Aber es war nicht immer so komisch. Erinnerst du dich noch, was ich gestern über das Zwillingsparadox gesagt habe?«

»Ja, manchmal ist wohl etwas schief gegangen. Du hast erzählt, dass Herr Albert die Beobachter vergessen hatte, die in einem fahrenden Zug saßen. Sie mussten das ganze Wochenende herumfahren, ehe er wieder an sie dachte.«

»Ja, so war das. Und mit dem Zwillingsparadox, das war eine wirkliche Katastrophe. Und nur wegen Herrn Alberts Zerstreutheit. Er hatte das Gedankenexperiment begonnen, um das Zwillingsparadox zu testen, aber dann wurde er zum Abendessen gerufen. Das war an einem Freitagabend. Und als er Montag früh wieder an die Arbeit ging, hatte er das ganze Gedankenexperiment vergessen. Er hat nie mehr daran gedacht. Und wir konnten Herrn Albert nicht erinnern. Wir sind ja nur Beobachter, können also nur Befehle ausführen oder mitteilen, was wir bei den Gedankenexperimenten herausgefunden haben.«

»Und was ist dann mit Gerd, dem Raumfahrer-Zwillingsbruder, passiert?«

»Gerd? Nein, das war Max. Und der fliegt noch immer durchs All. Er wird wohl ewig fliegen, denn Herr Albert ist inzwischen tot. Und weil niemand weiß, wo Max jetzt ist, kann ihn auch niemand zurückkommen lassen. Nie mehr.«

»Ui, ist ja schrecklich.«

»Sein Bruder hat sich von diesem Schlag nie wieder erholt. Zwillinge haben eine ganz besondere Beziehung zueinander. Der zurückgebliebene Bruder fühlt einfach, dass Max irgendwo ist, aber er weiß nicht, wo. Max fliegt also immer weiter. Es wird ihn kaum trösten, dass die Zeit für ihn nicht so schnell vergeht wie für seinen Bruder. Und dass er jünger sein wird als dieser. Falls er jemals zurückkommt.«

»Max wird also ständig jünger als sein Bruder?«

»Das ist eines der merkwürdigsten Dinge an der speziellen Relativitätstheorie. Wie du mittlerweile weißt, ist das Zwillingsparadox kein echtes Paradox, weil die Zeit für die beiden Brüder nicht gleich schnell vergeht. Nur deshalb kann der eine jünger sein als der andere. Aber wenn ich das so erzähle wie eben, wirst du den Eindruck haben, als würde Max jünger, weil er eine lange Reise mit einer hohen Geschwindigkeit unternimmt. Aber das stimmt nicht. Eigentlich steckt noch ein weiteres Paradox dahinter, das ebenfalls kein echtes und noch schwieriger zu erfassen ist als das Zwillingsparadox.«

»Jetzt machst du mich aber wirklich neugierig. Ich dachte, ich hätte das Zwillingsparadox verstanden, und jetzt kommst du mit einem weiteren Zwillingsparadox. Opa hat nichts davon gesagt.«

»Konnte er auch nicht. Man kann dieses zweite Paradox nur richtig erklären, wenn man die spezielle Relativitätstheorie verstanden hat.«

»Dann erklär mir jetzt, was die spezielle Relativitätstheorie ist!«

»Dazu ist es noch zu früh. Aber ich will dir schon mal eine Vorstellung davon geben, wie merkwürdig diese Theorie ist.«

»Aber das weiß ich doch schon. Die Zeit vergeht nicht für jeden gleich schnell. Das habe ich nun begriffen.«

»Ja und nein. So wie du das eben ausgedrückt hast, stimmt es nicht ganz. Um es aber genau zu formulieren, musst du ein paar Dinge wissen, die du noch nicht weißt.«

»Das hört ja überhaupt nicht auf. Wenn das so weitergeht, komme ich nie dahinter, was es mit dieser Theorie auf sich hat!«

»Ach Esther, Liebes. Du bist erst fünfzehn Jahre alt und kein Physikgenie. Glaubst du denn wirklich, ich könnte dir so eins, zwei, drei einen Sachverhalt erklären, von dem die meisten Menschen glauben, eigentlich könne das fast niemand verstehen? Etwas, das von einem der genialsten Menschen entdeckt wurde, die je gelebt haben?«

»Es tut mir leid. Ich … Du hast ja Recht … Aber … ich möchte es doch so gerne verstehen.«

»Das weiß ich. Mach dir keine Sorgen. Wir sind erst zwei Tage dabei, und was hast du alles schon gelernt! Über Gödel und über die Paradoxa!«

»Gödel und die Paradoxa! Aber Opa hat mir nicht erzählt, was Gödel mit Paradoxa zu tun hat! Er hat zwar gesagt, Gödel habe in seiner Arbeit ein Paradox der dritten Art verwendet, aber wie, das hat er mir nicht erzählt. Ich habe auch vergessen, ihn zu fragen. Weißt du es vielleicht?«

Nils nickte.

»Kennst du das Paradox von den Kretern, die lügen?«

»Klar. Dritte Art«, sagte ich, als hätte ich mein ganzes Leben lang nichts anderes getan als Paradoxa klassifiziert.

»Gödel hat mit der mathematischen Behauptung gearbeitet: ›Diese mathematische Behauptung kann nicht bewiesen werden.‹ Das ist eine Variante von: ›Dieser Satz ist nicht wahr.‹ Und der wiederum ist eine Variante des Paradoxons mit den Kretern, die lügen.«

Nils fuhr rasch fort: »Stell dir eine mathematische Behauptung S vor, die besagt: ›Diese Behauptung S kann nicht bewiesen werden.‹«

»Augenblick. Die Behauptung sagt also etwas über sich selbst aus?«

»Richtig. Diese Behauptung S sagt über sich selbst, dass sie nicht bewiesen werden kann.«

»Und dann?«

»Gödel ist es gelungen, diese Behauptung S in die Zahlentheorie zu integrieren. Diese Theorie war in sich korrekt, also widerspruchsfrei. Wenn man in einer solchen Theorie korrekt, also widerspruchsfrei, argumentiert, dann sind die so gewonnenen Behauptungen ihrerseits korrekt. Also ist auch S korrekt. Die Behauptung S stimmt: Sie kann nicht bewiesen werden.«

Der Groschen war fast gefallen. Jedenfalls hatte ich das Gefühl. »Und das heißt?«, fragte ich gespannt.

»Die Behauptung S gehört zur Zahlentheorie und ist wahr, aber man kann die Behauptung nicht beweisen. Mit anderen Worten: In der Zahlentheorie gibt es mindestens eine Behauptung, die wahr ist und die man nicht beweisen kann. Und somit ist die Zahlentheorie nicht vollständig. Deshalb nennt man Gödels These auch den Gödelschen Unvollständigkeitssatz. Man kann nicht alle wahren Behauptungen der Zahlentheorie beweisen.«

Es dauerte etwas, bis ich kapiert hatte, aber dann nickte ich.

»Es könnte allerdings sein, dass etwas falsch war an der Zahlentheorie, in deren Rahmen Gödel gearbeitet hat, und dass der Unvollständigkeitssatz nur innerhalb dieser Theorie stimmt?«

»Ein guter Einwand. Aber Gödel hat den Beweis für seine These so aufgebaut, dass sie für alle Zahlentheorien gilt, die bestimmte Voraussetzungen erfüllen. So müssen sie stark genug und konsistent sein, aber ansonsten gibt es keine Einschränkungen. Der Unvollständigkeitssatz ist also allgemeingültig.«

»Genies denken auch an alles.«

»Auf diese Art lernst du jeden Tag etwas hinzu. Gefällt dir das nicht?«

»Doch, schon. Aber ich würde gern alles wissen, alles sehen, alles verstehen und alles erklären können.«

»Wie der Geist von Laplace.«

»Wer ist denn das schon wieder?«

»Pierre Simon Laplace war ein französischer Gelehrter, der zu Napoleons Zeit gelebt hat. Laplace war sehr beeindruckt von Newtons Gravitationstheorie. Diese beschreibt nicht nur die Bewegung der Planeten um die Sonne und die Art, wie Gegenstände fallen, sondern auch, wie das Weltall in der Vergangenheit ausgesehen hat und wie es in der Zukunft aussehen wird. Wenn man den Ort und die Bewegung sämtlicher Körper im All wüsste, könnte man berechnen, wo sich die Körper zu jedem beliebigen Zeitpunkt in der Zukunft befinden werden. Man kann das Weltall also mit einer riesigen Maschine vergleichen, die einer Reihe sehr präzis zu formulierender Gesetze folgt. Wenn es einen Geist gäbe, der alles im Weltall mit einem Blick sehen könnte – jeden Planeten, jeden Stern, jeden Körper und jedes Atom –, dann könnte dieser Geist sowohl die gesamte Vergangenheit als auch die gesamte Zukunft berechnen. Er müsste dazu, wie Laplace schreibt, lediglich die Newtonschen Gesetze anwenden.«

»Das wird die Kirche nicht gern gehört haben. Gott spielt dann ja keine Rolle mehr.«

»Genau das war Napoleons Reaktion, als ihm Laplace seine Überlegungen zu Newton entwickelte. Napoleon hat daraufhin gefragt: ›Und wie passt Gott da hinein?‹ Und Laplace erwiderte: ›Sire, auf diese Hypothese konnte ich verzichten.‹«

»Starke Worte. Wie reagiert die Kirche heute auf solche wissenschaftlichen Entwicklungen?«

»Wir wollen uns jetzt nicht über Religion unterhalten, aber die Kirche verhält sich heute ganz anders als im Mittelalter. Sie steht heute auf dem Standpunkt, dass die modernen Entwicklungen wie die Relativitätstheorie, die Kosmologie und die Quantenmechanik nicht im Widerspruch zur Existenz Gottes stehen. Auch der Big Bang nicht.«

»Ich wäre gern dieser Geist von Laplace. Meinst du, es könnte einen solchen Geist geben?«

»Nein. Werner Heisenberg, ein großer Physiker, hat 1926 entdeckt, dass man für ein Atom oder für die Teilchen, aus denen ein Atom besteht – Protonen, Elektronen oder Neutronen – nie zugleich den Ort und die Geschwindigkeit messen kann, jedenfalls nicht mit hinreichender Genauigkeit. Das gilt für alle Elementarteilchen. Man kann, wie Heisenberg herausfand, entweder den Ort genau messen oder aber die Geschwindigkeit, niemals jedoch beides zugleich. Der Laplacesche Geist könnte also nicht einmal von einem einzigen Teilchen genau angeben, wo es sich befindet *und* wie schnell es ist; und wenn es für eines nicht geht, dann erst recht nicht für alles, was sich im Weltall bewegt.«

»Muss man denn überhaupt Ort und Geschwindigkeit von allem gleichzeitig kennen?«

»Sicher. Stell dir vor, dieser Geist würde zwar den Ort von allem kennen, aber nicht die Geschwindigkeit. Dann könnte er nie berechnen, wo sich Teilchen, Atome und so weiter in der Zukunft befinden werden. Denn wenn er von einem Atom den Ort, aber nicht die Geschwindigkeit kennt, dann weiß er nicht, in welche Richtung sich das Atom bewegt, und auch nicht, mit welcher Geschwindigkeit. Das Atom kann ebenso gut mit tausend Kilometern pro Sekunde nach links fliegen wie mit zwanzigtausend Kilometern pro Sekunde nach rechts. Er hat nicht den kleinsten Anhaltspunkt dafür, wo sich dieses Atom nach einer Sekunde befinden wird.«

»Verstehe. Das heißt, niemand wird jemals alles wissen können.«

»Solltest du dir tatsächlich vorgestellt haben, du könntest einmal alles wissen, dann muss ich dich enttäuschen. Niemand wird jemals alles wissen. Aber es ist schon sehr viel, dass du manche Dinge begreifst, über Herrn Albert und Gödel und so weiter. Wenn du das verstehst, dann bist du auf dem richtigen Weg und schon ein gutes Stück vorangekommen.«

»Du hast Recht. Ich habe schon begriffen, dass Gödel bewiesen hat, dass unser Wissen über Zahlen niemals vollständig sein wird und dass Alan Turing Probleme entdeckt hat, die weder Menschen noch Computer jemals werden lösen können.«

»Weißt du, der griechische Philosoph Sokrates hat einmal gesagt, das Wissen, dass man nichts weiß, sei der Anfang aller Erkenntnis. Ich kann nur hinzufügen: Wenn du dir bewusst machst, dass der Mensch nie alles können wird, dann bist du auch schon einen Schritt näher an der wirklichen Erkenntnis. Denn dann hast du begriffen, dass die Möglichkeiten der Menschen beschränkt sind und dass es

Rätsel in der Natur gibt, welche die Menschen niemals werden lösen können.«

»So wie die Paradoxa?«

»Zum Beispiel. Aber das hat auch etwas Positives. Selbst wenn die Menschen nie alles können oder wissen werden, so können sie doch immer Fortschritte in ihrem Wissen machen. Und wenn sie das wollen, dann sollten sie sich möglichst nicht mit Problemen aufhalten, die unlösbar sind. Das wäre reine Zeitverschwendung.«

»Gibt es denn Leute, die das tun?«

»Sicher.«

»Und was treiben die?«

»Sie suchen zum Beispiel nach einem Perpetuum mobile.«

»Was ist das?«

»Eine Maschine, die immerzu weiterläuft, ohne Energie zu verbrauchen.«

»Ist das denn möglich?«

»Natürlich nicht, aber es gibt Menschen, die denken, doch so etwas erfinden zu können. So bauen sie eine komplizierte Maschine nach der anderen und sind felsenfest davon überzeugt, dass sie irgendwann ein echtes Perpetuum mobile vor sich haben werden.«

»Aber kennen die denn nicht den ersten Hauptsatz der Thermodynamik?« Ich war stolz, dass ich das so lässig einwerfen konnte. »Dieser Satz besagt doch, dass die Menge an Energie immer erhalten bleibt. Man kann Energie zwar von der einen Form in die andere umwandeln, aber die Gesamtmenge der Energie bleibt gleich. Weil aber jede Maschine zum Beispiel durch Reibung Energie in Form von Abwärme verliert, kann es kein Perpetuum mobile geben.«

»Das siehst du ganz richtig, aber solche Erfinder sind davon überzeugt, dass dieser Satz falsch ist.«

»Und wenn sie doch Recht hätten? Sie könnten doch etwas erfinden, von dem man heute noch nicht weiß, dass es möglich ist. Bis Einstein hat man doch auch gedacht, Newton würde immer Recht behalten! Einstein hat dann etwas entwickelt, was bis dahin keiner für möglich gehalten hat. Auch Gödel hat das getan.«

»Alles was du sagst, ist richtig. Und doch gibt es wesentliche Unterschiede zwischen dem, was Einstein getan hat, und der Erfindung eines Perpetuum mobile. Lass uns erst einmal betrachten, was Newton und Einstein getan haben. Newton hat die Schwerkraft entdeckt – nein, das muss man anders sagen: Er hat die mathematischen Gleichungen entdeckt, mit denen man die Wirkung der Schwerkraft beschreiben kann. Und was viel wichtiger ist: Newton hat erkannt, dass die Schwerkraft nicht nur bewirkt, dass alles zur Erde hin fällt, sondern auch, dass alle Planeten um die Sonne kreisen und der Mond um die Erde. Mit seinen mathematischen Gleichungen kann man also berechnen, welche Bahn die Erde und alle anderen Planeten um die Sonne nehmen werden. Solche Berechnungen sind nicht immer einfach. Die Erde wird von der Sonne angezogen, und deshalb kreist sie um die Sonne, aber daneben unterliegt die Erde auch dem Einfluss der anderen Planeten. Alle Planeten üben wechselseitig auch eine gewisse Kraft aufeinander aus. Diese ist zwar viel kleiner als die Anziehungskraft der Sonne, aber trotzdem bewirkt sie, dass die Bahn der Planeten keine schön gleichförmige Bahn, keine regelmäßige Ellipse bildet. Alle Planeten umkreisen die Sonne auf einer ellipsenförmigen Bahn. Weißt du, was das ist?«

»Eine Ellipse ist eine Art Oval, eine Art lang gezogener Kreis.«

»Genau. Gäbe es nur Erde und Sonne, dann würde die Erde eine sehr präzise Ellipse um die Sonne beschreiben. Aber weil es andere Planeten gibt, die ebenfalls eine Kraft auf die Erde ausüben, ist die Bahn der Erde um die Sonne keine perfekte Ellipse. Und das gilt auch für die Bahnen aller anderen Planeten. Deshalb ist es nicht immer einfach, deren Umlaufbahnen genau zu berechnen.«

»Und doch konnte man das schon zur Zeit Newtons?«

»Ja. Noch zu Newtons Lebzeiten und in den Jahren danach hat man sehr genaue Berechnungen der Planetenbahnen angestellt. Solche Berechnungen sind eine Art Voraussage. Man rechnet aus, wo sich der Planet an einem bestimmten Tag im nächsten Monat befinden wird, wo in einem halben Jahr, wo in einem Jahr. Das machte Newtons Theorie so überzeugend: Sie erlaubte sehr genaue Voraussagen über den Ort, an dem sich die Planeten zu irgendeinem zukünftigen Zeitpunkt befinden werden. Wenn man das ausgerechnet hatte, konnte man das Ergebnis überprüfen: Man musste nur mit einem Teleskop nachsehen, ob sich die Planeten ein halbes Jahr später tatsächlich dort befanden, wo sie den Newtonschen Gesetzen zufolge sein sollten.«

»Und stimmte das immer?«

»Fast immer. Und wenn die Bahn auf den ersten Blick nicht korrekt berechnet war, dann hat man später festgestellt, dass eine bis dahin unbekannte Ursache die tatsächlichen Bahnen von denen abweichen ließ, die nach Newton zu berechnen waren. Und deshalb war man so begeistert von den Newtonschen Gesetzen und Gleichungen. Mit deren Hilfe konnte man tatsächlich vorhersagen, wo sich Planeten und Monde in der Zukunft befinden werden. Diese Begeisterung steckt dann auch in der Vorstellung von Laplace, das Weltall funktioniere wie eine gigantische, aber äußerst präzise Maschine.«

»Aber er lag ja falsch damit, wie dieser Heisenberg später entdeckt hat.«

»Allerdings. Zu Laplace' Zeiten konnte man sich überhaupt nicht vorstellen, dass man irgendwann einmal so etwas anerkennen müsste wie die Heisenbergsche Unschärferelation – so nennt man die Theorie Heisenbergs.«

»Siehst du, es ist also doch möglich, dass die Menschen irgendwann etwas herausfinden, wovon wir zum jetzigen Zeitpunkt noch gar nichts wissen.«

»Stimmt. Aber lass uns zu Newton zurückkehren. Die Menschen zu seiner Zeit konnten also genau überprüfen, ob er Recht hatte oder nicht. Aber es gab auch Grund zum Zweifel. Denn es zeigte sich, dass die Berechnungen nach seiner Theorie für die Bahn des Planeten Uranus nicht zutrafen. Sooft man auch rechnete, das Ergebnis stimmte einfach nicht mit den Beobachtungen überein. Aber mittlerweile war man derart davon überzeugt, dass Newtons Theorie richtig ist, dass man nicht an dieser zweifelte, sondern vermutete, es müsse noch einen unbekannten Planeten geben, der für die Abweichungen verantwortlich ist.«

»Und das war auch so?«

»Allerdings. Man hat ausgerechnet, wo sich dieser neue Planet befinden müsste. Und auf dieser Bahn fand man ihn dann auch, den bis dahin unbekannten Planeten Neptun.«

»Also noch ein Beispiel für eine Erkenntnis, von der niemand geglaubt hätte, das sie möglich ist?«

»Mag sein. Aber dieser Planet ist ja nicht einfach vom Himmel gefallen. Dies war ja keine beliebige Behauptung oder Voraussage. Aus zwei Gründen: Erstens, weil mit dieser Behauptung auch eine zuvor definierte Lösung für ein bestimmtes Problem gegeben wurde.«

»Aber man hätte genauso gut sagen können, irgendwo im Weltraum wohnt ein Riese, der dem Uranus ab und zu einen Schubs gibt, weswegen dessen Bahn mit Newtons Gravitationsgesetzen nicht zu berechnen ist.«

»Hätte man schon. Aber damit hätte man eine Ad-hoc-Theorie formuliert, eine Theorie, die man eigens erfunden hätte, um zu erklären, was man sonst nicht hätte erklären können.«

»Du magst diese Ad-hoc-Theorien offenbar nicht. Aber ich finde, du bist nicht konsequent. Wenn die eine Ad-hoc-Theorie sagt, da schwebt irgendwo ein Riese, und der gibt dem Planeten einen Schubs, während eine andere Ad-hoc-Theorie behauptet, es gibt einen Planeten, den noch keiner gesehen hat – wie kann man wissen, welche der beiden Theorien richtig ist?«

»Im Prinzip können beide richtig sein. Aber wir müssen uns trotzdem entscheiden, und dafür stehen uns eine Reihe kleiner Regeln zur Verfügung. Zum Beispiel das Rasiermesser-Prinzip, das William von Ockham formuliert hat.«

»Und was bedeutet dieses Rasiermesser-Prinzip?«

»Wenn es verschiedene mögliche Erklärungen für ein Phänomen gibt und eine davon unterstellt Sachverhalte, die bekannt sind, während die andere auf etwas zurückgreift, das wir nicht kennen, dann sollten wir, diesem Prinzip gemäß, der ersten Theorie den Vorzug geben.«

»Also der Riese, der wäre so eine unbekannte Unterstellung?«

»So ist es. Wir haben also zwei Theorien, die mit dem Riesen, der dem Planeten einen Schubs gibt, und die mit dem unbekannten Planeten, der dafür sorgt, dass die Bahn des Uranus von der Bahn abweicht, die wir nach Newtons Theorie vorausgesagt haben. Für welche müssten wir uns entscheiden, wenn wir Ockhams Rasiermesser-Prinzip beachten?«

»Für die mit den unbekannten Planeten?«

»Genau. Und weißt du auch, weshalb?«

»Weil der unbekannte Planet zwar auch eine neu eingeführte Wirklichkeit ist, aber eine, über deren Eigenschaften wir schon eine ganze Menge wissen. Auch die andere Theorie geht von einer neuen Wirklichkeit aus, aber von einer, über die wir nichts Genaues wissen. Schließlich hat noch keiner von einem Riesen gehört, der Planeten anschubst.«

»Perfekt. Eine glatte Eins.«

»Aber Ockhams Rasiermesser kann sich doch auch irren?«

»Sicher, das ist auch nur eine Faustregel. Einsteins allgemeine Relativitätstheorie ist ein Beispiel für eine Theorie, die man nach Ockhams Rasiermesser-Prinzip zunächst hätte verwerfen müssen, denn sie führt etwas völlig Neues ein. Trotzdem: Mit Ockhams Rasiermesser entscheidet man sich in neunundneunzig von hundert Fällen richtig. Also wenn du dich entscheiden musst zwischen einer Vermutung, die fast sicher stimmt, und einer, die eher nicht stimmt, dann wirst du dich sicherheitshalber für die erste Möglichkeit entscheiden. Es sei denn, du findest einen guten Grund dagegen.«

»Einen guten Grund dagegen?«

»Diesen guten Grund kann uns zum Beispiel das Falsifikationsprinzip, du weißt, das von Karl Popper, liefern. Es gibt uns auch den zweiten Grund dafür an die Hand, warum die Annahme, es gebe noch einen weiteren Planeten, ein vernünftiger Vorschlag war. Wenn eine Theorie, wie unwahrscheinlich sie auch erscheinen mag, Voraussagen trifft, die wir exakt nachmessen können, dann müssen wir diese Theorie untersuchen. Im Fall des Planeten Uranus war das einfach: Man musste bloß ausrechnen, wo sich der die Bahn störende unbekannte Planet den Formeln zufolge befinden müsste. Anschließend hat man die Teleskope auf diese Stelle gerichtet – und den Planeten Neptun tatsächlich dort entdeckt.«

»Nach dem Riesen hätten sie lange suchen können.«

»Eben. Und welche Folgen hatte diese Entdeckung deiner Meinung nach für Newtons Theorie? Sind die Zweifel in Newtons Theorie anschließend größer oder kleiner geworden?«

»Kleiner natürlich. Man hat zunächst an seiner Theorie gezweifelt, weil der Planet Uranus von der Bahn abwich, auf der er Newton zufolge um die Sonne hätte kreisen müssen. Nun hat man mit seiner Theorie vorhergesagt, dass es einen neuen Planeten geben muss. Und diesen Planeten auch wirklich gefunden. Also hat Newtons Theorie geholfen, einen neuen Planeten zu entdecken.«

Nils nickte.

»Ich denke, das habe ich verstanden. Wir dürfen eine neue Theorie erfinden, um etwas zu erklären, das wir sonst nicht erklären können. Wir dürfen sogar neue Sachverhalte unterstellen oder vorhersagen. Und je mehr Vorhersagen eine Theorie über Sachverhalte erlaubt, die wir mit Experimenten überprüfen können, desto besser.«

»Ich hätte es nicht besser zusammenfassen können«, sagte Nils. »Aber kommen wir auf Einstein zurück. Leider haben viele Leute, ohne genaue Kenntnis von seiner Theorie, sich schon eine Meinung darüber zugelegt, wie falsch er doch liegt.«

»Zum Beispiel?«

»Etwa in Bezug auf die Frage, ob es möglich ist, schneller zu reisen als das Licht. Nach Einsteins spezieller Relativitätstheorie ist das unmöglich. Viele Leute wollen das nicht einsehen. Sie betrachten die Lichtgeschwindigkeit als eine Geschwindigkeit wie jede andere. Weshalb also sollte es nicht möglich sein, schneller als das Licht zu sein? Das Problem ist, dass diese Menschen nicht wissen, weshalb Einstein im Rahmen seiner Theorie eine solche Behauptung aufgestellt hat. Sie ist nämlich eine sehr logische Schlussfolgerung aus dieser Theorie. Würden sich diese Leute ein bisschen Mühe geben, etwas mehr über Einsteins Theorie zu erfahren, würden sie auch sehen, dass es sehr gute Gründe für die Behauptung gibt, dass sich nichts schneller fortbewegen kann als Licht.«

»Ist das tatsächlich völlig ausgeschlossen?«

»Man soll nie nie sagen. Warum wir dies im Fall des Lichts tun können, werden wir noch sehen. Doch kann ich dir jetzt schon von merkwürdigen Dingen erzählen, die geschehen würden, wenn wir schneller als das Licht reisen könnten. Dann nämlich könnte man in der Zeit rückwärts gehen. Zum Beispiel zurück bis vor die eigene Geburt. Um es ein bisschen drastisch zu machen: Theoretisch könnte man dann die eigene Mutter ermorden. Und käme damit nicht nur moralisch, sondern auch logisch in Teufels Küche. Würde man die eigene Mutter ermorden, bevor man geboren würde, dann hätte man nie geboren werden können. Ungeboren wäre man aber auch nicht in der Lage gewesen, in der Zeit zurückzukehren und dort seine Mutter zu ermorden.«

»Das klingt jetzt schwer nach Science-Fiction.«

»Das ist kein Zufall. Viele Science-Fiction-Autoren haben sich die verrücktesten Dinge einfallen lassen, um die Möglichkeit von Zeitreisen irgendwie plausibel zu machen. Sie erfinden dann solche Dinge wie Paralleluniversen oder Wurmlöcher oder in sich gekrümmte Räume.«

»Jetzt kann ich dir kaum noch folgen. Aber wahrscheinlich haben diese Leute einfach zu viel Phantasie?«

»Das meiste, was sie schreiben, ist wissenschaftlich gesehen gar nicht unmöglich. Der gekrümmte Raum ist zum Beispiel eine Folgerung aus Einsteins allgemeiner Relativitätstheorie. Der allgemeinen Relativitätstheorie zufolge kann es im Prinzip auch Wurmlöcher geben. Aber das bedeutet natürlich noch lange nicht, dass sie tatsächlich existieren. Science-Fiction-Autoren hören etwas von bestimmten Theorien, verstehen sie jedoch nicht immer, bauen sie aber trotzdem in ihre Geschichten ein. Nicht, dass daran etwas falsch wäre. Ich lese gern Science-Fiction-Geschichten. Aber manchmal erwecken sie den Eindruck, als sei es wissenschaftlich erwiesen, dass es die darin beschriebenen Dinge und Sachverhalte gibt. Aber daraus, dass wir wissenschaftlich nicht ausschließen können, dass es sie geben könnte, folgt noch lange nicht, dass sie tatsächlich existieren. Und eben dies vergessen manche Autoren mitunter. Aber damit schweifen wir zu sehr ab. Bevor wir auf derart phantastische Konsequenzen eingehen können, haben wir noch eine ganze Menge zu lernen. Es ist schon spät, lass uns morgen weitermachen. Schlaf gut, Esther.«

»Bis morgen, Nils.«

»Ach ja, kannst du deinen Großvater bitten, dir etwas über Galileo Galilei zu erzählen? Dann kann ich mir das sparen.«

»Galileo Galilei? Von dem weiß ich doch schon eine Menge. Hab in der Schule schon von ihm gehört, und du hast mir auch von ihm erzählt.«

»Das stimmt, reicht aber nicht. Du solltest ruhig etwas mehr von ihm wissen. Man kann nie zu viel wissen. Jedenfalls nicht über Galilei. Schließlich können wir ihn als den ersten wirklichen Naturwissenschaftler betrachten. Und frag auch noch nach Newton.«

»Okay, mach ich morgen. Gute Nacht.«

»Gute Nacht.«

Galileo Galilei

Am nächsten Tag lief ich gleich nach dem Frühstück zu Opa. Er saß im Freien, die Zeitung auf dem Schoß. Aber er las nicht darin, hatte die Augen vielmehr geschlossen und genoss die Sonne. Als er meine Stimme hörte, blinzelte er mit einem Auge, klappte es aber rasch wieder zu.

Aber er konnte mich nicht täuschen. Ich rief: »Du bist wach. Ich hab's genau gesehen.«

Opa seufzte tief und öffnete beide Augen.

»Guten Morgen, Kleines. Bist früh auf den Beinen.«

»Morgenstund hat Gold im Mund.«

»Du findest es wohl witzig, einen alten Mann so früh zu belästigen!«

»Belästigen? Nein, ich will dir einfach nur zuhören. Möchte nämlich alles wissen über Galileo Galilei.«

»Galilo Galile? Wer ist das? Ein Jodler?«

Einen Moment lang war ich platt.

»Nicht Galilo Galile, sondern Galileo Galilei. Weißt du nicht, wer das ist?«

Jetzt sah ich das schelmische Funkeln in seinen Augen.

»Hol mir bitte eine Tasse Kaffee von drinnen, und bring dir auch was mit.«

Innerhalb einer Minute war ich zurück mit einer Tasse Kaffee und einem Glas Limo. Ich kuschelte mich in einen Gartenstuhl, und Opa legte los.

»Galileo Galilei wurde 1564 in Pisa geboren und starb achtundsiebzig Jahre später in Florenz. Viele halten ihn für den ersten wirklichen Naturwissenschaftler. Das ist bestimmt übertrieben, aber jedenfalls war er einer der wenigen Wissenschaftler, die nicht einfach davon ausgingen, dass die Dinge so funktionierten, wie man das seit Hunderten von Jahren dachte. Er wollte dieses Wissen überprüfen und hat darum allerlei Experimente durchgeführt. Das eben hatte man bis dahin noch nie getan. Bis ins ausgehende Mittelalter dachte man gar nicht daran, Experimente durchzuführen, um Vorstellungen, die man vom Geschehen in der Natur hatte, zu überprüfen oder, wie Popper sagen würde, zu verifizieren.«

»Das war nicht besonders klug von den Leuten.«

»Das solltest du nicht sagen. Du musst ein solches Verhalten in seiner Zeit betrachten. Man verließ sich damals einfach auf Aristoteles.«

»Auf den griechischen Philosophen?«

»Ja. Aber Aristoteles war ja nicht nur Philosoph. Er hat auch viel über die Natur geschrieben, darüber, wie sich Gegenstände bewegen, aber auch über Tiere und Pflanzen. Man hatte so viel Vertrauen in diesen Denker, dass man annahm, alles, was dieser Mann geschrieben hatte, sei wahr. Er galt einfach als Autorität. Was Aristoteles gesagt oder geschrieben hat, wurde, ohne es zu bezweifeln, akzeptiert. Auch von den Kirchenlehrern übrigens.«

»Alle haben ihm einfach so geglaubt?«

»Ja, fast alle. Manche dachten auch selbstständiger. Einer davon, Galilei nämlich, hat die verschiedensten Experimente durchgeführt, um herauszufinden, wie sich Körper tatsächlich bewegen. Er wollte etwa wissen, wie schnell Körper fallen oder rollen oder welche Bahn sie beschreiben, wenn man sie in die Luft wirft. Auch die Bewegung von Himmelskörpern wie Sonne, Mond, Planeten und Sterne hat er sehr genau beobachtet. Dazu hat er ein selbst gebautes astronomisches Fernrohr benutzt. Damit gelang es ihm, die Jupitermonde zu entdecken. Galileo Galilei war davon überzeugt, dass Kopernikus Recht hatte. Du weißt, der polnische Astronom, der die Bewegungen der Himmelskörper studiert hatte und zu dem Schluss gekommen war, dass sich die Erde um die Sonne dreht und nicht umgekehrt. Weil Kopernikus Probleme mit der Kirche befürchtete, ließ er seine Theorie erst nach seinem Tod im Jahr 1543 veröffentlichen.«

»Aber warum wollten die Leute damals lieber glauben als hinschauen? Sie hätten doch nur durch das Fernrohr gucken müssen, dann hätten sie doch gesehen, wer Recht hat.«

»Das war damals nicht so einfach. Das astronomische Fernrohr war zu Galileis Zeit gerade erst erfunden worden. Galilei hat es übrigens verbessert. Aber das war es eigentlich nicht, was die Leute abhielt. Die Behauptungen von Kopernikus und später auch von Galilei klangen so unglaubwürdig, dass man sich erst gar nicht die Mühe machen wollte, sie selbst zu überprüfen. Man war fest davon überzeugt, dass Kopernikus und Galilei sich nur irren konnten.«

»Klingt nicht gerade intelligent.«

»Mag sein, Kleines, aber wie ich schon gesagt habe: Du musst die Zeit bedenken. Schließlich stand auch im Buch der Bücher, in der Bibel, dass Gott die Sonne über der Stadt Gibeon angehalten hat. Das galt als überzeugender Beweis dafür, dass die Erde stillsteht.«

Das mit der Sonne, die stillstand über Gibeon, hatte Nils mir ja schon erzählt, aber das mochte ich Opa nicht sagen.

»Man wird also nicht gerne gehört haben, was Kopernikus und Galilei behauptet haben.«

»Bestimmt nicht. Als Galilei erklärte, die Erde drehe sich um die Sonne, stieß er auf großes Unverständnis. Im Jahr 1633 haben ihm seine Gegner einen Prozess angehängt, und er musste vor einem Kirchengericht, vor der Inquisition, erscheinen und offiziell erklären, er habe sich geirrt. Das tat er nur, weil er sein Leben retten wollte. Er wusste aber, dass er Recht hatte.«

Auch das hatte Nils mir schon erzählt.

»Zu Galileis Zeit haben noch andere Menschen – Tycho Brahe etwa oder Johannes Kepler – Beobachtungen über die Planetenbahnen angestellt und den Verlauf dieser Bahnen berechnet. Diese Berechnungen lieferten Newton später die Grundlage für seine Erforschung der Schwerkraft. Zu Newtons Zeiten zweifelte dann auch niemand mehr daran, dass sich die Erde um die Sonne dreht.«

»Wurde ja auch Zeit.«

»Es dauert immer ein Weilchen, ehe die Menschen neue Vorstellungen annehmen und für wahr halten, besonders, wenn diese das bisherige Weltbild auf den Kopf stellen. Außerdem war das ja auch nicht irgendeine Neuerung. Die neuen Theorien der Naturwissenschaftler haben das bis dahin geltende Menschenbild erschüttert. Denn wenn sich die Erde um die Sonne dreht, dann steht die Erde nicht mehr im Mittelpunkt des Universums, also steht auch der Mensch nicht mehr im Mittelpunkt der Schöpfung.«

»Das leuchtet mir ein. War eine privilegierte Stellung. Das mögen die Menschen bis heute nicht, wenn man ihnen lieb gewordene Gewohnheiten wegnimmt. Daran hat sich nicht viel geändert. – Aber Galilei hat doch noch mehr getan als einfach nur festzustellen, dass Kopernikus Recht hatte?«

»Ja, er hat sich auch mit der Schwerkraft beschäftigt, genauer gesagt: mit fallenden Körpern. Die Theorie dazu hat erst Newton entwickelt. Aber Galileis Arbeiten haben einen wichtigen Teil der Theorien von Newton ausgemacht. Wie du weißt, sorgt die Schwerkraft dafür, dass Körper nach unten fallen. Wenn man einen Stein loslässt, dann fällt er nach unten, weil er von der Schwerkraft der Erde angezogen wird. Das wusste Galilei noch nicht.«

»War Galilei denn der Erste? Hat denn vor ihm noch keiner Gegenstände fallen lassen?«

»Natürlich hat man auch vorher Theorien darüber formuliert, weshalb Körper fallen. Die alten Griechen sind davon ausgegangen, dass alles, was existiert, seinen natürlichen Ort hat. Den Platz nämlich, an den die Dinge gehören. Als natürlicher Zustand galt, dass alle Dinge unbewegt auf der Erde liegen. Darum, so glaubten die alten Griechen, fallen alle Gegenstände auch auf die Erde: Sie versuchen, ihren natürlichen Ort zu erreichen. Deshalb bleiben sie auch augenblicklich liegen, sobald sie diesen Ort erreicht haben. Lässt man einen Stein fallen, dann fällt er auf den Boden und bleibt dort liegen.«

»Und wenn man einen Stein rollt?«

»Dann rollt er eine Weile, wird aber immer langsamer und bleibt schließlich ebenfalls liegen. Denn dann hat er seinen natürlichen Ort und seinen natürlichen Zustand erreicht. Gegenstände können sich nur bewegen, wenn sie angeschoben werden. Werden sie nicht mehr angeschoben, dann streben sie ihrem natürlichen Zustand und ihrem natürlichen Ort zu. Und also bleiben sie ganz von selbst liegen.«

»Mit solchen Vorstellungen hat Galilei aufgeräumt.«

»Richtig. Mit seinen Versuchen hat er den Menschen einen Einblick verschafft in die Art und Weise, in der sich Körper bewegen. Vor Galilei glaubte man zum Beispiel, jeder Körper falle mit einer konstanten Geschwindigkeit zur Erde.«

»Wirklich?«

»Ja. Sobald man einen Körper loslässt, fällt dieser. Und man dachte, dieser Körper habe vom ersten Moment des Falls an eine bestimmte Geschwindigkeit. Und behalte diese auch, bis er den Boden berührt.«

»Haben die Griechen denn geglaubt, diese Geschwindigkeit sei für alle fallenden Gegenstände gleich?«

»Nein. Man dachte, ein Körper falle umso schneller, je schwerer er sei. Man war davon überzeugt, dass ein zehn Kilogramm schwerer Körper doppelt so schnell fällt wie einer von fünf Kilogramm.«

»Aber das hätte man doch einfach ausprobieren können? Man sieht doch, dass ein zehn Kilogramm schwerer Stein genauso schnell fällt wie ein fünf Kilogramm schwerer!«

»Das sagst du. Aber auf den Gedanken, das auszuprobieren, ist man damals eben nicht gekommen. Lässt man eine Feder fallen, dann fällt sie viel langsamer als ein Stein. Man dachte, das läge daran, dass eine Feder viel leichter ist als ein Stein. Und deshalb glaubte man, dass alles, was leichter ist, auch langsamer fällt.«

»Aber diese Feder fällt doch langsamer wegen des Windes und des Luftwiderstands.«

»Das wissen wir heute. Damals hatte man das noch nicht erkannt. Man hatte auch noch nicht gelernt, zwischen Hauptsachen und Nebensachen zu unterscheiden.«

»Hauptsachen und Nebensachen?«

»Die Hauptsachen sind die wichtigsten Faktoren. Aus den Hauptsachen kann man die Gesetze der Natur ableiten. Die Nebensachen sind auch wichtig, denn manchmal verfälschen sie den Einfluss der Naturgesetze. Bei Feder und Stein ist die Schwerkraft, die beide gleich schnell fallen lässt, die Hauptsache. Doch sorgen Wind und Luftwiderstand dafür, dass die Feder weggeblasen und aufgehalten wird. Dem Stein kann Wind viel weniger anhaben. Weil die Wirkung von Luft und Wind auf Feder und Stein so deutlich unterschieden sind, ist man geneigt, diesen Unterschied zu betonen. Es musste erst ein Genie wie Galilei kommen, um zwischen Haupt- und Nebensache zu unterscheiden. Die Regel und damit die Hauptsache ist, dass schwere Körper mit der gleichen Geschwindigkeit fallen. Die Wirkung von Wind und Luft auf die Feder dagegen ist lediglich eine Nebensache. Das übrigens zeichnet viele große Wissenschaftler aus. Sie können, wie Galilei, das Wesentliche an einem Sachverhalt erkennen und daraus dann in einem zweiten Schritt Naturgesetze ableiten.«

»Hat Galilei viele Steine fallen lassen?«

»Nicht tatsächlich. Man behauptet zwar, Galilei habe Experimente durchgeführt, um seine Theorien zu überprüfen. Man behauptet sogar, er habe Steine vom schiefen Turm von Pisa fallen lassen, aber es gibt keine historischen Quellen, die das bestätigen können.«

»Also hat auch Galilei einfach so eine Theorie aufgestellt, ohne sie zu testen?«

»Nein. Er hat zwar vielleicht keine Steine vom schiefen Turm fallen lassen, aber er hat doch einige praktische Experimente durchgeführt. Und vor allem hat er Gedankenexperimente angestellt. Sie gaben ihm Gelegenheit, darüber nachzudenken, was geschieht, wenn man Körper fallen lässt. Er beobachtete in Gedanken, wie schwere Körper fallen, und vor allem auch, wie schnell sie fallen.«

Diese Gedankenexperimente von Galilei hatte Nils auch schon erwähnt. Aber viel hatte er nicht dazu gesagt.

»Galilei argumentierte wie folgt: Angenommen, man lässt einen fünf Kilogramm schweren Stein fallen und gleichzeitig einen zehn Kilogramm schweren. Manche Menschen werden sagen, dieser zehn Kilogramm schwere Stein falle doppelt so schnell wie der halb so schwere. Aber einmal angenommen, wir lassen zwei Fünfkilosteine gleichzeitig fallen. Dann fallen sie gleich schnell, denn sie sind gleich schwer. Nehmen wir weiterhin an, an jedem dieser Steine sei ein Stock befestigt. Während die beiden Fünfkilosteine schön ordentlich nebeneinander her zu Boden fallen, könnte jemand die beiden Stöcke blitzschnell ganz fest miteinander verbinden. Wenn dies gelingt, haben wir plötzlich einen einzigen Körper mit einem Gewicht von zehn Kilogramm. Nach dem, was bis dahin galt, müsste dieser Körper nun doppelt so schnell fallen wie die beiden fünf Kilogramm schweren Steine für sich alleine – schließlich wiegt er doppelt so viel wie die beiden Steine allein. Aber diese Schlussfolgerung kommt einem gleich sonderbar vor.«

»Leuchtet mir auch nicht ein. Nur weil man die beiden Steine aneinander befestigt hat, sollen sie plötzlich doppelt so schnell fallen?«

»Eben. Du fühlst, hier stimmt was nicht. Galilei hat ein weiteres

Gedankenexperiment angestellt. Angenommen, wir verbinden einen Fünfkilostein durch ein Seil mit einem Zehnkilostein und lassen dann beide fallen. Weil der Zehnkilostein schwerer ist als der Fünfkilostein, wird der Zehnkilostein schneller fallen als der andere. Also wird das Seil zwischen beiden schon sehr bald straff gespannt sein. In diesem Augenblick aber hätten wir plötzlich einen Körper mit einem Gewicht von fünfzehn Kilogramm. Also müssten, so zumindest die bis dahin geltende Theorie, beide Steine schneller fallen. Denn der Körper von fünfzehn Kilogramm ist schwerer als der Fünf- bzw. Zehnkilostein. Damit aber verwickeln wir uns in Widersprüche.

Denn wir müssten andererseits annehmen, dass der Fünfkilostein den zehn Kilogramm schweren in dem Augenblick, in dem sich das Seil strafft, bremst. Aus dem bisherigen Wissen würde auch folgen, dass der Zehnkilostein den fünf Kilogramm schweren nach unten zu ziehen versucht. Gleichzeitig versucht der Fünfkilostein, den zehn Kilogramm schweren zurückzuhalten. Also müsste man erwarten, dass sie, nun verbunden, mit einer Geschwindigkeit nach unten fallen, die zwar größer ist als die des Fünfkilosteins, aber kleiner als die des Zehnkilosteins. Doch das ist unmöglich, denn zusammen sind beide Steine ein fünfzehn Kilogramm schwerer Körper und müssten somit schneller fallen als die beiden Steine für sich alleine.«

Das leuchtete mir ein.

»Man muss allerdings noch ein paar andere Faktoren berücksichtigen. Wie du vorhin sagtest, beeinflussen auch Wind und Luftwiderstand einen fallenden Körper. Für Feder und Stein und ihre unterschiedliche Fallgeschwindigkeit ist die Rolle von Wind und Luftwiderstand sogar viel entscheidender als die Rolle der Schwerkraft.«

»Ich glaube, es gibt viele Leute, die auch heute noch nicht glauben, dass eine Feder genauso schnell fällt wie ein Stein.«

»Das stimmt. Aber das lässt sich auf der Erde auch nur schwer überprüfen oder vorführen. Man müsste es auf dem Mond tun, denn da gibt es keine Luft und auch keinen Wind. Da fallen Feder und Stein exakt gleich schnell. Das ist übrigens eines der Experimente, die die Astronauten bei einem der Apolloflüge tatsächlich durchgeführt haben.«

»Hat Galilei nie wirkliche Experimente gemacht?«

»O doch. Er wusste auch, dass die Menschen sich am ehesten von dem überzeugen lassen, was sie mit eigenen Augen sehen. Weil er so viel von der allgemeinen Gesetzmäßigkeit von Bewegungen verstanden hat, ist ihm klar geworden, dass zwei unterschiedlich schwere Steine auch gleich schnell rollen. Lässt man Steine von einem Turm fallen, ist es sehr schwer, Messungen durchzuführen. Sie fallen sehr schnell, und im Handumdrehen liegen sie auf dem Boden. Man müsste die Steine verzögern können, um genaue Messungen zu ermöglichen. Genau dazu hat Galilei ein Experiment entwickelt. Er hatte ja begriffen, dass Steine eine schiefe Ebene gleich schnell hinunterrollen. Also nahm er ein langes Brett, legte an einem Ende etwas unter, sodass es eine kleine Neigung erhielt. Über diese schiefe Ebene ließ er Steine nach unten rollen. Und weil sie langsamer rollen als fallen, ist es viel einfacher, die Geschwindigkeitsunterschiede zu messen.«

»Das glaube ich sofort. Aber ich fürchte, ich habe noch nicht ganz kapiert, wie das Rollen und das Fallen zusammenhängen.«

»Auch das Rollen ist die Bewegung eines Körpers. Galilei hat entdeckt, dass ein Körper, der nicht angeschoben wird – auf den also keine Kräfte einwirken –, sich mit einer stets gleichen Geschwindigkeit fortbewegt. Stellen wir uns einen Körper im luftleeren Raum vor. Geben wir diesem einen Stoß, wird er sich mit einer bestimmten Geschwindigkeit bewegen, mit, sagen wir, zwanzig Stundenkilometern. Solange auf diesen Körper keine anderen Kräfte wirken, wird er sich mit der immer gleichen Geschwindigkeit von zwanzig Kilometern pro Stunde stetig geradeaus fortbewegen.«

»Wie ist Galilei darauf gekommen? Er hat das doch nie wirklich testen können?«

»Stimmt. Auch darin sehen wir das Genie Galileis. Was er sich in seinem Gedankenexperiment vorgestellt hat, steht nämlich im Widerspruch zu allem, was hier auf der Erde zu beobachten ist. Wenn man einen Stein rollt, dann rollt der zwar eine Weile weiter, aber irgendwann kommt er ohne Einwirkung einer sichtbaren Kraft doch zum Stillstand.«

»Und Galilei hat behauptet, der Stein müsse für immer weiterrollen?«

»Ja, wenn sonst kein Faktor auf den Stein einwirkt. Und auf der Erde gibt es solche Faktoren immer. Da ist zuerst die Reibung des Steins mit der Erde: Weder die Erde noch der Stein sind vollkommen glatt. Deshalb rollt der Stein nicht ohne Energieverlust über den Boden und wird entsprechend langsamer. Und zweitens wirkt der Luftwiderstand. Die Reibung des Steins mit Erde und Luft ist sehr klein, aber letztlich wird sie dafür sorgen, dass der Stein zum Stillstand kommt.«

»Wenn die Erde und der Stein aber vollkommen glatt und rund wären, und wenn es keine Luft gäbe, dann würde der Stein immer weiterrollen?«

»Richtig.«

»Aber dann gibt es ja doch ein Perpetuum mobile!«

Opa guckte erstaunt. »Das hast du gut beobachtet. In einer idealen Welt ohne Reibung kann man sich ein Perpetuum mobile vorstellen. Aber auf der Erde nicht. Allerdings kann es auch im Weltraum kein Perpetuum mobile geben, das Arbeit verrichtet: Man kann einem Perpetuum mobile keine Energie abzapfen und damit etwas anderes tun.«

Ich dachte kurz nach. Ganz schön kompliziert, die Angelegenheit. Meine Bewunderung für Galilei wuchs. »Kolossal, was Galilei da rausgefunden hat.«

»In der Tat. Das macht ihn zu einem der ersten großen Naturwissenschaftler. Und er hat noch mehr herausgefunden. Er sagte auch, dass auch ein Körper, der stillsteht oder sich im Zustand der Ruhe befindet, in diesem Ruhezustand bleiben wird, solange keine Kräfte auf ihn einwirken. Würde man also einen Körper im luftleeren Raum anhalten, dann würde er so lange an Ort und Stelle bleiben, solange keine Kräfte auf ihn einwirken. Natürlich funktioniert das nur in einem luftleeren Raum.«

»Ja, natürlich. Lässt man hier auf der Erde einen Gegenstand los, dann fällt er nach unten, weil er von der Schwerkraft angezogen wird.«

»Du sagst es. Entscheidend ist, dass Galilei wirklich erkannt hat, was geschehen würde, wenn er einen Körper im luftleeren Raum losließe. Ein Körper im Ruhezustand bleibt im Ruhezustand, und ein

Körper in Bewegung behält seine Bewegung bei: sowohl die Richtung, in die er sich bewegt, als auch die Geschwindigkeit, mit der er sich bewegt. Das nennt man das Gesetz der Trägheit.«

»Trägheit – das klingt komisch.«

»Der Begriff ist aber treffend. Das Gesetz besagt, dass ein Körper jeder Zustandsveränderung einen Widerstand entgegensetzt. Der Körper ist also träge. Man kann einem schweren Körper nicht eins-zwei-drei eine enorme Geschwindigkeit geben. Das merkst du zum Beispiel, wenn du mit dem Fahrrad anfährst. Du musst zuerst sehr feste treten, um Tempo zu gewinnen. Sobald du deine Geschwindigkeit erreicht hast, brauchst du nicht mehr so viel zu treten, um mit dieser Geschwindigkeit weiterzufahren.«

»Und was hat das jetzt mit den rollenden Steinen zu tun?«

»Das ist wieder so ein genialer Einfall von Galilei. Er hat nämlich auch entdeckt, dass sich die verschiedenen Richtungen, in die sich ein Körper bewegen kann, zum Zweck der Untersuchung voneinander trennen lassen. Wenn man einen Stein horizontal nach vorn wirft, bewegt sich der Stein in zwei Richtungen oder Dimensionen fort. Die erste Richtung ist die horizontale, parallel zur Erdoberfläche. Die zweite Richtung ist die vertikale, also direkt zur Erde, und damit senkrecht auf die Erdoberfläche zu. Na, in welche Richtung wirkt die Schwerkraft?«

»Direkt in Richtung Erdmittelpunkt.«

»Genau. Wenn du den Stein geworfen hast und er fliegt, welche Kraft wirkt dann noch in horizontale Richtung?«

»Hm ... Überhaupt keine?«

»Haargenau. In vertikaler Richtung wirkt die Schwerkraft und in horizontaler Richtung keine Kraft mehr. Jetzt wollen wir die horizontale und die vertikale Bewegung des Steins gesondert voneinander untersuchen. Was geschieht mit der Bewegung des Steins in die horizontale Richtung?«

»Der Stein fällt in einem Bogen nach unten?«

»Nicht doch, jetzt trennst du die Richtungen nicht voneinander. Du musst allein die horizontale Richtung betrachten und außerdem das Trägheitsgesetz auf diese Bewegung anwenden.«

Darüber musste ich erst nachdenken. Aber so schwer war das ja gar nicht. »In horizontaler Richtung wirken keine Kräfte, nachdem ich den Stein losgelassen habe. Das bedeutet, die horizontale Geschwindigkeit bleibt konstant.«

»Genau. Angenommen, der Stein hat nach dem Werfen eine horizontale Geschwindigkeit von zehn Metern pro Sekunde. Wenn jemand zehn Meter entfernt steht, der nächste zwanzig Meter und nochmals einer dreißig Meter entfernt, wann wird der Stein an diesen drei Beobachtern vorbeifliegen?«

»Der Stein legt pro Sekunde zehn Meter zurück. Das heißt, die Person in zehn Metern Entfernung wird den Stein nach einer Sekunde vorbeifliegen sehen, die in zwanzig Metern Entfernung nach zwei Sekunden und die in dreißig Metern Entfernung nach drei Sekunden.«

»Und jemand in zehn Kilometern Entfernung?«

»Zehn Kilometer, das sind zehntausend Meter. Nach tausend Sekunden.«

»Kannst ja ganz schön weit werfen! Willst du dich nicht für die Olympischen Spiele bewerben?«

»Ich weiß, ein Stein fliegt niemals so weit. Bevor er so weit gekommen ist, hat er längst den Boden berührt.«

»Und woran liegt das?«

»An der Schwerkraft. Deswegen sieht die Person nach zehn Metern den Stein auch etwas tiefer vorbeifliegen, die nach zwanzig Metern noch ein Stück tiefer, und so weiter. Schließlich berührt der Stein den Boden, und nach einigen Hopsern bleibt er liegen.«

»Du hast es verstanden. Aber analysiere das mal wissenschaftlich, mit Trennung der Richtungen und so.« Opa konnte Fragen stellen wie ein Lehrer.

»In horizontale Richtung wirkt keinerlei Kraft, nachdem ich den Stein losgelassen habe. Also fliegt der Stein horizontal immer gleich schnell weiter. In vertikale Richtung wirkt die Schwerkraft, die den Stein nach unten zieht mit einer Geschwindigkeit von …«

Das wusste ich nicht. Mit welcher Geschwindigkeit fällt ein Stein?

Opa sah mein Zögern.

»Das ist jetzt nicht wichtig, Kleines. Wichtig ist jetzt nur, dass der Stein immer schneller fällt.«

»Einerseits bewegt sich der Stein horizontal mit einer konstanten Geschwindigkeit; andererseits bewegt sich der Stein mit einer immer größeren Geschwindigkeit nach unten. Diese beiden Bewegungen zusammen sorgen dafür, dass der Stein in einem Bogen nach unten fällt.«

Opa kritzelte etwas auf seine Zeitung.

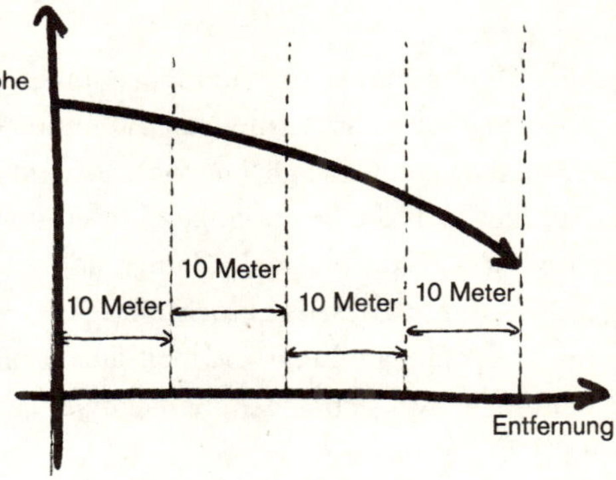

»Dieser Bogen ist eine Parabel.«

»Eine Parabel? Hat das was mit der Parabolantenne unserer Fernsehschüssel zu tun?«

»Ja. Die Flugbahn ist eine Parabel, und diese Form hat auch jede Fernsehschüssel. Galilei wusste bereits, dass die Flugbahn eines Körpers die Form einer Parabel hat. Aber deine Analyse ist perfekt. Und ganz nebenbei hast du auch gleich noch mitgekriegt, wie man durch Nachdenken neues Wissen gewinnen kann.«

»Aber bei dieser Parabel brauche ich etwas Hilfe.«

»Dafür bin ich ja da. Eine Parabel ist ein Kegelschnitt. Den erhältst du, wenn du einen Kegel mit einer Ebene durchschneidest.«

»Und wer macht so was?«

»Die Griechen. Und sie sind zu bemerkenswerten Ergebnissen gekommen. Man kann einen Kegel auf verschiedene Art mit einer Ebene durchschneiden. Stell dir einen geraden Kegel vor. Das ist einer, dessen Grundfläche ein Kreis ist und dessen Spitze sich genau über der Mitte des Grundkreises befindet.«

»Ein ganz normaler Kegel also.«

»Wenn du so willst. Welche Figur bekommst du, wenn du die Spitze von diesem Kegel abschneidest, und zwar genau parallel zu seiner Grundfläche?«

»Dann bekommt man einen Kreis. Einen normalen Kreis.«

»So ist es. Und wenn man die Spitze schräg abschneidet, also nicht parallel zur Grundfläche?«

Ich versuchte, mir das vorzustellen. »Dann hat man einen schrägen, einen lang gezogenen Kreis.«

»Genau. Diese Figur nennt man eine Ellipse. Innerhalb dieser Ellipse kann man zwei Punkte bezeichnen, die Brennpunkte. Sie haben eine besondere Bedeutung. Ganz gleich, von welchem Punkt auf der Umrisslinie der Ellipse aus du die jeweiligen Entfernungen zu beiden Brennpunkten misst – wenn du beide Zahlen addierst, erhältst du immer die gleiche Summe. Diese entspricht übrigens der Längsachse der Ellipse, das ist die längste Linie, die man durch eine Ellipse ziehen kann, indem man zwei sich gegenüberliegende Punkte der Umrisslinie miteinander verbindet.«

»Wieso heißen diese Punkte Brennpunkte?«

Opa skizzierte wieder etwas auf seiner Zeitung.

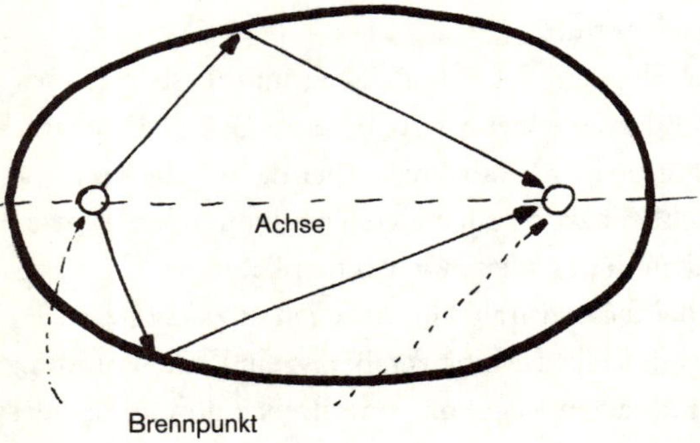

»Schickt man einen Lichtstrahl von einem der Brennpunkte eines ellipsenförmigen Spiegels in eine beliebige Richtung, dann wird der Lichtstrahl von der Ellipse in die Richtung des anderen Brennpunktes zurückgeworfen. Würde man also von einem Brennpunkt gleichzeitig Lichtstrahlen in alle Richtungen losschicken, dann würden alle durch den anderen Brennpunkt gehen. Dort würde es durch das konzentrierte Licht so warm werden, dass ein Papier an dieser Stelle anfangen würde zu brennen. Daher der Name Brennpunkt.«

»Das kann man sich gut merken.«

»Eine Ellipse hat noch sehr viel mehr besondere Eigenschaften. Man kann auch den Kreis als Ellipse begreifen, nämlich als eine, deren Brennpunkte zusammenfallen; der Kreis ist also ein Sonderfall: eine Ellipse mit einem einzigen Brennpunkt.«

»Wussten die alten Griechen das auch schon?«

»Sie wussten sehr viel über Ellipsen und auch über andere Kegelschnitte, zum Beispiel über Parabeln.«

Opa hatte schon wieder den Stift in der Hand. Seine Zeitung war schon ziemlich voll gekritzelt.

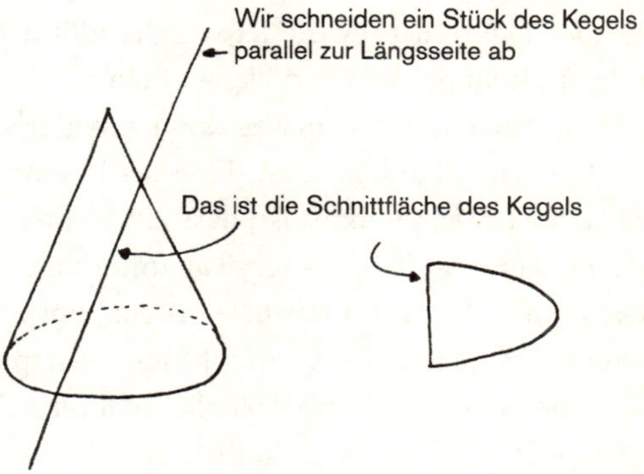

»Angenommen, du schneidest einen Kegel, und zwar so, dass die Schnittfläche parallel zu einer Seite des Kegels liegt. Diese Schnittfläche sieht aus wie ein Teil einer langen Ellipse, ist aber eine Parabel. Das ist eine Figur, die unendlich weit läuft und immer breiter wird. Eine Parabel hat nur einen Brennpunkt.«

»Eine Ellipse hat also zwei Brennpunkte und eine Parabel nur einen?«

»So ist es. Man könnte eine Parabel auch als Ellipse betrachten, die einen normalen Brennpunkt hat und deren zweiter im Unendlichen liegt.«

»Wie kann ein Brennpunkt denn im Unendlichen liegen?«

»Du weißt, dass man eine normale Ellipse erhält, indem man einen Schnitt schräg durch einen Kegel legt. Nun kann man diesen

Schnitt immer schräger legen. Wie wird sich die Form der Schnittflächen verändern?«

»Es werden immer größere Ellipsen.«

»Genau. Das bedeutet, dass auch die Brennpunkte immer weiter auseinander rücken. Wenn du jetzt immer schräger schneidest, wird die Schnittfläche einer Parabel immer ähnlicher. Je schräger die Ellipse, desto mehr gleicht sie einer Parabel. Der zweite Brennpunkt der Ellipse entfernt sich immer weiter vom ersten. Und wenn du dir vorstellst, dass der zweite Brennpunkt irgendwann im Unendlichen liegt, dann hast du eine Parabel. Eine Parabel ist also auch eine Sonderform der Ellipse.«

»Aber dann stimmt deine Theorie von den Brennpunkten nicht mehr. Du hast gesagt, wenn du einen Lichtstrahl von einem der Brennpunkte losschickst, dann wird der von der Ellipse in die Richtung des anderen Brennpunktes zurückgeworfen.«

»Stimmt doch. Auch auf diesem Weg können wir erkennen, dass eine Parabel eine besondere Ellipse ist. Eine der besonderen Eigenschaften des Parabel-Brennpunktes ist, dass ein Lichtstrahl, der aus einer Richtung parallel zur Parabel-Achse ankommt und von der Parabel reflektiert wird, durch den normalen Brennpunkt gehen wird. Oder umgekehrt: Lässt man einen Strahl vom Brennpunkt ausgehen, dann wird dieser von der Parabel parallel zu ihrer Achse zurückgeworfen. Das heißt, dass der Strahl in Richtung des zweiten Brennpunktes reflektiert wird: Und der liegt im Unendlichen.«

»Das habe ich jetzt nicht ganz verstanden.«

»Stell dir eine gewöhnliche Ellipse vor. Wir schicken einen Lichtstrahl von einem der Brennpunkte los. Der wird von der Ellipse in die Richtung des zweiten Brennpunktes zurückgeworfen. Angenommen, wir ziehen die Ellipse in die Länge, und zwar in Richtung des zweiten Brennpunktes, aber so, dass die Figur eine Ellipse bleibt. Der zweite Brennpunkt der so gedehnten Ellipse rückt immer weiter weg vom ersten. Wieder schicken wir einen Lichtstrahl vom ersten Brennpunkt in die gleiche Richtung wie zuvor. Der wird dann in die Richtung des zweiten Brennpunktes zurückgeworfen, der jetzt allerdings viel weiter vom ersten weg liegt. Der so reflektierte Lichtstrahl wird dann viel weniger schräg zur Achse verlaufen als der Lichtstrahl in der kleineren Ellipse. Dehnen wir die Ellipse jetzt noch weiter, dann wird der reflektierte Lichtstrahl noch weniger schräg verlaufen und zuletzt fast parallel zur Achse. Würde der Lichtstrahl tatsächlich parallel zur Achse verlaufen, dann ist es so, als würde er die Achse im Unendlichen schneiden. Er verläuft also in der Richtung eines Brennpunktes, der im Unendlichen liegt.«

Opa suchte nach einer freien Stelle in seiner Zeitung.

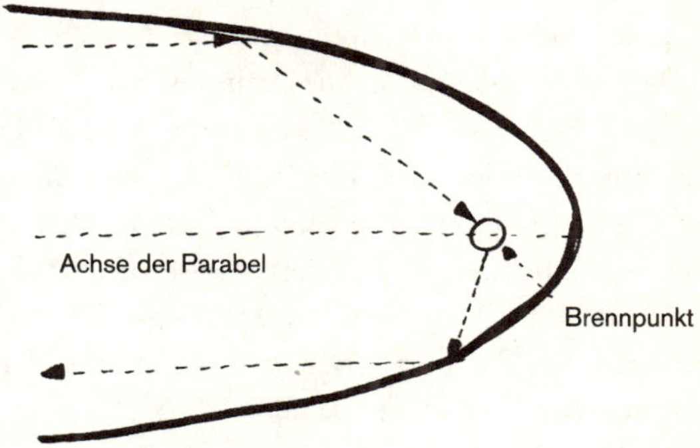

»Darüber muss ich erst mal nachdenken. Der reflektierte Strahl verläuft immer weniger schräg. Der Schnittpunkt mit der Achse rückt also immer weiter weg vom ersten Brennpunkt ... Wenn der Strahl parallel zur Achse verläuft, soll er die Achse im Unendlichen schneiden? Können wir denn von zwei parallelen Geraden sagen, dass sie sich im Unendlichen schneiden?«

»So kannst du das sehen. Zwei schräg zueinander verlaufende Geraden haben einen Schnittpunkt. Verlaufen die Geraden weniger schräg zueinander, dann rückt der Schnittpunkt weiter weg. Verlaufen die Geraden parallel zueinander, dann schneiden sie sich im Unendlichen.«

»Dieses Unendliche ist ganz schön seltsam.«

»Stell dir einfach vor, das Unendliche ist ein Grenzfall von etwas Normalem. Du drehst die beiden Geraden so, dass sie immer weniger schräg zueinander stehen, womit ihr Schnittpunkt immer weiter wegrückt. Du kannst den Schnittpunkt so weit wegrücken lassen, wie du willst: einen Kilometer, tausend Kilometer, eine Million Kilometer. Die beiden Geraden werden dann zwei parallelen Geraden immer ähnlicher. Und so ist es nur mehr ein kleiner Schritt bis zu der Aussage, dass sich zwei Parallelen im Unendlichen schneiden.«

»Ach, deshalb können wir sagen, eine Parabel ist eine Ellipse, deren einer Brennpunkt im Unendlichen liegt. Ganz schön gewöhnungsbedürftig, dieses Unendliche.«

»Wenn ich dir noch ein paar Beispiele vorführe, schaffst du es schon. Zum Beispiel eine Fernsehschüssel: Man hat ihr die Form einer Parabel gegeben, weil die Fernsehstrahlen von so weit – beinahe von unendlich weit – herkommen. Dreht man die Antenne in die Richtung, aus der die Strahlen – genauer wäre es, von Funkwellen zu sprechen – kommen, dann fallen diese nahezu parallel zur Parabel-Achse in die Parabel. Diese fängt die Wellen auf, und alle werden sie in Richtung des Brennpunktes reflektiert. Dort werden alle Wellen konzentriert und aufgefangen. Auf diese Weise wird das Funksignal verstärkt, und man erhält ein klares Fernsehbild.«

»Unglaublich, dass die alten Griechen dafür gesorgt haben, dass wir jetzt ein scharfes Fernsehbild haben.«

»Ja, Kleines, auf dem Gebiet der Geometrie waren die Griechen wahre Genies. Wusstest du, dass die Geometrie, die du in der Schule lernst, immer noch nach der mehr als zweitausend Jahre alten Methode des Euklid unterrichtet wird?«

»Hat es in all den Jahren denn keinen Fortschritt in der Geometrie gegeben?«

»O doch, aber kaum welche auf dem Gebiet der Geometrie, das Euklid beschrieben hat. Erst im 19. Jahrhundert hat man dann entdeckt, dass es andere Geometrien gibt. Die wurden unabhängig voneinander von Lobatschewski, Riemann und Bolyai entdeckt.«

»Wie kann es denn verschiedene Geometrien geben? Ein Dreieck ist doch immer ein Dreieck und eine Gerade immer eine Gerade?«

»Nicht ganz.«

»Gibt es denn krumme Geraden oder Dreiecke mit vier Ecken?«

»In einem gewissen Sinn kann man sagen, dass es gekrümmte Geraden gibt. Dreiecke mit vier Ecken gibt es natürlich nicht, aber es gibt Dreiecke mit anderen besonderen Eigenschaften. In der Schule betreibt man Geometrie immer auf einer ebenen Fläche. Männer wie Lobatschewski und Riemann haben entdeckt, dass man Geometrie auch auf einer Kugel perfekt betreiben kann oder auch auf einer Trichterfläche. Allerdings braucht man dafür andere Berechnungen. Wenn du eine Gerade auf einer Kugel ziehst, dann ist es keine Gerade wie auf einer ebenen Fläche, aber es ist doch eine Gerade, insofern diese Linie die kürzeste Verbindung zwischen zwei Punkten auf der Kugel ist. Eine solche Gerade bezeichnet man als geodätische Linie.«

»Es ist nämlich gar nicht die kürzeste Verbindung! Man könnte eine gerade Linie durch die Kugel hindurch ziehen!«

»Nein, es gibt in dieser, der sphärischen Geometrie, nur die Außenseite der Kugel. Man kann, was diese Geometrie angeht, keine Linie innen durch die Kugel ziehen. Stell dir vor, du musst von Brüssel nach New York fahren. Du kannst nicht durch die Erde hindurch, sondern musst auf der Erdoberfläche bleiben. Will man die Entfernung zwischen Brüssel und New York messen, dann muss man dies an der Erdoberfläche tun. Und man tut dies, indem man eine Linie auf der Erdoberfläche zieht, die den Punkt, auf dem Brüssel liegt, mit dem verbindet, auf dem New York liegt. Eine Gerade auf einer Kugel sieht also ein bisschen anders aus als eine Gerade auf einer Fläche, aber sie hat ähnliche Eigenschaften. Beide Geraden stellen die kürzeste Verbindung zwischen zwei Punkten dar.«

»Ich finde das ein bisschen weit hergeholt. Und wie verhält es sich dann mit den Dreiecken?«

»Du weißt, dass die drei Winkel eines Dreiecks auf der ebenen Fläche zusammen immer hundertachtzig Grad ergeben, oder wie die Griechen sagten: zweimal einen rechten Winkel. Zeichnet man jetzt ein Dreieck auf eine Kugel, dann wird die Summe der Winkel immer größer sein als hundertachtzig Grad. Wir zeichnen zum Beispiel folgendes Dreieck:

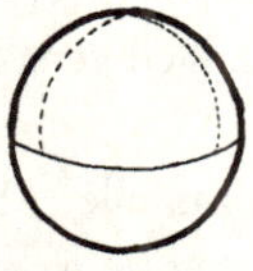

Wir nehmen einen Punkt auf dem Äquator. Das ist die erste Ecke des Dreiecks. Von diesem Punkt ziehen wir eine Gerade zum Nordpol. Dieser bildet die zweite Ecke. Vom Nordpol aus ziehen wir eine zweite Linie im rechten Winkel zur ersten. Wir verlängern diese Linie, bis sie den Äquator schneidet. Der Schnittpunkt der zweiten Linie mit dem Äquator ist die dritte Ecke des Dreiecks. Dann verbinden wir den dritten Punkt mit dem ersten Punkt auf dem Äquator, und so erhalten wir ein Dreieck auf der Erdkugel.«

»Das ist dann aber ein gekrümmtes Dreieck.«

»In der Tat, aber in der sphärischen Geometrie ist dies das gewöhnliche Dreieck. Was dieses Dreieck von einem der euklidischen Geometrie unterscheidet, ist, dass es drei rechte Winkel hat.«

»Wie geht das denn?«

»Na, sieh doch! Die Linie zwischen der ersten und der zweiten Ecke steht senkrecht zum Äquator. Diese Linie steht auch senkrecht auf der zweiten Linie. Diese wiederum, die zweite und dritte Ecke verbindet, steht senkrecht auf dem Äquator, denn auch sie ist die kürzeste Verbindung zwischen dem Äquator und dem Nordpol. Und somit haben wir ein Dreieck mit drei rechten Winkeln.«

»Ich sehe. Und was ist der Nutzen von dieser anderen Geometrie?«

»Das hat man sich lange gefragt. Man fand es zwar beachtlich, dass Lobatschewski, Riemann und Bolyai nichteuklidische Geometrien erfunden und ausgearbeitet hatten, aber man hat lange geglaubt, das habe trotz aller Kreativität keinerlei praktischen Nutzen. Aber dann kam Herr Albert: Er entdeckte, dass diese nichteuklidischen Geometrien genau die mathematischen Instrumente liefern, mit denen er seine allgemeine Relativitätstheorie beschreiben konnte.«

»Und was ist mit seiner speziellen Relativitätstheorie?«

»Für die reicht die euklidische Geometrie.«

»Ist das der einzige Unterschied zwischen der speziellen und der allgemeinen Relativitätstheorie? Und weshalb heißt die spezielle dann die spezielle? Eigentlich müsste die allgemeine doch die spezielle genannt werden. Schließlich verwendet sie doch eine spezielle Geometrie.«

»Du hast wirklich pfiffige Einfälle. Aber weshalb nun ausgerechnet die spezielle Relativitätstheorie ›speziell‹ genannt wurde, musst du andere fragen, denn viel mehr weiß ich auch nicht darüber. Aber wir sind ganz schön weit abgeschweift. Lass uns erst das Kapitel Galilei zu Ende bringen.«

»Zuletzt waren wir dabei, dass ein Körper, der geworfen wird, auf der Erde eine Parabel beschreibt.«

»Richtig. Aber eigentlich ist diese Parabel keine echte Parabel. Eigentlich ist es eine Ellipse.«

»Jetzt willst du mich aber veräppeln!«

»Nein. Es ist eine Ellipse, die einer Parabel so ähnlich ist, dass es in den meisten Fällen keinen nennenswerten Unterschied macht, ob wir nach den Formeln der Parabel oder nach denen der Ellipse rechnen. Wir rechnen nach denen der Parabel, weil dies viel einfacher ist. Die Fehler sind so gering, dass man sie vernachlässigen kann.«

»Hat Galilei das auch gewusst?«

»Nein, das wusste er noch nicht. Er konnte auch nicht wissen, dass seine Flugbahnen Ellipsen sind. Das kam erst später, mit Newton. Wir haben schon gesehen, dass eine Parabel ein Spezialfall einer Ellipse ist und dass die Umrisslinien beider nahezu zusammenfallen, wenn der zweite Brennpunkt der Ellipse vom ersten sehr weit entfernt liegt. Galilei hat einen Fehler gemacht – und den macht jeder, der die Bahn eines fallenden Körpers als Parabel betrachtet. Er ging nämlich davon aus, dass die Erde eben ist und dass die Flugbahnen fallender Körper stets parallel verlaufen. Aber die Erde ist rund, und jeder Körper fällt in Richtung Erdmittelpunkt. Das heißt, die Falllinie hat die gleiche Richtung wie der Erdradius. Das ist in der Regel unwichtig. Wenn du einen Stein wirfst, wirst du ihn nur einige Dutzend Meter weit werfen. Die Linie, die den Punkt, von dem aus du wirfst, mit dem Erdmittelpunkt verbindet, und die andere Linie, die den Landepunkt des Steins mit dem Erdmittelpunkt verbindet, sind fast parallel zueinander. Natürlich nicht ganz, denn sie schneiden sich im Erdmittelpunkt. Ich zeichne dir das mal auf. Hier sehen wir, was geschieht, wenn wir so tun, als wäre die Erde flach. Der Bogen, den du siehst, ist die Flugbahn eines Körpers, den wir im Bogen werfen. In jedem Augenblick wirkt die Erdanziehungskraft auf den fliegenden Körper. Weil die Erde hier flach ist, liegt der Mittelpunkt im Unendlichen. Die Pfeile, die die Richtung der Anziehungskraft andeuten, verlaufen parallel.

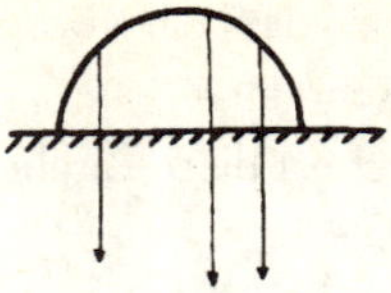

Jetzt zeichnen wir die Erde als Kugel. Die Pfeile, die hier die Richtung der Anziehungskraft andeuten, sind auf den Erdmittelpunkt gerichtet.

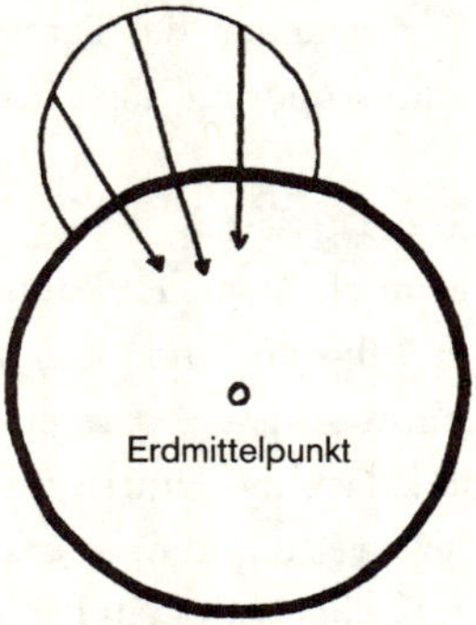

In der ersten Zeichnung ist die Flugbahn eine Parabel, in der zweiten Zeichnung eine Ellipse. Aber in der Regel ist der Fehler, den man macht, wenn man die Falllinien trotzdem als Parallelen betrachtet, so winzig klein, dass man sie ruhig als parallel betrachten kann. Das läuft also darauf hinaus, dass man die Erdoberfläche zwischen Wurf- und Landepunkt des Steins als Ebene betrachtet und den Erdmittelpunkt entsprechend als unendlich weit entfernt. Das macht so lange nichts, wie man nicht weit wirft. Aber würde man mit einer Kanone Hunderte von Kilometern weit schießen, dürfte man die Erdoberfläche nicht mehr als Ebene betrachten. Und die Bahn der Kanonenkugel muss als Ellipse betrachtet werden. Sonst würden die Fehler zu groß.«

»Galilei hat bestimmt keine solche Superkanone gehabt.«

»Deshalb kann man auch nachvollziehen, warum er glaubte, ein fallender Körper beschreibe eine Parabel. Allein das war schon eine gehörige Leistung.«

»Aber wie ist er darauf gekommen? Die Gedankenexperimente mit diesen fallenden Steinen kann ich ja nachvollziehen. Aber was hat ihn auf die Idee gebracht, darüber nachzudenken? Seit vielen Hundert Jahren hatte niemand daran gezweifelt, dass schwere Gegenstände schneller fallen als leichte, und plötzlich fängt Galilei an, darüber nachzudenken.«

»Nein, es war ein Zufall. Es heißt, ihm sei aufgefallen, dass eine Lampe, die an einer Kette baumelt, immer gleich schnell baumelt, egal ob es eine schwere Lampe ist oder eine leichte und ob es nun eine lange Kette ist oder eine kurze. Das brachte ihn auf die Idee, dass Körper vielleicht auch gleich schnell fallen, egal wie leicht oder schwer sie sind.«

»Aber das hätte doch jeder sehen können?«

»Sehr richtig. Das eben ist der Unterschied zwischen gewöhnlichen Menschen und Genies. Genies sehen Dinge, die jeder hätte sehen können, aber die keiner bemerkt. Und dann ziehen sie auch noch die richtigen Schlussfolgerungen aus solchen Beobachtungen. Auf diese Weise hat Galilei auch Dinge erklären können, über die andere schon lange gerätselt hatten – etwa über die Tatsache, dass ein Stein gerade nach unten fällt.«

»Aber das kommt doch durch die Schwerkraft?«

»Gewiss. Aber wie du weißt, war Kopernikus der Erste, der beweisen konnte, dass sich die Erde um die Sonne dreht.«

»Aber keiner hat ihm geglaubt.«

»Na ja, fast keiner. Manche haben ihm schon geglaubt, aber sie konnten die Frage, weshalb ein Stein nach unten fällt, nicht beantworten. Wenn sich die Erde um die Sonne dreht, dann bewegt sie sich, und dann ist es keineswegs selbstverständlich, dass ein Stein gerade nach unten fällt. Während der Stein fällt, dreht sich die Erde schließlich unter ihm weg. Heute wissen wir, dass die Erde dreißig Kilometer pro Sekunde zurücklegt, während sie um die Sonne kreist. Das wusste man damals noch nicht, aber die Zeitgenossen von Kopernikus, die ihm geglaubt haben, wussten immerhin, dass die Erde in der Zeit, in welcher ein Stein fällt, eine große Entfernung zurücklegt. Darum dürfte ein fallender Stein eigentlich nicht direkt unter dem Punkt landen, von dem man ihn losgelassen hat, sondern an einer anderen Stelle.«

Opa zeichnete schon wieder.

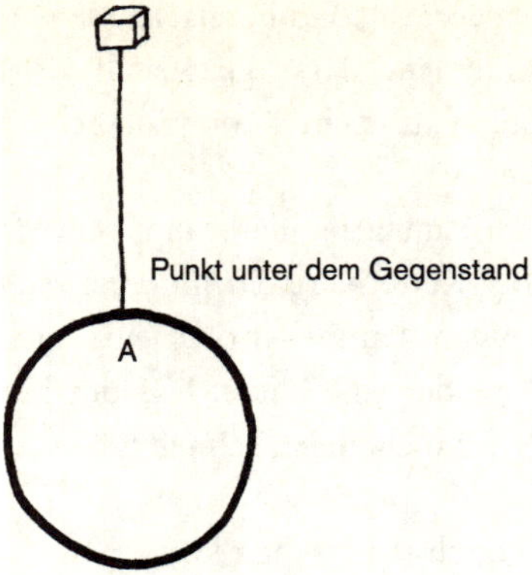

»Sieh mal. Das ist die Ausgangssituation. Wir lassen einen Körper von sehr hoch oben fallen. Dieser Körper befindet sich über einem Punkt A. Während er fällt, legt die Erde eine bestimmte Strecke zurück. Dadurch landet der Körper nicht auf Punkt A.

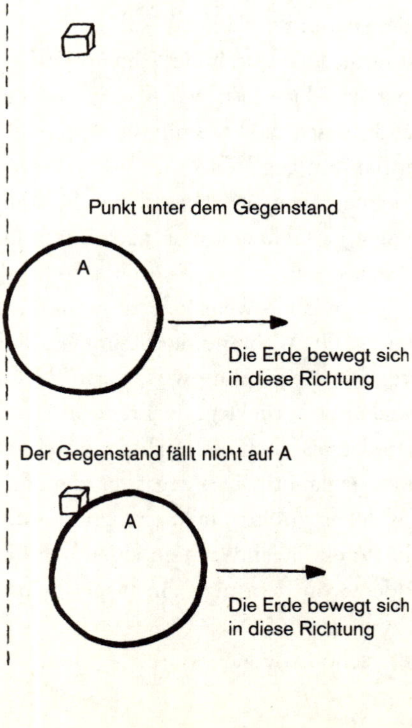

Das war übrigens der schwerwiegendste wissenschaftliche Einwand, den Gegner von Kopernikus gegen dessen Theorien anführten. Die Erde, so argumentierten sie, könne sich gar nicht bewegen, denn in diesem Fall könnte ein Stein nicht gerade nach unten fallen, sondern müsste ein Stück weiter weg landen.«

»Und wie konnte Galilei diesen Einwand entkräften?«

»Auch mit dem Trägheitsgesetz. Wenn man einen Stein über der Erde still hält, dann bewegen sich Erde und Stein mit der gleichen Geschwindigkeit um die Sonne. Lassen wir den Stein fallen, wirkt nur eine Kraft auf den Stein, nämlich die Schwerkraft. Diese Kraft wirkt in vertikaler Richtung. In horizontaler Richtung wirkt keine Kraft. Also bewegt sich der Stein weiter in horizontaler Richtung, und das bei gleich bleibender Geschwindigkeit, nämlich mit dreißig Kilometern pro Sekunde, genauso schnell, wie sich die Erde fortbewegt. Es erscheint uns so, als würde der Stein direkt unter der Abwurfstelle aufschlagen, aber eigentlich bewegen sich Stein und Erde mit der gleichen hohen Geschwindigkeit von dreißig Kilometern pro Sekunde in horizontaler Richtung.«

Daraus machte Opa schnell noch eine Zeichnung …

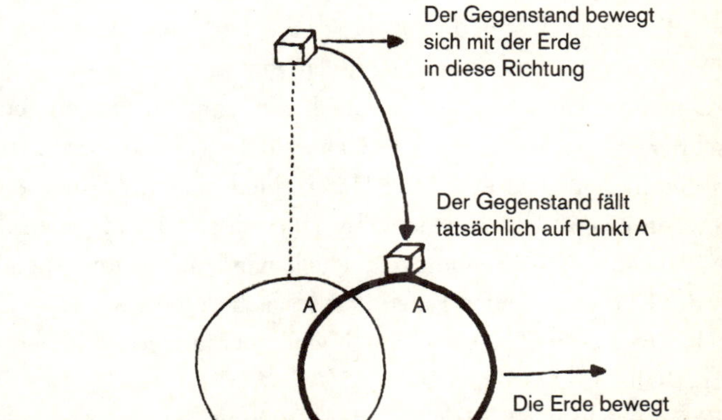

»Es scheint nur so, dass der Stein gerade nach unten fällt, und der Grund dafür ist das Trägheitsgesetz. Würden wir den fallenden Stein aus großer Entfernung beobachten, dann würden wir auch sehen, dass er einen kleinen Bogen beschreibt. Von der Erde aus beobachtet jedoch, sieht es so aus, als falle ein Körper gerade nach unten. Auf diese Weise konnte Galilei erklären, dass sich die Erde bewegt und ein Stein trotzdem gerade nach unten fällt.«

»Jetzt verstehe ich endlich, warum Dinge auch in einem fahrenden Zug gerade nach unten fallen.«

»Genau. Das ist dasselbe. Wenn du in einem fahrenden Zug etwas fallen lässt, dann fällt dieser Körper ebenfalls gerade nach unten, weil sich Körper und Zug mit der gleichen Geschwindigkeit in die gleiche Richtung bewegen. An diesem Zustand ändert sich nichts, wenn man den Körper fallen lässt: Nach wie vor bewegen sich Zug und Körper mit der gleichen Geschwindigkeit in horizontaler Richtung. Und jeder, der im Zug mitfährt, sieht den Körper gerade nach unten fallen. Es hängt also davon ab, wer den fallenden Körper beobachtet. Ein Reisender im Zug sieht den Körper gerade nach unten fallen; jemand, der den Zug von außen beobachtet, sieht jedoch, dass der fallende Körper eine Parabel beschreibt.«

»Dieses Gerade-nach-unten-Fallen ist also relativ?«

Opa war einen Augenblick sprachlos.

»Kleines, wenn du das begriffen hast, dann wirst du alles begreifen … Einstein selbst hätte das nicht besser erklären können.«

»War denn das schon Einsteins Relativitätstheorie?«

»O nein, so einfach ist das nun auch wieder nicht. Was du gerade beschrieben hast, könnte man als Galileis Relativitätstheorie bezeichnen. Sie besagt, dass es keinen Unterschied macht, ob man einen Körper in einem stillstehenden Zug fallen lässt oder in einem Zug mit konstanter Geschwindigkeit. Für jemanden, der im Zug sitzt, fällt der Körper in beiden Fällen gerade nach unten.«

»Und wenn der Zug seine Geschwindigkeit ändert, während der Körper fällt?«

»Dann behält der Körper seine Geschwindigkeit, der Zug jedoch nicht. Darum bewegen sie sich horizontal mit unterschiedlicher Geschwindigkeit, also wird der Gegenstand auch für jemanden, der sich im Zug befindet, nicht gerade nach unten fallen.«

»Und was sieht einer, der sich nicht im Zug aufhält?«

»Der sieht nach wie vor eine Parabel. Denn diese Parabel ist unabhängig vom Zug. Für einen Beobachter außerhalb des Zuges ist es, als würde man den Körper mit der gleichen Geschwindigkeit, die der Zug hat, in horizontaler Richtung werfen. Für diesen Beobachter spielt der Zug also keine Rolle.«

»Also bedeutet ›relativ‹, dass das, was ein Beobachter sieht, abhängig ist von dem Ort, an dem er sich befindet.«

»Genau. Wenn du das begriffen hast, bist du einen wichtigen Schritt vorangekommen.«

»Und Galilei hat das auch richtig verstanden?«

»Viel entscheidender ist: Er war der Erste, der das begriffen hat. Und genau das musst du dir über Galilei merken. Die Bewegung eines Körpers ist relativ. Sie hängt ab vom Standpunkt des Betrachters. Wenn sich der Betrachter mit dem Körper mitbewegt, so wie der Reisende im Zug, dann sieht er den Körper gerade nach unten fallen. Steht der Beobachter außerhalb des Zuges, dann sieht er den fallenden Körper eine Parabel beschreiben. Aber – und das ist der Kern der Sache – für einen Beobachter im Zug fällt der Körper gerade nach unten, egal ob der Zug stillsteht oder ob er fährt.«

»Solange der Zug mit konstanter Geschwindigkeit fährt.«

»Du setzt das Tüpfelchen auf das i, und du hast Recht damit. Und das ist ein weiterer Unterschied zwischen der speziellen und der allgemeinen Relativitätstheorie. In der speziellen Relativitätstheorie spielt Einstein mit Zügen, die mit konstanter Geschwindigkeit fahren; in der allgemeinen Relativitätstheorie mit Zügen, deren Geschwindigkeit sich verändert.«

»Und in der speziellen Relativitätstheorie fahren die Züge über eine ebene Fläche. In der allgemeinen Relativitätstheorie fahren die Züge über eine gekrümmte Fläche.«

»Genau.«

»Aber verstanden habe ich das trotzdem noch nicht.«

»Das kommt noch. Du bist auf dem richtigen Weg.«

»Und woher weißt du das alles, Opa? Du hast immer gesagt, du hättest nichts von der Relativitätstheorie begriffen, und jetzt erklärst du mir das alles.«

»Ich weiß wohl etwas darüber, aber die ganze Sache habe ich nie verstanden.«

»Vielleicht können wir versuchen, das gemeinsam herauszufinden.«

»Möchtest du das?«

»Ja, nichts lieber als das.«

»Gut. Wird gemacht, aber jetzt musst du nach Hause. Mittag ist schon fast vorbei. Tschüss, Kleines.«

»Wann darf ich wiederkommen? Ich glaube, als Nächstes sollten wir Newton behandeln. Sein Werk hängt ziemlich eng mit dem von Galilei zusammen.«

»Aber Kleines, so viel an einem einzigen Tag, das kann nicht gesund sein. Ich erinnere mich nicht, dass du je gesagt hättest, es mache dir Spaß, einen ganzen Tag lang zur Schule zu gehen. Ich schlage vor, du kommst nächste Woche wieder.«

»Nächste Woche! Ach, Opa …«

»Oder heute Nachmittag …«

»Opa, du bist ein Schatz!«

Newton

Nachmittags lief ich wieder zu Opa. Er stand im Garten, mit jedem seiner nackten Füße in einem Wassereimer. Neben ihm stand noch ein dritter Eimer mit Wasser.

»Hallo Opa, was machst du denn da?«

»Ah, da bist du ja endlich. Ich dachte schon, du kämst doch nicht mehr und hättest das Studium der Naturwissenschaft an den Nagel gehängt. Diese Jugend von heute, kein Durchhaltevermögen, kein Charakter, dachte ich. Also hab ich allein weitergemacht.«

»Und was tust du da?«

»Ich studiere die Relativität.«

»Mit Wasser?«

»Was dachtest du denn? Mit Bier vielleicht?«

»Wozu brauchst du das Thermometer hier?«

»Ein ausgesprochen nützliches Instrument. Es verrät mir, wie warm dieses Wasser hier ist.«

»Und wieso willst du das wissen?«

»Um die Temperatur festzustellen.«

»Opa!«

»Im Ernst, dieses Wasser hier kann uns eine Menge über Relativität lehren. Ich finde, wir sind heute früh ein wenig leichtsinnig mit dem Wörtchen relativ umgesprungen. Bist du so nett und misst mal die Temperatur des Wassers in diesem Eimer hier, den wir von nun an Eimer eins nennen werden?«

Opa stieg aus den Eimern.

Ich steckte das Thermometer in Eimer eins und zog es eine Weile später wieder heraus.

»Zwanzig Grad.«

»Ausgezeichnet. Und die Temperatur in Eimer zwei?«

»Vierzig Grad.«

»Phantastisch, diese runden Zahlen. Wie habe ich das wieder hingekriegt? Und der letzte Eimer?«

»Dreißig Grad.«

»Großartig. Wir haben einen Eimer mit zwanzig, einen mit dreißig und einen mit vierzig Grad warmem Wasser. Ziehst du dir mal Schuhe und Socken aus?«

Zehn Sekunden später stand ich barfuß neben Opa.

»Stell jetzt deinen linken Fuß in den Eimer mit zwanzig Grad und den rechten in den mit vierzig Grad.«

Ich tat, was er sagte, ohne weiter zu fragen.

»Was fühlst du?«

»Was ich fühle? Es ist nass.«

Opa prustete. »Es ist nass. Großartig. Und was kannst du zu den Temperaturen sagen?«

»Mein linker Fuß fühlt sich kalt an und der rechte warm.«

»Genau. Und weißt du auch, weshalb?«

»Weil das Wasser im ersten Eimer kälter ist als im zweiten, ist doch klar.«

»Genau. Und jetzt kommt der zweite und wichtigste Teil unseres Versuchs.«

Opa zog den dritten Eimer näher heran und sagte: »Jetzt gut aufgepasst. Ich hebe dich hoch und du steckst beide Füße in Eimer drei, in den mit dem dreißig Grad warmen Wasser. Und dann sagst du mir, was du fühlst.«

Er hob mich hoch und stellte mich in den dritten Eimer. Er hielt mich gut fest, denn es ist keine sehr stabile Angelegenheit, so mit beiden Füßen in einem Eimer zu stehen.

»Fühlt sich merkwürdig an. Beide Füße stecken im selben Wasser, und mein linker Fuß fühlt sich warm an, der rechte dagegen kalt.«

»Richtig. Hast du auch eine Erklärung dafür?«

»Mein linker Fuß hat zuerst in zwanzig Grad warmem Wasser gesteckt. Jetzt ist er im dreißig Grad warmen Wasser, und das fühlt sich wärmer an.«

»Richtig. Und dein rechter Fuß?«

»Der war zuerst im Wasser mit vierzig Grad, jetzt ist er in dreißig Grad warmem Wasser und fühlt sich deswegen kälter an.«

»Sehr gut. Und was können wir daraus folgern?«

»Temperaturen sind relativ?«

»Richtig. Wenn wir von Temperaturen sprechen, dann meinen wir meistens Temperaturen in einem bestimmten Kontext. Bezogen auf eine bestimmte Situation gibt es immer normale, niedrige und hohe Temperaturen. Man kann nie sagen, ob eine Temperatur hoch ist, wenn man nicht weiß, um welche Situation es sich handelt. Für den menschlichen Körper ist eine Temperatur von sechsunddreißig bis siebenunddreißig Grad Celsius ganz normal. Aber zweiundvierzig Grad sind für jeden Menschen eine sehr hohe und dreißig Grad eine sehr niedrige Temperatur.«

Ich nickte.

»In der Metallverarbeitung dagegen sind ein paar Tausend Grad ganz normal. Und das sind bei weitem nicht die höchsten Temperaturen, die es gibt. Wenn wir von Sternen sprechen, dann reden wir von Temperaturen von ein paar Millionen Grad, und das ist in diesem Kontext auch wieder ganz normal. Du siehst: Temperaturen sind alle relativ. Und wenn wir Temperaturen miteinander vergleichen, dann tun wir das innerhalb von ein und demselben Kontext.«

»Aber gilt das nicht für alles?«

»Es gilt zum Beispiel auch für Längenunterschiede. Die Körpergröße eines Erwachsenen schwankt zwischen einem Meter sechzig und einem Meter neunzig. Innerhalb dieser Grenzen betrachten wir eine Person als klein beziehungsweise groß. Ein Gebäude dagegen ist erst groß, wenn es ein paar Hundert Meter hoch ist. Ähnlich ist es bei Geschwindigkeiten. Wenn du läufst, sind dreißig Stundenkilometer sehr schnell. Für ein Auto dagegen sind hundert Stundenkilometer ganz normal. Für ein Flugzeug oder eine Rakete ist es wiederum anders.«

»Gibt es denn keine Dinge, die nicht relativ sind?«

»Was nicht relativ ist, nennt man absolut. Es gibt einen absoluten Temperatur-Nullpunkt. Man nennt ihn ganz einfach den absoluten Nullpunkt. Es ist die niedrigste Temperatur, die möglich ist, und zwar sind das ungefähr zweihundertdreiundsiebzig Grad Celsius unter null.«

»Das heißt, nichts kann eine niedrigere Temperatur haben als zweihundertdreiundsiebzig Grad unter null?«

»So ist es.«

»Merkwürdig. Gibt es noch andere absolute Maße?«

»Ja. Die Lichtgeschwindigkeit: knapp dreihunderttausend Kilometer pro Sekunde im luftleeren Raum. Ein ganz wichtiges Maß.«

Das wusste ich bereits. »Dreihunderttausend Kilometer – ist das nicht ungefähr die Entfernung zwischen Erde und Mond?«

Opa nickte bewundernd.

»Stimmt. Das Licht braucht also eine Sekunde, um die Entfernung zwischen Erde und Mond zurückzulegen. Diese Entfernung ist ungefähr das Siebeneinhalbfache des Erdumfangs. In einer Sekunde könnte das Licht also siebeneinhalbmal um die Erde fliegen.«

»Wenn es krumm fliegen könnte. Aber das kann es nicht.«

»Nun, äh … Nicht ganz. Es kann auf gekrümmten Bahnen fliegen.«

»Wie meinst du das?«

»Das ist etwas von dem, was die allgemeine Relativitätstheorie beschreibt. Licht kann krumm fliegen.«

»Wieso? Du kannst doch auch nicht um die Ecke sehen?«

»Ja; aber wir schweifen schon wieder ab. Wir wollten über Newton reden und sind schon wieder bei Einstein.«

»Opa, das gefällt mir nicht. Es ist, als ob du jedes Mal die Tür einen Spalt weit aufmachst und sie gleich wieder zuschlägst.«

»Das tue ich nur, um dir zu zeigen, wie vieles in einem Zusammenhang mit der Relativitätstheorie steht. Es sind so viele Aspekte, dass du sie nicht alle gleichzeitig berücksichtigen kannst, und trotzdem brauchst du sie, um die Relativitätstheorie insgesamt zu begreifen. Sonst wirst du bloß hier und da etwas wissen, ohne das Ganze zu verstehen, und vor allem, ohne zu wissen, wie das alles zusammenhängt.«

»Und weshalb redest du jetzt über die Lichtgeschwindigkeit und darüber, dass das Licht krumm fliegen kann?«

»Du hast gesagt, das Licht fliegt gerade, und da musste ich dich verbessern.«

»Aber du hast mit der Lichtgeschwindigkeit angefangen.«

»Ja, um dir noch ein Beispiel von etwas Absolutem zu geben. Bevor du reif bist für die Relativitätstheorie, musst du etwas über den absoluten Raum und die absolute Zeit wissen. Und das hat sehr viel mit Newton zu tun.

Wie ich dir heute früh schon gesagt habe, hat Newton in sehr vielem auf die Vorarbeiten von Galilei und Kepler zurückgegriffen. Und weil Kepler sehr viel von seinem Lehrer Tycho Brahe gelernt hat ...«

»Ich verstehe«, sagte ich mit einem gespielt mutlosen Seufzer. »Zuerst müssen wir unsere Aufmerksamkeit diesen Langweilern zuwenden.«

»Bitte etwas mehr Respekt vor diesen ehrlichen und hart arbeitenden Wissenschaftlern, kleines Fräulein.«

»Entschuldige, Opa.«

»Was Tycho Brahe angeht, können wir uns kurz fassen. Er hat die Himmelskörper sehr genau beobachtet und das auch aufgeschrieben. Und aufgrund dieser Beobachtungen konnte sein Schüler Johannes Kepler seine drei Gesetze formulieren.«

»Wann war das?«

»Im Jahr 1618, also in der Zeit, in der auch Galilei tätig war. Galilei und Kepler waren auf naturwissenschaftlichem Gebiet Rivalen. Das hatte viel mit Galilei, mit seiner Person und seinem Lebensstil zu tun. Er war nämlich ziemlich versessen auf Ruhm und Ehre und benahm sich eher wie ein Mann von Welt, nicht wie ein Wissenschaftler, der nur für seine Arbeit lebt. Aber das ist jetzt nicht so wichtig.«

»Ich finde auch so was spannend. Schließlich sind auch Naturwissenschaftler Menschen von Fleisch und Blut.«

»Über das Leben und die Zeit dieser Männer gibt es Bücher, du kannst das nachlesen, wenn dich das interessiert, Kleines«, sagte Opa. »Bleiben wir jetzt bei der Naturwissenschaft. Wie ich schon sagte, Kepler ist vor allem wegen seiner drei Gesetze bekannt. Diese beschreiben die Bahnen der Planeten um die Sonne. Das erste Gesetz besagt, dass jeder Planet eine Ellipse um die Sonne beschreibt, wobei sich die Sonne in einem der beiden Brennpunkte befindet. Das zweite Gesetz ist das Flächengesetz. Es besagt, dass ein Planet, genauer: der Strahl zwischen Planet und dem Brennpunkt Sonne, auch Leitstrahl genannt, in gleichen Zeiten gleiche Flächen überstreicht.«

»Was ist mit diesen Flächen gemeint?«

»Du weißt, was eine Grünfläche ist?«

»Ja, natürlich.«

»Eine Grünfläche ist ein abgegrenztes kleines Gebiet mit Grünpflanzen. Die Flächen, von denen Kepler spricht, sind Gebiete innerhalb der Ellipse.«

Opa hatte schon wieder seinen Stift in der Hand und skizzierte etwas.

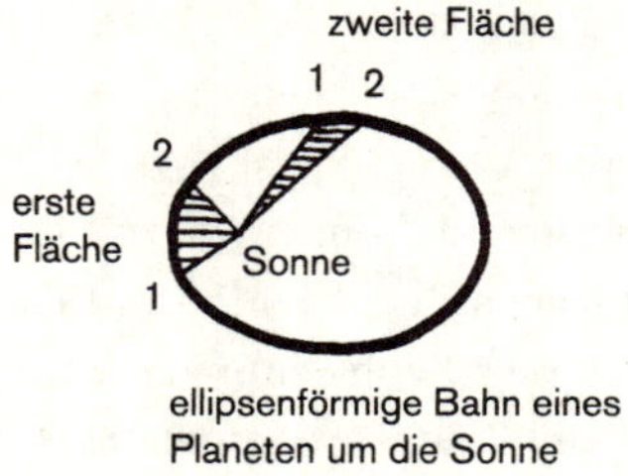

»Die von Kepler gemeinte Fläche ist ein abgegrenzter Bereich der Ellipsenfläche, der dadurch entsteht, dass man von zwei willkürlichen Punkten auf dem Umfang der Ellipse aus jeweils eine Linie zu einem der Brennpunkte zieht. Angenommen, der Planet braucht eine bestimmte Zeit, um vom ersten zum zweiten Punkt zu fliegen, beispielsweise zwei Wochen. Nun nehmen wir einen weiteren Punkt auf dem Ellipsenumfang an, den wir als ersten Punkt der zweiten Fläche betrachten. Der zweite Punkt dieser Fläche wäre der, den der Planet zwei Wochen später erreichen wird. Auf diese Weise hat man eine zweite Fläche bestimmt: Auch sie ist eine, die der Leitstrahl zwischen Planet und Sonne in zwei Wochen überstreicht. Das zweite Keplersche Gesetz besagt nun, dass die zweite Fläche exakt so groß ist wie die erste. Mit anderen Worten: In gleichen Zeiträumen durchläuft der Leitstrahl gleiche Flächen. Dasselbe gilt natürlich auch für eine Fläche, die in einem Tag oder einem Monat durchlaufen wird. Jede Fläche, über die der Leitstrahl an einem Tag hinwegstreicht, ist genauso groß wie jede andere Fläche, die er in einem Tag überstreicht.«

»Und was ist daran so wichtig?«

»Ein Planet folgt einer ellipsenförmigen Bahn, wobei die Sonne in einem der Brennpunkte steht. Damit ändert sich seine Entfernung zur Sonne während des Umlaufs. Und aus dem zweiten Keplerschen

Gesetz folgt nun, dass der Planet um so schneller fliegt, je näher er der Sonne kommt. Sonst könnten die Flächen nicht gleich groß sein.«

»Wie hat Kepler das entdeckt?«

»Indem er die Bahnen sämtlicher Planeten sehr sorgfältig aufgezeichnet und versucht hat, eine Systematik in diesen Bahnen zu finden.«

»Und was ist das dritte Gesetz?«

»Das dritte Gesetz beschreibt den Zusammenhang zwischen der Umlaufzeit eines Planeten – das ist die Zeit, die ein Planet braucht, um die Sonne einmal vollständig zu umkreisen – und der Entfernung des Planeten zur Sonne, oder besser: zur Größe der Ellipse, denn natürlich sind nicht alle Punkte auf der Ellipse gleich weit von der Sonne entfernt. Aus dem dritten Gesetz geht hervor, dass ein vollständiger Planetenumlauf um die Sonne umso länger dauert, je weiter die Planetenbahn von der Sonne entfernt ist. Kepler hat die exakten Verhältnisse formuliert: Die dritte Potenz der großen Ellipsen-Achse ist proportional zur zweiten Potenz der Umlaufzeit.«

»Darauf muss einer erst mal kommen.«

»Wie du weißt, benötigt die Erde genau ein Jahr, um die Sonne einmal zu umkreisen. Das ist die Definition eines Erdenjahres. Die anderen Planeten brauchen mehr oder weniger Zeit als die Erde, je nachdem, ob sie näher an der Sonne sind als die Erde oder weiter von ihr entfernt.«

»Der war richtig gut, der Kepler …«

»Das war er. Aber Newton hat ihn noch übertroffen. Er hat schließlich den Grund für die Keplerschen Gesetze entdeckt.«

»Wenn ich den Namen Newton höre, sehe ich ihn immer unter seinem Apfelbaum sitzen. Allerdings weiß ich gar nicht mehr genau, was er da getan hat.«

»Man erzählt sich, dass Newton eines Tages unter einem Apfelbaum gesessen habe, als plötzlich ein Apfel vom Baum herunterfiel. In diesem Augenblick soll Newton begriffen haben, dass die Schwerkraft, die den Apfel nach unten zieht, die gleiche Kraft ist, die den Mond in seiner Bahn hält. Und die Kraft, die dafür sorgt, dass die Erde und die anderen Planeten um die Sonne kreisen. Und das war eine Leistung. Denn auf den ersten Blick spricht nichts dafür, dass beide Male die gleiche Kraft wirkt.«

»Das verstehe ich auch nicht richtig.«

»Das ist auch kein Wunder. Denn die Schwerkraft zwischen der Sonne und einem Planeten wirkt immer gerade in Richtung Mittelpunkt der Sonne, und doch lässt diese Kraft den Planeten eine Bahn um die Sonne beschreiben.«

»Und nicht einfach nur eine Kreisbahn, sondern eine Ellipse.«

»Genau. Newton hat nicht nur herausgefunden, weshalb die Schwerkraft einen Planeten eine Bahn um die Sonne beschreiben lässt, sondern auch, weshalb diese Bahn die Form einer Ellipse annehmen muss. Auch den Beweis für die anderen Keplerschen Gesetze hat Newton geliefert.«

»Ich fürchte, das musst du mir näher erklären.«

»Gerne. Und ich werde dir das am gleichen Beispiel vorführen, das Newton selbst benutzt hat. Er dachte sich einen hohen Berg auf der Erde, auf dem eine starke Kanone steht. Angenommen, die Kanone schießt eine Kugel zehn Kilometer weit. Welche Bahn wird diese Kugel dann beschreiben?«

»Hm, zehn Kilometer ist eigentlich nicht sehr weit, also wird es wohl eine Parabel sein.«

»Genau, und weshalb?«

»Wir können die beiden Bewegungen der Kugel zerlegen, und zwar in die horizontale und die vertikale. Horizontal wirkt keine Kraft, also fliegt die Kugel horizontal mit konstanter Geschwindigkeit geradeaus; vertikal wirkt die Schwerkraft, und die zieht die Kugel mit zunehmender Geschwindigkeit nach unten. Weil zehn Kilometer kurz sind, dürfen wir die Erde als ebene Fläche betrachten und die Bahn entsprechend als Parabel. Wie du gesagt hast: Bei einer so kurzen Entfernung ist der Unterschied zwischen einer Ellipse und einer Parabel gering, und eine Parabel lässt sich einfacher berechnen.«

»Bravo. Und wenn die Kugel tausend Kilometer weit fliegt?«

»Dann haben wir bestimmt keine Parabel mehr, sondern eine Ellipse.«

»Ja, das weißt du jetzt, denn ich konnte dir das erklären, weil Kepler es entdeckt hat. Aber wie würdest du erklären, dass eine Ellipse, also eine geschlossene gekrümmte Linie, entstehen muss? Schließlich zieht die Erde mit ihrer Schwerkraft die Kugel doch immer zu ihrem Mittelpunkt?«

»Das kann ich nicht erklären«, gab ich ehrlich zu.

»Lassen wir jetzt zunächst offen, ob wir eine Ellipse oder eine andere geschlossene Krümmung haben. Was ist anders beim zweiten Kanonenschuss? Zunächst fliegt die Kugel viel weiter als beim ersten Mal. Welche Form hat die Erde?«

»Sie ist eine Kugel, wenn wir Kolumbus glauben dürfen.«

»Kolumbus hatte Recht. Eigentlich ist es nur annähernd eine Kugel, denn sie ist an den Polen etwas abgeflacht. Was geschieht also mit einer Kanonenkugel, die tausend Kilometer weit fliegt?«

»Dann, hm ... Dann können wir die Erde nicht mehr als flach betrachten, also fällt die Kanonenkugel ein bisschen tiefer oder ... Wie soll ich sagen, die Kugel fällt sozusagen die Erdkrümmung entlang.«

»Genau. Und was geschieht, wenn die Kugel zehntausend Kilometer weit fliegt? Welchen Teil der Erde hat die Kugel dann überflogen?«

»Der Umfang der Erde beträgt ungefähr vierzigtausend Kilometer; also legt die Kugel ein Viertel des Erdumfangs zurück.«

»Ausgezeichnet. Und wenn wir noch weiter schießen würden, dann würde die Kugel immer weiter fallen. Und dann passiert auf einmal etwas Merkwürdiges.«

Opa skizzierte wieder etwas.

Dann fuhr er fort: »Wenn wir noch weiter schießen, wird die Kugel überhaupt nicht mehr fallen. Oder genauer: Die Kugel wird immer weiter fallen. Sie wird eine vollständige Bahn um die Erde beschreiben und irgendwann wieder bei der Kanone ankommen. Und nach Galileis Trägheitsgesetz hat sie nach wie vor die gleiche horizontale

Geschwindigkeit, darum wird unsere Kanonenkugel die Erde auch ein weiteres Mal umkreisen. Und nach dieser Umkreisung folgt eine dritte, eine vierte und so weiter. Und so kreist und kreist die Kanonenkugel immer weiter um die Erde.«

»Ich glaube, das habe ich verstanden. Wenn ein Gegenstand horizontal fliegt, fällt er immer tiefer. Die Kugel wird nach unten gezogen, zum Erdmittelpunkt. Aber die Erde ist eine Kugel und ihre Oberfläche deswegen gekrümmt. Wenn die Kanonenkugel nur schnell genug fliegt, dann fällt sie nur so schnell nach unten, wie die Erde gekrümmt ist. Also fällt und fällt sie, ohne je näher an die Erde zu kommen.«

»Genau, völlig richtig. Dabei müssen wir allerdings voraussetzen, dass die Kugel genau die richtige Geschwindigkeit hat. Denn hätte die Kugel eine viel zu große Anfangsgeschwindigkeit und flöge noch schneller, dann würde sie sich ganz von der Erde lösen und immer weiter von der Erde wegfliegen.«

»Einfach genial von Newton, dass er das erkannt hat. Mir war das bis jetzt nicht klar. Aber im Grunde ist es gar nicht so schwer zu begreifen.«

»Das haben wir Newton zu verdanken. Er hat es als Erster verstanden und danach die richtigen Beispiele gefunden, um anderen diesen Sachverhalt zu erklären.«

»Aber noch wissen wir nicht, weshalb der Planet eine Ellipse beschreibt. Bislang haben wir nur erklärt, weshalb die Bahn eines Planeten eine geschlossene gekrümmte Linie ist.«

»Genau. Um zu beweisen, dass diese Bahn eine Ellipse darstellt, müssen wir die drei Bewegungsgesetze von Newton anwenden.«

»Alle guten Gesetze bestehen offenbar aus drei Gesetzen: Kepler hatte drei und Newton auch.«

»Das stimmt. Das erste Newtonsche Gesetz ist das Trägheitsgesetz, das Galilei bereits gefunden hatte. Es besagt, dass ein sich bewegender Körper, auf den keine Kräfte wirken, seine Geschwindigkeit und seine Richtung beibehält. Ruht der Körper, dann bleibt er ohne weitere Krafteinwirkung in Ruhe; bewegt er sich mit einer bestimmten Geschwindigkeit, dann bewegt er sich mit dieser Geschwindigkeit stetig geradeaus in die einmal eingeschlagene Richtung.«

»Das haben wir heute früh schon behandelt.«

»Das zweite Newtonsche Gesetz hat er selbst entdeckt. Es beschreibt, was geschieht, sobald Kräfte auf den Körper einwirken: Ein Körper wird beschleunigt, wenn eine Kraft auf ihn einwirkt. Und das Gesetz stellt auch einen mathematischen Zusammenhang zwischen Kraft und Beschleunigung her: Die Beschleunigung, die der Körper erfährt, ist proportional zu der Kraft, die auf diesen Körper einwirkt.«

»Kannst du das mal erklären?«

»Das Wort Beschleunigung bedeutet: die Geschwindigkeit ändern. Ein Körper kann sowohl Geschwindigkeit verlieren als auch Geschwindigkeit zulegen.«

»Wie kann man das messen?«

»Beschleunigung können wir auf dieselbe Weise messen wie die Geschwindigkeit. Wenn wir die Geschwindigkeit eines Körpers messen wollen, stellen wir fest, welche Entfernung er in einer bestimmten Zeitspanne zurücklegt. Anders ausgedrückt: Wir stellen fest, wie schnell ein Körper den Ort wechselt. Dazu wählen wir einen beliebigen Ort, den wir Entfernung 0 nennen. Wir wählen auch einen bestimmten Zeitpunkt, den wir Zeit 0 nennen, zum Beispiel heute um zwei Uhr nachmittags. Um es nicht zu kompliziert zu machen, messen wir die Entfernungen immer auf einer bestimmten Geraden und in Metern: Wir ziehen eine Gerade durch den Punkt mit der Entfernung 0 und betrachten nur Bewegungen entlang dieser Geraden. Auf dieser Geraden bestimmen wir auch eine positive Richtung. Schau, ich zeichne dir das auf.

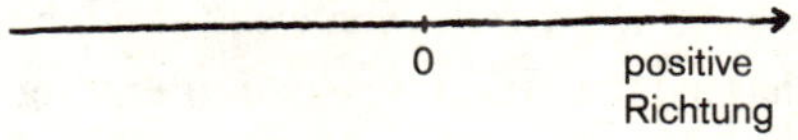

Allen Orten, die in positiver Richtung zum Punkt mit der Entfernung 0 liegen, geben wir eine positive Entfernung. Allen, die in der anderen Richtung liegen, eine negative Entfernung. Der Punkt mit der Entfernung 1 liegt also einen Meter vom Punkt 0 entfernt. Der Punkt mit der Entfernung –10 liegt zehn Meter in negativer Richtung von dem Punkt 0, so wie auf dieser Zeichnung.

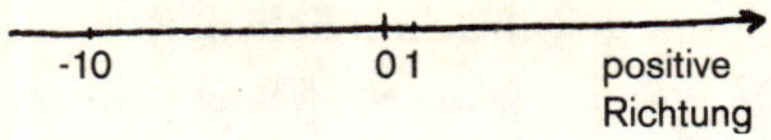

So gibt es für jede in Metern ausgedrückte Entfernung genau einen Punkt, der mit dieser Entfernung übereinstimmt. Und umgekehrt entspricht jedem Punkt genau eine in Metern ausgedrückte Entfernung. Dasselbe gilt für die Zeit. Jede in Sekunden ausgedrückte Zeitspanne ist demnach eine Anzahl von Sekunden nach dem Zeitpunkt 0; beziehungsweise, wenn die Zeitspanne negativ ist, vor diesem Zeitpunkt 0.«

»Kann man diesen Punkt 0 mit dem Zeitpunkt 0 frei wählen?«

»Wählen kann man ihn völlig frei. Aber nachdem man ihn einmal gewählt hat, darf man ihn nicht mehr verändern. Sonst weiß niemand mehr, welcher Punkt mit der Entfernung 4 oder dem Zeitpunkt 5 übereinstimmt.«

»Ich verstehe. Es ist, als würde man sagen: ›Jetzt ist es zwei Uhr‹. Wenn man dazu nicht auch noch weiß, in welchem Land es zwei Uhr ist, weiß man immer noch nicht, wie spät es tatsächlich ist. Wenn es zum Beispiel in New York zwei Uhr morgens ist, dann ist es hier bei uns acht Uhr morgens.«

»Genau. Wenn man eine Entfernung oder einen Zeitpunkt angeben will, muss man stets auch einen Bezugspunkt angeben.«

Ich nickte. Das hatte ich kapiert.

»Hat man einen solchen Bezugspunkt Entfernung und Zeit gewählt, dann kann man die Geschwindigkeit und die Beschleunigung eines Körpers ganz einfach berechnen. Zum Zeitpunkt 0 befindet sich der Körper am Ort 0. Angenommen, der Gegenstand befindet sich zum Zeitpunkt 1 am Ort 1. Was weißt du dann?«

»Der Körper hat in einer Sekunde eine Entfernung von einem Meter zurückgelegt. Er bewegt sich also mit einer Geschwindigkeit von einem Meter pro Sekunde.«

»Richtig.«

»Und wenn sich der Körper zum Zeitpunkt 2 am Ort 2 befinden würde?«

»Dann hat er zwei Meter in zwei Sekunden zurückgelegt. Das ist ebenfalls eine Geschwindigkeit von einem Meter pro Sekunde.«

»Und wenn sich ein Körper danach zum Zeitpunkt 5 am Ort 14 befindet?«

»Dann hat er in drei Sekunden eine Entfernung von zwölf Metern zurückgelegt. Das bedeutet, dass sich der Körper zwischen den Zeitpunkten 2 und 5 mit einer Geschwindigkeit von zwölf geteilt durch drei fortbewegt hat – das heißt, mit einer Geschwindigkeit von vier Metern pro Sekunde.«

»Sehr gut. Um es ganz präzis auszudrücken, müssten wir sagen, dass er sich mit einer Durchschnittsgeschwindigkeit von vier Metern pro Sekunde bewegt hat. Wenn man nur weiß, dass sich der Körper zum Zeitpunkt 2 an Ort 2 befand und zum Zeitpunkt 5 an Ort 14, und wenn man nichts weiß über die Zeiten zwischen den Orten 2 und 14, dann kann man nur sagen, dass die Durchschnittsgeschwindigkeit vier Meter pro Sekunde beträgt.«

»Heißt das, man kann nur Durchschnittsgeschwindigkeiten berechnen?«

»Nein. Newton hat eine Methode entwickelt, mit der sich tatsächliche Geschwindigkeiten für jeden Augenblick berechnen lassen. Dafür hat er die Differenzial- und die Integralrechnung erfunden.«

»Hoppla. Hört sich ziemlich kompliziert an.«

»Nur keine Panik. Es ist nicht nötig, dass wir im Einzelnen darauf eingehen, was das bedeutet. Allerdings zeigt es uns, wie genial Newton war. Er hat, um Bewegungen zu beschreiben, einen völlig neuen Zweig der Mathematik erfunden. Als Newton mit seinen Untersuchungen begonnen hat, konnte er keine Berechnungen durchführen, weil es die Mathematik dafür noch nicht gab. Und da hat er einfach ein neues Gebiet der Mathematik erfunden. Und zwar einen Zweig der Mathematik, der heute wahrscheinlich in allen Naturwissenschaften am häufigsten angewendet wird.«

»Und wie kann man mit dieser Differenzial- und Integralrechnung Geschwindigkeiten berechnen?«

»Also, wie schon gesagt, kann man zwischen zwei bekannten Punkten nur Durchschnittsgeschwindigkeiten berechnen. Unsere beiden Punkte lagen zwei Meter auseinander. Allerdings können wir nun die Entfernung zwischen diesen Punkten immer kleiner machen. Man kann zum Beispiel sagen, dass die Entfernung von 0,5 Metern in zwei Sekunden zurückgelegt wurde. Oder dass 0,1 Meter in 0,4 Sekunden zurückgelegt wurden, in einem Fünftel der Zeit. Und so wird man die Geschwindigkeit an einem bestimmten Punkt immer genauer berechnen können. Denn die Durchschnittsgeschwindigkeit zwischen diesem und einem folgenden Punkt wird immer näher an der Geschwindigkeit an diesem Punkt liegen, je näher der folgende Punkt zum ersten Punkt liegt. Und dann erreichen wir wieder einen Grenzfall, wie bei Ellipse und Parabel. Hier betrachten wir allerdings, was passiert, wenn zwei Punkte in eins zusammenfallen, anstatt dass zwei Punkte irgendwann unendlich weit auseinander liegen.«

»Wenn der zweite Punkt mit dem ersten Punkt zusammenfällt? Aber dann ist die Entfernung null, und die Zeit auch. Die Geschwindigkeit ist dann null geteilt durch null, und das geht nicht.«

»Nicht ganz. Du musst den Grenzwert der Geschwindigkeit nehmen. Du willst ja herausbekommen, zu welcher Geschwindigkeit sich die Durchschnittsgeschwindigkeit letztendlich entwickeln wird. Nimm an, diese entwickelt sich wie folgt: in einer Sekunde 2,1 Meter – das ist eine Durchschnittsgeschwindigkeit von 2,1 Metern pro Sekunde; in 0,1 Sekunden 0,201 Meter – das ist eine Durchschnittsgeschwindigkeit von 2,01 Metern pro Sekunde; in 0,01 Sekunden 0,02001 Meter – eine Durchschnittsgeschwindigkeit von 2,001 Metern pro Sekunde, und so weiter. Wie entwickelt sich die Durchschnittsgeschwindigkeit auf diesem Weg?«

»Die Durchschnittsgeschwindigkeit nähert sich dem Wert von zwei Metern pro Sekunde an.«

»Genau: Je kleiner die Entfernung wird, desto näher kommt die Durchschnittsgeschwindigkeit an zwei Meter pro Sekunde heran. Es gibt mathematische Techniken, mit denen sich berechnen lässt, was passiert, wenn man Entfernung und Zeitspanne unendlich klein werden lässt. Und mit dieser Technik oder Rechenmethode wirst du feststellen, dass sich die Durchschnittsgeschwindigkeit tatsächlich auf zwei Meter pro Sekunde hin entwickelt. Und genau das hat Newton getan: Die Durchschnittsgeschwindigkeit bezogen auf diese unendlich kleine Entfernung in dieser unendlich kleinen Zeitspanne hat er definiert als die Geschwindigkeit an dem Punkt, an dem man diese unendlich kleine Entfernung betrachtet.«

»Wenn die immer näher an zwei Meter herankommt, dann ist das nicht so schwer.«

»Sicher nicht. Interessant wird das erst, wenn sich die Geschwindigkeit fortwährend ändert, sodass nicht klar ist, zu welchem Wert sich diese Durchschnittsgeschwindigkeit entwickelt. Dazu braucht man dann spezielle Rechentechniken.«

»Scheint mir aber doch eine umständliche Methode zu sein, um Geschwindigkeiten zu messen.«

»Aber diese von Newton entwickelte Methode versetzt uns erst in die Lage, genau zu definieren, was Geschwindigkeit ist, und Geschwindigkeiten auch dann zu berechnen, wenn sie sich fortwährend ändern. Wobei diese Methode viel einfacher ist, als es auf den ersten Blick erscheint.«

»Und was ist mit der Beschleunigung?«

»Dieselbe Methode kann man auch anwenden, um die Beschleunigung zu messen. Dabei beobachtet man jedoch nicht, wie sich die Entfernung verändert, während die Zeit voranschreitet, sondern man betrachtet, wie sich die Geschwindigkeit verändert, während die Zeit voranschreitet. Ansonsten arbeitet man auf genau die gleiche Weise. Am Punkt 0 zum Beispiel beträgt die Geschwindigkeit zwei Meter pro Sekunde, am Punkt 1 vier Meter pro Sekunde, am Punkt 2 dann acht Meter pro Sekunde und so weiter. Zwischen Punkt 0 und Punkt 1 beträgt die Durchschnittsbeschleunigung zwei Meter pro Sekunde. Zwischen Punkt 1 und Punkt 2 beträgt die Durchschnittsbeschleunigung vier Meter pro Sekunde. Und so kann man, wie zuvor die Durchschnittsgeschwindigkeit, auch die Durchschnittsbeschleunigung für jeden Abschnitt berechnen oder messen. Und wenn man die Abschnitte immer kürzer macht, bis sie unendlich klein sind, kann man aus den Durchschnittsbeschleunigungen auch die Beschleunigung an einem bestimmten Punkt berechnen.«

»Das finde ich doch ganz schön verwirrend.«

»Du musst in aller Ruhe über diese Dinge nachdenken. Das Wichtigste ist, wenn du die beiden Definitionen verstanden hast. Geschwindigkeit besagt, wie schnell sich die Entfernung im Lauf der Zeit verändert; Beschleunigung dagegen, wie schnell sich die Geschwindigkeit im Lauf der Zeit verändert. Und hier muss ich noch etwas hinzufügen. Die Geschwindigkeit musst du dir wie einen Pfeil vorstellen: Der Pfeil hat nicht nur eine Größe, die von der Größe der Geschwindigkeit abhängt. Der Pfeil hat auch eine Richtung. Sie hängt ab von der Richtung, in die sich der Körper bewegt. Beschleunigung nun zeigt an, wie sich dieser Pfeil verändert: Das kann eine Änderung der Größe ohne eine Richtungsänderung sein, und es kann auch eine Richtungsänderung sein, ohne dass sich die Größe (also die Geschwindigkeit) verändert. Damit können wir erklären, weshalb Newtons Kanonenkugel eine geschlossene Bahn bilden kann: Die Anziehungskraft verändert vor allem die Richtung der Geschwindigkeit und nur ein ganz klein wenig deren Größe.«

»Gut. Darüber werde ich heute Abend nachdenken.«

»Dann betrachten wir jetzt noch das Wort proportional.«

»Das Wort habe ich schon gehört, weiß aber nicht, ob ich es richtig verstehe.«

»Zwei Dinge oder Sachverhalte sind proportional oder verhältnisgleich, wenn das Verhältnis zwischen beiden gleich bleibt. Angenommen, ein Brot von einem Kilogramm kostet zwei Euro, ein Brot von 0,5 Kilogramm einen Euro und eins von 0,25 Kilogramm einen halben Euro. Die Verhältnisse von Preis und Gewicht für die verschiedenen Brote sind: zwei geteilt durch 1, eins geteilt durch 0,5 und ein halb geteilt durch 0,25. Das ergibt jedes Mal zwei. Alle Verhältnisse sind somit gleich. Und das bedeutet, dass der Preis proportional ist zum Gewicht des Brotes. Oder anders ausgedrückt: Wenn das Brot zweimal schwerer ist, dann kostet es auch zweimal so viel.«

»Das ist einfacher als das mit der Beschleunigung.«

»Es muss nicht immer schwierig sein.«

»Können wir uns jetzt das zweite Gesetz von Newton vornehmen? Ich verstehe, was Beschleunigung ist, und ich verstehe, was proportional bedeutet, also müsste ich das ganze Gesetz verstehen können.«

»Das denke ich auch. Was besagt das zweite Newtonsche Gesetz? Ein Körper wird beschleunigt, wenn eine Kraft auf ihn einwirkt, wobei die Beschleunigung, die der Körper erfährt, proportional ist zu der Kraft, die auf ihn einwirkt. Wenn eine Kraft von zehn eine Beschleunigung von fünf zur Folge hat, dann wird eine Kraft von zwanzig eine Beschleunigung von zehn zur Folge haben, eine Kraft von hundert eine Beschleunigung von fünfzig und so weiter. Das Verhältnis zwischen Beschleunigung und Kraft ist in diesem Fall stets eins zu zwei.«

»Newton hat also entdeckt, dass es einen Zusammenhang gibt zwischen Kraft und Beschleunigung?«

»Genau. Oder anders ausgedrückt: Es gibt keinen direkten Zusammenhang zwischen der Kraft, die auf einen Körper einwirkt, und der Entfernung, die der Gegenstand zurücklegen wird, und auch keinen zwischen der Kraft und der Geschwindigkeit dieses Körpers. Aber es gibt einen direkten Zusammenhang zwischen der Kraft und der Beschleunigung dieses Körpers. Außerdem ist dies ein proportionaler Zusammenhang.«

»Also kann ich auch sagen: Das Verhältnis zwischen der Kraft und der Beschleunigung ist konstant. Aber was bedeutet dieses Verhältnis eigentlich?«

»Aha. Das ist eine Frage von außerordentlicher Wichtigkeit. Newton hat dieses Verhältnis ›Masse‹ genannt. Und der Begriff der Masse wird sehr wichtig sein für die spezielle Relativitätstheorie, und sie wird im Mittelpunkt der allgemeinen Relativitätstheorie stehen.«

Nils hatte mir schon erklärt, was Masse ist, aber sicher ist sicher. So fragte ich Opa: »Und was bedeutet Masse?«

»Du kannst die Masse vorläufig als das Gewicht betrachten. Das vollständige Gesetz besagt also: Die Kraft, die auf einen Körper einwirkt, ist proportional zu der Beschleunigung, die der Körper durch diese Kraft erfahren wird. Das Verhältnis zwischen Kraft und Beschleunigung nennt man die Masse des Körpers. Newton hat die Formel wie folgt geschrieben: $F = m \times a$. F steht für die Kraft, m für die Masse und a für die Beschleunigung. In Worte gefasst lautet die Formel also: Die Kraft F ist gleich der Masse m mal Beschleunigung a. Oder: Solange eine Kraft F auf einen Gegenstand mit einer Masse m ausgeübt wird, erfährt dieser Gegenstand eine Beschleunigung a. In dem Augenblick, in dem keine Kraft mehr auf den Gegenstand einwirkt, gibt es keine Beschleunigung mehr, denn dann ist F gleich null, und demnach muss auch die Beschleunigung gleich null sein, denn die Masse ist nicht gleich null. Wenn die Beschleunigung gleich null ist, ändert sich die Geschwindigkeit nicht mehr.«

»Aber das ist dann das erste Newtonsche Gesetz.«

»Gut beobachtet: Das ist das erste Newtonsche Gesetz. Es beschreibt, was Galilei bereits entdeckt hatte.«

»Also, wenn eine Kraft auf eine Masse wirkt, dann erfolgt eine Beschleunigung dieser Masse, und deren Geschwindigkeit ändert sich. Wenn aber keine Kraft wirkt oder wenn keine Kraft mehr wirkt, dann erfolgt auch keine Beschleunigung, und die Geschwindigkeit bleibt gleich.«

»Prima, eine gute Zusammenfassung.«

»Muss ich diese Kraft als eine Art plötzlichen Stoß begreifen, der eine Geschwindigkeitsveränderung verursacht?«

»Nein. Das zweite Newtonsche Gesetz besagt, dass die Beschleunigung in genau dem Augenblick entsteht, in dem die Kraft einsetzt, und dass die Beschleunigung genau so lange anhält, wie diese Krafteinwirkung dauert. Angenommen, du übst eine Kraft von zehn auf einen Gegenstand von hundert Kilogramm aus. Diese Kraft wird eine Beschleunigung von 0,1 verursachen. Die Geschwindigkeit des Gegenstands wird also pro Sekunde um 0,1 Meter zunehmen. Angenommen, der Gegenstand hat eine Anfangsgeschwindigkeit von zehn Metern pro Sekunde. Wenn du die Kraft eine Sekunde lang ausübst, wird die Geschwindigkeit nach einer Sekunde gleich 10,1 Meter pro Sekunde sein. Übst du die gleiche Kraft fünf Sekunden lang aus, dann wird der Gegenstand nach den fünf Sekunden eine Geschwindigkeit von 10,5 Metern pro Sekunde haben. Wenn du eine Kraft nur eine sehr kurze Zeit lang ausübst, wird die Beschleunigung klein sein. Es sei denn, die Kraft ist groß und der Körper leicht. Wenn du zum Beispiel mit einem Tennisschläger auf einen Tennisball schlägst, dann übst du für einen sehr kurzen Augenblick Kraft aus, aber weil der Ball so leicht ist und die Kraft so groß, wird der Tennisball doch eine hohe Geschwindigkeit bekommen.«

Das hatte ich verstanden: »Wir müssen also gut unterscheiden zwischen der Beschleunigung und der schließlich resultierenden Geschwindigkeitsveränderung eines Körpers. Diese Gesamtveränderung der Geschwindigkeit ist gleich der Beschleunigung mal Anzahl der Sekunden, die diese Beschleunigung andauert.«

»So ist es. Die Beschleunigung sagt, wie schnell sich die Geschwindigkeit ändert. Je länger die Beschleunigung andauert, desto mehr wird sich die Geschwindigkeit verändern. Wenn dein Vater in seinem Auto eine sehr kurze Zeit lang das Gaspedal ganz durchtritt, wird das Auto dadurch nicht viel schneller fahren. Je länger er das Gaspedal durchtritt, desto länger wird das Auto beschleunigen, und desto schneller wird es schließlich fahren.«

Ich nickte. Das leuchtete mir jetzt völlig ein.

Opa konnte also weitermachen. »Wenn wir die Formel $F = m \times a$ betrachten, können wir daraus auch ableiten, welchen Einfluss die Masse auf diesen Vorgang hat. Angenommen, wir haben einen Körper mit einer Masse von zehn. Die Formel lautet dann: $F = 10\,a$. Das bedeutet: Wenn eine Kraft von hundert wirkt, dann wird diese Kraft eine Beschleunigung von zehn zur Folge haben. (Denn: $100 = 10\,a$, oder $a = 10$) Oder umgekehrt: Will man eine Beschleunigung von zehn erreichen, dann muss man eine Kraft von hundert wirken lassen. Will man eine Beschleunigung von zwanzig erreichen, braucht man eine Kraft von zweihundert. Eine Kraft von tausend hat eine Beschleunigung von hundert zur Folge.«

Ich folgte gespannt.

»Jetzt nehmen wir einen Körper mit einer Masse von zwanzig anstelle von zehn. Die Formel für diesen Gegenstand wird dann: $F = 20\,a$. Wenn wir wieder eine Kraft von hundert wirken lassen, dann hat diese nur eine Beschleunigung von fünf zur Folge. Wollen wir eine Beschleunigung von zehn erreichen, dann brauchen wir eine Kraft von zweihundert; also die doppelte Kraft. Eine Kraft von tausend hat eine Beschleunigung von fünfzig zur Folge. Wenn wir diese Ergebnisse vergleichen mit den Kräften und den Beschleunigungen, die wir bei jenem Körper mit einer Masse von zehn festgestellt haben, dann können wir folgenden systematischen Zusammenhang erkennen: Je größer die Masse eines Körpers, desto mehr Kraft ist erforderlich, um diesem Gegenstand eine bestimmte Beschleunigung zu geben. Oder umgekehrt: Je mehr Masse ein Gegenstand hat, desto kleiner ist die Beschleunigung, die der Gegenstand bekommen wird, wenn eine bestimmte Kraft auf ihn einwirkt.«

»Das ist ziemlich logisch. Je schwerer ein Gegenstand ist, desto kräftiger muss ich schieben, um ihn in Bewegung zu versetzen. Und je leichter ein Gegenstand ist, desto weniger Kraft brauche ich.«

»So ist es. Ist auch logisch. Newtons Leistung war es, diesen logischen Zusammenhang in eine klare Formel zu gießen. Mit dieser Formel hat er den genauen Zusammenhang zwischen Masse, Beschleunigung und Kraft dargestellt.«

»Aber wie erfährt man die Masse eines Körpers?«

»Ha, das ist eine gute Frage. Die Masse eines Körpers wird definiert als das Verhältnis zwischen einer auf diesen Körper wirkenden Kraft und der Beschleunigung, die der Körper durch diese Kraft erfährt. Masse ist also eine Eigenschaft des Körpers, die auf indirekte Weise definiert wird, nämlich durch das Verhältnis zwischen einer Kraft und der Beschleunigung des Körpers, die diese Kraft bewirkt. Und das geht natürlich nur, weil dieses Verhältnis konstant ist.«

Ich nickte. »Dann bleibt uns nur noch das dritte Gesetz?«

»Das dritte Gesetz kennst du: Es ist das Gesetz von Aktion und Reaktion.«

»Wenn man eine Kraft auf einen Körper ausübt, dann wirkt eine ebenso große Kraft zurück. Wenn du gegen eine Wand drückst, spürst du den Druck der Wand genauso stark. Feuert man ein Gewehr ab, dann spürt man den Rückstoß. Man spürt also die Reaktion.«

»Perfekt. Dem habe ich nichts mehr hinzuzufügen.«

»Das freut mich. Aber ich fürchte, ich brauche allmählich doch eine kleine Pause, sonst platzt mir der Kopf. Wollen wir nicht eine Runde Fahrrad fahren? Meine geistige Bildung sollte schließlich nicht auf Kosten meiner körperlichen Weiterentwicklung gehen.«

»Du hast vollkommen Recht. Du wirst anscheinend in jeder Hinsicht vernünftiger.«

Abermals Newton

Nach unserer Fahrradtour quälten mich noch mehr Fragen als zuvor. Opa mochte nicht gleichzeitig radeln und reden. Ich nutzte die Gelegenheit, um alles, was ich gehört hatte, in Gedanken noch einmal so richtig der Reihe nach durchzugehen. Ich könne, so hatte Opa gesagt, die Masse vorläufig als Gewicht betrachten. Nils dagegen hatte mir den Unterschied zwischen Masse und Gewicht bereits erklärt, als er die Formel $E = mc^2$ erläutert hatte. Das war gar nicht so schwer zu verstehen. Weshalb also hatte Opa mir diesen Unterschied nicht auch erklärt? Ob da noch mehr dahinter steckte? Außerdem hatte er mir auch über Newton noch längst nicht alles gesagt. Nur über Kraft, Beschleunigung und Masse hatte er gesprochen. Dabei ist Newton doch vor allem mit seiner Theorie von der Schwerkraft berühmt geworden. Auch die hatte mir Opa noch nicht erklärt. Wenn das so weiterging, würden wir nie bei unseren Ziel ankommen. Das beunruhigte mich. Wir waren gerade mal im 17. Jahrhundert angelangt. Würden wir jemals bis zu Einstein vorstoßen? Eines allerdings war mir klar geworden. Wenn Opa so detailliert auf das Werk von Galilei und Newton einging, dann muss es wohl notwendig sein, zu begreifen, was sie erkannt haben, wenn man Einsteins Leistungen erfassen will.

»Opa, vor unserer Fahrradtour hast du gesagt, wir könnten die Masse eines Körpers vorläufig als dessen Gewicht betrachten. Aber Masse ist nicht wirklich gleich Gewicht, stimmt's?«

»Wieso denkst du das?«

»Einfach so. Ockhams Rasiermesser anwenden. Wenn man für ein und dasselbe Phänomen so unbeirrt zwei Namen benutzt, dann steckt offenbar mehr dahinter.«

Opa begann zu lachen.

»Ockhams Rasiermesser anwenden. Hör dir das an!«

»Hab ich nun Recht oder nicht?«

»Ich muss zugeben, Kleines, dass du Recht hast. Immerhin ist das eines der großen Rätsel, über das sich alle Wissenschaftler mehr als zweihundert Jahre lang den Kopf zerbrochen haben. Ein Rätsel, das erst Einstein mit seiner allgemeinen Relativitätstheorie lösen konnte. Du siehst, wir nähern uns dem Kern der Sache immer mehr. Und je näher wir dem kommen, desto schwieriger wird alles, weil es in den Theorien von Newton und Einstein doch sehr knifflige Punkte gibt.«

»Sind mit der Masse auch knifflige Punkte verbunden?«

»Auf jeden Fall. Man muss nicht nur begriffen haben, was Masse ist, um die spezielle Relativitätstheorie zu verstehen; der Begriff der Masse steht im Zentrum der allgemeinen Relativitätstheorie. Ohne diesen Begriff kann man auch nicht verstehen, wie das Universum aufgebaut ist.«

»Wenn ich das schon höre. Gleich sagst du wieder, dass ich meine Ungeduld noch eine Weile zügeln muss.«

»Genau das muss ein Wissenschaftler können. Er muss sich klar machen, dass es einen Unterschied gibt zwischen Lernbegierde und Neugierde.«

»Aber wenn's geht, stell meine Geduld nicht allzu sehr auf die Probe.«

»Ich werde mich bemühen. Du erinnerst dich, heute früh hatten wir die Formel $F = m \times a$. Sie drückt aus, dass eine bestimmte Kraft, die auf einen bestimmten Körper einwirkt, eine bestimmte Beschleunigung dieses Körpers zur Folge hat. Oder umgekehrt: Man braucht eine bestimmte Kraft, um einem bestimmten Körper eine bestimmte Beschleunigung zu geben. Das Verhältnis, in dem die Größe dieser Kraft zur Größe der Beschleunigung steht, ist gleich der Masse dieses Körpers. So weit sind wir heute früh gewesen. Über die Masse dieses Körpers haben wir allerdings nicht mehr gesagt, als dass wir sie vorläufig als dessen Gewicht betrachten können. Das reicht aber nicht. Lass uns schauen, was genau ›Masse‹ bedeutet. Von unserer Formel ausgehend, können wir streng genommen nur Folgendes sagen: Die Masse drückt aus, wie groß die Beschleunigung eines Körpers sein wird, wenn eine bestimmte Kraft auf diesen einwirkt.

Wenn wir aus der Formel $F = m \times a$ entwickeln, was m ist, dann kommen wir zu: $m = \frac{F}{a}$. Jetzt sehen wir, was die Masse m bedeutet. Nämlich: Die Masse eines Körpers ist gleich der Größe der auf einen Körper einwirkenden Kraft, geteilt durch die Größe der Beschleunigung, die der Körper durch diese Kraft erfährt. Ist die Masse *m* groß, wird die Beschleunigung *a* für eine bestimmte Kraft *F* klein sein. Wir sehen also, dass die Masse *m* dem Widerstand dieses Körpers gegen eine Beschleunigung entspricht. Damit kommen wir wieder zum Trägheitsgesetz. Es besagt, dass ein Körper, auf den keine Kraft einwirkt, seine Geschwindigkeit beibehält. Dabei macht es keinen Unterschied, ob die Geschwindigkeit null ist oder nicht. Die Masse ist, so können wir sagen, der Widerstand, den ein Körper der Veränderung seiner Geschwindigkeit entgegensetzt, sobald eine Kraft auf ihn einwirkt. Ist die Masse groß, dann ist auch der Widerstand groß. Also wird es viel Kraft kosten, eine bestimmte Beschleunigung zu erreichen. Man kann auch sagen: Die Beschleunigung wird bei einer bestimmten Kraft nur gering sein.«

»Aber das ist doch das Gleiche, als würde man sagen: Der Körper ist schwer.«

»Nicht ganz. Hier muss man wirklich sehr genau aufpassen, worüber man redet. Das Gewicht eines Körpers ist abhängig von dessen Ort im Raum. Ein Körper, der auf der Erde sechzig Kilogramm wiegt, wird auf dem Mond nur zehn Kilogramm wiegen, denn die Schwerkraft auf dem Mond ist sechsmal kleiner als auf der Erde. Die Masse eines Körpers dagegen ist unabhängig von seinem Ort im Raum. Und was viel wichtiger ist: Die Masse eines Körpers hat mit dem Gewicht eines Körpers direkt überhaupt nichts zu tun.«

Ich wusste bereits, dass man das Gewicht in Newton ausdrücken muss und nicht in Kilogramm. Aber ich verbesserte Opa nicht. Doch ich protestierte: »Das kann gar nicht sein. Es ist doch klar, dass man einen Körper stärker anschieben muss, wenn er schwerer ist, also wenn das Gewicht größer ist?«

»Das stimmt. Es erscheint logisch, dass es einen Zusammenhang gibt zwischen der Masse und dem Gewicht eines Körpers und der Kraft, die du brauchst, um ihn zu beschleunigen. Doch können wir nicht einfach voraussetzen, dass dieser Zusammenhang tatsächlich besteht. Es kommt wirklich darauf an, dass wir Schritt für Schritt verfolgen, weshalb etwas so ist oder weshalb es nicht so ist. Bisher wissen wir nur: Die Masse ist der Widerstand eines Körpers gegen seine Beschleunigung.«

Ich nickte.

»Heute früh habe ich gesagt: Du musst dir vorstellen, dass wir die Masse eines Körpers messen, indem wir das Verhältnis zwischen der Kraft *F* und der Beschleunigung *a* berechnen, welche die Kraft diesem Körper mitgibt. Stell dir vor, du hättest irgendwo im Raum einen Körper, dessen Masse du bestimmen willst. Dieser Körper schwebt dort mit einer konstanten Geschwindigkeit, weil keinerlei Kraft auf ihn einwirkt. Auch keine Schwerkraft, denn er ist weit entfernt von allen anderen Körpern. Auf diesen Körper übst du eine Kraft *F* aus. Du misst die Beschleunigung *a*, die der Körper dadurch erfährt. Dann teilst du die Kraft *F* durch die Beschleunigung *a*, und so erhältst du die Masse dieses Körpers.«

»Das erscheint mir ziemlich umständlich.«

»Ja, aber nur so haben wir erfasst, wie Newton ›Masse‹ bestimmt hat. Noch mal: Masse ist der Widerstand eines Körpers gegen Beschleunigung, nicht mehr und nicht weniger. Aber ich kann verstehen, dass dir diese Definition etwas merkwürdig vorkommt. Du willst einen Zusammenhang herstellen zum Gewicht dieses Körpers, weil du weißt, dass du umso kräftiger schieben musst, je schwerer ein Körper ist, wenn du diesen Körper beschleunigen willst. Du musst dich erst an diese neue Definition gewöhnen, nach der Masse nicht mehr bedeutet als Widerstand gegen Beschleunigung. Aus diesem Grund können wir die Masse eigentlich auch als träge Masse bezeichnen: Der Körper behält eine konstante Geschwindigkeit bei, wenn keine Kräfte auf ihn einwirken, und er hat einen stets gleichen Widerstand gegen Beschleunigung.«

»Aber dann habe ich noch eine Frage: Heißt das nicht, dass wir die Masse eines Körpers auf der Erde nicht messen können, sondern nur im freien Raum, weit weg von allem?«

»Verstehe, worauf du hinauswillst. Aber es ist nicht so. Wir können die Masse trotzdem auf der Erde messen. Und zwar ist das möglich aufgrund der Relativität, die Galilei entdeckt hat.«

»Das musst du mir erklären.«

»Also, du weißt noch, was geschieht, wenn du einen Körper in einem Zug fallen lässt, der mit konstanter Geschwindigkeit fährt. Für einen Beobachter im Zug fällt der Körper gerade nach unten. Diese

Tatsache ist völlig unabhängig davon, ob der Zug mit konstanter Geschwindigkeit fährt oder stillsteht; der Körper fällt beide Male gerade nach unten.«

»Das habe ich mir gemerkt.«

»Gut. Das gleiche gilt, wenn man die Beschleunigung messen will. Wir können die Erde betrachten als einen Zug, der mit einer konstanten Geschwindigkeit von dreißig Kilometern pro Sekunde gerade durch das Weltall fliegt. Wobei auch das nicht ganz korrekt ist. Tatsächlich fliegt die Erde nicht völlig geradeaus, sie beschreibt vielmehr eine Ellipse um die Sonne. Und nach dem zweiten Keplerschen Gesetz ändert sich auch die Geschwindigkeit. Doch wenn wir auf der Erde Experimente durchführen, sind die Auswirkungen von Ellipsenbahn und Geschwindigkeitsänderungen so gering, dass wir sie nicht bemerken und sie somit vernachlässigen dürfen. Es hat den Anschein, als würden wir zusammen mit der Erde mit konstanter Geschwindigkeit gerade durch den Raum fliegen. Und eben darum können wir die Masse doch berechnen.«

»Ich verstehe. Weil die Masse nur abhängt von der Beschleunigung, also von dem Maß, in dem sich die Geschwindigkeit verändert, und völlig unabhängig ist von der Geschwindigkeit, die ein Körper bereits hat, ist es egal, ob wir die Masse im freien Raum messen oder auf der Erde. Wir könnten sie sogar in einem Zug messen, der mit konstanter Geschwindigkeit auf der Erde fährt.«

»Bravo.«

»Ich gebe mir alle Mühe. Aber jetzt ist es wirklich Zeit für die Schwerkraft. Oder doch nicht. Noch eine Frage zum Gesetz von Aktion und Reaktion! Die Wirkung dieses Gesetzes kann man leicht nachempfinden, wenn man gegen eine Wand drückt, nicht wahr?«

»Das stimmt. Wenn wir gegen eine Wand drücken, dann drückt die Wand zurück.«

»Aber etwas daran verstehe ich nicht. Das zweite Newtonsche Gesetz sagt, dass ein Körper eine Beschleunigung erfährt, wenn eine Kraft auf ihn einwirkt. Aber wenn ich gegen eine Wand drücke, dann bleibt die Wand doch stehen und erfährt keine Beschleunigung?«

»Das ist eine gute Frage. Die Wand erfährt keine Beschleunigung, weil sich die Wand, wenn du dagegen drückst, ein ganz, ganz kleines bisschen verformt. Durch diese Verformung entstehen Kräfte in der Wand, die genauso groß sind wie die Kraft, die du auf die Wand ausübst, allerdings in entgegengesetzter Richtung. Die Summe der auf die Wand wirkenden Kräfte – also die Summe aus der Kraft, mit der du drückst, und den inwendigen Kräften innerhalb der Wand – ist gleich null, und deshalb bleibt die Wand stehen.«

»Das habe ich noch nicht ganz verstanden.«

»Du kannst die Wand betrachten wie eine Sprungfeder. Angenommen, du hast eine starke Sprungfeder, die an der Wand befestigt ist. Wenn du gegen diese Feder drückst, wird die Feder eingedrückt. Indem du die Feder eindrückst, entstehen Kräfte in der Feder, die sie wieder in den ursprünglichen Zustand bringen wollen. Das merkst du, sobald du sie wieder loslässt: Die Feder springt sofort und mit großer Kraft in ihre alte Form zurück. Wenn du eine Feder eindrückst, entsteht also eine Kraft in der Feder, die genauso groß ist wie die Kraft, die du selbst ausübst: Je fester du drückst, desto mehr wird die Feder zusammengepresst und desto mehr Kraft wird in ihr entstehen. Wenn du jedoch zu fest drückst, dann wird die Feder brechen, weil sie nur einer bestimmten Kraft widerstehen kann.«

»Ein Körper wird also nicht immer beschleunigt.«

»Und damit sind wir bereit für den nächsten großen Schritt: Jetzt nämlich kommen wir zur Schwerkraft. Wie du weißt, hat Newton auch das Gesetz entdeckt, mit dem die Größe der Schwerkraft zwischen zwei Körpern ausgedrückt werden kann.«

»Du meinst zwischen einem Körper und der Erde oder zwischen einem Körper und der Sonne.«

»Nein, zwischen zwei beliebigen Körpern. Denn das Gesetz der Schwerkraft, so wie Newton es formuliert hat, besagt, dass sich zwei beliebige Körper mit einer bestimmten Kraft anziehen. Dieser Tisch und dieser Stuhl ziehen sich gegenseitig an, genauso wie du und dieser Tisch. Die Theorie von der Schwerkraft ist also eine Theorie der Anziehungskraft.«

»Ziehe ich diesen Tisch hier an?«

»Ja, das tust du. Alles zieht alles an. Aber die Anziehungskraft zwischen dir und dem Tisch ist so gering, dass wir nie etwas davon bemerken. Nur wenn einer der beiden Körper sehr groß ist, so wie im

Verhältnis von Erde und Tisch, oder wenn beide Körper sehr groß sind, wie bei Erde und Mond oder Erde und Sonne, nur dann können wir den Einfluss der Schwerkraft bemerken.«

»Mir ist das noch nie aufgefallen.«

»Damit siehst du, wie gewaltig die Entdeckung war, die Newton gemacht hat. Und damit nicht genug: Er hat es auch geschafft, die Größe der Schwerkraft in einer Formel auszudrücken. Er entdeckte, dass sich die Schwerkraft proportional zur Größe des ersten Körpers verhält. Weißt du noch, was proportional bedeutet? Es bedeutet, dass die Schwerkraft zweimal so groß wird, wenn der erste Körper zweimal so groß wird. Die Schwerkraft ist auch proportional zur Größe des zweiten Körpers. Und zuletzt ist die Schwerkraft umgekehrt proportional zum Quadrat der Entfernung zwischen den beiden Körpern. Angenommen, die Entfernung verdoppelt sich, das heißt, sie wird zweimal so groß. Das Quadrat von zwei ist vier, denn zwei mal zwei ist vier. Die Umkehrung von vier ist ein Viertel. Also muss die Schwerkraft in diesem Fall durch vier geteilt werden. Verdoppelt sich die Entfernung zwischen zwei Körpern, dann wird die Schwerkraft viermal kleiner, beträgt also nur noch ein Viertel. Wird die Entfernung dreimal größer, dann verringert sich die Schwerkraft auf ein Neuntel. Und wird die Entfernung zehnmal größer, wird die Schwerkraft hundertmal kleiner.«

»Ich denke, das habe ich verstanden. Verringert man die Entfernung zwischen zwei Gegenständen um die Hälfte, dann wird die Schwerkraft viermal größer.«

»Perfekt. Du hast es genau verstanden.«

»Und wie lautet die vollständige Formel?«

»Wir müssen noch etwas klarstellen. Ich habe gesagt, dass die Schwerkraft proportional ist zur Größe des ersten und auch zu der des zweiten Körpers. Wie aber können wir diese Größe ausdrücken? Als was stellt sie sich dar?«

»Hm. Als Gewicht?«

»Eben nicht. Diese Größe wird ausgedrückt in Masse.«

»Jetzt verstehe ich überhaupt nichts mehr. Zuerst hast du gesagt, ich dürfe Gewicht und Masse nicht durcheinander bringen und Masse habe nur was zu tun mit dem Widerstand gegen Beschleunigung und nichts mit Gewicht. Also auch nichts mit Schwerkraft. Und jetzt hat die Masse offenbar doch was zu tun mit der Schwerkraft.«

»Du hast Recht, es ist wirklich knifflig. Aber die Masse, von der wir nun reden, ist eine andere Masse.«

»Eine andere Masse? Wieso heißt die dann auch Masse?«

»Das kommt daher, dass die Menschen die beiden Masse-Begriffe lange Zeit durcheinander gebracht haben. Sie haben prinzipiell nichts miteinander zu tun. Intuitiv jedoch empfinden die Menschen das anders, geradeso wie du spürst, dass die träge Masse etwas mit dem Gewicht zu tun hat. Etwas, das mehr träge Masse hat – einer Beschleunigung also mehr Widerstand entgegensetzt – wird wohl auch schwerer sein, und etwas, das einer Beschleunigung weniger Widerstand entgegensetzt, leichter. Im Grunde machen alle immer den gleichen Fehler. Um diesen Fehler zu vermeiden, werden wir von jetzt an immer genau unterscheiden zwischen der trägen Masse und der schweren Masse.«

»Schwere Masse?«

»Ja, die Masse nämlich, die in der Gravitationstheorie auftaucht, in der Theorie der Schwerkraft. Die schwere Masse eines Körpers gibt also an, wie groß die Schwerkraft ist, die zwischen diesem und einem anderen Körper wirkt.«

»Warte! Noch einmal, der Reihe nach! Die träge Masse eines Körpers gibt an, wie groß sein Widerstand gegen Beschleunigung ist. So gesehen haben die beiden in der Tat nichts miteinander zu tun.«

»Naja.«

»Was ist jetzt schon wieder? Hat die Sache schon wieder einen Haken?«

»Das werden wir gleich sehen. Betrachten wir zunächst die vollständige Formel der Schwerkraft. Die Masse des ersten Körpers bezeichnen wir mit m_1, die des zweiten Körpers mit m_2 und die Entfernung zwischen den Körpern mit *r*. Die vollständige Formel lautet dann: $F = G\frac{m_1 \times m_2}{r^2}$. In Worten: Die Kraft, mit der sich zwei Körper anziehen, ist gleich dem Produkt der Massen der beiden Körper geteilt durch das Quadrat der Entfernung zwischen beiden und multipliziert mit der Konstante *G*. Entfernung ist zu verstehen als die Entfernung zwischen den Mittelpunkten der beiden Körper. In der Formel erkennen wir, was wir schon festgestellt haben: Die Schwerkraft ist proportional zur schweren Masse des ersten Körpers, zugleich proportional zu der schweren Masse des zweiten Körpers, und sie ist proportional zur Umkehrung des Quadrats der Entfernung zwischen den beiden Körpern oder, wie man in der Regel sagt: umgekehrt quadratisch proportional zur Entfernung zwischen den beiden Körpern. *G* schließlich ist eine bestimmte konstante Zahl, die für alle Körper gleich ist.«

»Und woher kommt dieses *G*?«

»Wenn *F* proportional ist zu m_1, m_2 und umgekehrt quadratisch proportional zur Entfernung und von nichts anderem abhängt – weder von der Länge der Körper, noch von deren Farbe, Geschmack, Geruch, Ort im Raum noch von irgendetwas anderem, das du dir ausdenken kannst –, dann muss *F* gleich sein einer bestimmten Konstante *G* multipliziert mit den Massen und geteilt durch das Quadrat der Entfernung. Wenn der Preis für ein Brot proportional ist zu dessen Gewicht und von nichts anderem abhängt, dann ist der Preis für Brot auch gleich dem Gewicht des Brots multipliziert mit einer bestimmten konstanten Zahl. Im Fall des Brots entspricht diese konstante Zahl dem Preis für ein Kilogramm. In einer Formel ausgedrückt: *Preis = Preis pro Kilogramm × Gewicht.* Im Fall der Schwerkraft kann man *G* berechnen, indem man die Schwerkraft zwischen zwei Körpern berechnet, deren Massen und deren Entfernung zueinander bekannt sind; noch genauer formuliert: die Entfernung zwischen den Mittelpunkten der beiden Körper.«

»Wie groß ist diese Zahl *G*?«

»Das wusste Newton auch nicht.«

»Wie meinst du das?«

»So, wie ich es sage. Newton wusste nur, dass die Schwerkraft proportional ist zu den Massen und dass die Schwerkraft umgekehrt proportional ist zum Quadrat der Entfernung. Er wusste nicht, wie groß die Schwerkraft genau ist, und deshalb wusste er auch nicht, wie groß *G* ist.«

»Er hätte doch dasselbe tun können, was wir mit $F = m \times a$ getan haben? Man übt eine Kraft F aus, misst die Beschleunigung a, und dann hat man m.«

»Ja, aber da stößt man auf ein Problem. Zu Newtons Zeit gab es keine Möglichkeit, die Schwerkraft zu messen. Erst 1798 hat der Chemiker Henry Cavendish eine Methode gefunden, um den Wert von G zu messen. Das war ungefähr hundert Jahre nach Newton.«

»Das ist seltsam.«

»Siehst du, Newton brauchte die Zahl G gar nicht. Ihm genügte zu wissen, dass es eine bestimmte konstante Zahl ist, ohne dass er wusste, wie groß diese Zahl war.«

»Das verstehe ich nicht ganz. Wie hat er dann weitergemacht?«

»Du weißt, dass Newton erkannt hat, dass die Schwerkraft nicht nur einen Apfel nach unten fallen lässt, sondern dass dieselbe Schwerkraft die Erde und alle anderen Planeten um die Sonne fliegen lässt und auch den Mond um die Erde. Er hat seine beiden Formeln kombiniert, einerseits die Formel $F = m \times a$, die für jede Kraft, also auch für die Schwerkraft, gilt, andererseits seine Formel für die Schwerkraft, $F = G\frac{m_1 \times m_2}{r^2}$. Und auf diese Weise konnte er doch sehr vollständige Ergebnisse erzielen.«

»Kannst du mir das bitte etwas näher erklären?«

»Also. Wenn man die sich verändernde Geschwindigkeit eines Apfels misst, kann man die Beschleunigung des Apfels berechnen. Aus dieser Beschleunigung kann man mit $F = m \times a$, wobei m die Masse des Apfels darstellt, die Kraft berechnen, die nötig ist, um diese Beschleunigung zu erzielen. Diese Kraft aber ist gleich der Schwerkraft, denn außer dieser wirkt keine andere Kraft auf den Apfel ein. Und diese wiederum ist gleich $F = G\frac{m \times M}{r^2}$, wobei m die Masse des Apfels und M die Masse der Erde darstellt. Ich höre schon deinen Einwand: Man kennt zwar die Masse des Apfels, aber die der Erde nicht. Aber auch die musst du nicht kennen, wenn du diese Messungen und Berechnungen für mehr als einen Körper vornimmst. Wir werden das jetzt nicht tun. Es reicht zu wissen, dass Newton das getan und auf diese Weise genügend und hinreichend genaue Werte erhalten hat. Und weil die Schwerkraft, die den Apfel fallen lässt, auch gleich der Schwerkraft ist, die die Planeten um die Sonne kreisen lässt, verfügte er über genügend Werte, um die Bahnen der Planeten um die Sonne zu berechnen. Und mit diesen Berechnungen konnte er die Keplerschen Gesetze bestätigen. Aus dessen Formeln ging ja hervor, dass sich jeder Planet tatsächlich auf einer ellipsenförmigen Bahn um die Sonne bewegt. Auch das Flächengesetz, also das zweite Keplersche Gesetz, bestätigte sich. Und Newton fand den Beweis für das dritte von Keplers Gesetzen, das den Zusammenhang zwischen der Entfernung und der Umlaufzeit darstellt.«

»So schnell verstehe ich das alles nicht. Aber es klingt phantastisch.«

»Ist es auch. Es sind komplizierte Berechnungen, und wir können sie hier auch nicht durchführen. Newton hat es getan, und es ist beeindruckend, weil er auf diese Weise aufzeigen konnte, weshalb die Bahnen ellipsenförmig sein müssen und weshalb auch das zweite und das dritte Keplersche Gesetz stimmt. Erinnerst du dich noch an die Kanone in Newtons Gedankenexperiment? Er spürte damals intuitiv, weshalb eine Kanonenkugel, die zum Mittelpunkt der Erde gezogen wird, dennoch eine Bahn um die Erde verfolgen kann. Und mit seinen neuen Entdeckungen sowie mithilfe seiner Differenzial- und Integralrechnung konnte er das auch mathematisch beweisen.«

»Muss ein ziemlicher Kraftakt gewesen zu sein.«

»Zusätzlich konnte er noch die Erklärung für Abweichungen von Keplers Gesetzen liefern. Die Planetenbahnen sind ja keine exakten Ellipsen. Selbst das konnte Newton genau erklären. Die Planeten werden nicht nur durch die Sonne angezogen, sondern sie ziehen sich auch wechselseitig an. Weil die Sonne so groß ist, ist der Einfluss der Sonne der größte, und damit die Hauptsache. Und deshalb beschreiben alle Planeten eine Fast-Ellipse. Weil sie aber dem Einfluss der anderen Planeten ausgesetzt sind, wenn auch in geringerem Maß, weisen die Ellipsen alle kleine Abweichungen auf. Mithilfe der von ihm formulierten Gesetze und mit den von ihm entwickelten mathematischen Methoden konnte Newton die tatsächlichen Bahnen der Planeten berechnen. Und diese stimmten exakt mit den Beobachtungen überein, die man mit Teleskopen gemacht hat. Oder jedenfalls beinahe.«

»So wie im Fall von Uranus.«

»Genau. Die beobachtete Bahn des Uranus ließ sich zunächst nicht mit Newtons Berechnungen in Einklang bringen. Man versuchte, Erklärungen zu finden. Im Jahr 1845 kam der Astronom Urbain Jean Joseph Leverrier auf den Gedanken, es könne möglicherweise einen unbekannten Planeten geben. Also berechnete man, wo sich dieser Planet befinden müsste, und als man dort mit einem Teleskop danach suchte, fand man tatsächlich einen neuen Planeten, den man Neptun taufte.«

Das wusste ich schon. Von Nils. Sagte ich Opa aber nicht.

»Phantastisch, nicht?«

»Auf der Grundlage von Newtons Theorie hat man noch einen anderen Planeten entdeckt: den Planeten Vulcanus.«

»Vulcanus? Aber den gibt es doch gar nicht?«

»Richtig. Aber man hat lange geglaubt, es gebe ihn. Man hatte nämlich entdeckt, dass auch die Bahn des Merkur nicht mit den Berechnungen nach Newtons Formeln übereinstimmt. Also vermutete man noch einen weiteren Planeten. Er wurde zwar nicht gefunden, aber man hat ihn schon mal Vulcanus genannt.«

»Und dann?«

»Man hat ihn nie gefunden, weil es ihn nicht gibt.«

»Und was war das Problem mit Merkur?«

Auch Nils hatte den Planeten Merkur erwähnt, aber da hatte ich nicht alles verstanden.

»Das hat man nie entdeckt, bis …«

»Ja?«

»Bis Einstein auftauchte. Aber …«

»Ich weiß: Das ist eine Geschichte für später. Newton muss einen ziemlichen Erfolg gehabt haben.«

»Richtig. Als Newton 1687 sein Buch *Philosophiae naturalis principia mathematica* veröffentlichte, hatte das sehr viele Folgen. Denn jetzt sah es ganz so aus, als sei das Universum eine sehr große Maschine, die durch die von Newton entdeckten Gesetze gesteuert wird. Mithilfe der Newtonschen Gesetze konnte man gewissermaßen die Zukunft berechnen: Man konnte exakt voraussagen, wo jeder Planet zu jedem beliebigen zukünftigen Zeitpunkt stehen wird – nächstes Jahr, in tausend Jahren, in einer Million Jahren. Und mehr noch: Man konnte auch berechnen, wo sich jeder Planet zu jedem vergangenen Zeitpunkt befunden hatte. Daran knüpfte man dann allerlei philosophische Schlussfolgerungen. Der Gedanke, dass Gott das Weltall geschaffen habe, erschien manchen Wissenschaftlern nun überflüssig: Das Universum war einfach eine Maschine.«

»Geregelt durch die Newtonschen Gesetze.«

»Und zwar so gut, dass Laplace irgendwann erklärt hat, dass ein Geist, der weiß, wo sich sämtliche Planeten und alle anderen Dinge zu einem bestimmten Zeitpunkt befinden, auch lückenlos berechnen könnte, wo diese sich in der Vergangenheit befunden haben und wo sie sich zu jedem möglichen Zeitpunkt in der Zukunft befinden werden.«

»Das wird den Menschen damals nicht gefallen haben.«

»Hat es auch nicht. Zuerst mussten sie hinnehmen, dass die Erde nicht mehr der Mittelpunkt des Universums ist, und dann kamen tatsächlich Leute, die das Weltall nicht mehr als eine Schöpfung Gottes betrachteten, sondern als eine gewöhnliche Maschine.«

»Hat Newton das auch getan?«

»Nein, Newton war ein sehr gläubiger Mann. Er sah keinen Grund, an der Existenz Gottes zu zweifeln. Schließlich musste jemand die Maschine erschaffen und in Gang gesetzt haben. Dass das Universum offenbar von allein funktioniert, war ihm absolut kein Zeichen dafür, dass es Gott nicht gibt.«

»Und worin sah Newton die Ursache für die Schwerkraft? Er hat erklärt, weshalb die Erde in einer Ellipse um die Sonne kreist. Aber hat er auch gesagt, weshalb sich Erde und Sonne gegenseitig anziehen oder weshalb sich jedes Paar von Körpern anzieht?«

»Nein, das hat er nie getan, aber er hat auch nie intensiv nach einer Erklärung dafür gesucht. Es war einfach so, und er hat das hingenommen. Vielleicht hat er sich auch nach dem Grund der Anziehungskraft zwischen Körpern gefragt, aber diese Frage war ihm nicht wirklich wichtig. Körper ziehen sich einfach an, und zwar nach einer Gesetzmäßigkeit, die er entdeckt hatte.«

»Bleibt noch die Frage nach den Massen. Du hast ›Naja‹ gebrummt, als ich sagte, die träge Masse habe nichts mit der schweren Masse zu tun.«

»Hab ich. Und jetzt wird's wieder knifflig. Irgendwann sind Wissenschaftler darauf gekommen, die schwere und die träge Masse miteinander zu vergleichen. Sie haben natürlich erwartet, dass ein bestimmter Zusammenhang zwischen diesen beiden Massen besteht. Aber was war das große Problem?«

»Es gibt keinen Zusammenhang, jedenfalls keinen einfachen Zusammenhang?«

»Viel schlimmer: So genau sie auch maßen, ob mit drei Stellen hinter dem Komma, ob mit fünf oder zehn, sie konnten einfach keinerlei Unterschied entdecken zwischen der trägen Masse und der schweren Masse!«

»Jetzt hältst zu mich zum Narren. Erst hast du mich einen ganzen Tag lang davon überzeugt, dass beide Massen etwas völlig Verschiedenes sind, und nun erzählst du mir seelenruhig, dass sie sich nicht unterscheiden.«

»Das ist ja das Verrückte daran: Sie haben tatsächlich nichts miteinander zu tun und sind dennoch exakt gleich groß.«

»Wie kann das sein?«

»Das ist eines der großen Rätsel des Universums gewesen.«

»Gewesen?«

»Ja. Als Herr Albert seine allgemeine Relativitätstheorie vorstellte, hat er genau erklärt, weshalb die beiden gleich groß sein müssen.«

»Unglaublich. Es wird immer verwickelter, je länger es dauert. Und was hat Newton zur Gleichheit der beiden Massen gesagt?«

»Er hat etwas Derartiges vermutet. Sofern man die beiden Massen damals vergleichen konnte, schienen sie in der Tat gleich zu sein. Aber Newton hielt das für reinen Zufall. Er konnte keinen Grund dafür finden, weshalb die beiden gleich sein sollten. Aber das war auch nicht nötig. Denn für seine Theorie macht es keinen Unterschied, ob die beiden Massen gleich sind oder nicht.«

»Ich sag doch, ganz schön kompliziert, das alles.«

»Es kommt noch besser. Die Tatsache, dass die beiden Massen gleich groß sind, ist auch der Grund, weshalb alle Gegenstände gleich schnell fallen. Das lässt sich leicht nachvollziehen. Wir müssen nur die beiden Formeln $F = m \times a$ und $F = G\frac{m_1 \times m_2}{r^2}$ im Zusammenhang betrachten. Wenden wir diese Formel einmal auf einen Körper mit der trägen Masse $m\_träg_{Körper}$ und der schweren Masse $m\_schwer_{Körper}$ an, der von der Erde mit der schweren Masse m_schwer_{Erde} angezogen wird. Die Kraft, die der Körper erfährt, ist also gleich $F = G\frac{m\_schwer_{Erde} \times m\_schwer_{Körper}}{r^2}$. Dieser Körper wird also eine Beschleunigung erfahren, wobei $a = \frac{F}{m\_träg_{Körper}}$ ist. Dieses F ist in beiden Formeln gleich der Schwerkraft. Also gilt: $a = G\frac{m\_schwer_{Erde} \times m\_schwer_{Körper}}{r^2 \times m\_träg_{Körper}}$. Wenn aber die schwere Masse und die träge Masse dieses Körpers gleich sind, dann können wir die Massen streichen, und übrig bleibt: $a = G\frac{m\_schwer_{Erde}}{r^2}$. Die Beschleunigung ist also unabhängig vom jeweils fallenden Körper und darum für alle Körper auf der Erde gleich. Und damit ist nachgewiesen, dass alle Körper auf der Erde gleich schnell fallen. Aber nochmals, das ist keine Schlussfolgerung aus Newtons Theorie. Seine Theorie würde auch dann gelten, wenn die beiden Massen nicht gleich wären. Allerdings würden dann nicht alle Körper gleich schnell fallen. Ich hatte dich gewarnt. Bereits bei Newton kommen eine ganze Menge kniffliger Dinge vor.«

»Wie groß ist dieses *a*?«

»Man nennt *a* die Fallbeschleunigung. Dargestellt wird diese durch das Symbol *g*. Dieses *g* ist gleich 9,8 Meter pro Sekunde im Quadrat. Das heißt, dass die Geschwindigkeit jede Sekunde um 9,8 Meter pro Sekunde größer wird. Ein Körper, der fällt, hat also nach einer Sekunde eine Geschwindigkeit von 9,8 Metern pro Sekunde, nach zwei Sekunden von 19,6 Metern pro Sekunde, nach drei Sekunden von 29,4 Metern pro Sekunde und so weiter. Man kann auch leicht berechnen, wie viele Meter ein Körper in einer bestimmten Zeit fällt. Diese Entfernung in Metern ist gleich *g* multipliziert mit der Anzahl der Sekunden im Quadrat und geteilt durch zwei.

Als Formel geschrieben ist das: Fallhöhe = $g\frac{t^2}{2}$. Nach einer Sekunde hat ein Körper $\frac{9{,}8}{2} = 4{,}9$ Meter zurückgelegt. Nach zwei Sekunden knapp zwanzig Meter. Nach drei Sekunden ungefähr fünfundvierzig Meter und so weiter. Verstehst du?«

»Ich verstehe es. Ist hochinteressant, aber ich glaube, ich habe erst mal genug von Newton.«

»Noch nicht. Wir müssen noch mal kurz die philosophische Richtung einschlagen.«

»Opa, bist du einverstanden, wenn wir morgen weitermachen?«

»Kann ich verstehen, Kleines. Lass die Dinge erst mal ruhen. Morgen können wir mit frischem Mut fortfahren.«

»Wollen wir noch eine kleine Tour mit dem Rad machen?«

»Ich finde, das ist eine ausgezeichnete Idee.«

Ein drittes Mal Newton

Am nächsten Morgen, sofort nach dem Frühstück, sauste ich zu Opa. Am Abend vorher hatte ich Nils nicht gesehen. Stundenlang hatte ich gewartet, doch kein Nils tauchte auf. Ich verstand die Welt nicht mehr. War er irgendwie böse auf mich, oder war er einfach nur so nicht aufgetaucht? Vielleicht wusste er ja auch, dass Opa noch nicht fertig war mit Newton, und wollte darauf warten? Ich hatte keine Ahnung.

Besonders beunruhigt war ich allerdings nicht. Vielleicht steckten ja noch andere Leute mitten im Albertisierungsprozess, und Nils musste ihnen helfen.

Jedenfalls wollte Opa mir heute noch einiges erzählen. Ein paar philosophische Dinge über Newton, hatte er versprochen. Ich war gespannt.

»Es wird heute noch mal knifflig. Wir nähern uns nämlich dem Kern von Einsteins Arbeitsgebiet und werden über ein paar Dinge sprechen, über die selbst heutige Wissenschaftler nicht immer einer Meinung sind. Aber das macht es gerade spannend, nicht wahr, Kleines? Wenn es nur noch Antworten gäbe und keine Fragen mehr, das wäre ziemlich langweilig.«

Ich dachte daran, wie schön es wäre, in einer Prüfung auf alle Fragen die Antwort zu wissen, aber Opa hatte offenbar andere Dinge im Kopf. Das spürte ich.

»Das Ganze«, fuhr Opa fort, »hat mit der Frage zu tun, ob es eine absolute Zeit und einen absoluten Raum gibt oder nicht.«

Na, das war vielleicht eine Frage.

»Und da wir gerade bei Newton sind, wollen wir zuerst sehen, was Newton dazu dachte. Was wir uns gestern klar gemacht haben, könnte man auch anders formulieren: Galilei und Newton haben entdeckt, dass die Gesetze der Dynamik in Bezug auf gleichförmige, geradlinige Bewegungen unveränderlich sind. Oder mit dem wissenschaftlichen Fachbegriff: in Bezug auf Inertialsysteme.«

Ich muss vor lauter Schreck über dieses Wortungetüm mit den Augen gerollt haben. Jedenfalls hielt Opa plötzlich inne.

»Ach ja, Kleines. Wenn du etwas über Einstein lernen willst, musst du auch ein paar neue Wörter lernen. Aber mach dir keine Sorgen. Es sind Begriffe, die jeder vernünftige Mensch verstehen und anwenden kann, zumindest kann man das lernen. Die Dynamik ist der Bereich der Physik, der untersucht, wie sich Körper bewegen, welche Bewegungsgesetze es gibt und wie diese Gesetze in mathematischen Formeln oder Gleichungen darzustellen sind. Gestern haben wir die von Newton formulierten Gesetze untersucht. Sie bilden die Grundlage der Dynamik. Mit ihnen lässt sich berechnen, welche Kräfte man braucht, um Körper in Bewegung zu versetzen, ob sie nun geradeaus oder auf gekrümmten Bahnen fliegen, ob ihre Geschwindigkeit zu- oder abnimmt, ob sie hängen bleiben oder fallen, ob sie im Kreis, auf einer Ellipsenbahn oder auf sonst einer Bahn fliegen.«

Das war klar: Die Dynamik lehrt uns den Zusammenhang zwischen den Kräften, die auf einen Körper einwirken, und der Bewegung, welche diese Kräfte dem Körper geben.

»Invariant ist das zweite Wort, das wir lernen müssen. Invariant sind Gesetze, sobald sie auch dann noch gelten, wenn sich die Situation verändert, in der diese Gesetze untersucht wurden. Gestern haben wir gesehen, dass Kräfte, die auf einen Körper einwirken, lediglich die Beschleunigung des Körpers verändern. Ob dieser Körper nun stillsteht oder nicht, ob seine Geschwindigkeit klein ist oder groß, all das ändert nichts an der Beschleunigung, die diese Kraft verursacht. Wirkt eine Kraft von hundert Newton auf einen zehn Kilogramm schweren Körper, dann verursacht diese Kraft eine Beschleunigung von zehn Metern pro Sekunde im Quadrat. Die Anfangsgeschwindigkeit des Körpers tut dabei nichts zur Sache.«

»Aber die Geschwindigkeit, mit der sich der Körper zum Schluss bewegt, hängt doch von seiner Anfangsgeschwindigkeit ab?«

»Natürlich. Angenommen, der zehn Kilogramm schwere Körper ist eine Sekunde lang einer Kraft von hundert Newton ausgesetzt. Hat der Körper anfänglich stillgestanden, wird er nach dieser Sekunde eine Geschwindigkeit von zehn Metern pro Sekunde haben. Hat er sich jedoch mit einer Geschwindigkeit von zwanzig Metern pro Sekunde bewegt, wird er nach dieser Sekunde eine Geschwindigkeit von dreißig Metern pro Sekunde haben. Die resultierende Geschwindigkeit hängt ab von der Anfangsgeschwindigkeit, die Beschleunigung selbst jedoch ist unabhängig davon.«

»Das verstehe ich, Opa.«

»Auch, dass ein Körper, den man in einem Zug fallen lässt, gerade nach unten fällt, ist ein invariantes Gesetz. Denn der Körper fällt gerade nach unten, ganz gleich, ob der Zug stillsteht oder ob er mit konstanter Geschwindigkeit fährt.«

»Deshalb haben die Menschen lange nicht eingesehen, dass sich die Erde dreht. Das ist offenbar auch ein Beispiel für diese Invarianz. Die Erde fliegt mit großer Geschwindigkeit durch das Weltall, und doch fällt ein Körper gerade nach unten.«

»Gut aufgepasst! Aber das hat weitreichende Folgen.«

Opa fuchtelte mit dem Zeigefinger.

»Das bedeutet nämlich, dass die Bewegungsgesetze für Inertialsysteme invariant sind. Damit haben wir das nächste Wort, das wir brauchen. Ein Inertialsystem ist ein Koordinatensystem, das mit einem sich frei im All bewegenden Körper verbunden ist.«

»Und was ist ein Koordinatensystem?«

»Gestern habe ich dir erklärt, wie man Entfernungen und Zeiten ausgehend von einem bestimmten Punkt beziehungsweise Zeitpunkt messen kann. Ein Koordinatensystem sagt, welchen Punkt man als Punkt mit der Entfernung 0 wählt und welchen man als Nullpunkt für die Zeit wählt. Es zeigt auch, in welche Richtung man die Entfernungen messen wird: von links nach rechts und vielleicht auch von unten nach oben oder von vorn nach hinten.«

Opa zeichnete wieder.

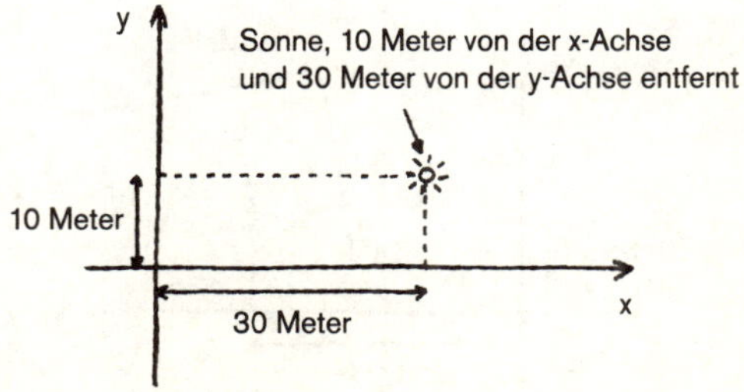

»Hier habe ich ein Koordinatensystem gezeichnet. Die Sonne befindet sich in einer Entfernung von dreißig Metern in der einen und in einer Entfernung von zehn Metern in der anderen Richtung. Die Koordinaten der Sonne sind dann 30 und 10. Eigentlich kann man sich ein Raster aus geraden Linien vorstellen, beispielsweise in einem Abstand von jeweils zehn Metern. Die Schnittpunkte dieser Linien ergeben dann die Koordinaten der Punkte, die jeweils ein Mehrfaches von zehn sind. Ich will es mal aufzeichnen.«

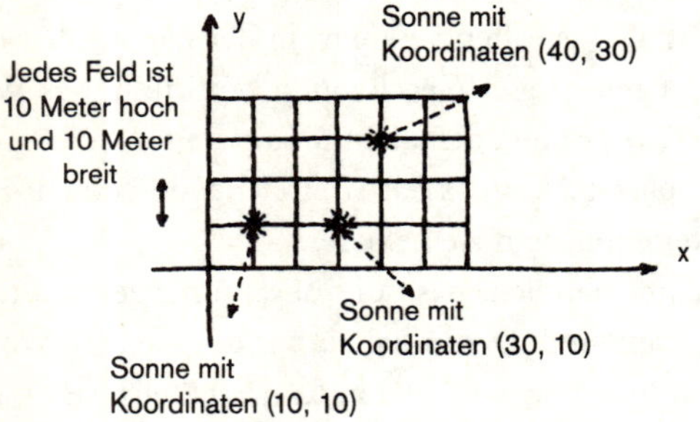

Das verstand ich. Im Stillen überlegte ich mir, dass man dann aber festlegen muss, welche Zahl zuerst genannt werden muss. Wahrscheinlich eine Frage von Verabredungen.

Opa fuhr fort: »Man kann verschiedene Koordinatensysteme wählen. Hier ein weiteres Koordinatensystem für die gleiche Sonne.«

Opa ergänzte seine Zeichnung entsprechend.

Die Sonne hat im Koordinatensystem (x1, y1) die Koordinaten (30, 10) und im Koordinatensystem (x2, y2) die Koordinaten (15, 10)

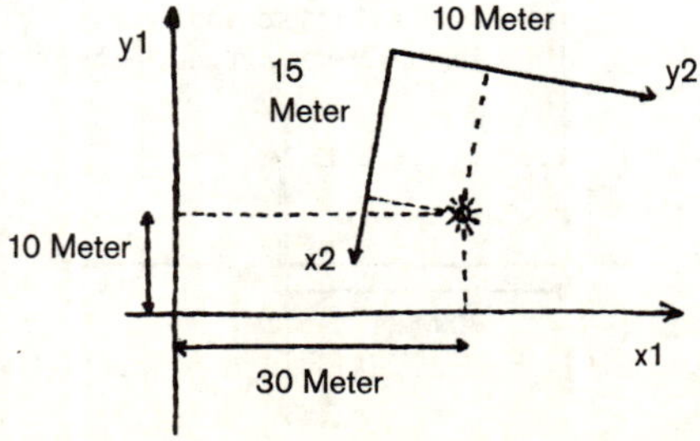

»In diesem zweiten Koordinatensystem hat die Sonne die Koordinaten 15 und 10. Ist eigentlich klar, oder?«

»Ja. Wenn du mir die Koordinaten einer Sonne gibst, dann musst du mir stets dazusagen, mit welchem Koordinatensystem du arbeitest, sonst weiß ich trotz der Koordinaten, die du angibst, nicht, wo sich die Sonne befindet.«

»Stimmt. Du hast es verstanden. In ein solches Koordinatensystem können wir auch eine Zeitachse einzeichnen. Auf diese Weise lässt sich verfolgen, wie sich ein Körper fortbewegt.«

Ich runzelte die Stirn.

»Sieh mal. Ich zeichne ein Koordinatensystem mit einer Entfernungsachse und einer Zeitachse. So ein Koordinatensystem wird ein System mit einer Raumdimension und einer Zeitdimension genannt.

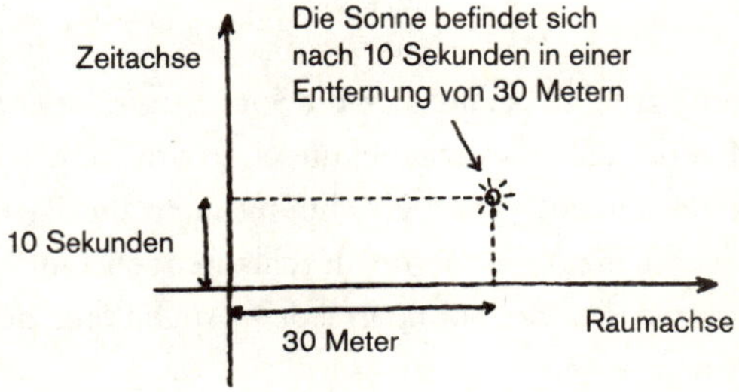

Genau wie ich einen Nullpunkt für die Raumachse gewählt habe, kann ich auch einen Nullpunkt für die Zeitachse wählen. Zum Beispiel heute um zwölf Uhr mittags.«

»Das verstehe ich, aber die Zeichnung verstehe ich nicht.«

»Du musst dir vorstellen, dass sich die Sonne nur auf einer Linie bewegen kann, so wie hier.

Die Sonne kann sich nur nach links oder rechts bewegen. Nicht nach vorn oder hinten und nicht nach oben oder unten. In jedem Augenblick befindet sich die Sonne in einer bestimmten Entfernung von dieser Linie. Sie gibt an, wo der Nullpunkt ist. Befindet sich die

Sonne rechts von der Linie, dann ist die Entfernung positiv. Das wird durch den nach rechts gerichteten Pfeil angezeigt.«

Ich nickte.

»Auf der Zeichnung mit der Zeitachse befindet sich die Sonne nach zehn Sekunden dreißig Meter vom Nullpunkt entfernt. Und nun kann ich auch angeben, wo sich die Sonne nach fünf Sekunden befand und wo sie sich nach zwanzig Sekunden befinden wird.

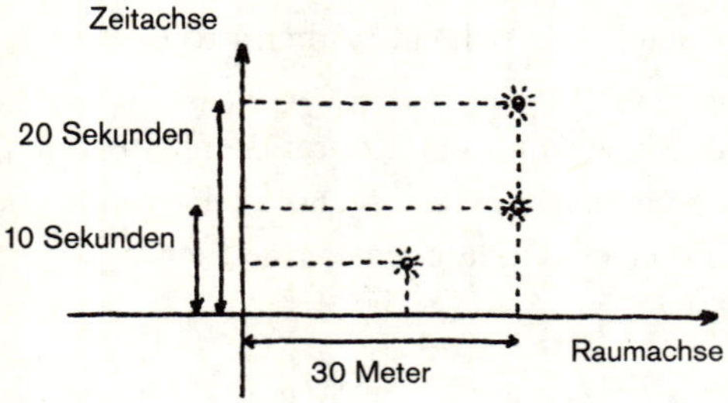

Der Zeichnung zufolge befand sich die Sonne nach fünf Sekunden in fünfzehn Metern, nach zwanzig Sekunden in dreißig Metern Entfernung. So kann ich mit dieser Zeichnung auch die Bewegung der Sonne wiedergeben. Anhand von durchlaufenden Linien lässt sich dann ablesen, wo sich die Sonne in jedem Augenblick befindet.«

Opa zeichnete erneut.

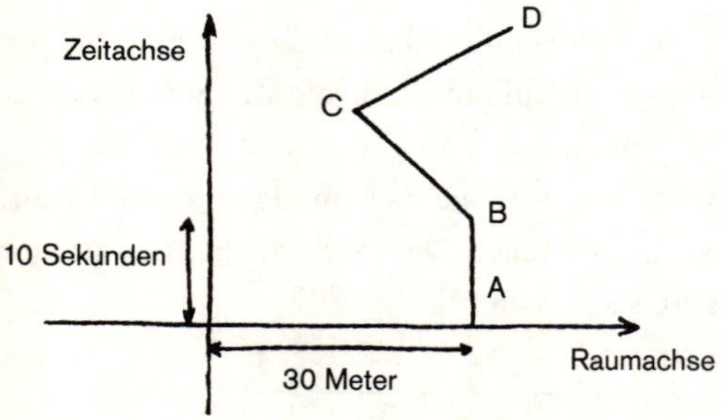

»Auf dieser Zeichnung siehst du die Weltlinie der Sonne. Diese Linie zeigt, wo sich die Sonne in jedem Augenblick befindet. Bei null Sekunden ist die Sonne dreißig Meter entfernt. Das ist bei Punkt A. Die Sonne bleibt da zehn Sekunden. Das ist Punkt B. Wie du siehst, wird das durch die vertikale Linie angegeben. Nach zehn Sekunden bewegt sich die Sonne nach links: Das wird durch die Linie von B nach C angegeben. Es ist eine Gerade; das bedeutet, dass sich die Sonne mit einer konstanten Geschwindigkeit nach links bewegt. Nach zwanzig Sekunden bewegt sich die Sonne nach rechts. Das wird dargestellt durch die Linie von C nach D. Auch jetzt bewegt sich die Sonne mit konstanter Geschwindigkeit.«

»Und was bedeutet es, wenn eine horizontale Linie entsteht?«

»Das geht nicht. Denn das würde bedeuten, dass sich die Sonne im gleichen Augenblick an verschiedenen Orten befände. Noch etwas ist wichtig: Ein Koordinatensystem muss nicht notwendig stillstehen, auch es selbst kann sich bewegen. Dann aber müsste man wissen, wo sich das Koordinatensystem in jedem Augenblick befindet.«

»Damit macht man die Dinge aber ziemlich kompliziert.«

»Im Gegenteil. Wenn man, um ein bestimmtes Problem zu lösen, das richtige Koordinatensystem wählt, dann lassen sich die Berechnungen der Lösung sehr einfach durchführen. Angenommen, du hast einen fahrenden Zug. Steht dein Koordinatensystem auf der Erde still, dann bewegt sich der Zug durch dieses Koordinatensystem. Das bedeutet, dass sich die Koordinaten des Zuges fortwährend ändern. Verbindet man aber ein Koordinatensystem mit dem Zug, dann steht der Zug innerhalb dieses neuen Koordinatensystems still. Nun ändern sich die Koordinaten des Zuges nicht, was bestimmte Berechnungen viel einfacher macht. Es gibt Methoden, mit denen sich Koordinaten von einem Koordinatensystem in solche des anderen umrechnen lassen. Damit hat man die Möglichkeit, sich das Koordinatensystem zu wählen, in dem die notwendigen Berechnungen am einfachsten zu bewerkstelligen sind. Anschließend rechnet man diese Ergebnisse so um, dass sie sich auf das Koordinatensystem beziehen, von dem man ausgegangen ist und dessen Werte man eigentlich wissen will.«

»Kannst du das an einem Beispiel deutlicher machen?«

»Mal angenommen, du wirfst in einem fahrenden Zug mit einem Gegenstand. Die Bahn, die er beschreibt, wird von der Kraft abhängen, mit der du wirfst, aber auch von der Bewegung des fahrenden

Zuges. Wenn du wissen willst, welche Bahn der Körper im fahrenden Zug nimmt, nutzt du ein Koordinatensystem, das mit dem Zug verbunden ist. Damit kannst du berechnen, wie sich der Körper relativ zum Zug bewegt. Anschließend kannst du diese Ergebnisse umrechnen in ein stillstehendes Koordinatensystem, das mit der Erde verbunden ist. Nach dieser Umrechnung weißt du, wie sich der Körper relativ zur Erde bewegt.«

»Ich glaube, jetzt verstehe ich. Aber du hast noch was von Inertialsystemen gesagt?«

»Das sind Koordinatensysteme, die mit einem Körper verbunden sind, der sich frei, also geradlinig und mit konstanter Geschwindigkeit, im Weltall bewegt. Also wirken keinerlei Kräfte auf diesen Körper ein: Nichts schiebt oder zieht diesen Körper, und er unterliegt auch keiner Schwerkraft. Ein solcher Körper muss also unendlich weit von jedem anderen entfernt sein; zumindest aber so weit, dass der Einfluss anderer Körper zu vernachlässigen ist. Ein solcher Körper mit einem Inertialsystem unterliegt also auch keiner Beschleunigung. Er ist keinen Kräften ausgesetzt und fliegt darum mit konstanter Geschwindigkeit geradeaus, beziehungsweise er wird, wenn seine Geschwindigkeit gleich null ist, weiter ruhen.«

»Eine ziemlich klare Sache.«

»Jetzt wird es etwas schwieriger. Angenommen, du hast so ein Inertialsystem. Jedes System, das sich relativ zu diesem mit einer konstanten Geschwindigkeit bewegt, ist ebenfalls ein Inertialsystem. Denn würden auf das zweite System Kräfte einwirken, dann würde es sich in Bezug auf das erste Inertialsystem nicht mit konstanter Geschwindigkeit fortbewegen.«

»Leuchtet ein.«

»Dann gehen wir noch einen Schritt weiter. Alle Inertialsysteme bewegen sich relativ zueinander mit konstanter Geschwindigkeit im Weltall. Denn würde sich ein Inertialsystem in Bezug auf ein anderes beschleunigt fortbewegen, dann müssten Kräfte auf es einwirken, und damit wäre es kein Inertialsystem mehr.«

»Ich denke, auch das hab ich verstanden.«

»Wir können ein solches Inertialsystem auch umgekehrt definieren. Wenn wir sagen, dass ein Inertialsystem ein System ist, auf das keine Kräfte einwirken, dann folgt daraus, dass die Newtonschen Gleichungen in diesem System aufgehen oder korrekt sind.«

»Das musst du mir erklären.«

»Nehmen wir eine Rakete. Diese befindet sich in einer enormen Entfernung von allen anderen Körpern im Weltraum. So weit entfernt, dass keine Anziehungskräfte auf sie einwirken. Das Triebwerk der Rakete ist abgeschaltet. Also wirken überhaupt keine Kräfte auf die Rakete ein. Sie ist also ein Inertialsystem. Würden nun Astronauten in dieser Rakete das zweite Newtonsche Gesetz überprüfen ($F = m \times a$), dann könnten wir sehen, dass dieses Gesetz tatsächlich stimmt. Die Astronauten testen es, indem sie eine Kraft F auf einen Körper mit einer Masse m ausüben. Zugleich messen sie die Beschleunigung a, die durch die Kraft F verursacht wird. Und dieses a, das sie messen, wird genau gleich dem Verhältnis F/m sein, wie es sich mit Newtons Gesetz voraussagen lässt. Die Besatzung kann das Experiment mit anderen Kräften wiederholen, die beim gleichen Körper eine andere Beschleunigung hervorrufen: Das Verhältnis F/m jedoch wird stets das gleiche bleiben. Das Newtonsche Gesetz erfüllt sich demnach auch im System Rakete. Und das gilt für alle Inertialsysteme: Innerhalb eines solchen Systems erfüllt sich das zweite Newtonsche Gesetz. Wenn man also wissen will, ob man sich in einem solchen Inertialsystem befindet oder nicht, muss man einfach nur prüfen, ob das zweite Newtonsche Gesetz Gültigkeit hat oder nicht.«

»Aber was passiert in einer Rakete, die beschleunigt wird?«

»Aha. Das ist die Frage, die uns weiterführt. Was spürst du, wenn dein Vater mit seinem Auto sehr scharf bremst?«

»Dann spüre ich, wie es mich nach vorn wirft. Zum Glück gibt es Sicherheitsgurte.«

»Und was passiert, wenn dein Vater mit seinem Auto sehr schnell beschleunigt?«

»Dann werde ich in meinen Sitz gedrückt.«

»Die Kräfte, die du dann zu spüren scheinst, nennt man Trägheitskräfte. Du spürst sie, weil dein Körper Widerstand leistet gegen eine Änderung der Geschwindigkeit. Wenn du in einem Auto sitzt, das hundert fährt, dann bewegt sich auch dein Körper mit hundert

Stundenkilometern. Bremst das Auto plötzlich, dann verlangsamt sich zwar das Auto, aber dein Körper möchte mit hundert Stundenkilometern weitersausen. Also muss das Auto an dir ziehen, um dich abzubremsen. Und das besorgt der Sicherheitsgurt, der dich mit dem Auto verbindet.«

»Ich verstehe. Das Gleiche geschieht, wenn das Auto beschleunigt. Mein Körper bewegt sich langsam vorwärts. Der Motor beschleunigt den Wagen, aber mein Körper will sich weiter mit der langsamen Geschwindigkeit bewegen. Der Autositz schiebt mich also vorwärts, weil der Sitz ja mitbeschleunigt wird.«

»Sehr gut. In einem Karussell kannst du Trägheitskräfte auch dann spüren, wenn sich das Karussell mit konstanter Geschwindigkeit dreht. Denn du willst geradeaus fliegen, während dich das Karussell in die Mitte zieht. Dein Körper leistet Widerstand dagegen, und deshalb spürst du eine Kraft. Würden wir das zweite Newtonsche Gesetz in einem sich beschleunigenden Zug testen, dann sieht das Ergebnis so aus, als gäbe es diese Trägheitskräfte tatsächlich. Angenommen, du willst einen Versuch durchführen in einem Zug mit einer Beschleunigung von einem Meter pro Sekunde im Quadrat. Zu einem bestimmten Zeitpunkt hat der Zug, und zwar mit allem, was sich in ihm befindet, eine Geschwindigkeit von zehn Metern pro Sekunde. Jetzt startest du einen Versuch und misst das Newtonsche Gesetz mit einem zehn Kilogramm schweren Körper, der an einem Seil von der Decke hängt. Du wirst feststellen, dass das Seil schräg hängt, weil der Zug über das Seil mit dem Körper verbunden ist und diesen beschleunigt.«

Auch das zeichnete Opa auf.

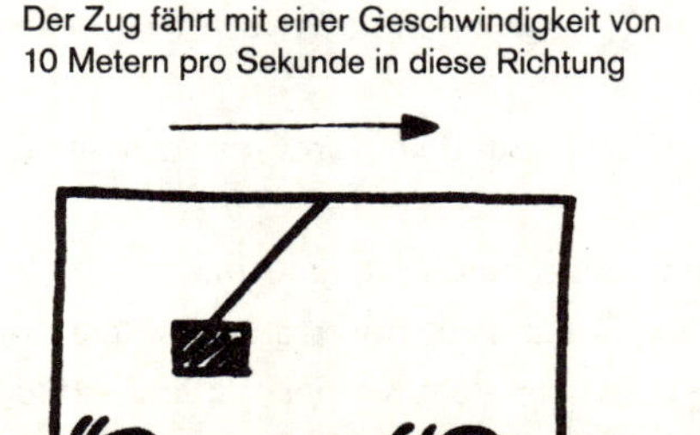

»Nun schneidest du das Seil, solange es schräg hängt, durch. Und genau in diesem Moment übst du auf den Körper eine Kraft von dreißig Newton aus, und zwar in Fahrtrichtung des Zuges.«

Eine weitere Zeichnung zeigte mir das.

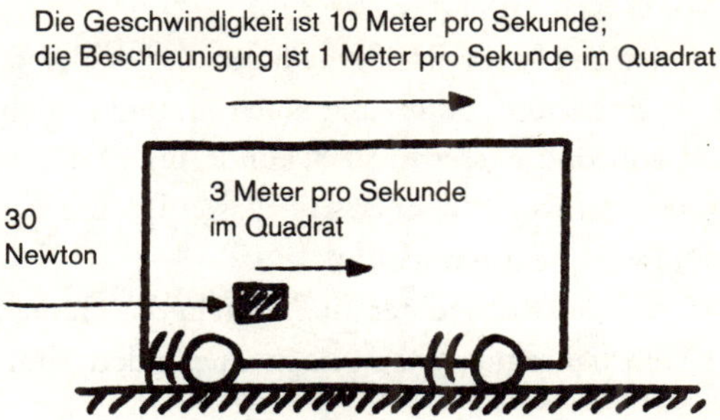

»Sobald das Seil durchgetrennt ist, wirkt nur mehr eine Kraft auf den Körper, und zwar die Kraft der dreißig Newton, die du selbst ausübst. Die Beschleunigung des Zuges wirkt nicht mehr auf den Körper, weil das Seil durchgeschnitten ist. Der Körper hat eine Masse von zehn Kilogramm. Also wird er eine Beschleunigung erfahren von dreißig geteilt durch zehn oder von drei Metern pro Sekunde im Quadrat. Jede Sekunde, die die Kraft wirkt, wird der Körper drei Meter pro Sekunde schneller werden. Verstehst du?«

Ich nickte.

»Nun wird aber auch der Zug selbst immer schneller. Er beschleunigt mit einem Meter pro Sekunde im Quadrat, und zwar in die gleiche Richtung, in die sich auch der Körper beschleunigt. Der Körper wird also für einen Reisenden im Zug nicht um drei Meter pro Sekunde im Quadrat schneller werden, sondern nur um zwei Meter pro Sekunde im Quadrat. Er wird zwischenzeitlich auch nach unten fallen, in Richtung des Zuges, jedoch beschleunigt sich der Körper lediglich um zwei Meter pro Sekunde im Quadrat. Und doch übe ich weiterhin eine Kraft von dreißig Newton aus. Dem Beobachter im Zug erscheint es so, als würde noch eine weitere Kraft – eine Kraft von zehn Newton – auf den Körper einwirken, aber entgegengesetzt zur Fahrtrichtung. Ich beschleunige den Körper mit einer

Kraft von dreißig Newton, zu messen ist aber nur eine Beschleunigung von zwei Metern pro Sekunde im Quadrat. Für den Beobachter im Zug scheint also eine weitere Kraft wirksam zu sein, die der meinen entgegenwirkt. Aber diese andere Kraft ist nicht wirklich wirksam. Und das Newtonsche Gesetz, $F = m \times a$, geht nicht auf. Denn F ist 30, m ist 10 und a ist 2.«

»Aber für einen Beobachter außerhalb des Zuges bleibt alles beim Alten. Er sieht eine Kraft von dreißig Newton, und er sieht eine Beschleunigung von drei Metern pro Sekunde im Quadrat für einen zehn Kilogramm schweren Körper. Für diesen Beobachter geht das Gesetz von Newton sehr wohl auf.«

»Bravo. Nur für den Beobachter im Zug geht das Gesetz nicht auf. Nach seiner Wahrnehmung scheint noch eine andere Kraft wirksam zu sein.«

Ich blies erleichtert Luft durch die Zähne. Irgendwie ahnte ich, dass ich etwas sehr Wichtiges begriffen hatte.

»Jetzt verstehst du wahrscheinlich auch besser, weshalb wir die Definition eines Inertialsystems umkehren können: Ein Inertialsystem ist ein System, in dem das Newtonsche Gesetz $F = m \times a$ gültig ist.«

»Aber warum sollten wir das so formulieren? Es ist doch viel einfacher, zu sagen, ein Inertialsystem ist ein System, auf das keine Kräfte einwirken.«

»Die Umkehrung ist richtiger und vor allem praktikabler. Mit dieser Definition können wir überprüfen, ob ein System ein Inertialsystem ist oder nicht. Die Definition ›Ein System, auf das keine Kräfte einwirken‹ ist vage und experimentell nicht zu überprüfen, während das Newtonsche Gesetz exakt formuliert und seine Geltung überprüfbar ist.«

»Aber wir können uns doch auch ein System vorstellen, das sich mit konstanter Geschwindigkeit bewegt?«

»Stimmt. Aber dann stehen wir vor einem Problem: Bezogen auf was eigentlich findet diese Bewegung statt? Relativ zur Erde? Aber die bewegt sich um die Sonne. Relativ zur Sonne? Diese wiederum bewegt sich in der Milchstraße. Und auch die Milchstraße selbst bewegt sich. Ein Inertialsystem, so hatten wir definiert, ist ein System, das stillsteht oder sich mit konstanter Geschwindigkeit relativ zu einem anderen Inertialsystem bewegt. Um zu überprüfen, ob diese Bedingung erfüllt ist, müsste man als Bezugspunkt zunächst ein weiteres Inertialsystem haben. Und genau danach, nach einem ersten Inertialsystem, suchen wir jetzt. Hätten wir ein solches erstes System, dann wäre jedes andere, das sich relativ zu diesem ersten System mit konstanter Geschwindigkeit bewegt, ebenfalls ein Inertialsystem. Die Schwierigkeit liegt also darin, dieses erste Inertialsystem zu finden. Doch dieses Problem können wir umgehen, indem wir sagen, ein Inertialsystem ist ein System, innerhalb dessen die Voraussagen der Newtonschen Gesetze eintreffen. Verstehst du?«

Ich nickte.

»Vorläufig soll uns das genügen. Wir werden bestimmt darauf zurückkommen, denn auch das ist einer der Kernpunkte von Einsteins Theorie.«

»Also wieder ein Stück näher an Einstein?«

»Ja. Nun aber zurück zur Klärung schwieriger Begriffe. Das Nächste, was wir jetzt genau definieren müssen, ist ›gleichförmig geradlinige Bewegung‹. Das ist einfach. Körper, die sich gleichförmig geradlinig bewegen, sind Körper, die mit konstanter Geschwindigkeit geradeaus fliegen. Noch präziser: Körper, die ruhen oder mit konstanter Geschwindigkeit geradeaus fliegen.«

Nun konnte ich zeigen, dass ich aufgepasst hatte. »Relativ zu was?«

»Du hast Recht. Ich hätte hinzufügen müssen: relativ zu einem Inertialsystem. Denn wenn du in einem sich beschleunigenden Zug stillstehst, dann bewegst du dich nicht gleichförmig geradlinig.«

»Natürlich nicht.«

»Nun können wir unseren Satz vollständig betrachten. Ich hatte gesagt: Galilei und Newton haben entdeckt, dass die Gesetze der Dynamik in Bezug auf gleichförmig geradlinige Bewegungen invariant sind. Damit habe ich gesagt, dass die Gesetze, die beschreiben, wie Körper in Bewegung versetzt werden, für alle Inertialsysteme gleichermaßen gelten. Und das haben wir tatsächlich gesehen. Das Gesetz $F = m \times a$ ist völlig unabhängig von der Anfangsgeschwindigkeit der bewegten Körper. Und das wiederum stimmt damit überein, dass sich alle Inertialsysteme relativ zueinander mit konstanter Geschwindigkeit bewegen.«

»So weit ist alles okay.«

»Also gehen wir einen Schritt weiter. Jetzt pass gut auf. Aus all dem, was wir eben gesagt haben, folgt, dass man durch Experimente, die auf diesem Gesetz beruhen, nicht überprüfen kann, ob sich ein System bewegt oder nicht. Also kann man experimentell auch nicht überprüfen, ob man sich bewegt oder stillsteht. Das wiederum heißt: Es gibt keinen festen Punkt im Universum. Und wenn es diesen festen Punkt nicht gibt, ist alle Bewegung relativ. Es gibt keine absolute Bewegung.«

Mir wurde schwindelig im Kopf. Mir war, als hätte ich etwas sehr Wichtiges gehört, aber nicht zu fassen gekriegt, was es wirklich bedeutet. Es gibt keine absolute Bewegung. Alle Bewegung ist relativ. War das die Relativitätstheorie? Hatte Opa mir jetzt so ganz nebenbei die Relativitätstheorie erklärt?

»Opa, was bedeutet das? Ich weiß plötzlich nicht mehr, ob ich richtig gehört und dich verstanden habe. Alle Bewegung ist relativ – ist das die Relativitätstheorie?«

»Nicht die von Einstein. Wir haben damit erst das Relativitätsprinzip von Galilei und Newton begriffen. Aus dem Newtonschen Gesetz, das abgeleitet ist aus den Forschungen und Überlegungen von Galilei, geht hervor, dass man zwischen Körpern, die sich mit konstanter Geschwindigkeit fortbewegen, und ruhenden Körpern nicht unterscheiden kann.«

»Aber Körper bewegen sich doch im Weltall?«

»Stimmt. Und was ist das Weltall?«

»Alles, was es gibt: die Sonne, die Planeten, die Sterne, Kometen, Meteoriten, die Monde der Planeten, einfach alles.«

»Genau. Und wenn du dich in Bezug auf das Weltall bewegst, wie kannst du das messen?«

»Einfach, indem du nachschaust, wie schnell du relativ zum Weltall fliegst.«

»Relativ zu welchem Körper im Weltall? Relativ zur Sonne, zum Mond, zu einem Stern?«

Allmählich dämmerte mir, worauf das hinauslief. Es gibt tatsächlich keinen festen Punkt im Universum. Man kann sich bewegen, relativ zur Sonne oder zu irgendeinem Stern, aber man kann sich nicht in einem absoluten Sinn bewegen. Ohne irgendeinen Bezugspunkt anzugeben, kann man nicht sagen: »Ich bewege mich.« Also gibt es keine absolute Bewegung, vielmehr ist alle Bewegung relativ. Nicht einmal durch Experimente mit dem Gesetz $F = m \times a$ lässt sich überprüfen, ob man sich bewegt oder nicht.

Jetzt wusste ich auch, warum sich Opa so lange mit diesen Inertialsystemen aufgehalten hatte. Es sind Systeme, in denen Voraussagen nach dem Newtonschen Gesetz eintreffen. Hat man ein Inertialsystem bestimmt, dann sind alle Systeme, die sich relativ zu diesem System mit konstanter Geschwindigkeit fortbewegen (oder stillstehen), ihrerseits Inertialsysteme. In jedem dieser Systeme treffen Voraussagen nach dem Newtonschen Gesetz ein. Darum kann man das Newtonsche Gesetz nicht benutzen, um festzustellen, ob man stillsteht oder nicht. Man kann mit diesem Gesetz nur überprüfen, ob man sich in einem Inertialsystem befindet oder nicht. Aber man kann mit Newtons Gesetz nicht testen, ob sich dieses Inertialsystem bewegt oder nicht. Mit anderen Worten: Mit dem Newtonschen Gesetz lässt sich keine absolute Bewegung feststellen.

»Aber Opa, dann hat Einstein die Relativitätstheorie ja gar nicht erfunden?«

»Hoho, Kleines, nicht so schnell. Was Galilei und Newton herausgefunden haben, ist ein bestimmtes Relativitätsprinzip. Einstein hat ein anderes gefunden, in dem es um ganz andere Dinge geht. Das Relativitätsprinzip von Galilei und Newton erscheint auf den ersten Blick befremdlich, doch wenn man etwas darüber nachdenkt, wird man leicht erkennen, dass die beiden Recht haben. Schließlich kann man sich tatsächlich keinen festen Punkt im Universum vorstellen. Das immerhin haben wir uns heute klar gemacht. Mit Einsteins Relativitätsprinzip ist das jedoch nicht ganz so einfach. Um festzustellen, dass Einstein Recht hat, fehlt uns noch eine ganze Menge.«

»Aber das mit der absoluten Bewegung, die es nicht gibt – das einzusehen war doch ein wichtiger Schritt?«

»Da hast du Recht. Doch auch zu Newton haben wir noch nicht alles gesagt. Er hatte erkannt, dass man keine absolute Bewegung darstellen kann. Und doch war er überzeugt davon, dass es eine solche absolute Bewegung gibt.«

»Das ist seltsam …«

»Ist es tatsächlich. Aber Newton hat es auch nicht so ausgedrückt wie ich eben. Das Universum, hat er gesagt, steht sehr wohl still: Sterne und Planeten bewegen sich, aber sie bewegen sich relativ zum festen Universum.«

»Aber gerade hast du mich doch davon überzeugt, dass eine Bewegung relativ zum Universum nicht möglich ist; Bewegung, hast du gesagt, gibt es nur relativ zu einem Körper im All!«

»Richtig, das habe ich gesagt. Aber das ist wieder so ein kniffliger, ein auch philosophisch bedeutsamer Punkt. Du kannst es dir vielleicht so klar machen: Alle Körper im Universum bewegen sich in Bezug aufeinander oder, wie man auch sagt, relativ zueinander. Gleichwohl aber kann man den durchschnittlichen Ort aller Körper berechnen. Er wird irgendwo im Weltraum liegen, wahrscheinlich stillstehen. Dieser durchschnittliche Ort ist kein Körper, sondern ein Ort, der sich berechnen lässt und an dem sich wahrscheinlich kein Körper befindet. Und bezogen auf den Punkt, der mit diesem durchschnittlichen Ort übereinstimmt, muss es, davon war Newton überzeugt, doch eine absolute Bewegung geben.«

»Aber man kann kein Experiment erfinden, um diese absolute Bewegung aufzuspüren.«

»So ist es.«

»Aber wie kommt Newton dazu, diese Bewegung anzunehmen?«

»Weil es Trägheitskräfte gibt. Das sind, wie ich dir vorhin erklärt habe, Kräfte, die man spürt, wenn man beschleunigt oder verlangsamt wird: in einem Auto, einem Zug oder einem Karussell. Im Fall des Karussells sprechen wir von Zentrifugalkräften.«

Das wusste ich schon. Deshalb sagte ich schnell: »Man kann die Zentrifugalkraft auch sehen, wenn man einen Eimer Wasser sehr schnell im Kreis herumschwingt. Das Wasser fällt auch dann nicht aus dem Eimer, wenn er mit der Öffnung nach unten zeigt.«

»Sehr richtig. Das bringt mich auf einen anderen Versuch, mit dem Newton zeigen wollte, dass es absolute Bewegung gibt. Dieser Versuch funktioniert folgendermaßen: Man hängt einen Eimer voll

Wasser an ein Seil. Dreht man den am Seil hängenden Eimer sehr viele Male um die eigene Achse, dann wird sich auch das Seil um sich selbst drehen. Es wird sich gewissermaßen aufziehen und eine große Spannung enthalten. Lässt man den Eimer los, wird er sich entgegengesetzt zur bisherigen Drehrichtung wieder abdrehen, und er wird sich dabei immer schneller drehen. Und das Wasser im Eimer wird an der Eimerwand nach oben steigen, in der Mitte also niedriger stehen als am Rand.«

»Und was bedeutet das?«

»Auch das ist eine Folge der Trägheitskräfte. Es scheint so, als würde das Wasser nach außen gedrückt. Tatsächlich aber folgt die Bewegung des Wassers aus der Tatsache, dass es geradeaus weiterfliegen will, der Eimer es aber zurückhält. Daraus hat Newton einen wichtigen Schluss gezogen. Diese Trägheitskräfte, so sagt er, beweisen, dass es eine Bewegung gibt, die relativ ist zum festen Universum.«

»Darüber muss ich erst nachdenken.«

»Das glaube ich gern. Die Wissenschaftler sind selbst noch nicht dahinter gekommen. Denn mit diesem Problem beginnt eine philosophische Diskussion. Wir sagten vorhin, dass es diese Trägheits- oder Inertialkräfte nicht gibt, es scheint nur so, als seien sie wirksam. Du erinnerst dich?

»Ja, ich erinnere mich.«

»Nach Newton beweist der Test mit dem Eimer, dass die Beschleunigung absolut ist, denn sie ist relativ in Bezug auf das feste oder auch absolute Universum. Wenn die Beschleunigung absolut ist, muss sie aber auch von wirklichen Kräften verursacht sein. Und somit sind die Inertialkräfte kein Schein, sondern Wirklichkeit. Aber wie ich schon sagte: Über diesen Punkt sind sich die Naturwissenschaftler bis heute nicht einig.«

»Aber wie muss ich mir dieses absolute Universum denn vorstellen?«

»Du kannst an eine Schachtel mit beweglichen Körpern denken. Diese bewegen sich alle relativ zueinander. Sie bewegen sich auch relativ zur Schachtel. Diese Bewegung kann man die absolute Bewegung nennen. Selbst wenn die Schachtel unsichtbar ist, kann man sich immer noch vorstellen, dass sich die Körper relativ zur Schachtel, und damit absolut, bewegen. Denkt man sich dann auch noch die unsichtbare Schachtel weg, ändert das nichts an dieser Grundvorstellung. Die Körper bewegen sich relativ zu dem Ort, an dem die Schachtel war, absolut.«

»Was für eine Argumentation!«

»Und damit noch nicht genug! Nach Newton gibt es nicht nur ein absolutes Universum, sondern auch eine absolute Zeit.«

Opa sah mich erstaunt an, als ich sagte: »Das stimmt. In einem fliegenden Flugzeug läuft eine Uhr zwar etwas langsamer als auf der Erde, aber sie läuft nur langsamer relativ zur absoluten Zeit. Newton hatte Recht. Das kann sogar ich einsehen. Dafür braucht man kein Genie zu sein.«

»Dafür braucht man kein Genie zu sein«, wiederholte Opa lachend und schlug sich vor Vergnügen auf die Schenkel.

Komplikationen mit der Gleichzeitigkeit

An diesem Abend wälzte ich mich noch lange im Bett hin und her. Aber wieder Nils ließ nichts von sich hören.

»Er meldet sich überhaupt nicht mehr«, dachte ich traurig.

Als ich jedoch gerade am Wegdämmern war, hörte ich seine Stimme auf einmal doch.

»Hallo, kleine Esther.«

Voller Freude richtete ich mich auf.

»Nils«, rief ich, »da bist du ja endlich!«

»Und, wie war's mit Galilei?«

»Galilei war ganz okay, aber es brauchte ein Genie wie Newton, um alles, was Galilei herausgefunden hat, in klare Gesetze zu gießen. Dabei ist Galilei, wie ich finde, der Tatsache, dass alle Bewegung relativ ist, ganz schön nahe gekommen. Auch Newton wäre da nicht alleine draufgekommen, er brauchte die Hilfe von Tycho Brahe und von Kepler, aber den wirklichen Durchblick, den hat er geschafft. Und nicht nur, dass alle Bewegung relativ ist, auch dass Beschleunigung absolut ist, hat Newton erkannt, woraus dann wieder folgt, dass das Universum absolut ist. Und wenn das klar ist, kann schließlich jeder Depp darauf kommen, dass auch Zeit absolut sein muss.«

Nils prustete vor Lachen.

»Hoppla, du hast deine Zeit offenbar wirklich nicht verschwendet! Aber ist dir wirklich klar, was du da sagst?«

Darauf erwiderte ich lieber nichts.

»Dass du glaubst, selbst ein Depp könne einsehen, dass die Zeit absolut ist, das macht mir wirklich Spaß.« Als er das sagte, lachte Nils noch immer.

Was sollte das? Erst Opa, und jetzt auch Nils. Ich verstand wirklich nicht, was daran so lustig war.

»Worüber lachst du überhaupt?« Ich überlegte, ob ich nicht eingeschnappt sein müsste.

»Weil du dir so sicher bist. Die Zeit ist absolut – ist dir wirklich klar, was du sagst mit diesen offenbar so einfachen vier Worten?«

»Natürlich. Man kann stets feststellen, ob etwas vor, nach oder gleichzeitig mit einem anderen Ereignis geschehen ist.«

Diese Formulierung hatte ich mir selbst ausgedacht und war mächtig stolz darauf. Wenn man gründlich über die Dinge, die man gehört hat, nachdenkt, dann kann man sie auch auf eine völlig andere, eigene Weise erklären.

»Sehr schön. Weißt du das von deinem Großvater?«

»Nein, das habe ich selbst herausgefunden. Ich habe einfach darüber nachgedacht.«

»Wirklich bewundernswert! Aber woher weißt du eigentlich so sicher, ob etwas gleichzeitig geschieht oder nicht?«

»Man kann sehen, um welche Zeit etwas passiert, nämlich auf Uhren, die sich an den zwei Orten befinden, wo die Ereignisse stattfinden.«

»Und woher weißt du mit hundertprozentiger Sicherheit, ob die Uhren wirklich gleich gehen?«

»Man kann doch ein Signal geben!«

»Und wie macht man das?«

»Beispielsweise, indem man zu einem verabredeten Zeitpunkt ein Lichtsignal aus...«

Plötzlich hielt ich inne. Ein Lichtsignal zu einem verabredeten Zeitpunkt aussenden. Das war nicht so einfach, denn ein Lichtsignal kann man nicht auf der Stelle sehen. Es braucht Zeit, um von A nach B zu kommen. Aber das dürfte kein Problem sein. Man könnte ja ausrechnen, wie viel Zeit ein Lichtsignal braucht, um diese Entfernung zurückzulegen ... Aber ... geht das wirklich? Klar kann man das. Man muss nur die Entfernung kennen, die das Lichtsignal zurücklegen muss. Und kann man diese Entfernung in jedem Fall messen? Was ist, wenn die Entfernung sehr groß ist, so wie zwischen zwei Sternen? Wie lässt sie sich dann messen? Nicht mit Lichtsignalen, denn dazu müsste man ja wissen, wann das Lichtsignal losgeschickt wurde. Aber eben das ist unmöglich. Denn dann müsste man wissen, wie spät es ist auf der Erde, wenn das Lichtsignal losgeschickt wird. Man müsste genau zu dem Zeitpunkt auf die Uhr schauen, zu dem das Signal losgeschickt wird. Und das eben kann man nicht. Denn diesen Zeitpunkt will man ja gerade erst herausfinden. Ich weiß also gar nicht, wie man sicher feststellen kann, ob zwei Ereignisse gleichzeitig geschehen. Wie könnte das nur gehen …

Nils sah mich grübeln und zweifeln.

»Ganz schön vertrackt, was?«

Das musste ich zugeben.

»Was weißt du vom Licht?«

»Das, was du mir erzählt hast: Es bewegt sich mit einer Geschwindigkeit von dreihunderttausend Kilometern pro Sekunde und braucht eine bestimmte Zeit, um eine Entfernung zurückzulegen. Ungefähr eine Sekunde vom Mond zur Erde, ungefähr acht Minuten von der Sonne zur Erde, über vier Jahre vom nächstgelegenen Stern zur Erde.«

»Prima, du hast gut aufgepasst. Und weißt du auch, was Licht ist?«

»Ich habe mal was über Lichtwellen gelesen. Bin mir aber nicht sicher, ob ich das verstanden habe.«

»Dann werden wir das Licht und seine Eigenschaften jetzt näher betrachten. Es ist sehr wichtig, denn Licht spielt in der Relativitätstheorie eine besondere Rolle.«

Ich hatte das Gefühl, dass wir abermals einen großen Schritt vorankommen würden. Jetzt saß ich wirklich senkrecht im Bett.

»Hast du schon mal vom Michelsonversuch gehört?«

»Nein, noch nie.«

»Die meisten populärwissenschaftlichen Bücher über Einsteins Relativitätstheorie beginnen mit diesem Experiment, das Albert Abraham Michelson später mit dem Chemiker E. W. Morley noch einmal wiederholt hat. Es stellte die wissenschaftliche Welt vor ein Problem. Und für eben diese offene Frage, so schreiben die meisten Autoren, habe Einstein die Lösung gefunden: mit seiner Relativitätstheorie. Ganz sicher weiß man das aber nicht. Denn Einstein hat immer gesagt, er könne sich gar nicht daran erinnern, je etwas vom Michelsonversuch gehört zu haben.«

»Und, hat er davon gehört?«

»Das weiß ich nicht. Aber das Problem bestand, und Einstein hat es gelöst. Aber für uns spielt es auch keine Rolle, ob Einstein nun von diesem Experiment wusste oder nicht. Der Versuch selbst ist wichtig. Er zeigt nämlich, wie Naturwissenschaftler bestimmte Probleme sehen und wie sie versuchen, dafür eine Lösung zu finden. Die Art, in der man eine Lösung sucht, lässt uns erkennen, wie Menschen denken. Wir denken nämlich in bestimmten Mustern, und es ist sehr schwierig, jemand dazu zu bringen, diese Muster zu verlassen. Dabei hängt die Lösung oft daran, dass es gelingt, bestehende Probleme auf eine andere, neue Art zu sehen oder zu beschreiben. Das Verlassen vorhandener Denkmuster erfordert große Kreativität. Und nicht weniger Disziplin. Denn wie wir gleich sehen werden, sind Wissenschaftler manchmal sehr kreativ, verlieren aber zugleich ein paar wichtige Regeln aus den Augen, wie zum Beispiel die über eine brauchbare Theorie.«

»Du meinst Poppers Regel, dass eine Theorie falsifizierbar sein muss?«

»Genau. Aber jetzt zum Experiment von Michelson und Morley. Du hast also gelesen, dass Licht aus Wellen besteht?«

»Ja. Und auch, dass sich Wellen mit einer Geschwindigkeit von rund dreihunderttausend Kilometern in der Sekunde fortbewegen.«

»Richtig. Im luftleeren Raum ist die Geschwindigkeit ungefähr dreihunderttausend Kilometer pro Sekunde. Die Lichtwellen hat James Clerk Maxwell Mitte des 19. Jahrhunderts zum ersten Mal theoretisch beschrieben. Allerdings wusste man schon ein paar hundert Jahre vor Maxwell, dass Licht aus Wellen besteht. Das hatte man entdeckt, als man mit der Lichtbrechung experimentierte. Kennst du diese Versuche?«

»Ja. Das mit der Brechung sieht man zum Beispiel, wenn man einen Stock schräg ins Wasser hält. Dann sieht es so aus, als hätte er an der Wasseroberfläche einen Knick. Man kann das Phänomen der Lichtbrechung auch sehen, wenn man weißes Licht durch ein Prisma fallen lässt. Es wird dann in alle Farben des Regenbogens zerlegt.«

»Stimmt alles. Der Vollständigkeit halber muss ich allerdings hinzufügen, dass manche Forscher, übrigens auch Newton, der Meinung waren, dass Licht aus Teilchen besteht. Es gibt nämlich Phänomene, die sich mit der Wellentheorie des Lichtes nicht erklären lassen.«

»Aber die Lichtbrechung ist doch ein Beweis, dass Licht aus Wellen besteht, oder? Wer hat denn nun eigentlich Recht?«

»Das ist ein schwieriges Problem, das erst mit der Quantenmechanik gelöst wurde. Der Quantenmechanik zufolge ist Licht beides zugleich: Welle und Teilchen. Je nachdem, welches Experiment man durchführt, verhält sich Licht als Welle oder als Strom von Teilchen.«

»Wie kann etwas zugleich Welle und Teilchen sein? Das kapiere ich nicht.«

»Das ist auch schwer zu verstehen. Jetzt aber werden wir uns auf die Lichtwellen beschränken. Du musst halt mal ein Buch über Quantenmechanik lesen.«

»Das werde ich. Also jetzt die Theorie von Maxwell.«

»Gut. Sie wird zusammengefasst in vier mathematischen Gleichungen. Mit solchen Gleichungen formuliert man den mathematischen Zusammenhang zwischen Ereignissen oder Phänomenen. Die vier Maxwellschen Gleichungen beschreiben, wie elektromagnetische Phänomene entstehen und wie sie sich fortpflanzen, nämlich als Wellen. Man wusste bereits, dass eine elektrische Ladung – wie ein Elektron oder Proton – ein elektrisches Feld entstehen lässt. Die Wirkung eines solchen Feldes kann man sehen, wenn man sich bei trockener Luft die Haare kämmt: Kleine Papierschnitzel bleiben anschließend am Kamm kleben. Man wusste auch, dass in einem Draht ein elektrischer Strom entsteht, wenn man einen Magneten um diesen Draht hin und her bewegt. Dieses Phänomen nutzt man beispielsweise mit dem Fahrraddynamo. Im Dynamo bewegt sich ein auf eine Spule gewickelter Draht in einem Magnetfeld. Durch diese Bewegung entsteht in der Drahtspule ein elektrischer Strom, der dann deine Fahrradlampe leuchten lässt.«

»Solange ich fahre.«

»Ja, weil die Spule sich bewegen muss. Das hat Maxwell mathematisch beschrieben. Aus den Maxwellschen Gleichungen folgt auch, wie sich elektromagnetische Erscheinungen, also Radiowellen oder Licht, wellenförmig und mit konstanter Geschwindigkeit ausbreiten. Diese Geschwindigkeit ist natürlich die Konstante c, der wir schon ein paar Mal begegnet sind.«

»Das heißt, die konstante Geschwindigkeit des Lichtes steckt auch in den Maxwellschen Gleichungen?«

»Richtig. Aber die Maxwellschen Gleichungen erklären nicht alles. Sie beschreiben zwar die Lichtwellen, sagen aber nichts darüber, was sich da wellenförmig bewegt. Wenn Licht aus Wellen besteht, muss es ein Medium geben, das wellenförmig schwingt. Denke einfach an Wasserwellen: Das Wasser ist das Medium der Wellen oder Schwingungen. Was sich im Fall des Lichtes wellenförmig bewegt, nannte man den Äther. Dieser Begriff war nicht neu. Schon die alten Griechen haben den Äther als einen Stoff betrachtet, der überall vorhanden ist und alles durchdringt. Die meisten der griechischen Naturphilosophen konnten sich einen leeren Raum nicht vorstellen: Der Raum musste ihrer Meinung nach gefüllt sein, eben mit Äther. Christiaan Huygens hat, zu Newtons Zeiten, die Theorie aufgestellt, dass es einen Äther gibt – er benutzte somit dasselbe Wort wie die Griechen –, der in wellenförmige Schwingungen gerät, wenn ein Lichtstrahl vorbeikommt. Man stellte sich den Äther als einen sehr feinen Stoff vor, der alles durchdringt und sich wellenförmig bewegen kann. Auf diese Weise erklärte man seit Huygens die Lichtwellen.«

»Und wie sieht dieser Äther aus?«

»Das war eine Frage, die man sich damals auch stellte: Was ist dieser Äther genau? Welcher Stoff, welche Materie? Man war der Meinung, dieser Äther sei etwas rein Physikalisches, also Körperliches: Er habe ein bestimmtes Gewicht, reagiere auf Temperaturunterschiede, lasse sich zusammendrücken und so weiter. Daraus leitete man ab, dass es möglich sein müsse, diesen Äther auf irgendeine Weise aufzuspüren. Doch so sehr man sich auch bemühte, die Existenz dieses Äthers hat man auf direkte Weise nie aufzeigen können.«

»Und auf eine andere Weise?«

»Auch nicht. Der einzige Existenzgrund für den Äther war, dass es ein Medium geben musste, das sich wellenförmig bewegt. Da Licht den Weltraum durchdringen kann, musste der Äther den gesamten Weltraum füllen. Von dieser Voraussetzung ausgehend, konnte man sich fragen, ob man den Äther nicht vielleicht als eine absolute Bezugsgröße betrachten sollte.«

»Das erinnert mich sehr an Newtons Frage, ob etwas im Weltall stillsteht oder nicht.«

»Genau. Wenn es den Äther gibt, dann könnte dieser eine absolute Bezugsgröße darstellen. Gelänge es, die Geschwindigkeit der Erde oder einer Rakete relativ zum absoluten Äther zu messen, dann könnte man auch die absolute Geschwindigkeit der Erde oder einer Rakete messen. Man hat allerlei Experimente erdacht, um das zu überprüfen. Den ersten Versuch hat der französische Physiker Armand Hippolyte Fizeau durchgeführt. Er wollte herausfinden, ob sich die Erde in Bezug auf den Äther bewegt oder nicht. Zumindest aber herausfinden, ob die Erde den Äther mitreißt oder nicht. Immerhin könnte die Erde den Äther durchschneiden, ohne diesen zu stören. Andererseits hätte die Erde auch den Äther ein wenig mitreißen können. Ungefähr so wie ein sich bewegendes Schiff das Wasser stört. Ein sehr breites Schiff wird das Wasser in seiner unmittelbaren Umgebung stören und ein wenig mitreißen. Ein eher stromlinienförmiges Schiff wird das Wasser viel weniger stören oder mitreißen. Angenommen, ein Schiff bewegt sich mit einer Geschwindigkeit von zehn Metern pro Sekunde und durch seine Fahrt bewegt es das Wasser in seiner unmittelbaren Umgebung mit einer Geschwindigkeit von zwei Metern pro Sekunde in seine Fahrtrichtung, dann reißt das Schiff das Wasser ein wenig mit, aber nicht vollständig. So hat sich Fizeau einen Versuch ausgedacht, um das Mitgerissenwerden des Äthers nachzuweisen. Doch was er mit diesem Versuch herausfand, war, dass die Erde den Äther nicht mitreißt, zumindest nicht vollständig.«

»Das klingt nicht besonders spektakulär«, sagte ich cool. Ich wollte nicht zeigen, wie beeindruckt ich war.

»Trotzdem war es ein wichtiges Ergebnis. Denn auch wenn die Erde den Äther nicht oder nicht vollständig mitreißt, dann folgt daraus doch, dass die Erde sich relativ zum Äther bewegt. Also müsste man einen Versuch erdenken können, um zu messen, wie schnell sich die Erde in Bezug auf den Äther bewegt. Und genau dieses Experiment hat Michelson entwickelt und wie gesagt später mit Morley wiederholt.«

»Und wie funktionierte das?«

»Es lief grobgesagt auf Folgendes hinaus: Licht ist eine Bewegung des Äthers, genauso wie die Wasserwelle eine Bewegung des Wassers ist. Bei einer Wasserwelle bleibt das Wasser an Ort und Stelle, nur die Wellenbewegung pflanzt sich fort.«

»Genau wie beim Schall auch: Da bewegt sich die Luft, aber die einzelnen Teilchen bleiben an Ort und Stelle!«, rief ich.

»Du sagst es. Und der Schall pflanzt sich relativ zur Luft mit einer festen Geschwindigkeit fort. Und genau so, mit einer bestimmten Geschwindigkeit, pflanzt sich auch das Licht relativ zum Äther fort. Aber, so hat sich Michelson überlegt, wenn sich die Erde durch den Äther bewegt, dann müsste man verschiedene Geschwindigkeiten des Lichts messen können, je nachdem, ob die Erde in der Richtung des Lichtstrahls mitfliegt oder nicht. Betrachtet man die Geschwindigkeit eines Zuges von einem Auto aus, dann hängt die scheinbare, die wahrgenommene Geschwindigkeit auch davon ab, ob das Auto in der gleichen Richtung fährt wie der Zug oder nicht.«

»Und welchen Trick haben sich Michelson und Morley einfallen lassen, um unterschiedliche Lichtgeschwindigkeiten aufzuspüren?«

»Sie schickten gleichzeitig zwei Lichtstrahlen los, einen in die Bewegungsrichtung der Erde und einen anderen im rechten Winkel dazu. Sie sorgten mit ihrem Versuchsaufbau dafür, dass beide Lichtstrahlen zurückgeworfen wurden und dass sich die reflektierten Lichtstrahlen überlagerten. Anhand der so erzeugten Interferenz konnten sie sehr genau messen, welch unterschiedliche Entfernungen die beiden Lichtstrahlen zurückgelegt hatten.«

»Interferenz?« Das Wort hatte ich noch nicht gehört.

»Das ist die Wirkung, die sich überlagernde Lichtstrahlen oder Lichtwellen aufeinander ausüben. Man kann auch zwei verschiedene Wasserwellen aufeinander zuschicken, sie treffen sich, überlagern sich oder interferieren. Und aus den Mustern, die bei dieser gegenseitigen Beeinflussung entstehen, kann man etwas über die beiden Wellen erfahren. In einer einfachen Zeichnung können wir das alles verdeutlichen.«

»Keine schlechte Idee …«

»Wir betrachten zuerst, wie sich die Lichtstrahlen in Bezug auf die Erde bewegen.

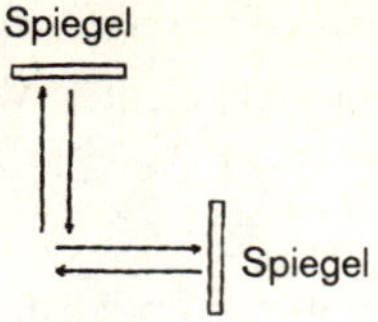

Der eine Lichtstrahl verläuft horizontal und wird vom ersten Spiegel zurückgeworfen. Der andere Lichtstrahl bewegt sich vertikal und wird vom zweiten Spiegel zurückgeworfen.«

Ich nickte.

»Jetzt zeichnen wir auf, wie sich dieselben Lichtstrahlen relativ zum Äther bewegen. Die Erde bewegt sich durch den Äther, und die Spiegel bewegen sich mit ihr. Die Zeichnungen, die ich mache, stimmen nicht ganz mit dem tatsächlichen Experiment überein, aber du erkennst das Prinzip. In der zweiten Zeichnung sehen wir die Bewegung, die der vertikale Lichtstrahl macht.

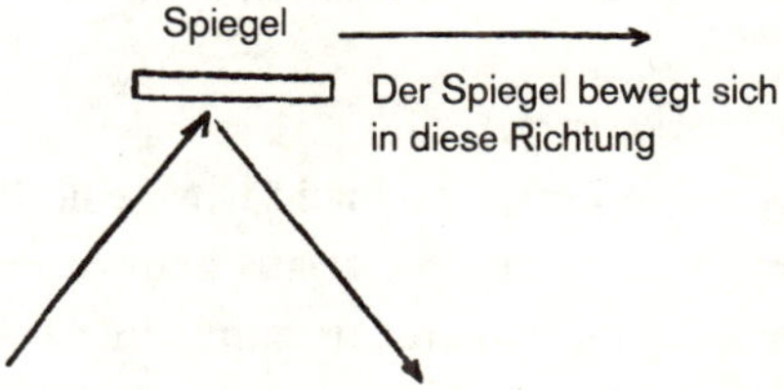

Wie die Zeichnung zeigt, beschreibt der vertikale Lichtstrahl ein Dreieck. Denn während der Lichtstrahl auf dem Weg zum Spiegel ist, hat sich die Erde mitsamt Spiegel schon ein wenig bewegt. Für den horizontalen Lichtstrahl wird etwas Ähnliches geschehen, denn auch der andere Spiegel bewegt sich mit. Die Berechnungen sind sehr einfach, aber wir sparen uns das. Wichtig ist das Ergebnis: Beide Lichtstrahlen werden nicht die gleiche Entfernung zurücklegen. Lassen wir sie miteinander interferieren, können wir den Unterschied der von ihnen zurückgelegten Entfernungen berechnen. Und daraus wiederum können wir rechnerisch ableiten, welche Geschwindigkeit die Erde relativ zum Äther hat.«

»Aber diese Differenz der Wegstrecken ist sehr klein, weil doch die Lichtgeschwindigkeit so enorm groß ist?«

»Das stimmt, aber mithilfe von Interferenzmustern kann man auch die kleinste Differenz der zurückgelegten Wegstrecken messen.«

»Und Michelson und Morley haben diese Differenz dann ganz genau gemessen?«

»Im Gegenteil. Sie konnten nämlich überhaupt keine Differenz feststellen!«

»Aber wie kann das denn sein? Bedeutet das, dass die Erde im Äther stillsteht?«

»Nein, auch das ist unmöglich. Denn wie Fizeau bereits entdeckt hatte, steht die Erde relativ zum Äther nicht still, sondern bewegt sich.«

»Dann müssen Michelson und Morley einen Fehler gemacht haben: Ihre Spiegel standen nicht richtig.«

»Das haben die beiden zunächst auch gedacht. Deshalb haben sie beide Spiegel einmal ausgetauscht. Und sie haben noch viele andere Anordnungen in ihrem Versuch verändert. Aber wie immer sie ihren Versuch aufbauten, sie konnten keinen Unterschied nachweisen …«

»Und was war verkehrt?«

»Das war das große Rätsel, niemand hatte eine Erklärung dafür. Nach Fizeau bewegt sich die Erde relativ zum Äther; nach Michelson und Morley steht die Erde relativ zum Äther still. Beide Ergebnisse waren durch Versuche belegt. Und niemand konnte diesen Widerspruch erklären …«

»Bis Einstein aufgetaucht ist.«

»Noch nicht. Zuerst kamen noch andere mit Lösungsvorschlägen. Hendrik Antoon Lorentz, ein bedeutender niederländischer Physiker, behauptete, es finde eine Kontraktion – das ist eine Zusammenziehung oder Verkürzung – des Raums und der Zeit statt. Genau genommen hat Fitzgerald diese Hypothese aufgestellt. Aber Lorentz ist damit bekannt geworden, weil er die Hypothese sogleich übernommen, die Theorie im Einzelnen ausgearbeitet und in seiner Äther-Theorie untergebracht hat.«

»Eine Kontraktion von Raum und Zeit? Klingt ja schwer nach Science-Fiction.«

»In einem gewissen Sinn war es das auch. Lorentz bestritt nicht, dass sich die Erde durch den Äther bewegt. Doch dabei geschehe in Bezug auf Körper, die sich durch den Äther bewegen, etwas Merkwürdiges mit den Entfernungen und Zeiträumen. Die in Richtung der Erdbewegung bestehende Entfernung zum Spiegel sei eben nicht genau L – was der Entfernung für einen relativ zum Äther stillstehenden Spiegel entspräche –, sondern diese Entfernung sei etwas kürzer. Genau betrage sie nur $L \times \sqrt{1 - \frac{v^2}{c^2}}$. In dieser Formel ist L die Entfernung zum Spiegel, wenn die Erde stillsteht, v die Geschwindigkeit der Erde durch den Äther und c die Lichtgeschwindigkeit. Man nimmt also das Quadrat der Geschwindigkeit v, teilt dies durch das Quadrat von c. Das Ergebnis daraus subtrahiert man von der Zahl 1. Daraus zieht man die Quadratwurzel. Die wiederum multipliziert man mit der Entfernung L zum Spiegel und erhält so die verkürzte Entfernung. Die Zahl unter der Quadratwurzel ist immer kleiner als 1 und somit ist auch die Länge immer kleiner als L, wenn die Geschwindigkeit v nicht gleich null ist. Ein Körper, wenn er sich bewegt, verkürzt sich somit in seiner Bewegungsrichtung. Diese Verkürzung ist allerdings sehr gering: Da c enorm groß ist, ist $\frac{v^2}{c^2}$ so klein, dass dieses Phänomen in der Welt um uns herum nie auffällt. Eine Geschwindigkeit von dreitausendsechshundert Stundenkilometern entspricht einer Geschwindigkeit von einem Kilometer pro Sekunde. Das Quadrat davon ist 1. Das Quadrat von c dagegen ist neunzig Milliarden. Wenn wir 1 durch das Quadrat von c teilen und von 1 abziehen und daraus die Quadratwurzel ziehen, erhalten wir einen Wert von 0,99999999999945. Diesen Wert müssen wir mit der Länge multiplizieren, um die verkürzte Länge zu erhalten. Bei einer Entfernung von einer Milliarde Kilometern wird die Verkürzung viereinhalb Meter betragen. Aber in unserer alltäglichen Welt ist diese Verkürzung nicht messbar. Allerdings ließe sie sich mit Hilfe der Interferenz von Lichtwellen doch darstellen.«

»Das ist stark. Und wie hat Lorentz diese Kontraktion erklärt?«

»Das konnte er nicht so recht. Er fand zwar eine komplizierte Erklärung, aber die war experimentell nicht zu überprüfen. Denn wie wollte man beispielsweise messen, um wie viel kürzer ein fahrender

Zug wird? Das geht einfach nicht. Denn die Messlatte, mit der man den fahrenden Zug misst, wird selbst auch kürzer, sodass man den Unterschied nicht messen kann. Der Clou an Lorentz' Erklärung ist, dass man sie auf keinerlei Weise widerlegen oder falsifizieren konnte.«

»Hoppla, das ist nicht gesund.«

»Nein, denn eine Theorie, die nicht falsifiziert werden kann, muss uns immer misstrauisch machen.«

»War dieser Lorentz denn ein seriöser Wissenschaftler?«

»Absolut. Mit seiner Kontraktionstheorie konnte er etwas erklären, das bis dahin niemand erklären konnte, und eigentlich war es nicht sein Fehler, dass seine These nicht falsifiziert werden konnte. Zudem wurden im Anschluss an Michelson und Morley noch viele Versuche durchgeführt. Und alle zeigten sie, dass es unmöglich war, die Bewegung der Erde durch den Äther nachzuweisen. Das Problem bestand, und Lorentz hatte eine Erklärung dafür gefunden, selbst wenn diese Erklärung schwierig oder überhaupt nicht zu beweisen war.«

»Und wie ging das weiter?«

»Galilei und Newton hatten ihr Relativitätsprinzip für mechanische Erscheinungen und Vorgänge entwickelt – für alle Phänomene, die mit der Bewegung von Körpern zu tun haben. Jetzt galt es auch für elektromagnetische Phänomene. Dein Großvater hat dir bestimmt erzählt, dass man auf Grundlage der mechanischen Gesetze von Newton nicht feststellen kann, ob man sich bewegt oder nicht. Jetzt hatte sich also herausgestellt, dass man dies auf Grundlage der elektromagnetischen Gesetze auch nicht kann. Somit hatte man den Geltungsbereich des Relativitätsprinzips erweitert.«

Ich fand das ungeheuer spannend. Nicht ein Wort wollte ich verpassen, denn ich hatte das Gefühl, dass wir der Entdeckung von Einstein immer näher kamen.

»Lorentz wurde klar, dass die Kontraktion von Gegenständen nicht ausreichte, um das Relativitätsprinzip von Galilei und Newton zu bestätigen. Man muss, so erkannte er, bei bewegten Körpern auch mit einer anderen Zeit messen. Er nannte diese Zeit die lokale Zeit. Diese verläuft für Körper in Bewegung langsamer. Also findet bei sich bewegenden Körpern auch eine Kontraktion der Zeit statt.«

»Darunter kann ich mir überhaupt nichts vorstellen.«

»Also alles noch einmal, der Reihe nach. Lorentz hatte herausgefunden, dass das Relativitätsprinzip auch für elektromagnetische Phänomene gilt. Daraus folgt, dass ein Beobachter nicht nur durch mechanische Versuche nicht nachweisen kann, ob er sich bewegt oder nicht – er kann das auch mit elektromagnetischen Versuchen nicht tun. Das war Lorentz' Erweiterung des Relativitätsprinzips. Ein Beobachter kann also auf keinem Weg, mit keiner Methode, zeigen, ob er sich bewegt oder nicht. Will man dieses Ergebnis mit den durchgeführten Versuchen mathematisch in Übereinstimmung bringen, muss man unterstellen, dass sowohl die Länge als auch der Zeitverlauf von sich bewegenden Körpern kontrahiert wird: Sich bewegende Körper werden in der Bewegungsrichtung kürzer, und sich bewegende Uhren laufen langsamer.«

Das erschien mir einleuchtend. Vorstellen konnte ich mir das nicht.

»Aber einige Forscher sind dabei nicht stehen geblieben. Nach allem bislang Gesagten kann ein Beobachter behaupten, er stünde still im Äther. Aber das können alle Beobachter behaupten. Und wenn das so ist, dann spielt der Äther keine Rolle. Woraus man schließen kann, dass es den Äther nicht gibt. Das ist eine logische Konsequenz der Kontraktionstheorie, und diese wiederum ist eine Folge der Äthertheorie. Mit anderen Worten: Die konsequente Fortsetzung der Äthertheorie führt logisch zu der Behauptung, es gibt den Äther gar nicht …«

»Du meinst, die Nichtexistenz des Äthers folgt aus der Existenz des Äthers?«

»Ja. Das ist doch mal ein schönes Paradox. Und wie du dir sicher vorstellen kannst, war Lorentz selbst von dieser letzten Schlussfolgerung nicht sonderlich begeistert. Man hatte die Existenz des Äthers angenommen, weil es Lichtwellen nur dann geben kann, wenn es auch etwas gibt, das sich wellenförmig bewegt. Aber aus eben dieser Annahme folgt, dass der Äther nicht existiert. Aber welches Medium ermöglicht dann die Wellenbewegung des Lichts? Lorentz hielt trotz seiner eigenen Theorien immer an der Vorstellung fest, dass es in irgendeiner Form etwas wie Äther geben muss, das tatsächlich stillsteht.«

»Und was sagten andere Naturwissenschaftler dazu?«

»Jules-Henri Poincaré neigte zu einer anderen Auffassung. Auch er war zur Notwendigkeit gekommen, das Relativitätsprinzip zu erweitern; dies wurde ihm klar, als er seinerseits die Maxwellschen Gleichungen zu den elektromagnetischen Wellen untersuchte, von denen ich vorhin gesprochen habe. Das war ein Schritt in die richtige Richtung, doch Poincaré hat seinen Gedanken nie konsequent zu Ende gedacht. Er war sehr nahe an der richtigen Lösung und hat sie doch nicht gesehen.«

»Aber Einstein hat sie gesehen.«

»Einstein hat eingesehen, dass die grundsätzlichen Vorstellungen von Zeit und Raum revidiert werden mussten. Darin sah er die einzige Möglichkeit, das Problem wirklich zu lösen.«

»Das Problem von Michelson und Morley?«

»Mehr oder weniger. Erinnerst du dich, dass Einstein behauptete, er sei nicht durch Michelson und Morley auf seine Theorie gestoßen? Im Grunde bestand das Problem darin, dass man zwei sich widersprechende Sachverhalte vor sich hatte. Da gab es zunächst die klassische Mechanik von Galilei und Newton. Sie besagte, dass zwei Beobachter, die sich relativ zueinander bewegen – die sich also beide in ihrem eigenen Inertialsystem befinden – im Hinblick auf einen dritten Beobachter – der sich wiederum in einem eigenen Inertialsystem befindet – eine unterschiedliche Geschwindigkeit haben. Zweitens hatte man experimentell festgestellt, dass die Geschwindigkeit des Lichts unabhängig ist von der Bewegung des Beobachters: Die Lichtgeschwindigkeit hat immer den Wert c. Es ist einfach zu erkennen, dass sich diese beiden Feststellungen widersprechen. Die erste sagt, zwei Beobachter, die sich relativ zueinander bewegen, haben eine unterschiedliche Geschwindigkeit und müssten darum auch eine unterschiedliche Geschwindigkeit für einen Lichtstrahl messen. Genau wie zwei Beobachter in zwei unterschiedlich schnellen Autos den gleichen Zug mit einer verschiedenen Geschwindigkeit vorbeifahren sehen. Die zweite Feststellung ist, dass die Geschwindigkeit des Lichts immer gleich ist, unabhängig davon, in welchem Versuch sie gemessen wird oder eine Rolle spielt. Und eben dieses Problem hat Einstein auf eine ganz eigensinnige Weise betrachtet. Ihm war klar, dass die konstante Lichtgeschwindigkeit eine Notwendigkeit ist: Sie steckt schließlich in den Maxwellschen Gesetzen.«

»Das stimmt. Aber was heißt das?«

»Lorentz hat dieses Paradox durch seine Behauptung gelöst, sich bewegende Beobachter messen mit einer jeweils anderen Zeit und einer anderen Längeneinheit. Mit dieser Annahme käme alles wieder in Ordnung. Nach Lorentz war der Grund, aus dem die erste und die zweite Feststellung sich zu widersprechen schienen, also eine Art physikalischer Illusion.«

»Aber Einstein war mit dieser Erklärung nicht einverstanden.«

»Nein. Einstein zufolge gab es überhaupt keine physikalische Illusion. Zahllose Experimente hatten die konstante Lichtgeschwindigkeit bewiesen. Außerdem war sie ein Element in den Maxwellschen Gleichungen. Das war sein Ausgangspunkt. An der Lichtgeschwindigkeit und ihrer Konstanz war nicht zu zweifeln – selbst wenn uns das zu der Schlussfolgerung zwingt, dass die Gesetze von Raum und Zeit andere sind als bis dahin angenommen. Die Menschen haben das lange Zeit nicht bemerkt, weil sie sich manchmal falsche Vorstellungen von den Dingen machen.«

»Falsche Vorstellungen von den Dingen machen?«

»Genau. So wie die falsche Vorstellung oder Illusion von der Gleichzeitigkeit.«

»Was ist falsch mit der Gleichzeitigkeit?«, fragte ich. Dabei war ich doch selbst schon zu dem Schluss gekommen, dass es in Bezug auf Gleichzeitigkeit in der Tat ein Problem gab. Aber sollte doch Nils dieses Durcheinander auflösen.

»Fast alle Menschen denken, dass wir sagen können, ein Ereignis auf der Erde und eines auf dem Mond geschähen gleichzeitig. So hört man zum Beispiel immer wieder, der erste Mensch habe am 21. Juli 1969 den Mond betreten, und zwar um genau so viel Uhr, so viel Minuten und so viel Sekunden Greenwich Mean Time. Aber mit der Gleichzeitigkeit verhält es sich nicht so einfach, wie wir denken.«

Nils nahm ein Blatt Papier und begann zu zeichnen. Ich sah ein Schiffchen entstehen und danach noch eines.

»Wofür diese Schiffchen?«, fragte ich.

»Einen Augenblick. Ich bin gleich fertig.«

Nun standen drei Schiffe, A, B und C, säuberlich in einer Reihe.

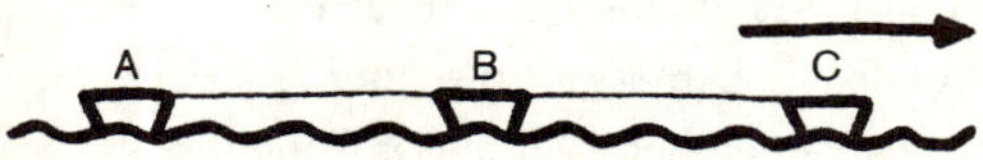

»Die drei Schiffe sind durch Taue miteinander verbunden. Schiff B befindet sich genau in der Mitte zwischen A und C. Schiff C zieht die beiden anderen in Pfeilrichtung. Auch wenn sie fahren, bleibt Schiff B also stets in der Mitte zwischen den beiden anderen.«

Das war logisch.

»Einmal angenommen, die Uhren der Schiffe sollen miteinander abgeglichen werden und auch künftig übereinstimmen. Es herrscht dichter Nebel, und die Leute auf den Schiffen können einander nicht sehen, also nur Tonsignale geben. Wie können sie dafür sorgen, dass ihre Uhren jetzt und auch später übereinstimmen?«

»Jemand kann in einem Boot von einem Schiff zum andern fahren. Er hat eine Uhr dabei, die mit der Uhr auf einem der Schiffe übereinstimmt. Er kann die Uhren in den beiden anderen Schiffen nach seiner eigenen stellen.«

»Sehr gut. Es könnten auch zwei Männer, einer von Schiff A und einer von Schiff C, zu Schiff B fahren, dort ihre Uhr nach der von Schiff B stellen und dann zu ihrem eigenen Schiff zurückkehren. Dort stellen sie die Schiffsuhr nach ihrer Uhr. So stimmen die drei Schiffsuhren schließlich überein. Wenn alle Schiffsuhren von da an gleich gehen, ist alles in Ordnung. Andernfalls aber wird es Probleme geben. Wir könnten die Männer regelmäßig zu Schiff B schicken, aber das ist ziemlich umständlich. Sobald die Uhren ein erstes Mal miteinander abgeglichen sind, ist es einfacher, sie von da an mithilfe von Tonsignalen abzugleichen.«

»Du meinst, man könnte, um die Uhren immer genau zu vergleichen, mit der Schiffsglocke von Schiff B jede Stunde ein Tonsignal geben. Das erste Mal um zwölf Uhr, das zweite Mal um ein Uhr und so weiter. Die Mannschaften der anderen Schiffe können dann ihre Schiffsuhr jedes Mal neu danach stellen.«

»Gut. Doch ergibt sich dabei ein Problem. Selbst wenn die Leute auf den beiden äußeren Schiffen ihre Uhren bei jedem Tonsignal entsprechend einstellen, wird ihre Uhr nicht richtig gehen. A und C befinden sich ja in einer bestimmten Entfernung zu Schiff B, also wird es eine Weile dauern, bis das Tonsignal dort ankommt. Der Schall legt ungefähr dreihundertdreißig Meter pro Sekunde zurück. Befindet sich Schiff A genau dreihundertdreißig Meter von Schiff B entfernt, werden die Leute von Schiff A das Tonsignal genau eine Sekunde später hören, als es gegeben wurde. Und dann ist es schon eine Sekunde nach zwölf.«

Ich war mir meiner Sache immer noch sehr sicher.

»Na ja, wenn sie wissen, dass sich ihr Schiff in genau dreihundertdreißig Metern Entfernung von Schiff B befindet, dann müssen sie ihre Uhr auf zwölf Uhr und eine Sekunde stellen, sobald sie das erste Signal hören. Wenn sie das zweite Signal hören, müssen sie ihre Uhr auf eine Sekunde nach eins stellen. Auf diese Weise werden die Uhren der drei Schiffe immer übereinstimmen. Jedenfalls solange sich die Schallgeschwindigkeit nicht ändert.«

»Das Tonsignal hat immer die gleiche Geschwindigkeit, ob es nun von einem stillstehenden oder von einem fahrenden Schiff aus gesendet wird.«

Ich dachte, damit seien alle Probleme vom Tisch. Aber plötzlich sah ich ein anderes Problem. Aufgeregt rief ich: »Aber wenn die Schiffe nicht stillstehen, dann gibt es ein anderes Problem. Denn wenn die Schiffe vorwärts fahren, dann entfernt sich Schiff C vom Signal von Schiff B, und Schiff A fährt in die Richtung des Signals.«

»Richtig. Wenn die Schiffe nicht stillstehen, machen die Leute auf den Schiffen wieder einen Fehler.«

Nils griff zu Stift und Papier.

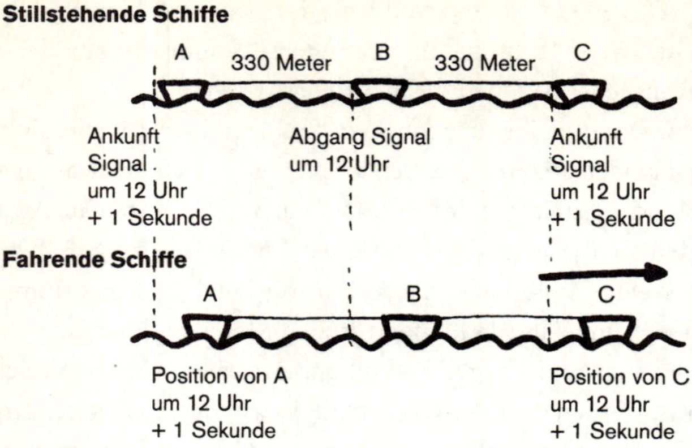

Ich ergänzte: »Für Schiff C, das sich vom Signal entfernt, wird es länger als eine Sekunde dauern, bis man es dort hört. Für Schiff A, das sich auf das Signal zubewegt, wird es weniger als eine Sekunde dauern. Aber wenn die Leute das berücksichtigen, können sie ihre Uhren doch wieder miteinander abgleichen.«

»Aber dafür müssen sie wissen, wie schnell sie fahren«, sagte Nils.

»Stimmt. Wenn sie nicht wissen, ob sie fahren, weil sehr dichter Nebel herrscht, oder wenn sie nicht wissen, wie schnell sie fahren, dann können sie nicht berechnen, wie sie ihre Uhren durch Tonsignale miteinander abgleichen sollen.«

Plötzlich glaubte ich, doch eine Lösung zu haben. »Aber sie können doch Lichtsignale nehmen. Licht bewegt sich viel schneller als Schall. Die Zeitspanne, die das Licht braucht, um Schiff A bzw. C zu erreichen, wird so kurz sein, dass man sie vernachlässigen kann.«

»Ja, für Schiffe ist dies tatsächlich eine Lösung. Aber für Menschen in einer Rakete nicht. Würden sie ihre Uhren durch Lichtsignale abgleichen, würden sie unbedingt Fehler riskieren. Angenommen, sie befinden sich in einer Entfernung von dreihunderttausend Kilometern voneinander. Dann braucht das Licht eine Sekunde, um von der mittleren zur letzten Rakete zu gelangen. Wenn sie vorwärts fliegen, wird es weniger sein. Um wie viel, hängt ab von der Fluggeschwindigkeit. Je schneller die Raketen fliegen, desto weniger Zeit wird das Lichtsignal brauchen, um die letzte Rakete zu erreichen. Das ist nicht anders als bei Schiffen und Tonsignalen.«

Ich verstand, worauf Nils hinauswollte. Lichtsignale haben den gleichen Nachteil wie Tonsignale. Auch die Raketenbesatzungen müssen ihre Geschwindigkeit kennen, wenn sie ihre Uhren fehlerfrei abgleichen wollen. Und da wir unsere Geschwindigkeiten wegen der Lorentz-Kontraktion nicht messen können, können wir unsere Uhren niemals richtig stellen.

»Es ist also unmöglich, Uhren, die sich in beliebiger Entfernung zueinander befinden, abzugleichen.«

»Und das geht noch weiter. Verschiedene Beobachter werden sich auch nicht einig werden, ob zwei voneinander entfernt stattfindende Ereignisse gleichzeitig stattfinden oder nicht.«

»Wieso auch das noch?«

»Angenommen, zwei Züge fahren auf Gleisen nebeneinanderher, beide mit einer anderen Geschwindigkeit. Sie fahren so, dass der schnellere Zug später als der langsamere losgefahren ist.

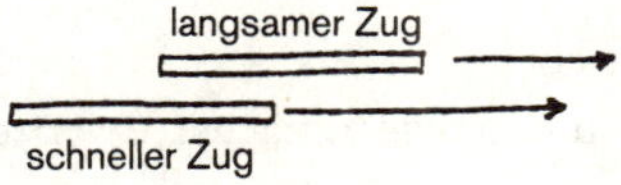

Irgendwann holt der schnellere den langsameren Zug ein. In der Mitte jedes Zuges sitzt ein Beobachter. Wenn der schnellere Zug genau neben dem langsameren fährt, werden sich beide Beobachter genau gegenübersitzen. In dem Moment, in dem sie aneinander vorbeifahren, können sie sich berühren. Einer der beiden streckt in diesem Moment die Hand nach dem anderen aus; er hält darin eine Lampe, die nicht brennt. Der andere knipst die Lampe an. Es wird also ein Lichtsignal gegeben.

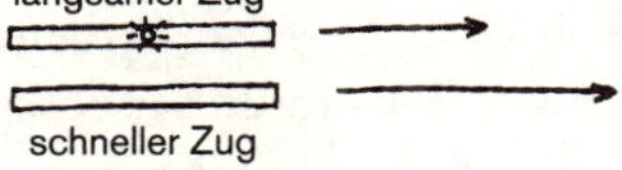

Auch im vorderen und im hinteren Teil beider Züge sitzt jeweils ein Beobachter. Das Licht muss eine bestimmte Entfernung zurücklegen, ehe es diese Beobachter sehen. Der Beobachter, der hinten im schnelleren Zug sitzt, wird das Signal als Erster sehen, weil er sich am schnellsten auf das Signal zubewegt.

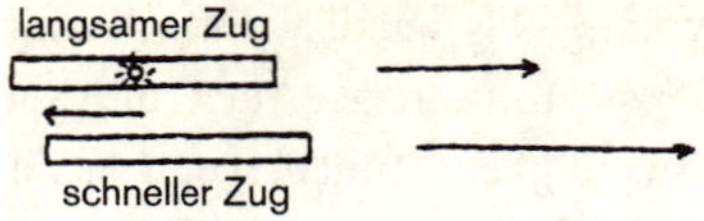

Der Beobachter hinten im langsameren Zug wird das Signal als Zweiter sehen, weil auch er sich auf das Signal zubewegt.

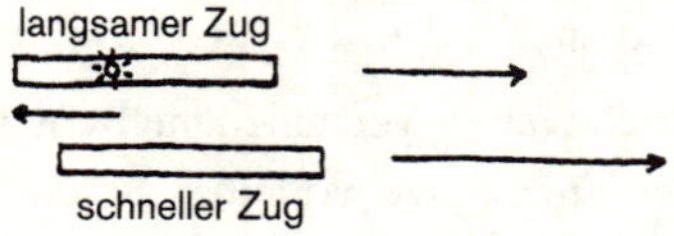

Als Dritter wird der Beobachter, der im langsameren Zug vorne sitzt, das Signal sehen, denn er bewegt sich am langsamsten vom Signal weg. Der Beobachter vorn im schnelleren Zug sieht das Signal dann als Letzter, weil er sich am schnellsten vom Signal wegbewegt.«

Das leuchtete mir ein.

»Das jedenfalls würden wir zunächst erwarten. Auf den ersten Blick bewegen sich die Beobachter an der Spitze beider Züge vom Lichtsignal weg, die am Ende dagegen auf das Signal zu. Wir sind geneigt, so zu denken, weil wir immer so tun, als stünde die Erde still. Außerdem betrachten wir die Bewegung der Züge nicht nur als eine relative Bewegung in Bezug auf die Erde, sondern auch als eine absolute Bewegung, weil wir die Erde als festen Punkt betrachten. An Galileis Gesetzen haben wir gesehen, dass wir dies bei mechanischen Vorgängen tatsächlich tun können. Bei Lichtsignalen geht das schon nicht mehr: Alle Experimente deuten darauf hin, dass es überhaupt keinen Weg gibt, um deren Bewegung relativ zum Äther darzustellen. Es könnte also sein, dass der langsamere Zug relativ zum Äther stillsteht. In diesem Fall würde der vordere Beobachter das Lichtsignal zum gleichen Zeitpunkt sehen wie der Beobachter hinten im Zug. Und das wäre die Situation im schnelleren Zug: Der Beobachter am Ende würde das Lichtsignal früher sehen und der an der Spitze später. Aber es könnte genauso gut sein, dass es der schnellere Zug ist, der relativ zum Äther stillsteht. Dann würde sich der langsamere Zug relativ zum Äther rückwärts bewegen. In diesem Fall würden beide Beobachter im schnelleren Zug das Signal gleichzeitig sehen, der vordere Beobachter im langsameren Zug würde das Signal früher sehen, der am Ende später.«

Darüber musste ich erst mal nachdenken. Wenn wir nicht wissen, ob wir stillstehen oder ob wir uns relativ zum Äther vorwärts beziehungsweise rückwärts bewegen, dann können wir in der Tat nicht wissen, welcher der beiden Züge stillsteht: der langsamere Zug, der schnellere oder keiner von beiden. Aber dann können wir auch nicht vorhersagen, welche Beobachter das Signal zum gleichen Zeitpunkt sehen werden: ob die Beobachter im langsameren Zug, die im schnelleren Zug oder keiner von ihnen.

»Na, kannst du noch mehr verkraften?«

Ich nickte heftig.

»Vorhin haben wir den Schluss gezogen, dass keiner der Beobachter wissen kann, ob er sich in Bezug auf den Äther fortbewegt oder stillsteht. Besser formuliert: Kein Beobachter kann eine Bewegung in Bezug auf den Äther feststellen. Für jeden Beobachter scheint es, als würde er relativ zum Äther stillstehen. Also können beide, die Beobachter im langsameren wie die im schnelleren Zug, behaupten, sie stünden relativ zum Äther still. Ebenso können die Beobachter an Spitze und Ende des langsameren Zuges behaupten, sie hätten das Signal gleichzeitig gesehen. Aber das Gleiche können dann auch der vordere und der hintere Beobachter im schnelleren Zug behaupten.«

Jetzt musste ich einfach protestieren. Das war völlig unmöglich. Es gibt drei Möglichkeiten. Erstens: Der langsamere Zug steht in Wirklichkeit still, und dann sehen die beiden Beobachter in diesem Zug das Signal gleichzeitig. Zweitens: Der schnellere Zug steht in Wirklichkeit still, und die Beobachter in diesem Zug sehen das Signal gleichzeitig. Drittens: Keiner der beiden Züge steht in Wirklichkeit still, und dann sieht kein Beobachterpaar das Signal gleichzeitig. In keinem Fall aber können beide Beobachterpaare das Signal gleichzeitig wahrnehmen. Und doch … Wenn die absolute Bewegung von keinem der Züge aus festzustellen ist, dann können die Beobachter in beiden Zügen behaupten, sie stünden still. So wie auch beide Paare behaupten können, sie hätten das Signal gleichzeitig gesehen.

Dieses ganze Gedankenexperiment ist ziemlich verwirrend, aber was sollte ich dagegen vorbringen? Das Ganze erschien völlig unlogisch, und doch konnte ich nicht entdecken, wo der Fehler steckte.

»Du glaubst es nicht?«

»Ich weiß nicht recht.«

»Das genau war auch Einsteins Antwort. Möglich sei das schon, aber mehr auch nicht. Und er hat auf etwas Weiteres hingewiesen. Beide Beobachterpaare haben nicht nur das Recht, zu behaupten, man selbst stehe still und das andere bewege sich. Es gibt keinen wirklichen Unterschied zwischen Beobachtern, die stillstehen, und solchen, die nicht stillstehen. Das ist keine Illusion, ist auch nicht abhängig vom Standpunkt, den sie einnehmen. – Doch heben wir uns den Rest der Geschichte für morgen auf. Für heute hast du genug gehört. Lass dein Gehirn heute Nacht mal ein bisschen arbeiten.«

Mein armer Kopf war voll gestopft wie ein Ei.

»Gute Nacht, Nils.«

»Gute Nacht.«

Noch keine Sekunde später lag ich schon im Tiefschlaf. Aber hätte jemand Elektroden an meinem Kopf befestigt, dann hätte er bestimmt jede Menge Gehirnaktivität beobachten können …

Die spezielle Relativitätstheorie

Endlich war der große Augenblick gekommen. Heute Abend würde Nils über Herrn Alberts spezielle Relativitätstheorie sprechen!

»Wie du schon weißt«, begann er, »stand man zu Einsteins Zeit vor einem riesigen Problem. Vor Kopernikus war man sich sicher, dass es im Weltall einen Fixpunkt gibt. Ein Fixpunkt dient als Bezugspunkt für absolute Bewegung. Als diesen Fixpunkt fasste man vor Kopernikus die Erde auf. Schließlich war man davon überzeugt, dass die Erde stillsteht. Also war jede Bewegung in Bezug auf die Erde eine absolute Bewegung. Den Menschen erschien zweifelsfrei, dass die Erde stillsteht, weil ein Körper gerade nach unten fällt. Auch die Bibel bestätigte das. Wenn Gott die Sonne über Gibeon anhalten kann, dann muss sie sich vorher bewegt und die Erde stillgestanden haben.«

Nils ließ mir Zeit zum Nachdenken.

»Mit ihren Beobachtungen, Experimenten und Gedankenexperimenten, schließlich zusammengefasst in Gesetzen und Gleichungen, hatten Kopernikus, Galilei und Newton nachgewiesen, dass die Erde dieser Fixpunkt nicht ist. Und es konnte auch keinen anderen Fixpunkt geben. Auch die Unterscheidung zwischen Stillstand und konstanter Bewegung ließ sich nicht mehr treffen. Kein einziges Experiment konnte aufzeigen, ob man sich mit einer konstanten Geschwindigkeit bewegt oder aber stillsteht.«

Wieder eine kurze Pause.

»Trotzdem sagte Newton, das Weltall steht still. Die Planeten und die Sterne bewegen sich zwar, aber das Universum selbst befindet sich in absoluter Ruhe. Zwar ließ sich nicht direkt feststellen, ob man sich mit einer konstanten Geschwindigkeit bewegt oder stillsteht, das allerdings konnte man wenigstens indirekt an den Trägheitskräften ablesen. Damit war der Raum absolut. Und die Zeit natürlich auch: Daran hatte bis dahin auch nie ein Mensch gezweifelt. Dann kamen Christiaan Huygens, James C. Maxwell und einige andere. Sie haben gezeigt, dass Licht aus Wellen besteht und dass elektromagnetische Erscheinungen – wie Elektrizität und Magnetismus – ebenfalls Wellen sind. Und dass Licht und elektromagnetische

Wellen sich mit der gleichen Geschwindigkeit fortbewegen. Erst später hat man erkannt, dass auch Licht eine elektromagnetische Erscheinung ist. Aber wenn Licht eine Welle ist, dann muss es etwas geben, das wellenförmig schwingt, genauso wie Wasserwellen das Medium Wasser brauchen, um sich auszubreiten. Das, was Wellen machte, bezeichnete man als Äther. Für die antiken griechischen Naturphilosophen war Äther ein Stoff, der alles ausfüllt, denn für sie gab es keine Leere.

Der moderne Äther – in der Bedeutung des Stoffes, der wellenförmig schwingt – war ein physikalischer Stoff mit Gewicht und Dichte, die allerdings sehr gering waren. Dieser Begriff des Äthers lieferte die Lösung für das Problem des absoluten Raumes. Mithilfe dieses Begriffs, mit der angenommenen Wirklichkeit des Äthers, konnte man die absolute Bewegung bestimmen. Denn wenn man in Bezug auf den Äther stillsteht, dann steht man auch im absoluten Sinn still. Die Bewegung der Erde durch den Äther kann dieser Vorstellung gemäß auf zweierlei Weise stattfinden. Entweder reißt die sich bewegende Erde den Äther ganz oder teilweise mit sich, oder die Erde reißt den Äther überhaupt nicht mit sich.«

»Was meinst du noch mal mit mitreißen?«

»Nun, stell dir vor, du bewegst einen sehr dünnen Stock durch Wasser: Das Wasser wird sich fast überhaupt nicht bewegen. Ziehst du aber einen Löffel durch einen dicken Teig, dann wird sich der Teig mit dem Löffel mitbewegen. Der Teig klebt am Löffel und wird somit mitgerissen. Der Teig, der am Löffel klebt, reißt selbst wieder Teig mit. Auf diese Weise wird der Löffel einen Großteil des Teiges in Bewegung versetzen. Verstehst du?«

»Ja, jetzt kann ich mir das wieder vorstellen.«

»Wir können dann fragen, ob der Löffel den Teig vollständig mitreißt oder nicht. Wir definieren, dass der Löffel den Teig vollständig mitreißt, wenn die Geschwindigkeit des Teiges, der mitgerissen wird, genau die gleiche ist wie die des Löffels. Angenommen, der Löffel fährt mit einer Geschwindigkeit von einem Meter pro Sekunde durch die Teigmasse. Wird der Teig durch die Bewegung des Löffels vollständig mitgerissen, dann wird auch der Teig eine Geschwindigkeit von einem Meter pro Sekunde haben. Nehmen wir anstelle des

Teiges aber Wasser, dann wird das Wasser nicht mitgerissen werden, sondern stillstehen. Nehmen wir einen dünnen Teig, dann wird der Löffel den Teig teilweise mitreißen. Die Geschwindigkeit des Teiges wird weniger als einen Meter pro Sekunde betragen, aber sie wird in jedem Fall größer sein als null Meter pro Sekunde.«

»Das klingt logisch.«

»Und nach diesem Modell können wir uns fragen, ob die Erde den Äther mit sich reißt oder nicht. Fizeau hat entdeckt, dass die Erde den Äther nicht völlig mitreißt. So blieben nur noch zwei Möglichkeiten: Entweder die Erde reißt den Äther teilweise mit, oder sie tut das überhaupt nicht. In beiden Fällen bewegt sich die Erde relativ zum Äther. Und da der Äther wellenförmig mit dem Licht mitschwingt, müsse, so überlegte man, die relative Bewegung der Erde durch den Äther aufzuspüren sein. Um dir das klar zu machen, denk dir ein Auto und einen Zug. Das Auto fährt am Zug vorbei. Stell dir vor, der Zug, das seien die Lichtwellen, die sich durch den Äther bewegen. Steht das Auto still, sieht der Beobachter darin den Zug mit einer bestimmten Geschwindigkeit vorbeifahren. Fährt es dem Zug entgegen, sieht man den Zug mit einer größeren Geschwindigkeit näher kommen. Fährt das Auto vor dem Zug her, und zwar langsamer als dieser, dann wird sich der Zug dem Auto zwar nähern, aber das wird langsamer geschehen, als bei einem stillstehenden Auto.

Analog hierzu müsste man – eben wegen dieser relativen Bewegung der Erde durch den Äther – eine Veränderung der Lichtgeschwindigkeit feststellen können, abhängig davon, ob man sich in dieselbe Richtung wie der Äther bewegt oder nicht. Genau das wollten Michelson und Morley in ihrem Versuch überprüfen. Aber sooft sie die Versuchbedingungen variierten und immer wieder maßen, in keinem Fall konnten sie eine relative Bewegung durch den Äther feststellen. Die Lichtgeschwindigkeit war stets gleich groß: unabhängig von der Richtung. Also musste man annehmen, dass die Erde relativ zum Äther stillsteht. Anders gesagt: Die Geschwindigkeit der Erde relativ zum Äther ist gleich null. Ihre Experimente standen also im Widerspruch zu den Versuchen Fizeaus. Denn ihm zufolge bewegt sich die Erde in Bezug auf den Äther. Mit diesem Widerspruch war ein großes Problem entstanden.«

Wieder machte Nils eine Pause. Ich sollte wohl spüren, wie dramatisch und spannend diese Entwicklung war.

»Dann präsentierten Fitzgerald und im Anschluss daran Lorentz, eine Lösung. Körper, die sich relativ zum Äther bewegen, so sagten sie, ziehen sich zusammen oder kontrahieren. Die Kontraktion erfolgt in der Richtung, in der sie sich durch den Äther bewegen: Alle Körper verkürzen sich in der Richtung ihrer Bewegung, also auch die Messlatten, mit denen man bewegte Körper messen wollte. Und damit ist diese Kontraktion auf keinerlei Weise festzustellen.«

»Kannst du mir das noch mal kurz erklären?«

»Angenommen, du hast eine Messlatte von einem Meter. Diese passt zweimal in eine Latte von zwei Metern. Nehmen wir jetzt an, dass sowohl Latte wie Messlatte ein Prozent kürzer werden. Die Messlatte ist dann nur mehr neunundneunzig Zentimeter lang, die Latte einen Meter und achtundneunzig Zentimeter. Aber die Messlatte passt noch immer genau zwei Mal in die Latte. Wenn sich Messlatte und Latte beide mit der gleichen Geschwindigkeit durch den Äther fortbewegen, wirst du mit der Messlatte nicht messen können, dass die Latte kürzer geworden ist.«

Das war eigentlich ganz simpel.

»Zudem muss, so Fitzgerald und Lorentz, auch die Zeit in Bezug auf Körper, die sich relativ zum Äther bewegen, langsamer vergehen. Diese Behauptung war notwendig, wenn man weiterhin am von Galilei und Newton formulierten und dann erweiterten Relativitätsprinzip festhalten wollte. Die Erweiterung besagt, dass man weder mit mechanischen noch mit elektromagnetischen Versuchen bestimmen kann, ob man stillsteht oder sich mit einer konstanten Geschwindigkeit bewegt. Eine Uhr, die sich relativ zum Äther bewegt, läuft demnach langsamer als eine, die relativ zum Äther stillsteht. Verkürzung der Gegenstände und Verlangsamung der Zeit lassen die Lichtgeschwindigkeit stets konstant erscheinen – die so genannte physikalische Illusion. Menschen, die sich mit ihren Messlatten und Uhren mitbewegen und diese Instrumente benutzen, um die Geschwindigkeit des Lichtes zu messen, werden stets die gleiche Lichtgeschwindigkeit feststellen. Lorentz zufolge war das nur Schein, denn in Wirklichkeit kann die Geschwindigkeit des Lichtes nicht immer konstant sein, sondern sie muss sich ändern: je nachdem, ob man sich in Richtung des Äthers mitbewegt oder nicht. Das allerdings lässt sich infolge der Abweichung von Messlatten und Uhren überhaupt nicht nachweisen.«

Nils sah mich durchdringend an, so, als wollte er, dass auch seine Worte mich durchdrangen.

»Das also war die Situation: Fitzgerald und Lorentz hatten eine Erklärung für ein Problem gefunden, allerdings eine Ad-hoc-Erklärung – eine Aussage, die eigens dafür getroffen wurde, die Konstanz der Lichtgeschwindigkeit zu erklären. Zudem gab es keine Möglichkeit, diese Aussage auf direkte Weise zu überprüfen. Man konnte keine Messungen vornehmen, um die Erklärung zu beweisen, aber ebenso wenig war mit Messungen zu beweisen, dass sie falsch war. Und dann kam Einstein.

Er hat stets behauptet, er könne sich nicht erinnern, je vom Michelsonversuch gehört zu haben. In einem später mit Morley wiederholten Experiment hatte Michelson festgestellt, dass die Geschwindigkeit des Lichtes konstant ist, unter allen Umständen und wie immer sich der Lichtstrahl relativ zur Erdbewegung bewegt. Und das wusste auch Einstein. Wir sprechen über verschiedene Umstände, aber eigentlich meinen wir immer die Bewegung im luftleeren Raum, denn die Lichtgeschwindigkeit hängt ab von dem Stoff, durch den sich das Licht bewegt. Es geht langsamer durch Wasser oder Glas als durch ein Vakuum. Einstein sagte nun Folgendes: Wenn aus allen Versuchen hervorgeht, dass die Lichtgeschwindigkeit unter allen Umständen gleich ist, dann ist das so – nicht weil es so erscheint, sondern schlicht deshalb, weil es faktisch so ist. Die Konstanz der Lichtgeschwindigkeit ist ein Naturgesetz. Für Einstein war das im Übrigen auch logisch: Die konstante Geschwindigkeit des Lichtes ergibt sich zwangsläufig aus den Maxwellschen Gesetzen.

Einstein erklärte auch, es sei prinzipiell unmöglich, eine absolute Bewegung durch ein Experiment festzustellen. Galilei und Newton hatten bereits erkannt, dass es keinen mechanischen Versuch – etwa mit sich bewegenden Körpern – gibt, mit dem man die absolute Bewegung nachweisen kann. Einstein hat dies erweitert:

Es gibt, sagt er, überhaupt keine Methode, durch die man absolute Bewegung feststellen kann, also auch keinen Versuch mit Lichtstrahlen.«

»Aber das hatte zuvor auch Lorentz so gesagt, oder?«

»Nicht ganz: Lorentz zufolge gibt es eine absolute Bewegung. Man kann sie nur nicht feststellen, weil bewegte Messlatten kürzer werden und bewegte Uhren langsamer gehen. Dem hat Einstein entschieden widersprochen: So etwas wie kontrahierende Latten und langsamer gehende Uhren gibt es nicht, und trotzdem kann man keine absolute Bewegung feststellen. Verstehst du den Unterschied?«

Ich nickte. Bei Lorentz gab es absolute Bewegung, nur konnte man die nicht messen, weil Latten und Uhren einen an der Nase herumführen. Und Einstein zufolge kann man überhaupt keine absolute Bewegung feststellen.

Nils fuhr fort.

»Wenn das aber so ist, dann gibt es keine absolute Bewegung. Alle Bewegung ist relativ. Das waren die beiden so genannten Postulate oder Thesen, die Einstein verkündete: Die Lichtgeschwindigkeit ist konstant. Und: Es gibt keine absolute Bewegung. Auf der Grundlage dieser beiden Thesen hat er seine Theorie entwickelt. Die zweite These ist übrigens gleichbedeutend mit der Aussage, dass Beobachter in Inertialsystemen gleichwertig sind.«

Ich war ein bisschen enttäuscht. Das sollte alles sein? So ein paar nüchterne Überlegungen die ganze Relativitätstheorie von Einstein?

Als hätte Nils meine Gedanken erraten, fuhr er sogleich fort: »Es war sehr gewagt von Einstein, zu behaupten, die Lichtgeschwindigkeit sei konstant, also stets die gleiche. Schließlich stellte er damit alles bis dahin Geltende auf den Kopf. Vor Einstein war man der Meinung, die offenbare Konstanz der Lichtgeschwindigkeit sei allein die Folge von kontrahierenden Messlatten und langsamer gehenden Uhren, also eine Art physikalischer Illusion. Aber dann kehrte Einstein die Dinge um. Die Konstanz der Lichtgeschwindigkeit war keine illusorische Feststellung aufgrund von Messergebnissen, sondern ein Naturgesetz. Und aus diesem Naturgesetz folgt, dass ein Zug immer mit genau der gleichen Geschwindigkeit vorüberfährt, ganz gleich, wie schnell der Beobachter sich bewegt, der den Zug vorüberfahren sieht. Ein Beobachter entlang der Bahnstrecke misst die Geschwindigkeit des Zuges und berechnet, dass der Zug hundert Stundenkilometer schnell fährt. Ein anderer Beobachter in einem Auto, das mit fünfzig Stundenkilometern am gleichen Zug entlangfährt, misst und findet heraus, dass der Zug relativ zu ihm ebenfalls hundert Stundenkilometer schnell ist. Ein dritter sitzt in einem zweiten Zug, der dem ersten mit hundert Stundenkilometern entgegenkommt, und auch der stellt fest, dass der erste Zug relativ zum Beobachter im zweiten hundert Stundenkilometer schnell ist. Und das, so Einstein, hat nichts mit einer physikalischen Illusion zu tun, nichts mit sich verformenden Messlatten und abweichenden Uhren. Es ist ein Naturgesetz, das besagt, dass die Geschwindigkeit des Lichts immer konstant ist.«

»Aber das geht doch nicht«, wagte ich zu sagen. So richtig traute ich mich nicht, Einstein in Zweifel zu ziehen.

»So haben viele Menschen reagiert. Doch Einsteins Behauptung war durchaus logisch. Sie mag unserer Intuition völlig widersprechen, dennoch ergibt sie sich aus den Maxwellschen Gesetzen, und sie wurde von allen möglichen Experimenten bestätigt. Also musste Einsteins Theorie wahr sein.«

Mir jedoch war das immer noch nicht richtig klar. Ich verstand den Unterschied zwischen Einsteins Behauptung und den Thesen von Lorentz und Fitzgerald, aber etwas fehlte mir noch. Überzeugt war ich nicht. Gut, beide Parteien gingen von verschiedenen Standpunkten aus, aber beide kamen zu dem Schluss, dass das Licht für Beobachter in Bewegung gleich schnell ist. Und was dann? Wo lag denn der große Unterschied? Vielleicht würde es mir gleich etwas klarer werden.

»Nils, nehmen wir mal an, dass Einstein Recht hatte mit seiner ersten Behauptung. Was bedeutet dann die zweite?«

»Diese Behauptung ist eine Erweiterung des Relativitätsprinzips von Galilei. Dieser hatte schon erklärt, dass man anhand mechanischer Gesetze nicht bestimmen kann, ob man stillsteht oder sich mit einer konstanten Geschwindigkeit bewegt. Beobachter in Inertialsystemen sind also gleich. Einsteins zweite Behauptung hat diese Erkenntnis auf elektromagnetische Gesetze ausgedehnt. Und daraus folgt, dass jede Bewegung relativ ist. Man kann nicht mehr feststellen, ob sich ein Körper bewegt oder nicht. Man kann nur noch sagen, ob er sich relativ zu einem anderen Körper bewegt oder nicht. Angenommen, du bewegst dich relativ zur Erde mit hundert Stundenkilometern. Dann ist es gleichbedeutend, wenn du sagst, dass sich die Erde relativ zu dir mit hundert Stundenkilometern bewegt. Es gibt kein Experiment, mit dem zu klären wäre, welche die eigentliche Bewegung ist, deine oder die der Erde. Und das hat nichts damit zu tun, dass wir uns kein Experiment ausdenken können, um das zu überprüfen; auch nichts damit, dass sich unsere Messlatten zusammenziehen und unsere Uhren verlangsamen. Es ist so, weil es tatsächlich keine absolute Bewegung gibt.«

»Das erscheint mir logisch. Es ist einfach eine Frage des Standpunktes.«

»Aber dieser simple Satz hat ungeheure Konsequenzen! Daraus, dass alle Bewegung relativ ist, folgt auch, dass alle Beobachter gleichwertig sind. Das heißt: Alles, was ein Beobachter in Bezug auf einen zweiten misst, ist das Gleiche wie das, was dieser zweite Beobachter in Bezug auf den ersten misst.«

»Ich versuch's mit einem Beispiel: Wenn der eine Beobachter herausfindet, dass sich der andere mit hundert Stundenkilometern bewegt, dann findet der andere ebenfalls heraus, dass sich der erste mit hundert Stundenkilometern bewegt, allerdings in umgekehrte Richtung?«

»Ja, aber das ist ein Beispiel, das sofort einleuchtet, weil es logisch erscheint. Später werden wir Konsequenzen sehen, die uns auf den ersten Blick völlig unlogisch erscheinen. Und zwar derart unlogisch und unerwartet, dass die meisten Menschen sie als völligen Unsinn abtun.«

»Sag mir ein Beispiel!«

»Das kann ich jetzt noch nicht, kommt aber gleich. Ich möchte dir nämlich zuerst noch vorführen, auf welchem Weg Einstein zu diesen Beispielen gekommen ist. Er hat ja nicht einfach nur diese beiden Behauptungen aufgestellt, sondern er hat daraus dann alle möglichen Schlussfolgerungen abgeleitet. Ich will das verdeutlichen: Wir beschäftigen uns hier mit der speziellen Relativitätstheorie, und diese gilt nur für Beobachter in Inertialsystemen, das heißt in Systemen, in denen Newtons Bewegungsgesetz $F = m \times a$ Gültigkeit hat. Inertialsysteme, hatten wir gesagt, sind Systeme, die keinen Kräften unterliegen und die sich im freien Raum bewegen. Wenn ich gerade gesagt habe, die Formulierung ›Ein Beobachter bewegt sich relativ zur Erde‹ sei gleichbedeutend mit ›Die Erde bewegt sich relativ zum Beobachter‹, dann stimmt das nicht ganz, weil sich die Erde nicht gleichförmig geradlinig bewegt. Gleichbedeutend wären die Formulierungen nur, wenn sich Beobachter und Erde gleichförmig geradlinig bewegten.«

Ich hatte absolut nicht das Gefühl, zu verstehen, wo denn der eigentliche Kern der Sache lag. Ich versuchte, das Ganze in Gedanken noch mal zusammenzufassen. Erstens: Die Geschwindigkeit des Lichtes ist eine Konstante, egal wie schnell man sich an einem Lichtstrahl entlangbewegt. Zweitens: Alle Bewegung ist relativ, und alle Beobachter in Inertialsystemen sind gleichwertig. Aber das hilft mir immer noch nicht weiter. Die einzelnen Wörter verstehe ich wohl, aber die Tragweite, die das doch haben muss, die verstehe ich einfach nicht. Vielleicht sollte ich zuerst die Schlussfolgerungen hören.

»Und was waren Einsteins Schlussfolgerungen?«, fragte ich gespannt.

»Wir können diese Schlussfolgerungen selbst ableiten, indem wir Gedankenexperimente durchführen.«

»Aha, und da seid ihr auf der Bildfläche erschienen.«

»Genau. Stell dir mal Folgendes vor: Ein Zug hält auf einem Gleis. An der Spitze und am Ende des Zuges befindet sich je ein Beobachter. Genau in der Zugmitte knipst ein dritter Beobachter um zwölf Uhr mittags eine Lampe an. Es dauert eine Weile, ehe die Beobachter vorne und hinten im Zug das Licht sehen, weil es eine gewisse Zeit braucht, um sich von der Mitte des Zuges zu dessen Spitze und Ende zu bewegen. Weißt du, wann die Beobachter vorn und hinten das Licht der Lampe sehen?«

»Das hängt von der Länge des Zuges ab«, antwortete ich.

»Mal angenommen, der Zug ist sechshundert Kilometer lang.«

»So einen Zug gibt es nicht.«

»Vergiss nicht, dass wir uns in einem Gedankenexperiment befinden.«

»Dann ist es einfach. Die Entfernung zwischen Mitte und Spitze des Zuges beträgt genau dreihundert Kilometer. Weil das Licht in einer Sekunde dreihunderttausend Kilometer zurücklegt, braucht es eine tausendstel Sekunde, um die Entfernung zwischen Mitte und Spitze des Zuges zurückzulegen. Der Beobachter vorn im Zug wird das Licht also genau eine tausendstel Sekunde nach zwölf Uhr mittags sehen.«

»Sehr gut. Und der Beobachter am Zugende?«

»Der auch, denn die Entfernung zwischen Mitte und Ende des Zuges ist ebenfalls dreihundert Kilometer. Die beiden Beobachter sehen das Licht also zum gleichen Zeitpunkt.«

»Sehr gut. Wir können also sagen, dass beide Beobachter das Licht gleichzeitig wahrnehmen.

Jetzt nehmen wir an, dass es noch einen weiteren Zug gibt. Den ersten nennen wir Zug A, den zweiten Zug B. In der Mitte von Zug B ist außen ein vertikaler weißer Strich aufgemalt. Auch in Zug B befinden sich je ein Beobachter an Spitze und Ende. Auch Zug B ist sechshundert Kilometer lang. Er saust mit hundertfünfzigtausend Kilometern pro Sekunde über die Schienen.«

»Das nenne ich einen richtigen Schnellzug!«

»Das ist der Vorteil von Gedankenexperimenten. Genau zwischen den Gleisen von Zug A und B, direkt gegenüber der Mitte von Zug A, der nach wie vor stillsteht, steht ein Beobachter mit einer Lampe.«

Nils zeichnete die Situation auf.

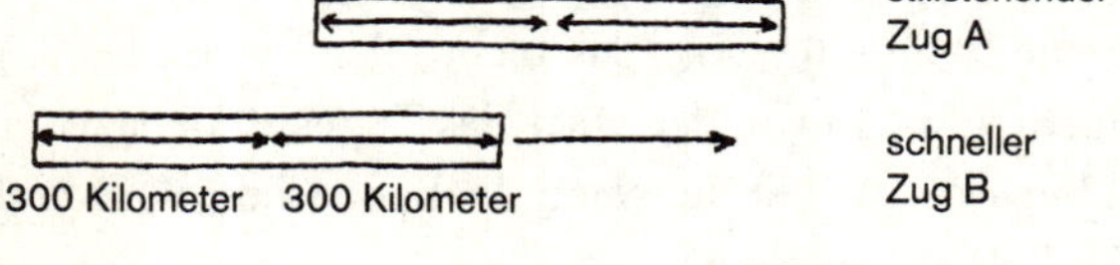

»Dieser Beobachter hält sich bereit, seine Lampe anzuknipsen. Er sieht Zug B mit großer Geschwindigkeit näher kommen. Zu einem bestimmten Zeitpunkt befindet sich die Mitte von Zug B genau in

Höhe des Beobachters, der zwischen beiden Gleisen steht, und zwar genau vor der Mitte von Zug A. Dieser Beobachter kann die Mitte von Zug B gut erkennen, weil auf Zug B genau dort ein weißer Strich gemalt ist. In dem Augenblick, in dem der weiße Strich am stillstehenden Beobachter vorbeikommt, knipst er seine Lampe an.

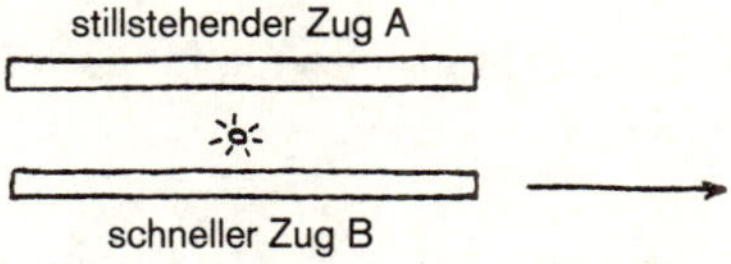

Einige Zeit später sehen die Beobachter vorn und hinten in Zug A die Lampe. Die Frage ist jetzt: wann?«

Das erschien mir nicht sonderlich schwer.

»Das ist das Gleiche wie vorhin. Weil Zug A immer noch stillsteht, werden die Beobachter an Spitze und Ende von Zug A die Lampe genau eine tausendstel Sekunde später leuchten sehen.«

»Du bist phantastisch.«

»Danke.«

Nils veränderte die Zeichnung.

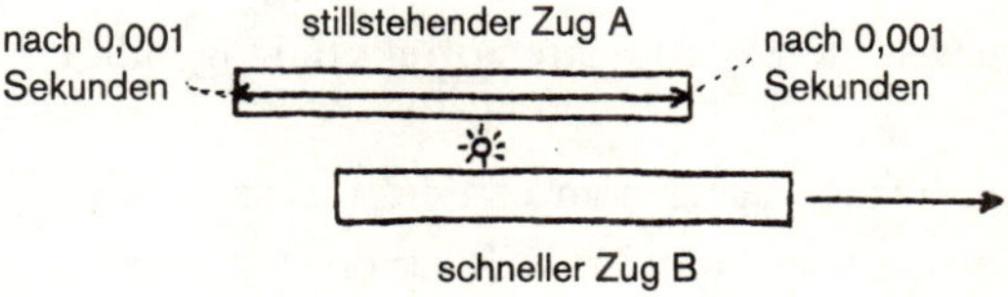

»Und die Beobachter vorn und hinten in Zug B?«

»Mal sehen. Zug B fährt mit einer Geschwindigkeit von hundertfünfzigtausend Kilometern pro Sekunde. Das ist halb so schnell wie das Licht. Das Licht entfernt sich von der Lampe mit einer Geschwindigkeit von dreihunderttausend Kilometern pro Sekunde. In Fahrtrichtung von Zug B kommt das Licht also mit einer Geschwindigkeit von … mal nachdenken: Die Differenz zwischen dreihunderttausend und hundertfünfzigtausend ist hundertfünfzigtausend; also kommt das Licht mit einer Geschwindigkeit von hund
zigtausend Kilometern pro Sekunde zur Spitze. Oder?«

»Hm.«

»Hm? Soll das heißen, nein?«

»Wie lautet Einsteins erste Behauptung?«

»Naja, dass sich das Licht immer mit dreihunderttausend Kilometern pro Sekunde fortbewegt«, sagte ich einigermaßen unwillig. Irgendetwas war mir da nicht ganz geheuer.

»Und das heißt?«

»Aber das kann doch nicht gleichzeitig für diese beiden Züge gelten? Das geht nur, wenn … wenn …«

»Wenn?«

»Willst du wirklich sagen, dass die Geschwindigkeit des Lichtes dieser Lampe für einen Beobachter in Zug B, der mit hundertfünfzigtausend Kilometern pro Sekunde vorbeifährt, ebenfalls dreihunderttausend Kilometer beträgt?«

»Ja. Genau das meine ich.«

»Aber das geht doch nicht!«

»Jetzt verhältst du dich genauso wie die Leute, die Einstein nicht glauben wollten. Was sagen Dutzende von Experimenten über die Geschwindigkeit des Lichtes?«

»Dass sie im luftleeren Raum stets dreihunderttausend Kilometer pro Sekunde beträgt.«

»Und wurden die Experimente korrekt durchgeführt?«

»Ja.«

»Und was behauptet Einstein von der Lichtgeschwindigkeit?«

»Dass sie eine Konstante ist.« Ich kam mir ganz hilflos vor.

»Und woraus geht das Einstein zufolge hervor?«, fragte Nils unbarmherzig.

»Aus allen Experimenten.«

»Und woraus vor allem?«

»Aus den Maxwellschen Gleichungen.«

»Und das heißt?«

»Das heißt … dass die Lichtgeschwindigkeit stets dreihunderttausend Kilometer pro Sekunde beträgt.«

»Und das heißt?«

»Na ja, auch für die Beobachter in Zug B.«

»Wann sehen sie also das Licht?«

»Zug B ist genauso lang wie Zug A. Das Licht muss in Zug B eine gleich lange Strecke zurücklegen wie in Zug A. Das heißt, die Beobachter an Spitze und Ende von Zug B sehen das Licht ebenfalls eine tausendstel Sekunde nach dem Aufblitzen der Lampe.«

Nils griff erneut zum Zeichenstift.

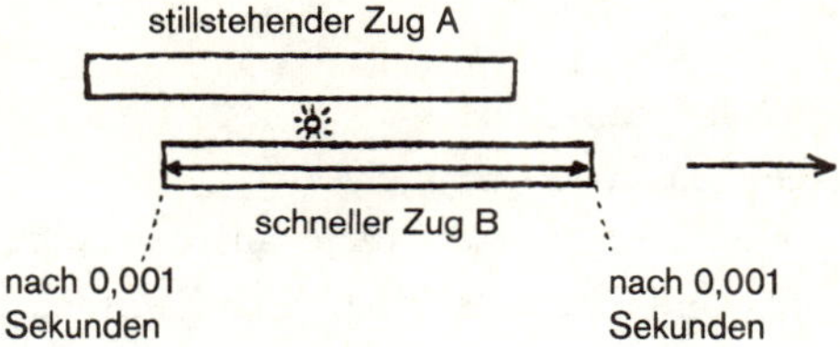

»Und glaubst du jetzt auch, was du gesagt hast und was ich hier zeichne?«

»Das muss ich wohl. Wenn du es sagst.«

»Aber bist du auch überzeugt davon?«

Ehrlich gesagt, ich glaubte es nicht. Aber jetzt dämmerte mir allmählich, dass Einsteins erste Behauptung alles andere als selbstverständlich war. Offenbar war ich aber einen Schritt weiter. Denn vorhin hatte ich das Gefühl gehabt, ich hätte verstanden, allerdings nicht begriffen, was daran so aufregend sein sollte. Jetzt kam ich allmählich dahinter, dass hier etwas Seltsames vorlag, das ich einfach nicht einsehen wollte.

»Wenn wir wissen, dass die Lichtgeschwindigkeit stets gleich ist, dann müssen wir auch den Mut haben, daraus die korrekten Schlussfolgerungen zu ziehen. Einstein hat das getan.«

»Also gut. Die Beobachter in Zug B sehen das Licht nach einer Tausendstelsekunde. Genauso wie die Beobachter in Zug A. Die vier Beobachter in den Zügen A und B sehen die Lampe also alle zum gleichen Zeitpunkt.«

»Das Letzte wiederum ist nicht so sicher.«

Jetzt verstand ich überhaupt nichts mehr. Ich dachte, ich hätte es verstanden, und nun brachte Nils mich erneut aus dem Konzept.

»Wieso nicht? Sie sehen alle vier die Lampe eine tausendstel Sekunde, nachdem sie aufblitzt. Also sehen doch alle vier die Lampe zum gleichen Zeitpunkt?«

»Ich sagte doch: Das ist nicht sicher. Wir wissen, dass die beiden

Beobachter in Zug A die Lampe gleichzeitig sehen. Und wir wissen, dass die beiden Beobachter in Zug B die Lampe ebenfalls gleichzeitig sehen. Mehr wissen wir nicht.«

»Aber alle vier doch eine tausendstel Sekunde, nachdem sie aufblitzt.«

»Das ist nicht sicher.«

Jetzt wurde ich langsam sauer.

»Dann verstehe ich das Ganze nicht.«

»Lass uns die Sache mal etwas mehr aus der Nähe betrachten. Zug A steht still, und Zug B fährt an Zug A vorbei. Schauen wir mal, was jemand in Zug A von dem sieht, was in Zug B geschieht.

Was sieht ein Beobachter in Zug A um 12 Uhr?

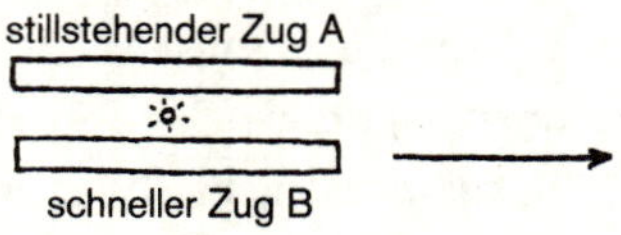

Ein Beobachter in Zug A schaut auf die Spitze von Zug B. Er sieht diese mit einer Geschwindigkeit von hundertfünfzigtausend Kilometern pro Sekunde vorbeifahren. Er sieht auch, dass ein Lichtstrahl mit dreihunderttausend Kilometern pro Sekunde vorbeischießt. Das Licht bewegt sich in die gleiche Richtung wie Zug B.

Was sieht ein Beobachter in Zug A noch etwas später?

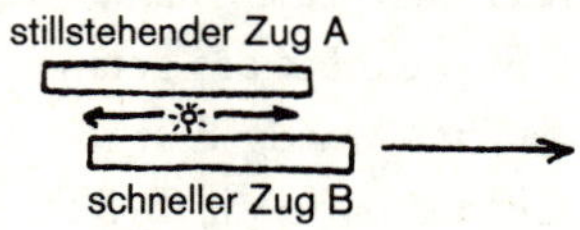

Er sieht, dass die Spitze von Zug B vom Lichtstrahl eingeholt wird. Etwas später also haben wir diese Situation.

Was sieht ein Beobachter in Zug A noch etwas später?

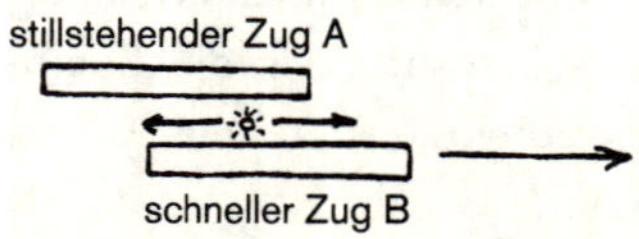

Die Frage ist jetzt: In welchem Augenblick holt der Lichtstrahl die Spitze des Zuges ein? Kannst du darauf die Antwort finden?«

»Mal sehen. Der Lichtstrahl kommt von der Mitte von Zug B. Zug B ist sechshundert Kilometer lang. In dem Augenblick, in dem der Lichtstrahl in Richtung auf die Spitze des Zuges losschießt, befindet sich diese dreihundert Kilometer entfernt. Er bewegt sich vom Lichtstrahl der Lampe weg. In dem Augenblick, in dem der Lichtstrahl an der Stelle ist, an der sich die Zugspitze befand, als der Lichtstrahl losschoss – das ist genau nach einer tausendstel Sekunde –, ist die Spitze schon etwas weiter. He, das ist genau wie bei dem Paradox von Achilles und der Schildkröte.«

»Du hast Recht, das ist mir noch nie aufgefallen.«

»Aber jedenfalls, der Lichtstrahl wird die Zugspitze kurze Zeit später einholen. Ich kann nicht auf Anhieb im Kopf ausrechnen, wann genau, aber es wird etwas später sein als eine tausendstel Sekunde nach dem Aufblitzen der Lampe.«

»Etwas später als eine tausendstel Sekunde nach Aufblitzen der Lampe …«

»Ja. Das sage ich doch!«

»Und was hatten wir vorhin herausgefunden? Wann sieht der Beobachter an der Spitze von Zug B den Lichtstrahl?«

»Genau eine tausendstel Sekunde nach dem Aufblitzen der …«

»Also kann das nicht stimmen.«

»Du hast Recht«, versuchte ich mich zu retten. »Also muss unsere zweite Berechnung falsch sein. Es geht nicht, dass für den Beobachter in Zug A der Beobachter an der Spitze von Zug B den Lichtstrahl später als nach einer tausendstel Sekunde sieht.«

»Lass das jetzt mal beiseite. Was sieht ein Beobachter in Zug A in Bezug auf das Ende von Zug B?«

»Wenn der Lichtstrahl in Richtung Ende von Zug B schießt, dann kommen sich das Ende von Zug B und der Lichtstrahl entgegen. Wenn sich die beiden begegnen, dann hat der Lichtstrahl eine kürzere Strecke zurückgelegt als die Entfernung zwischen Mitte und Ende des Zuges. Und da es für die Hälfte des Zuges genau eine tausendstel Sekunde dauern würde, wird es also kürzer als eine tausendstel Sekunde dauern … Aber das geht nicht, denn vorhin haben wir festgestellt, dass der Beobachter hinten in Zug B die Lampe genau eine tausendstel Sekunde nach ihrem Aufblitzen sieht … Wir haben irgendwo einen Fehler gemacht. Das ist ein Paradox … ein Paradox der ersten Art …«

»Wieso denkst du das?«

»Weil wir glauben, wir hätten korrekt argumentiert, und trotzdem zu einem paradoxen Ergebnis kommen. Die Beobachter an Spitze und Ende von Zug B sehen den Lichtstrahl genau eine tausendstel Sekunde, nachdem die Lampe aufblitzt. Der Beobachter in Zug A denkt aber, dass der Beobachter an der Spitze von Zug B die Lampe später als nach einer tausendstel Sekunde sieht, während der Beobachter am Ende von Zug B die Lampe früher sieht als nach einer tausendstel Sekunde. Und das geht nicht, denn die beiden Beobachtungen widersprechen sich. Also haben wir ein Paradox der ersten Art, weil wir irgendwo einen dummen Fehler gemacht haben.«

»Du hast Recht, es ist ein Paradox …«

»Siehst du, ich hab's gewusst.«

»Aber eins der zweiten Art.«

»Das musst du mir erklären.«

»Wir haben unterstellt, dass die Zeit für die Beobachter in Zug A und Zug B gleich schnell verläuft. Wir haben die folgenden Aussagen gemacht: Die Beobachter in Zug B sehen den Lichtstrahl genau eine tausendstel Sekunde nach seinem Aufleuchten. Der Beobachter in Zug A sieht, dass die beiden Beobachter in Zug B den Lichtstrahl nicht genau eine tausendstel Sekunde nach dessen Aufblitzen wahrnehmen: Der an der Spitze von Zug B sieht den Lichtstrahl etwas später, der am Ende sieht ihn etwas früher. Und – das ist jetzt die implizite Unterstellung – weil die Zeit für Zug A und Zug B gleich schnell verläuft, ist das unmöglich. Und da liegt der Fehler: Wir dürfen nicht unterstellen, dass die Zeit für beide Beobachter gleich schnell vergeht.«

Da erinnerte ich mich an das Zwillingsparadox, wie Opa es mir erklärt hatte. Das war auch ein Paradox der zweiten Art, weil wir zu Unrecht angenommen hatten, dass die Zeit für beide Zwillinge gleich schnell verläuft. Aber Opa hatte das nur gesagt, er hatte damals nicht erklärt, weshalb das so ist. Damals schien es mir annehmbar, aber nachdem ich jetzt die Folgen gesehen hatte, konnte ich es nur schwer akzeptieren.

»Das kann doch nicht falsch sein. Es ist doch eine Tatsache, dass die Zeit für Zug A und für Zug B gleich schnell vergeht?«

»Es ist keine Tatsache, sondern eine falsche Unterstellung.«

»Wie kann die Zeit für Zug A und für Zug B denn unterschiedlich verlaufen?«

»Es muss so sein. Eine andere Möglichkeit gibt es nicht, wenn wir von der Konstanz der Lichtgeschwindigkeit ausgehen. Denn was haben wir getan? Wir haben angenommen, dass die Lichtgeschwindigkeit für jeden gleich ist. Und damit haben wir berechnet, wann die Beobachter von Zug B selbst den Lichtstrahl sehen. Und wir haben berechnet, wann sie in der Wahrnehmung der Beobachter in Zug A, die das Geschehen in Zug B verfolgen, den Lichtstrahl sehen. Und weil das einfache Berechnungen sind, wissen wir sicher, dass wir keinen Fehler gemacht haben.«

»Dann muss es falsch sein, dass die Lichtgeschwindigkeit für jeden gleich ist.«

»Nein, daran müssen wir festhalten. Denn das ist experimentell bestätigt und folgt aus den Maxwellschen Gleichungen.«

»Aber Experimente können falsch sein und Gesetze auch.«

»Nein, diese Experimente waren richtig. Und die Maxwellschen Gleichungen auch.«

»Dann verstehe ich das Ganze nicht.«

»Ach Esther, Liebe, damit bist du gewiss nicht allein. Du reagierst genauso wie alle reagieren, die zum ersten Mal hören, was Einsteins spezielle Relativitätstheorie besagt.«

»Stimmt es denn, dass die Zeit nicht für jeden gleich ist?«

»Das stimmt mit Sicherheit. Haben wir es eben nicht selbst errechnet?«

»Aber es klingt so unglaublich.«

»Es ist auch kaum vorstellbar. Und doch müssen wir zugeben, dass es nicht anders sein kann. Da man sowohl theoretisch als auch experimentell bewiesen hat, dass die Geschwindigkeit des Lichtes für jeden gleich ist, muss die Zeit für die Beobachter in Zug A einfach anders verlaufen als für die in Zug B.«

»Das so zu sehen, fällt mir aber nicht leicht.«

»Das ist ganz normal, das geht jedem so. Du kannst nichts anderes tun, als noch einmal zu durchdenken, wie wir zu diesem Schluss gekommen sind.«

»Hm, das also ist die spezielle Relativitätstheorie?«

»Der Anfang davon. Es geht noch viel weiter. Fürs Erste können wir schon eine Schlussfolgerung ziehen. Wie du ausgerechnet hast, nehmen die beiden Beobachter an Spitze und Ende von Zug B das Licht zum gleichen Zeitpunkt wahr. Für den Beobachter in Zug A sehen die beiden in Zug B das Licht nicht zum gleichen Zeitpunkt: Der eine sieht es früher als eine tausendstel Sekunde nach seinem Aufblitzen und der andere später als eine tausendstel Sekunde nach dem Aufblitzen. Wir können das so formulieren: Was für den Beobachter in Zug B gleichzeitig geschieht, geschieht für den Beobachter in Zug A nicht gleichzeitig. Gleichzeitigkeit ist relativ.«

Ich wusste nicht, was ich sagen sollte.

»Es ist das Gleiche wie vorhin, allerdings auf eine andere Weise formuliert. Und haben wir das gestern nicht auch schon gesehen?«

Widerwillig stimmte ich ihm zu.

»Wir müssen also festhalten: Was manchen Beobachtern zufolge gleichzeitig geschieht, geschieht andern Beobachtern zufolge nicht gleichzeitig. Und viel mehr können wir jetzt noch gar nicht sagen. Was habe ich vorhin über den Beobachter in Zug A behauptet? Er sieht, dass der eine Beobachter in Zug B das Licht etwas später sieht als eine tausendstel Sekunde nach dem Aufblitzen der Lampe, der andere dagegen etwas früher als eine tausendstel Sekunde nach deren Aufblitzen. Aber sicher wissen wir das nicht. Denn deine Berechnung beruht auf der Voraussetzung, dass die Länge von Zug B für die Beobachter in Zug A sechshundert Kilometer beträgt.«

»Aber das ist doch auch so?«

»Das wissen wir vorläufig nicht. Später werden wir sehen, dass Einstein zeigen konnte, dass Zug B für die Beobachter in Zug A keine sechshundert Kilometer lang ist. Wir durften nicht einfach davon ausgehen, dass für Zug A und Zug B Gleichzeitigkeit gegeben ist. Genauso wenig dürfen wir davon ausgehen, dass die Längen für Zug A und Zug B gleich sind. Später werden wir sehen, dass die

Längen tatsächlich nicht gleich sind. Um das zu erkennen, betrachten wir die Dinge einmal so, wie Hermann Minkowski sie dargestellt hat.«

Ich war sehr neugierig. Bis hierher schien die gesamte Argumentation wasserdicht zu sein.

Woran ich in dieser Nacht nicht dachte, war, dass wir vom Standpunkt eines stillstehenden Beobachters in Zug A aus argumentiert hatten. Wir hatten so getan, als würde Zug A stillstehen. Wäre ich in dieser Nacht bereits darauf gekommen, dass wir die gleiche Argumentation vom Standpunkt eines Beobachters in Zug B hätten vornehmen können, so als würde Zug B stillstehen und A fahren, dann hätte ich zweifellos heftiger widersprochen.

»Hat Minkowski denn etwas rausgefunden, was Einstein noch nicht wusste?«

»Minkowski hat die Theorie von Einstein auf seine Weise erklärt, und damit wurde alles viel klarer. Du hast bestimmt schon gehört, dass man von der Zeit als der vierten Dimension spricht.«

»Ja, besonders in Science-Fiction-Romanen.«

»Stimmt. Viele Leute halten das für Einsteins große Entdeckung. Damit machen sie gleich zwei Fehler. Erstens kann man nicht einfach sagen, dass die Zeit in der Relativitätstheorie die vierte Dimension ist. Und zweitens stammt die Darstellung dessen, was denn die Zeit in der Relativitätstheorie ist, nicht von Einstein, sondern von Minkowski.«

»Und doch tun alle immer so, als wäre das von Einstein?«

»Alles, was Minkowski darüber gesagt und geschrieben hat, bezieht sich natürlich auf Einsteins spezielle Relativitätstheorie. 1908 – drei Jahre nach Einsteins Veröffentlichung der speziellen Relativitätstheorie – hat Minkowski seine Forschungsergebnisse auf einem Kongress in Köln vorgestellt. Bei dieser Gelegenheit sagte er: ›Meine Herren! Die Anschauungen über Raum und Zeit, die ich Ihnen entwickeln möchte, sind auf experimentell-physikalischem Boden erwachsen. Darin liegt ihre Stärke. Ihre Tendenz ist eine radikale. Von Stund an sollen Raum für sich und Zeit für sich völlig zu Schatten herabsinken, und nur noch eine Art Union der beiden soll Selbstständigkeit bewahren.‹«

»Das klingt ziemlich nach Fachchinesisch.«

»Minkowski war Pole, weißt du. Er meinte Folgendes: Früher wurden Zeit und Raum als zwei unabhängige Größen gesehen, die nichts miteinander zu tun haben. Eine Entfernung im Raum war, wer immer sie auch maß, stets die gleiche Entfernung. Und ein Zeitintervall war stets das gleiche Zeitintervall. Als Einstein seine Relativitätstheorie vorlegte, wurde klar, dass Länge und Zeit keine absoluten Größen sind. Beide, Längenmessung wie Zeitmessung, sind abhängig von der relativen Bewegung zwischen dem, was gemessen wird, und dem, der misst. Und im Anschluss daran hat Minkowski entdeckt, dass ein Zusammenhang besteht zwischen Zeit und Raum: Beide sind nicht unabhängig voneinander.«

»Augenblick. Vorhin hast du erklärt, warum Gleichzeitigkeit relativ ist. Aber wie muss ich mir vorstellen, dass eine Länge nicht für jeden gleich ist? Das ist doch nicht diese Kontraktion wie bei Lorentz?«

»Nein. Lass uns rasch ein Gedankenexperiment veranstalten. Wie würdest du die Länge eines Zuges messen?«

»Das ist einfach. Ich nehme eine Messlatte von einem Meter und schaue, wie oft dieser Meter in den Zug passt. Passt er zehnmal hinein, dann ist der Zug zehn Meter lang. Passt er zweihundertmal hinein, dann ist der Zug zweihundert Meter lang.«

»Das hast du gut gesagt. Einen Körper messen heißt in der Tat schauen, wie oft ein Referenzmaß in den Körper hineinpasst. Aber das ist nur dann so einfach, solange der Zug steht. Wie würdest du die Länge eines Zuges messen, wenn der mit hoher Geschwindigkeit fährt und du neben dem Gleis stehst, auf dem er fährt?«

»Dann ist es schwieriger … Lass mich nachdenken … Ich glaube, man wäre da besser zu zweit. Zwei Personen stehen in einer Entfernung zueinander, die ungefähr der Länge des Zuges entspricht. Wenn der Zug vorbeifährt, dann läuft einer der beiden mit der Spitze und einer mit dem Ende des Zuges mit. Im gleichen Augenblick stecken dann beide einen Stock in den Boden, und zwar genau dort, wo Spitze und Ende des Zuges zu diesem Zeitpunkt sind. Danach kann man in aller Ruhe die Entfernung zwischen den beiden Stöcken messen und erhält die Länge des Zuges.«

Selbstsicher schaute ich Nils an. Ich hatte wirklich das Gefühl, eine intelligente Lösung gefunden zu haben.

»Nicht schlecht, aber du wirst mit dieser Methode auf ein Problem stoßen. Du hast gesagt, beide stecken im gleichen Augenblick einen Stock in den Boden. Wir haben gerade gesehen, dass Gleichzeitigkeit relativ ist. Also wird es schwierig sein, an zwei verschiedenen Orten gleichzeitig einen Stock in den Boden zu stecken. Zwei Ereignisse an verschiedenen Orten, die für einige im gleichen Augenblick geschehen, geschehen für andere nicht im gleichen Augenblick.«

»Du machst es wieder kompliziert«, versuchte ich mich zu retten.

»Aber das zeigt uns, wie kompliziert es ist, etwas mit Sicherheit zu wissen.«

»Und wie lösen wir dann das Problem mit der Länge des fahrenden Zuges?«

»Das Problem ist, dass die Beobachter, die sich außerhalb des Zuges befinden, wissen müssen, wo sich Spitze und Ende des Zuges zu einem identischen Zeitpunkt befinden, also gleichzeitig für die Beobachter außerhalb des Zuges. Und da ist noch ein zweiter Punkt. Sie dürfen mit dem Zug nicht mitlaufen, denn sie wollen die Länge des fahrenden Zuges vom Standpunkt ruhender Beobachter aus messen. Wenn sie mitlaufen, messen sie die Länge des Zuges, wenn dieser in Bezug auf sie stillsteht.«

Ich nickte etwas verzweifelt.

»Du musst also Folgendes tun: Du stellst eine ganz lange Reihe von Beobachtern nebeneinander auf. Sie haben alle eine sehr genau gehende Uhr. Dann werden sie natürlich alle ihre Uhr mit der des ersten Beobachters in der Reihe abgleichen. Sie haben verabredet, dass der Erste genau dann, wenn es auf seiner Uhr zwölf Uhr ist, ein Lichtsignal geben wird.«

Nils zeichnete diese Versuchsanordnung auf.

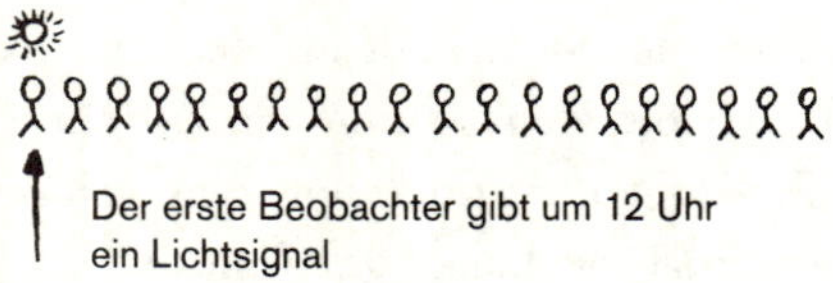

»Jeder in der Reihe wird dann zu einem bestimmten Zeitpunkt das Lichtsignal sehen. Exakt stellen sie ihre Uhren auf die richtige Zeit ein; das wird für jeden etwas nach zwölf Uhr sein, weil das Lichtsignal eine bestimmte Zeit braucht, ehe es sie erreicht. Wenn alle genau wissen, wie weit sie vom Ersten in der Reihe entfernt sind, dann können sie berechnen, wie lange das Lichtsignal braucht, bis es sie erreicht. Für einen Beobachter, der dreihundert Kilometer vom Ersten entfernt ist, wird es eine Milli Sekunde dauern. Sobald er das Signal sieht, wird er seine Uhr auf eine Milli Sekunde nach zwölf stellen, denn mittlerweile zeigt die Uhr des Ersten auch schon eine Milli Sekunde nach zwölf an. Und erinnere dich daran, dass alle Beobachter relativ zueinander stillstehen.«

»Wie können die Beobachter so schnell reagieren?«

»Es ist ein Gedankenexperiment, vergiss das nicht. In der Praxis ist das vermutlich nicht so einfach. Sie haben möglicherweise eine Uhr mit einem lichtempfindlichen Sensor: Sobald die Uhr das Lichtsignal bemerkt, stellt sie aufgrund der vorab in die Uhr einprogrammierten Entfernung automatisch die richtige Zeit ein.«

»Na gut. Sie stellen also alle ihre Uhr auf etwas nach zwölf, abhängig von der Entfernung zwischen ihrem Standort und dem des ersten Beobachters. Können wir dann sagen, dass ihre Uhren alle gleich gehen?«

»Ja. Solange sie alle stillstehen, gehen ihre Uhren gleich. Und das ergibt dann eine Methode, die Länge eines fahrenden Zuges zu messen. Sie haben verabredet, den Zug um ein Uhr zu messen. Alle stehen also hübsch ordentlich nebeneinander, und der Zug kommt angefahren. Exakt um ein Uhr wird die Spitze des Zuges genau bei einem der aufgereihten Beobachter sein.«

Nils zeichnete auch das auf.

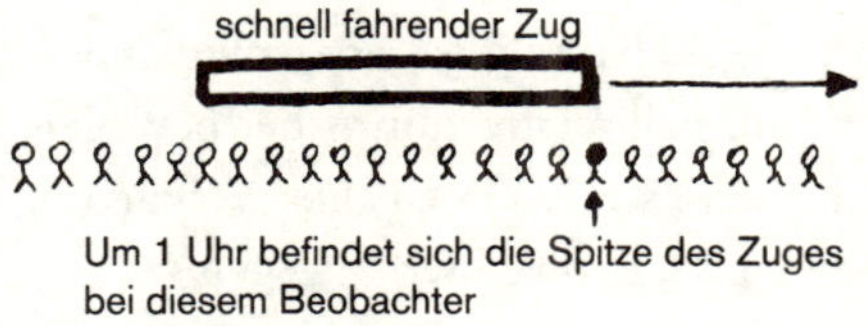

»Dieser Beobachter hebt die Hand. Im gleichen Augenblick (noch immer gemessen an ihrem Standpunkt) befindet sich das Ende des Zuges in Höhe eines anderen Beobachters. Der hebt ebenfalls die Hand.

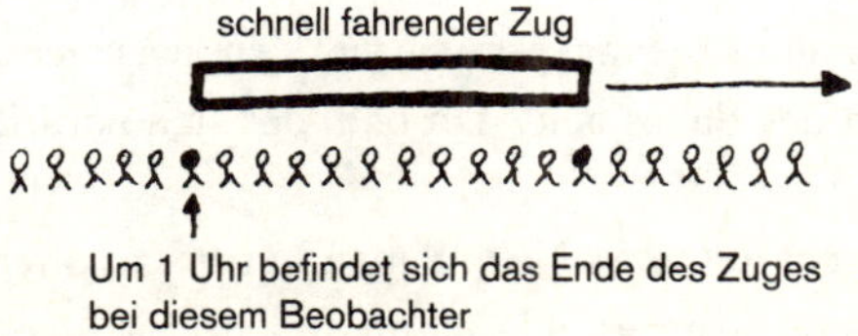

Es gibt also zwei Beobachter, die die Hand heben. Danach kann man die Entfernung zwischen den beiden Beobachtern messen, die die Hand gehoben haben, und erhält damit die Länge des fahrenden Zuges für die ruhenden Beobachter.«

Die nächste Zeichnung entstand.

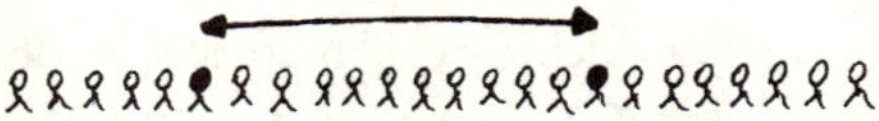

Die Entfernung zwischen diesen Beobachtern ist die Länge des fahrenden Zuges

»Was für ein Umstand, um die Länge eines fahrenden Zuges herauszubekommen. Wäre es nicht besser, in den Zug zu springen und seine Länge dann in aller Ruhe zu messen?«

»Nein, das kann man nicht, denn jemand, der mit dem Zug mitfährt, wird eine andere Länge messen. Die beiden Längen, die sie messen, lassen sich allerdings einfach berechnen. Wenn L die Länge des Zuges für einen ruhenden Beobachter im Zug ist, dann ist die Länge für einen ruhenden Beobachter neben den Gleisen, auf denen der Zug mit der Geschwindigkeit v vorbeifährt, gleich $L \times \sqrt{1 - \frac{v^2}{c^2}}$.«

»He, das ist die Formel von Lorentz!«

»Stimmt. Aber die Bedeutung ist eine völlig andere. Bei Lorentz tritt bei Körpern, die sich relativ zum Äther bewegen, eine Verkürzung auf. Nach Einstein kommt es zu einer Verkürzung bei Körpern, die sich relativ zu einem Beobachter bewegen.«

»Du hast jetzt schon gesagt, dass Gleichzeitigkeit relativ ist und dass Längen relativ sind. Hast du noch mehr solche Überraschungen?«

»Zunächst mal ist auch ein Zeitintervall relativ. Ein Zeitintervall ist die Zeit, die zwischen zwei Ereignissen liegt. Angenommen, dein Vetter Jan wirft einen Ball in die Luft. Eine Zeit lang später fängt er den Ball wieder auf. Die Frage ist, wie viel Zeit zwischen Hochwerfen und Auffangen des Balles liegt. Jan befindet sich natürlich in einem Inertialsystem.«

Es fiel mir nicht auf, dass Nils meinen Vetter Jan offenbar kannte.

Ich antwortete prompt: »Na, dann stellen wir uns zuerst einen

Beobachter B vor, der im Hinblick auf Jan stillsteht. Er hat also die gleiche Vorstellung von Gleichzeitigkeit wie Jan und kann auf seiner Uhr ablesen, wie spät es ist, wenn Jan den Ball in die Luft wirft – ihre Uhren gehen ja aufgrund ihrer Standpunkte gleich –, und auch, wenn Jan den Ball wieder auffängt. Nun muss er noch die beiden Zeiten voneinander subtrahieren, und er hat das Zeitintervall.«

»Gut argumentiert. Aber was ist, wenn sich der Beobachter mit einer konstanten Geschwindigkeit relativ zu Jan bewegt?«

»Dann kann er die Zeit nicht mehr allein messen. Er muss eine Reihe von Beobachtern haben, die relativ zu ihm stillstehen. Wir können uns vorstellen, dass sie alle in einem Zug stehen, der an Jan vorbeifährt. Sie stehen alle schön ordentlich in einer Reihe am Fenster und haben zuvor ihre Uhren verglichen. Der Beobachter aus dieser Reihe, der in dem Augenblick in Jans Höhe ist, wenn der den Ball hochwirft, muss die Zeit notieren.«

Nils half mir, indem er das wiederum aufzeichnete.

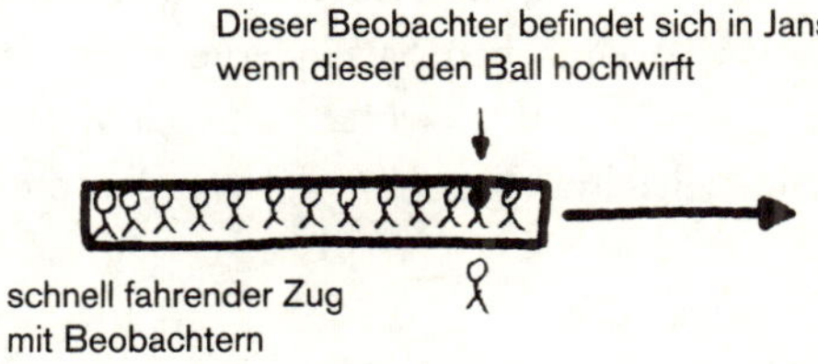

»Der Beobachter aus der Reihe, der in Jans Höhe ist, wenn dieser den Ball auffängt, muss ebenfalls die Zeit notieren. Die Differenz zwischen diesen beiden Zeiten ist das Zeitintervall, wie es die bewegten Beobachter gemessen haben.«

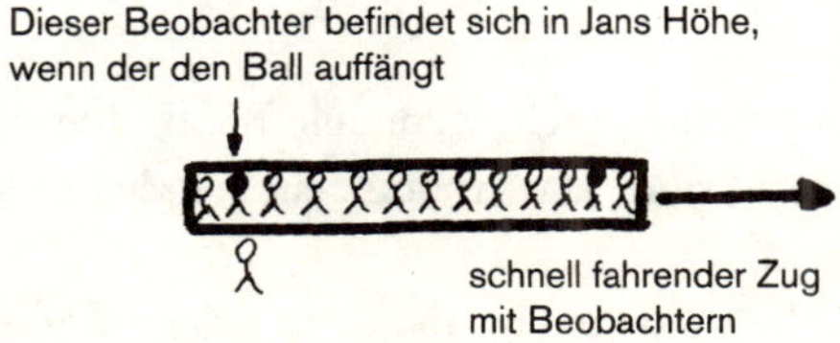

»Bravo. Auch hier gibt es wieder eine Formel, die den Zusammenhang zwischen den beiden Zeitintervallen erfasst, die der ruhende einerseits, die Beobachter in Bewegung andererseits messen. Misst der ruhende Beobachter ein Zeitintervall T und bewegen sich die bewegten Beobachter relativ zu Jan mit einer Geschwindigkeit v, dann werden die bewegten Beobachter ein Zeitintervall $T \times \sqrt{1 - \frac{v^2}{c^2}}$ messen. Da die Zahl unter der Quadratwurzel kleiner ist als 1, werden sie eine kürzere Zeitdauer erhalten als der ruhende Beobachter. Es erscheint so, als würde die Uhr der bewegten Beobachter langsamer gehen als die des ruhenden Beobachters.«

Irgendetwas daran erschien mir merkwürdig. »Du versuchst doch nicht, mir einen Bären aufzubinden?«

»Es ergibt sich alles aus Einsteins beiden Thesen.«

Die kannte ich mittlerweile auswendig: Die Lichtgeschwindigkeit ist konstant, und alle Beobachter in einem Inertialsystem sind gleichwertig. Eigentlich seltsam, dass derartig merkwürdige Dinge wie die Relativität von Längen und Zeiten und auch der Gleichzeitigkeit sich aus zwei so einfachen Sätzen ergeben … In meinem Kopf dröhnte es: ›… und alle Beobachter sind gleichwertig … Und alle Beobachter sind gleichwertig.‹ Hoppla! Das konnte doch gar nicht sein!

»Nils? Ich sehe ein Paradox.«

»Ein Paradox? Wo denn?«

Er wandte sich um und ließ seinen Blick durchs Zimmer schweifen.

»Ach Nils! Hör doch! Vorhin hast du gesagt, die Uhren der sich angeblich bewegenden Beobachter würden nachgehen, gemessen an denen der angeblich ruhenden Beobachter.«

»Stimmt.«

»Aber das ist doch unmöglich, wenn alle Beobachter in Inertialsystemen gleichwertig sind? Das ist doch ein Paradox, oder?«

Er nickte grinsend.

Das machte mir Mut. »Ist es eins der ersten, der zweiten oder der dritten Art?«, fragte ich.

»Was denkst du selbst?«, fragte er zurück.

»Hm. Bestimmt ist es keins der ersten Art. Und eines der dritten Art wird es auch nicht sein, weil wir uns mit seriöser Wissenschaft beschäftigen.«

»Gödel hat sich auch mit seriöser Wissenschaft beschäftigt und trotzdem ein Paradox der dritten Art verwendet.«

»Trotzdem habe ich das Gefühl, dass uns, wenn es um die spezielle Relativitätstheorie geht, unsere Intuition ständig an der Nase rumführt. Deshalb denke ich, es ist eins der zweiten Art.«

»Gegen eine derartige Logik ist kein Kraut gewachsen. Du hast Recht.«

»Kannst du es mir erklären?«

»Erst will ich noch mal zusammenfassen, was du schon begriffen hast. Einstein hat zwei Thesen formuliert. Die erste besagt, dass die Lichtgeschwindigkeit konstant ist. Die zweite, dass Beobachter in Inertialsystemen gleichwertig sind. Wir haben dann gezeigt, dass diese Thesen nur dann wahr sein können, wenn Gleichzeitigkeit relativ ist und wenn auch Längen und Zeitintervalle relativ sind.«

»Das hast du eigentlich nur für die Gleichzeitigkeit getan. Für die beiden Letzten hast du es zwar gesagt, aber du hast nicht gesagt, weshalb es so ist«, präzisierte ich.

»Das stimmt. Dazu bräuchten wir eigentlich etwas Mathematik. Das wäre zwar nicht allzu schwierig, aber wir kommen auch ohne aus, weil Minkowski es uns einfach gemacht hat. Und zwar mit Zeichnungen wie dieser hier.«

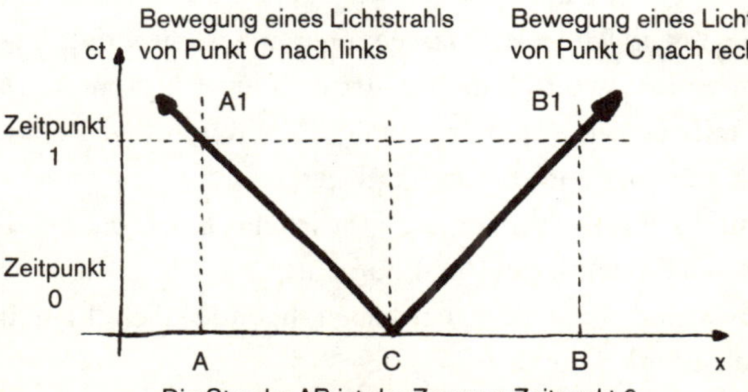

Die Strecke AB ist der Zug zum Zeitpunkt 0
Die Strecke A1B1 ist der Zug zum Zeitpunkt 1

Ich schluckte. Wenn das die einfachen Zeichnungen von Minkowski waren, dann stand mir ja noch einiges bevor.

»Hübsch, nicht?«, sagte er grinsend.

»Sieht aus wie ein Bild von Mondrian. Etwas farblos, aber nicht schlecht.«

»Das ist die Zeichnung eines Zuges auf einem Bahngleis.«

Ich verdrehte die Augen.

»Schematisch natürlich. Die horizontale x-Achse, die du hier siehst, ist das Gleis zum Zeitpunkt 0, beispielsweise um zwölf Uhr mittags. Alle Punkte auf einer horizontalen Linie stellen Ereignisse dar, die sich gleichzeitig auf dem Bahngleis ereignen; diese Linien sind also – für Beobachter, die neben dem Bahngleis stehen – Linien der Gleichzeitigkeit. Zieht man weitere horizontale Linien, dann sind dies Darstellungen des Bahngleises zu anderen Zeitpunkten: und zwar auf den horizontalen Linien oberhalb der x-Achse nach Zeitpunkt 0, auf den horizontalen Linien unterhalb der x-Achse früher als Zeitpunkt 0. Die vertikale Linie ist die Zeitachse und gibt die Zeitrichtung an. Ein Pfeil zeigt nach oben, um zu zeigen, dass die Zeit von unten nach oben verläuft. Jede vertikale Linie, etwa die vertikalen (gestrichelten) Linien durch die Punkte A und B, stellt einen Punkt des Bahngleises dar, das während der ganzen Zeit stillsteht, weil sich ein Bahngleis nicht bewegt. Die beiden Punkte A und B, die du siehst, sind nicht nur Punkte des Bahngleises, sondern sie könnten auch Spitze und Ende eines stillstehenden Zuges bezeichnen. Punkt C wäre dann die Zugmitte. Wir können uns vorstellen, dass ein Zug aus unendlich vielen Massenpunkten besteht. Immer, wenn wir wissen wollen, wo sich diese Punkte zu einer bestimmten Zeit befinden, müssen wir eine horizontale Linie durch den Zeitpunkt ziehen. Ich habe das zum Beispiel hier getan.«

Nils deutete auf die horizontale gestrichelte Linie, die bei Zeitpunkt 1 durch die Punkte A1 und B1 geht.

»Da sich A und B nicht bewegt haben, befinden sich A1 und B1 auf vertikalen Linien durch A und B.«

»Und was sind diese beiden schrägen Linien durch Punkt C?«

»Das sind zwei Lichtstrahlen, die von Punkt C ausgehen. Der eine in Richtung B, der andere in Richtung A. Weil das Licht eine konstante Geschwindigkeit hat, wird es durch eine schräg verlaufende Gerade dargestellt.«

»Und wieso bildet die einen Winkel von fünfundvierzig Grad?«

»Gut, dass dir das auffällt. Der Einfachheit halber wählen wir den Maßstab für Zeit und Länge so, dass ein Winkel von fünfundvierzig Grad entsteht. Würden wir in Kilometern und Sekunden zeichnen, dann würden wir die Linie des Lichtes nicht darstellen können. Denn in einer Sekunde legt das Licht dreihunderttausend Kilometer zurück. Die Punkte für das Licht nach einer Sekunde müssten also dreihunderttausend Kilometer weit links und rechts liegen. Weil das ziemlich unpraktisch wäre, wählen wir als Entfernungseinheit einen Kilometer und als Zeiteinheit eine Sekunde geteilt durch dreihunderttausend. Auf der Zeichnung deuten wir das durch die Bezeichnung ct an. Innerhalb der Spanne von einer dreihunderttausendstel Sekunde legt das Licht einen Kilometer zurück. Wenn wir jetzt zur Darstellung für einen Kilometer die gleiche Einheit wählen wie für eine dreihunderttausendstel Sekunde, dann wird ein Lichtstrahl durch eine Linie im Winkel von fünfundvierzig Grad wiedergegeben. Mit diesem Verfahren erhalten wir zugleich eine klare und einfache Zeichnung.«

»Gut.«

»Auf der Zeichnung kannst du auch ablesen, wie wir Gleichzeitigkeit definieren. Da das Licht immer und überall dieselbe Geschwindigkeit hat, wird es gleichzeitig in A1 und B1 ankommen. Wir sehen auf der Zeichnung, dass dies tatsächlich gleichzeitig geschieht, weil A1 und B1 auf einer Horizontalen liegen. Diese sind, wie gesagt, Linien der Gleichzeitigkeit.«

Das war klar. Aber ich hatte eine andere Frage.

»Wie aber müssen wir einen Zug zeichnen, der auf dem Gleis fährt?«

»Wenn er mit konstanter Geschwindigkeit fährt, dann müssen wir den Zug durch eine schräg verlaufende Gerade darstellen. Ich zeichne mal einen fahrenden Zug ein, der den ersten Zug zu dem Zeitpunkt passiert, an dem unsere Zeitachse anfängt, das heißt also auf der horizontalen Linie.«

Auf einer neuen Zeichnung zog Nils zwei fast vertikale Linien durch die Punkte A und B.

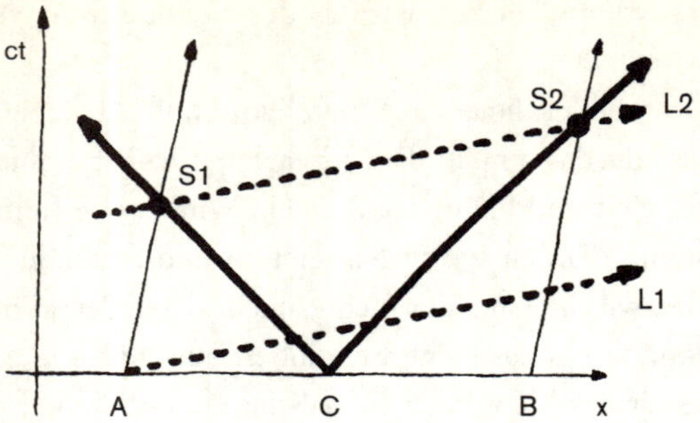

»Diese beiden mit einem Pfeil versehenen fast vertikalen Geraden sind die Linien, die die Bewegung von Spitze und Ende des fahrenden Zuges darstellen. Derartige Linien hat Minkowski Weltlinien genannt.«

»Das sind doch diese Linien, die wir schon bei Newton gesehen haben?«

»Das hast du gut behalten. Wie du dort gesehen hast, stellen die Weltlinien dar, wie sich ein Massenpunkt eines Körpers durch Zeit und Raum bewegt. Die beiden Linien von fünfundvierzig Grad, welche die von C ausgehenden Lichtstrahlen darstellen, sind ebenfalls eingezeichnet. Und – gestrichelt – auch noch eine fast horizontale Linie L1. L1 gibt die Richtung der Ereignisse an, die für die Beobachter im fahrenden Zug gleichzeitig stattfinden. Diese Linie hat eine andere Richtung als jene Horizontale, die angibt, welche Ereignisse die Beobachter neben dem Gleis, auf dem der Zug fährt, gleichzeitig wahrnehmen. Der Schnittpunkt eines der Lichtstrahlen mit der Linie stellt einen Punkt des fahrenden Zuges dar. Und zwar bezeichnet er den genauen Zeitpunkt und den genauen Ort, an denen der Lichtstrahl den Zug erreicht. Diese Schnittpunkte liegen auf einer Linie L2, die parallel zu L1 verläuft. Die beiden Schnittpunkte bezeichnen also Ereignisse, die Beobachter im Zug gleichzeitig wahrnehmen. Wir sehen, dass das Licht für die Beobachter im fahrenden Zug zum gleichen Zeitpunkt Spitze und Ende des Zuges erreicht. Diese Schnittpunkte S1 und S2 liegen nicht auf einer Horizontalen, also nehmen die ruhenden Beobachter außerhalb des Zuges sie auch nicht gleichzeitig wahr.«

»Ich sehe. Die Zeichnung zeigt, dass Gleichzeitigkeit ein relativer Begriff ist.«

»Genau.«

»Und wie kann man auf dieser Zeichnung erkennen, dass auch Länge und Zeitspanne relativ sind?«

»Das demonstriere ich dir auf einer anderen Zeichnung.«

S2 bezeichnet gleichzeitige Ereignisse im Zug
S1 ist die Zeitlinie für den Zug
Der Winkel zwischen B und S1 ist gleich dem Winkel zwischen B und S2
0E ist die Länge von 1 Meter für einen Beobachter neben dem Bahngleis
0e' ist die Länge von 1 Meter, wie ein Beobachter im Zug sie sieht
0E' ist die Länge von 1 Meter für einen Beobachter im Zug
0e ist die Länge von 1 Meter, wie ein Beobachter neben dem Zug sie sieht

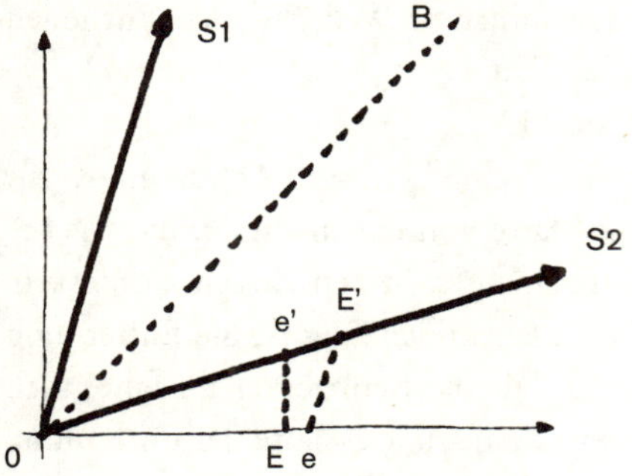

»Das müsstest du mir doch etwas deutlicher erklären.«

»Nur keine Panik. Auf dieser Zeichnung sehen wir wieder einen stillstehenden und einen fahrenden Zug. Die vertikale Linie zeigt, wie die Zeit für den stehenden Zug voranschreitet. Die Horizontale stellt den stehenden Zug zum Zeitpunkt 0 dar. Diese Horizontale gibt auch die Richtung von Ereignissen an, die für die Beobachter im fahrenden Zug gleichzeitig geschehen. Alles klar?«

Ich nickte.

»Diese gestrichelte Linie B, die den rechten Winkel genau halbiert, soll einen Lichtstrahl darstellen. Die Linie bildet einen Winkel von fünfundvierzig Grad, weil wir zur Darstellung den gleichen Trick anwenden wie beim letzten Mal: Wir wählen unsere Einheiten so, dass ein Lichtstrahl eben diesen Winkel von fünfundvierzig Grad beschreibt. Diese Linie B ist auch die Winkelhalbierende zwischen S1 und S2 des fahrenden Zuges. Das muss so sein, denn die Lichtgeschwindigkeit im fahrenden Zug ist gleich der Lichtgeschwindigkeit für einen stillstehenden Zug. Darum können wir auch die Linie S2 ganz einfach zeichnen, wenn wir die Linie S1 – die einen Massenpunkt in Bewegung darstellt – kennen. S2 muss so gezogen werden, dass ein Lichtstrahl die Winkelhalbierende von S1 und S2 bildet. Man kann das auch mathematisch ableiten, aber diese Berechnungen schenken wir uns an dieser Stelle. Nimm mir einfach ab, dass wir auf diese Weise eine stimmige Zeichnung erhalten. Würden wir noch einen dritten Zug mit einer anderen Geschwindigkeit zeichnen, dann wäre der Lichtstrahl ebenfalls die Winkelhalbierende für die beiden Linien dieses dritten Zuges. Der Lichtstrahl ist für jeden Zug die Winkelhalbierende. Und warum? Weil das Licht für jeden Zug die gleiche Geschwindigkeit hat.«

»Und wofür stehen e, e', E und E'?«

»Alle vier, ob klein oder groß geschrieben, sind Abkürzungen für ›Einheitslänge‹. Das ist die Messlatte von einem Meter, die wir benutzen, um Abstände und Entfernungen in den Zügen zu messen. Die Messlatte der Beobachter im stehenden Zug ist die Entfernung zwischen den Punkten 0 und E. Für die Beobachter im fahrenden Zug entspricht die Länge dieser ruhenden Messlatte der Entfernung zwischen 0 und e'. Die Messlatte der Beobachter im fahrenden Zug ist so lang wie die Entfernung zwischen 0 und E'. Die Entfernung zwischen 0 und e wiederum entspricht der Messlatte für die Beobachter im stehenden Zug.«

Das hatte ich alles verstanden. Aber trotzdem konnte ich auf dieser Zeichnung noch nichts Besonderes entdecken.

»Was kannst du dieser Zeichnung nun ablesen? Die ruhenden Beobachter nehmen die Messlatte der bewegten Beobachter tatsächlich kürzer wahr als ihre eigene Messlatte. Die Entfernung zwischen 0 und e ist kürzer als die zwischen 0 und E.«

Ich starrte auf die Zeichnung. Nun sah ich, was Nils meinte, aber da war noch etwas anderes …

»Ja, aber … Ich … äh …«

Mein Gehirn lief auf vollen Touren.

»Nein! Das geht nicht!«, rief ich plötzlich. »Die Länge einer ruhenden Messlatte ist ja auch für die Beobachter im fahrenden Zug kürzer als ihre eigene Messlatte.«

»Na und?«

»Aber das geht doch nicht, oder? Wenn die erste kürzer ist als die zweite, wie kann dann die zweite kürzer sein als die erste?«

»Hat Galilei nicht gesagt, dass kein Unterschied gefunden werden kann zwischen Inertialsystemen, die sich relativ zueinander gleichförmig bewegen? Nichts anderes sagt auch Einstein in seiner zweiten These: Beobachter in Inertialsystemen sind gleichwertig. Zwischen zwei Beobachtern in zwei Inertialsystemen auf zwei nebeneinander verlaufenden Bahngleisen gibt es keinen Unterschied. Wenn ein Beobachter in einem fahrenden Zug eine einen Meter lange Messlatte in die Richtung der Zugbewegung hält, dann sieht der Beobachter im stillstehenden Zug, dass diese Messlatte kürzer ist als seine eigene. Aber auch umgekehrt: Der Beobachter im fahrenden Zug sieht, dass die Messlatte des ruhenden Beobachters kürzer ist als seine eigene. Also sehen beide, dass die Messlatte des anderen Beobachters kürzer ist als die eigene. Schließlich sind die beiden Beobachter gleichwertig.«

»Das ist einfach unglaublich.«

»Das war es auch für die meisten Leute. Aber in Wahrheit ist auch das nur eine logische Folgerung aus Einsteins Entdeckungen. Wenn es stimmt, dass die Lichtgeschwindigkeit stets gleich ist, und wenn es keinen Unterschied zwischen Inertialsystemen gibt, dann müssen beide Beobachter gleichwertig sein. Und für jeden ist die Messlatte des anderen kürzer als die eigene. Darin liegt auch die Lösung für dein Paradox von vorhin. Weißt du noch? Du bist auf ein Paradox gestoßen, weil du glaubtest, dass es doch einen Unterschied zwischen einem bewegten und einem ruhenden Beobachter gibt. Jetzt siehst du, wie sich das Paradox auflöst: Die Messlatte des bewegten Beobachters ist für den ruhenden Beobachter kürzer, und für den bewegten Beobachter ist die Messlatte des ruhenden Beobachters ebenfalls kürzer. Und damit sind sie gleichwertig.«

»Das ist schwer gewöhnungsbedürftig. Wenn so verwirrende Dinge tatsächlich daraus folgen, dass die Lichtgeschwindigkeit konstant ist und alle Inertialsysteme gleichwertig sind, dann glaube ich eher, dass mit diesen beiden Behauptungen etwas nicht stimmen kann.«

»Das verstehe ich. Aber ich kann nur wiederholen: Die Gleichwertigkeit der Systeme hat Galilei schon vor einigen Hundert Jahren entdeckt, und noch nie hat man irgendetwas gefunden, das dieser Entdeckung widerspricht. Auch die Konstanz der Lichtgeschwindigkeit wurde in vielen Experimenten bewiesen und ist zudem in den Maxwellschen Gleichungen enthalten. Einsteins Schlussfolgerung muss also richtig sein.«

»Aber wie kann es sein, dass ein Meter in Bewegung kürzer ist als einer, der ruht, und dass derselbe ruhende Meter kürzer ist als derselbe in Bewegung?«

»Das können wir nur akzeptieren, wenn wir einsehen, was es bedeutet. Und dafür müssen wir zu dem zurückkehren, was Minkowski über Raum und Zeit gesagt hat. In unseren Zeichnungen haben wir nur zwei Dimensionen: eine Raumdimension und eine Zeitdimension. Eigentlich gibt es in der Welt um uns her aber drei Raumdimensionen und eine Zeitdimension, zusammen also vier. Doch kann man, wie Minkowski sagte, Raum und Zeit nicht voneinander trennen. Wir können das auch anhand unserer zweidimensionalen Zeichnung erkennen. Wenn wir einen Zug zeichnen, dann müssten wir eigentlich eine Art Wurst zeichnen. Schau! Wir zeichnen die Weltlinien von Spitze und Ende des Zuges nebeneinander. Beide Linien verlaufen parallel, denn Spitze und Ende bleiben stets gleich weit voneinander entfernt. Alles zwischen diesen beiden Linien ist dann der übrige Zug: also unendlich viele Linien, dicht an dicht, die Weltlinien aller Massenpunkte des Zuges. Die Zeichnung eines Zuges sieht dann so aus:

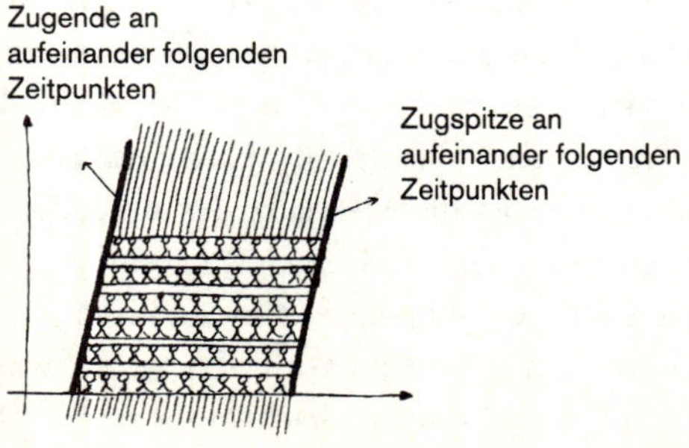

Die Schräglinien sind die Weltlinien verschiedener Punkte des fahrenden Zuges. Die horizontalen Linien stellen den Zug zu einem bestimmten Zeitpunkt dar. Auf der Zeichnung sehen wir also den gleichen Zug ganz oft, aber jedes Mal zu einem anderen Zeitpunkt. Eigentlich gibt es für jeden Zeitpunkt eine derartige horizontale Linie, es müsste demnach unendlich viele horizontale Linien geben. Eigentlich müsste es auch unendlich viele fast vertikale Linien geben: die Weltlinien eines jeden Punktes im Zug. Der Zug ist dann identisch mit der Gesamtheit all dieser horizontalen und vertikalen Linien – eigentlich so eine Art Wurst.«

Ich nickte.

»Minkowski hat das sehr schön ausgedrückt: Er sagte, dass ein eindimensionaler Körper – wie unser Zug – eigentlich kein eindimensionaler Körper ist, sondern ein zweidimensionaler Körper, der eine Raum- und eine Zeitkomponente hat, so wie in unserer Zeichnung: also eine Art zweidimensionale Wurst. Wenn wir sehen wollen, wie lang die Schnittfläche dieser Wurst in einem bestimmten Koordinatensystem ist, dann schneiden wir die Wurst parallel zu dessen x-Achse durch. Wir betrachten jedes Stückchen Zug zum gleichen Zeitpunkt vom Standpunkt eines bestimmten Beobachters aus. Es ist wichtig, dass wir sagen: vom Standpunkt eines bestimmten Beobachters aus. Denn ›zum gleichen Zeitpunkt‹ ist ein relativer Begriff. Was für den einen Beobachter gleichzeitig geschieht, muss dies nicht für einen anderen Beobachter tun.«

Nils zeichnete eine x-Achse.

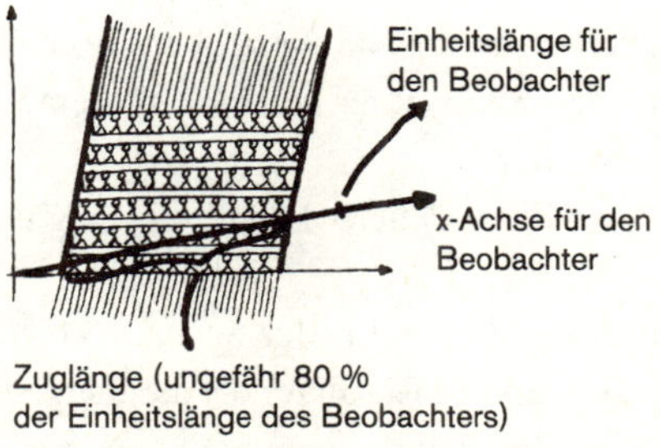

»Für diesen Beobachter ist die Länge des Zuges gleich achtzig Prozent seiner Einheitslänge. Betrachten wir den Zug von einem anderen Koordinatensystem aus – oder durch die Augen eines anderen Beobachters –, dann müssen wir die Wurst auf eine andere Art durchschneiden, und zwar parallel zur x-Achse dieses anderen Systems. Und diese x-Achse ist dann wiederum auch keine Horizontale. Um die Länge zu bestimmen, müssen wir die Länge der Schnittfläche mit der Einheitslänge der x-Achse dieses anderen Systems vergleichen. So erhalten wir die Länge des Zuges in diesem anderen System.«

Nils zeichnete eine andere x-Achse.

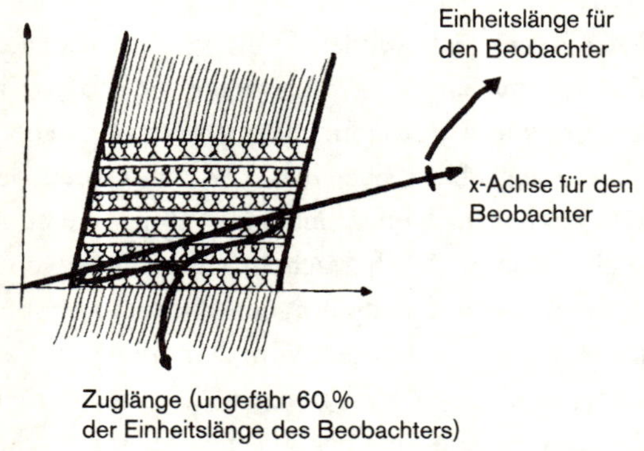

»Für diesen Beobachter entspricht die Länge des Zuges sechzig Prozent seiner Einheitslänge. Diese Einheitslängen sind für beide Beobachter gleich, auch wenn sie auf der Zeichnung nicht gleich aussehen. Für den zweiten Beobachter ist der Zug demnach kürzer als für den ersten Beobachter.«

»Aber was ist dann die wirkliche Länge dieser Wurst, ich meine dieses Zuges?«

»Jetzt nähern wir uns dem Kern der Sache. Manche sagen: Die Länge von bewegten Körpern ist kürzer als die Länge von ruhenden Körpern. Aber das ist völlig falsch, denn man kann nicht bestimmen, was ein bewegter Körper und was ein ruhender Körper ist. Vielmehr wird im Koordinatensystem des einen Körpers der andere Körper kürzer erscheinen, und im Koordinatensystem des anderen wird der erste Körper kürzer erscheinen. Es gibt also keine wirklich absolute Länge eines Körpers. Es gibt nur eine Länge in Bezug auf ein bestimmtes Koordinatensystem, in dem sich der Körper mit einer bestimmten Geschwindigkeit bewegt. Ruht er relativ zu diesem System, dann erscheint die Länge normal. Bewegt er sich aber, dann erscheint der Körper verkürzt. Doch er ist nicht wirklich verkürzt.«

Nils hielt kurz inne.

»Und in jedem System, das sich mit einer je eigenen Geschwindigkeit bewegt, wird der Körper eine andere Länge haben. Keine davon jedoch ist seine ›wirkliche‹ Länge. Der Körper ist ja zweidimensional, und die Länge in einem bestimmten System stellt nichts anderes dar als die Länge der Schnittfläche dieses Körpers in diesem System. Stell dir vor, du würdest den Schatten messen, den ein Stock auf eine Mauer wirft. Abhängig davon, wie du den Stock hältst, wird die Länge des Schattens größer oder kleiner sein. Aber du kannst nur die Länge der verschiedenen Schatten messen und nicht die Länge des Stockes. Für eine bestimmte Haltung des Stockes wird die Länge seines Schattens maximal sein, aber auch das ist nicht ›die‹ Länge des Stockes; es ist einfach ›die‹ Länge ›eines‹ Schattens. ›Die‹ Länge ›des‹ Schattens gibt es also nicht. Mit Körpern in unserer Welt verhält es sich genauso. Wir haben in unserer dreidimensionalen Welt immer ›die‹ Länge ›eines‹ Schattens eines vierdimensionalen Körpers, aber nie die Abmessung des Körpers selbst. Alle Körper in unserer Welt sind nichts anderes als ein Schatten eines vierdimensionalen Körpers. Wir können lediglich die Länge des Schattens messen, den ein Körper in unserer Welt wirft, aber nicht die Länge des Körpers selbst. Wir sehen in unserer Welt ja auch nur einen der vielen Schatten des Körpers. – Vielleicht verstehst du jetzt, weshalb im Minkowski-Zitat von vorhin von Schatten die Rede ist.«

»Das wird aber jetzt alles sehr philosophisch.«

»Und doch ist es physikalisch. Es geht um wirkliche Verhältnisse zwischen Körpern. Und diese sollten wir durch Messungen bestimmen können.«

»Man kann wirklich messen, dass ein Körper kürzer wird?«

»Du darfst nie sagen, dass ein Körper kürzer ›wird‹. Relativ zu einem bewegten Koordinatensystem hat der Körper einfach eine andere Länge, als er sie relativ zu einem unbewegten Koordinatensystem hat. Das könnte man experimentell beweisen. Diese Möglichkeit zeichnet eine große Theorie aus; eine Theorie, die Voraussagen trifft, die tatsächlich verifiziert werden können.«

»Du sagst, man könnte es tun, aber man hat es nicht getan. Ist das kein fauler Trick von dir?«

»Und doch können wir sicher sein, dass man tatsächlich eine andere Länge messen würde, falls man den Versuch durchführt. In der Zeichnung von vorhin könnten wir auch die Einheitslängen der Zeit einzeichnen. Wir würden dann das Gleiche erkennen wie mit den Längen. Auch Zeitintervalle von Beobachtern in verschiedenen Inertialsystemen werden von den jeweiligen Beobachtern als kürzer wahrgenommen. Das Zeitintervall des ersten Beobachters erscheint kürzer, wenn es vom zweiten Beobachter gemessen wird. Und zugleich ist das Zeitintervall des zweiten Beobachters kürzer, wenn es vom ersten Beobachter gemessen wird. Aus diesem Grund sagen manche auch, dass Uhren in Bewegung langsamer gehen.«

»Das hast du selbst gesagt, vorhin, als wir das Gedankenexperiment mit Jan und seinem Ball unternommen haben. Das Zeitintervall zwischen dem Hochwerfen und dem Auffangen des Balles scheint für einen Beobachter, der sich relativ zu Jan bewegt, in der Tat kürzer. Aber wie soll ich mir denn vorstellen, dass Uhren langsamer gehen?«

»Es ist dasselbe wie mit der Länge. Mal angenommen, du hast zwei Züge. Der erste Zug steht still, und der zweite fährt mit hoher Geschwindigkeit am ersten vorbei. Im stehenden Zug sind viele Beobachter postiert, einer neben dem andern. Sie haben alle nach der bereits beschriebenen Methode ihre Uhren miteinander abgeglichen.

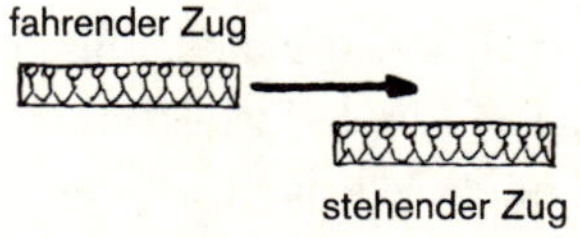

An der Spitze des fahrenden Zuges steht ein bestimmter Beobachter. Sobald dieser exakt auf der Höhe des ersten Beobachters im stehenden Zug ist, gleicht er seine Uhr mit der Uhr dieses Beobachters ab.

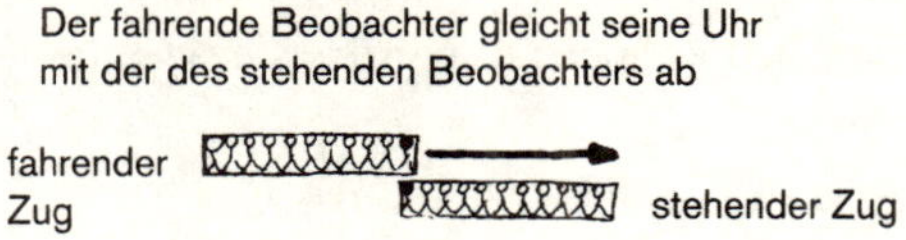

Während der fahrende Beobachter dann an den anderen Beobachtern im stehenden Zug vorbeifährt, schaut er auf die Uhren aller dieser Beobachter; so wie diese auf die Uhr des fahrenden Kollegen schauen. Und dabei werden sie etwas Merkwürdiges entdecken. Denn der fahrende Beobachter wird feststellen, dass die Uhren all dieser stehenden Beobachter, an denen er vorbeikommt, im Vergleich zu seiner eigenen Uhr sämtlich nachgehen. Und all die stehenden Beobachter werden sehen, dass die Uhr des fahrenden Beobachters gemessen an ihrer eigenen Uhr nachgeht.«

»Das geht doch nicht? Wie kann eine Uhr denn gemessen an einer anderen vorgehen, während diese relativ zur ersten ebenfalls vorgeht?«

»Das erscheint in der Tat unmöglich, und doch ist es so. Das ist überhaupt nichts anderes als das, was wir vorhin mit den Längen gesehen haben, die kürzer erscheinen. Immer wieder: Es gibt keinen Unterschied zwischen Beobachtern in Inertialsystemen. Ginge die Uhr des einen Beobachters gemessen an denen der bewegten Kollegen nach und umgekehrt nicht, bestünde ein Unterschied zwischen den Beobachtern. Dieser eine Beobachter kann behaupten, dass er ruht und die andern sich sämtlich bewegen; und ebendas können die anderen auch behaupten, nämlich dass sie ruhten und der eine sich bewege. Es darf eben keinen Unterschied geben zwischen den beiden Situationen. Und wenn die eine Uhr, gemessen an all den andern, nachgeht, dann müssen auch all die anderen, gemessen an der einen, nachgehen.«

»Daran muss ich mich erst mal gewöhnen, das geht nicht so schnell …«

»Je mehr Beispiele wir sehen, desto vertrauter werden uns diese

Dinge. Irgendwann hat ein großer Wissenschaftler über die Quantentheorie gesagt: ›Man kann sie nicht verstehen, man kann sich nur daran gewöhnen.‹ Damit meinte er, dass Menschen diese Theorie wahrscheinlich nie wirklich begreifen werden, aber trotzdem damit arbeiten und rechnen können, als würden sie sie ganz verstehen. Das musst du auch tun.«

»Hilfe!«, rief ich verzweifelt.

»Um dir zu helfen, will ich noch einmal zusammenfassen.«

»Gern.«

»Einstein ist von zwei Thesen ausgegangen. Die erste: Die Lichtgeschwindigkeit ist für jeden Beobachter gleich. Und die zweite: Es gibt keinen Unterschied zwischen Beobachtern in Inertialsystemen – Systemen also, die sich relativ zueinander gleichförmig geradlinig bewegen. Daraus können wir ableiten, dass Gleichzeitigkeit ein relativer Begriff ist: Zwei Dinge, die an verschiedenen Orten geschehen, können für den einen Beobachter gleichzeitig sein und für einen anderen Beobachter nicht. Hieraus können wir weiter ableiten, dass Zeitintervalle und auch Längen relativ sind. Damit meinen wir, dass ein Zeitintervall in einem bestimmten Koordinatensystem eine bestimmte Länge hat, die abhängt von der relativen Geschwindigkeit dieses Koordinatensystems. Je größer die Geschwindigkeit, desto langsamer vergeht in diesem Koordinatensystem die Zeit. Nun dürfen wir die Gleichwertigkeit der Beobachter nicht aus dem Auge verlieren, das heißt aber, diese Verlangsamung ist wechselseitig. Das Gleiche gilt für eine Länge: Auch die wird für einen bewegten Körper kürzer. Und auch hier dürfen wir die Wechselseitigkeit nicht aus dem Auge verlieren: Ein Körper, der sich in einem Koordinatensystem bewegt, erscheint in diesem Koordinatensystem kürzer, aber dieses Koordinatensystem selbst wiederum erscheint kürzer in Bezug auf den Körper.«

»Und wo genau ist hier der Unterschied zu Lorentz? Der behauptete doch auch, dass bewegte Körper kürzer werden?«

»Im Unterschied zu Einstein hat Lorentz von einer absoluten Verkürzung gesprochen. Für Lorentz hat jeder Körper eine bestimmte absolute Geschwindigkeit in Bezug auf den absoluten Äther, und diese absolute Geschwindigkeit sorgt dafür, dass der Körper auch auf absolute Weise kürzer wird und nicht auf eine relative Weise. Lorentz zufolge ist das eine Art physikalischer Illusion, das dürfen wir nicht vergessen. Ganz anders bei Einstein. In seinem Gedankensystem gibt es weder eine absolut bewegte Messlatte noch eine absolut ruhende Messlatte. Und da alle Messlatten gleichwertig sind, wird die eine für die andere kürzer erscheinen wie umgekehrt auch die andere kürzer für die eine. Während nach Lorentz die eine kürzer und die andere länger erscheinen wird.«

»Ich würde gern noch mehr darüber hören. Ich verstehe zwar, was du sagst, aber ich glaube, ich kann nicht ganz erfassen, worauf das alles hinausläuft.«

»Keine Sorge, ich gebe dir ein paar konkrete Beispiele, das wird es dir leichter machen.«

»Wahrscheinlich handeln auch diese Beispiele alle von Inertialsystemen und Zügen, die mit konstanter Geschwindigkeit herumsausen?«

»Stimmt. In der speziellen Relativitätstheorie arbeiten wir nur mit Zügen, die mit konstanter Geschwindigkeit über die Erde fahren, und wir unterstellen, dass die Erde flach ist und mit konstanter Geschwindigkeit auf einer Geraden durch den Raum fliegt. Wir könnten auch Raketen nehmen, die sich im freien Raum ohne irgendeine Kraftquelle fortbewegen. Es sind also keine Kräfte wirksam, auch keine Schwerkraft.«

»Das ist dann wahrscheinlich der Unterschied zur allgemeinen Relativitätstheorie?«

»Du sagst es. Die spezielle Relativitätstheorie ist gültig für Inertialsysteme, die sich mit einer konstanten Geschwindigkeit bewegen, weil keine Kräfte auf sie einwirken. Die allgemeine Relativitätstheorie gilt für alle Koordinatensysteme, auf die Kräfte, zum Beispiel die Schwerkraft, einwirken und die einer Beschleunigung unterliegen.«

»Und wie muss ich mir das vorstellen?«

»Die allgemeine Relativitätstheorie ist völlig anders als die spezielle. Aber zuerst müssen wir uns die spezielle Relativitätstheorie richtig aneignen. Und wir müssen wirklich verstanden haben, wie Minkowskis Erklärung funktioniert, denn sie ist einer der Schlüssel zur allgemeinen Relativitätstheorie. Aus diesem Grund haben wir uns mit diesen Zeichnungen beschäftigt.[1] Ohne Minkowski hätte Einstein die allgemeine Relativitätstheorie möglicherweise gar nicht entdeckt.«

»Minkowski hätte das bestimmt gerne gehört.«

»Er hat es leider nicht mehr erlebt. Minkowski war bereits ein paar Jahre tot, als Einstein seine allgemeine Relativitätstheorie vorstellte.«

»Das ist schade ...«

»Zum Glück kennen wir Minkowski nach wie vor als den wirklichen Vater der vierdimensionalen Welt, in der wir leben. Durch ihn haben viele Menschen eine klarere Vorstellung von der speziellen Relativitätstheorie gewinnen können.«

»Ich glaube nicht, dass ich zu diesen Menschen gehöre. Mir kommt es alles so abstrakt vor.«

»Mal angenommen, ich habe ein Auto von vier Metern Länge und du hast eine Garage, die dreieinhalb Meter lang ist. Das sind die Maße von Garage und Auto, allerdings nur, solange dieses hübsch ordentlich neben der Garage geparkt ist. Das Auto passt natürlich nicht in die Garage, es ist ja einen halben Meter zu lang. Aber nehmen wir einmal Folgendes an: Ich fahre mit meinem Auto sehr, sehr schnell, und zwar so schnell, dass es für dich nur noch drei Meter lang ist. Das wäre bei ungefähr hundertneunundachtzigtausend Kilometern pro Sekunde der Fall. Wenn ich mit dieser Geschwindigkeit auf die Garage zufahre, dann passt das Auto sehr wohl hinein. Sobald ich durch das Tor hineinfahre, kannst du dieses schnell schließen, ehe ich mit der Spitze meines Autos die Rückwand deiner Garage berühre.«

[1] Einstein selbst hat aufgeschrieben, welche Bedeutung Minkowski für die Entwicklung der allgemeinen Relativitätstheorie hatte: »Die Verallgemeinerung der Relativitätstheorie wurde sehr vereinfacht durch die Form, die Minkowski der speziellen Relativitätstheorie gegeben hat. Er hat als Erster klar begriffen, dass die Koordinaten von Zeit und Raum formal gleichwertig sind, und hat auf diese Weise ermöglicht, von dieser Tatsache bei der Weiterentwicklung zu profitieren. Die für die allgemeine Relativitätstheorie benötigten mathematischen Hilfsmittel lagen bereits in Form der absoluten Differenzialrechnung vor, die, beruhend auf Untersuchungen von Gauss, Riemann und Christoffel, von Ricci und Levi-Cività zu einem System ausgearbeitet und bereits auf Probleme der theoretischen Physik angewandt wurde.«

»Das Auto soll dann tatsächlich in die Garage passen?«

»Das ist absolut keine Sinnestäuschung, es passt wirklich. Du musst das Tor natürlich sehr schnell schließen. Für einen sehr kurzen Moment wird das Garagentor geschlossen sein und das Auto in seiner ganzen Länge in die Garage passen. Etwas später bohrt sich das Auto allerdings durch die Rückwand der Garage.«

»Das gibt bestimmt einen mordsmäßigen Knall ...«

»Aber die Tatsache gilt: Das Auto passt in die Garage, und zwar von deinem Standpunkt aus gesehen, während du neben der Garage stehst. Aber was geschieht von meinen Standpunkt aus? Für mich im fahrenden Auto ist und bleibt es vier Meter lang, denn in Bezug auf mich steht es still. Und das gilt auch für jeden Beobachter, der sich mit der gleichen Geschwindigkeit fortbewegt wie ich. Wenn ein Zug mit der gleichen Geschwindigkeit neben meinem Auto herfährt und wenn in diesem Zug ein Beobachter sitzt, dann wird dieser ebenfalls messen, dass mein Wagen vier Meter lang ist. Wenn indes Beobachter im Zug die Länge der Garage messen, dann werden sie feststellen, dass diese kürzer ist als dreieinhalb Meter. Für sie wird die Garage ungefähr zwei Meter sechzig lang sein. Für mich und alle Beobachter im Zug passt mein Auto also unmöglich in die Garage. Wenn ich angefahren komme, dann wird die Motorhaube durch die Rückwand der Garage stoßen, noch bevor sich das Heck meines Autos vollständig in der Garage befindet und bevor die Garage geschlossen sein wird. Auch für mich im Auto ist das keine Sinnestäuschung. Denn wenn ich das Garagentor genau in dem Augenblick zufallen sehe, in dem das Heck meines Wagens durch das Tor gefahren ist, dann bin ich mit der Motorhaube schon durch die Rückwand deiner Garage gefahren.«

»Das ist ein starkes Beispiel ...«

»Es illustriert nochmals, dass wir es weder mit Sinnestäuschungen noch mit Rechentricks zu tun haben. Weil du stillstehst, siehst du zuerst, wie das Tor zugeht, und erst anschließend, wie ich gegen die Rückwand der Garage fahre. Ich fahre, und für mich ist das umgekehrt: Ich werde zuerst die Rückwand der Garage berühren, und erst danach wird das Tor geschlossen sein. Damit hätten wir ein anschauliches Beispiel dafür, was mit der Feststellung gemeint ist, man könne nicht beurteilen, ob zwei Ereignisse, die in einer räumlichen Entfernung zueinander stattfinden, auch gleichzeitig stattfinden oder nicht. Würde ein Zug mit einer sehr hohen Geschwindigkeit vorbeifahren, dann würde für den Beobachter im Zug das Auto genau in die Garage passen, weil für ihn Auto und Garage gleich lang sind. Für die Beobachter im Zug wird sich das Tor also genau dann schließen, wenn die Motorhaube des Autos die Rückwand der Garage berührt. Für mich im Auto wird sich das Tor schließen, nachdem ich die Garagenrückwand berührt habe. Du dagegen siehst, wie es sich schließt, bevor ich die Rückwand berühre. Alle drei haben wir Recht, und es ist keine Sinnestäuschung. Das heißt, in der Welt eines jeden von uns geschehen diese beiden Ereignisse – das Fahren gegen die Rückwand und das Schließen des Garagentors – in einer anderen Reihenfolge. Und alle drei haben wir Recht.«

»Liebe Güte. Was für ein Durcheinander! Ich weiß nicht, ob ich das alles je auf die Reihe kriegen kann. Mir ist das alles viel zu ungewohnt.«

Invarianten

»Besteht Minkowskis Beitrag nur in seiner Idee, dass man die Achsen eines bewegten Koordinatensystems anders zeichnen muss, sodass ein Lichtstrahl immer eine Winkelhalbierende ist?«

»Das, für sich genommen, war schon wichtig, denn damit ist bewiesen, dass Zeit und Raum nicht unabhängig voneinander sind. Diesen Gedanken hat er jedoch weiter ausgearbeitet. Und dadurch hat Einstein die allgemeine Relativitätstheorie entdeckt. Erinnerst du dich noch an den Satz des Pythagoras?«

»Der über das rechtwinklige Dreieck?«

»Genau. Die Längen der beiden Seiten des Dreiecks, die den rechten Winkel bilden, die Katheten, nennen wir *a* und *b*. Die Länge der Seite, die dem rechten Winkel gegenüberliegt, der Hypotenuse also, nennen wir *c*.«

Er zeichnete ein rechtwinkliges Dreieck und benannte dessen Seiten.

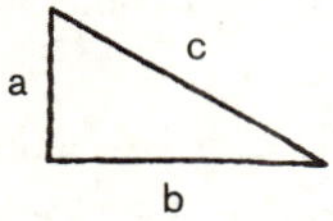

»Nach dem Satz des Pythagoras ist $c^2 = a^2 + b^2$. In Worten ausgedrückt: Das Quadrat über der Hypotenuse ist gleich der Summe der beiden Quadrate über den Katheten. Es gibt unendlich viele Möglichkeiten für die Längen *a*, *b* und *c*, zum Beispiel drei, vier und fünf. Denn $3^2 + 4^2 = 5^2$.«

»Und was soll daran so besonders sein?«

»Wahrscheinlich hast du dir die tiefere Bedeutung dieses Satzes nie klar gemacht: Der Satz des Pythagoras definiert eine Invariante.«

»Eine Invariante? Was ist denn das für ein Wesen?«

»Eine Invariante haben wir dann, wenn etwas gleich bleibt, auch wenn es von verschiedenen Standpunkten aus betrachtet wird. Nehmen wir zunächst nur die Hypotenuse, ohne die beiden Katheten. Wir könnten jetzt unendlich viele rechtwinklige Dreiecke zeichnen, die alle das gleiche *c* zur Hypotenuse haben.«

Nils zeichnete eine Linie; danach zwei rechtwinklige Dreiecke, die beide diese Linie zur Hypotenuse hatten.

Es waren tatsächlich zwei Dreiecke mit einem rechten Winkel.

Und dann sagte Nils: »Man kann auf einen ganz einfachen Trick zurückgreifen, um die unendlichen Möglichkeiten zu demonstrieren. Du zeichnest einen Kreis, der die Hypotenuse zum Durchmesser hat. So etwa.«

Er zeichnete mit sicherer Hand einen perfekten Kreis mit der Hypotenuse als Mittellinie.

»Und jetzt darfst du dir einen beliebigen Punkt auf dem Kreisumfang aussuchen, ganz egal welchen, nur nicht einen der Endpunkte der Mittellinie.«

Ich wählte einen Punkt. Und Nils zeichnete von diesem Punkt aus zwei Geraden. Eine zum einen, die zweite zum anderen Endpunkt der Mittellinie.

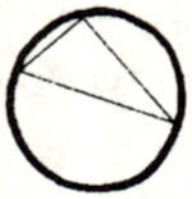

Ich konnte sofort sehen, dass die beiden Linien senkrecht aufeinander standen! Zusammen mit der Mittellinie bildeten sie also ein rechtwinkliges Dreieck, das die Mittellinie zur Hypotenuse hatte. Ich wählte einen anderen Punkt, und Nils zeichnete von diesem aus wieder ein rechtwinkliges Dreieck mit der Mittellinie als Hypotenuse.

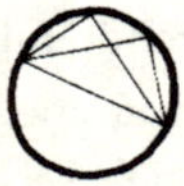

Tatsächlich, man kann unendlich viele dieser Dreiecke zeichnen! Für jeden Punkt des Kreisumfangs bekommen wir ein anderes rechtwinkliges Dreieck.

»Jetzt mal angenommen, die Katheten all dieser rechtwinkligen Dreiecke bilden zusammen ein Koordinatensystem mit der immer gleichen Einheitslänge. Jede der einzelnen Katheten – das sind sämtliche Seiten a und b – wird jeweils eine andere Länge haben. Aber ganz gleich, für welches Dreieck wir $a^2 + b^2$ berechnen, wir werden stets den gleichen Wert erhalten. Das ist logisch, denn sobald wir den Satz des Pythagoras anwenden, wird $a^2 + b^2$ immer gleich dem Quadrat über der Hypotenuse, also gleich c^2 sein. Und da diese Hypotenuse für alle Dreiecke gleich ist, wird $c^2 = a^2 + b^2$ für alle Koordinatensysteme gleich sein.«

»Das verstehe ich.«

»Und deshalb nennen wir $c^2 = a^2 + b^2$ eine Invariante. Für jedes rechtwinklige Koordinatensystem hat diese Formel denselben Wert.«

»Und was hat das mit Minkowski zu tun?«

»Wie wir gerade gesehen haben, ergibt sich aus Einsteins Relativitätstheorie, dass wir $c^2 = a^2 + b^2$ nicht so ohne weiteres als eine Invariante für solche Beobachter betrachten können, die sich relativ zueinander bewegen. Denn wir haben gesehen, dass die Länge c, von der wir sprechen – zum Beispiel die Länge eines Zuges oder einer Messlatte –, nicht für alle Beobachter gleich ist. Denn die ist abhängig von der Geschwindigkeit des Beobachters relativ zu dem Körper, den er messen will.«

Das hatte ich inzwischen begriffen.

»Für Beobachter, die sich relativ zueinander nicht bewegen, gilt der Satz des Pythagoras weiterhin, nicht aber für Beobachter, die sich relativ zu dieser Linie bewegen. Denn für diese Beobachter ändert sich die Länge dieser Linie. Betrachten wir eine gegebene Linie und eine Reihe von Beobachtern, die an dieser Linie vorbeifahren, und zwar – relativ zu dieser Linie – alle mit einer anderen Geschwindigkeit, dann werden sie alle eine andere Länge für diese Linie messen. Also werden auch alle andere Werte für $c^2 = a^2 + b^2$ bekommen. Für Beobachter, die sich relativ zueinander bewegen, ist $c^2 = a^2 + b^2$ also keine Invariante.«

»Dann gibt es also keine Invariante mehr?«, fragte ich fröhlich.

»Doch, und diese Feststellung ist das große Verdienst von Minkowski. Er hat nämlich herausgefunden, dass es eine andere Invariante gibt, und zwar eine, in die auch die Zeit mit einbezogen ist. Wir haben vorhin gesehen, dass bewegte Beobachter nicht nur andere Längen, sondern auch andere Zeitintervalle messen. Sie tun dies, weil sie Gleichzeitigkeit anders wahrnehmen. Denk nur an die Garage von vorhin. Für dich neben der Garage ist zuerst das Tor zu, und danach fahre ich gegen die Rückwand. Ich, der ich im Auto fahre, sehe, wie das Auto zuerst die Rückwand berührt und sich erst danach das Garagentor schließt. Für bewegte Beobachter ändern sich also sowohl die Längen- als auch die Zeitwahrnehmung. Aber durch die Invariante, die Minkowski entdeckt hat, lässt sich ein Zusammenhang herstellen zwischen der Art und Weise, in der sich Längen verändern, und der, in der sich Zeitintervalle verändern.«

»Das habe ich noch nicht verstanden.«

»Stell dir einen langen Zug vor, der stillsteht. An Spitze und Ende des Zuges steht jeweils ein Beobachter. Diese beiden werfen jeder einen Ball in die Luft.«

»Gleichzeitig?«

Nils musste lachen. »Nicht im absoluten Sinn, aber wohl gleichzeitig von ihrem Standpunkt aus betrachtet.«

»Ja, natürlich.« Jedes Mal vergaß ich wieder, dass Gleichzeitigkeit relativ ist.

»An diesem Zug fahren verschiedene andere Züge vorbei, in denen hübsch nebeneinander Beobachter mit einer Uhr in der Hand aufgereiht sind. Manche fahren am stillstehenden Zug von dessen Spitze zum Ende, andere vom Ende zu dessen Spitze vorbei. Die fahrenden Züge sind so lang, dass sich je ein Beobachter genau dann auf der Höhe eines unserer beiden Beobachter im stehenden Zug befindet, wenn diese ihren Ball in die Luft werfen. In jedem fahrenden Zug gibt es also jeweils zwei solcher Beobachter: Einer kommt genau dann vorbei, wenn der vordere Beobachter im stehenden Zug seinen Ball hochwirft, der andere, wenn der hintere Beobachter wirft. Die in den fahrenden Zügen schauen auf ihre Uhr und heben gleichzeitig die Hand, wenn sie an ihrem jeweiligen Beobachter im stehenden Zug vorbeikommen und dieser den Ball hochwirft. Anschließend misst man in beiden Zügen, wie weit diese Ereignisse – das Hochwerfen des Balls durch die Beobachter an Spitze und Ende des stehenden Zuges – für die Beobachter in den fahrenden Zügen jeweils auseinander liegen. Diese Ereignisse werden getrennt sein durch die Zeit und durch die Entfernung, denn sie werden nicht am gleichen Ort und nicht zum gleichen Zeitpunkt stattgefunden haben. Für jeden Zug können die mitfahrenden Beobachter messen, wie weit die beiden Beobachter, die beide Ereignisse wahrgenommen haben, in ihrem Zug voneinander entfernt sind und wie groß das Zeitintervall zwischen den beiden Beobachtungen ist.«

»Die Entfernung zwischen den beiden Ereignissen wird also auch gleich der Länge des stehenden Zuges sein, wie sie sich für die Beobachter in den fahrenden Zügen darstellt, oder?«

»Prima. Gut aufgepasst. Wir nennen die Länge des Zuges L und die Länge des Zeitunterschieds oder das Zeitintervall T. Alle Beobachter, die mit jeweils unterschiedlicher Geschwindigkeit am Zug vorbeifahren, werden ein anderes L und ein anderes T messen. Jetzt verwenden wir die Einheiten, die wir auch nehmen, um in einem Koordinatensystem jeden Lichtstrahl mittels einer Winkelhalbierenden darzustellen, als Längeneinheit also die Lichtsekunde, das ist die Entfernung, die das Licht in einer Sekunde zurücklegt. Dann müssen wir die Länge des Zuges durch c teilen, durch die Lichtgeschwindigkeit. c ist, wie wir schon mehrfach gesehen haben, für jeden Beobachter gleich. In einem solchen Koordinatensystem werden die Längen der Züge und der Zeitintervalle dargestellt durch $\frac{L}{c}$ und T. Für jeden Beobachter werden diese Werte, $\frac{L}{c}$ und T, unterschiedlich sein. Und jetzt kommt's. Na, errätst du es schon?«

»Wir wenden hier Pythagoras an und bekommen eine neue Invariante, wie du es nennst. Das $\frac{L}{c}$ und das T sind zwar für jeden Beobachter verschieden – so wie vorhin bei unseren rechtwinkligen Dreiecken alle Katheten a und b verschieden waren –, aber der

Wert, den sie erhalten, indem sie $T^2 + \frac{L^2}{c^2}$ berechnen, ist für jeden gleich.« Ich war mächtig stolz auf mich.

»Das nenne ich eine gute Schlussfolgerung«, sagte Nils.

»Siehst du, ich bin gar nicht so dumm!«

»Das bist du keineswegs. Nur, es stimmt leider nicht …«

»Nein?«, fragte ich enttäuscht.

»Aber du bist auf dem richtigen Weg. Nicht der Wert $T^2 + \frac{L^2}{c^2}$ ist für alle gleich, sondern der Wert $T^2 - \frac{L^2}{c^2}$. Und damit hätten wir die Invariante nach Einsteins Theorie.«

»Nach Einsteins Theorie hätten wir also einen anderen Satz des Pythagoras?«, fragte ich.

»So könnte man sagen. Später werden wir sehen, dass genau dies ein erster Schritt ist hin zur allgemeinen Relativitätstheorie.«

»Aber was besagt diese Formel denn? Im Satz des Pythagoras geht es um die Länge von Dreiecksseiten, aber worum geht es hier?«

»Um zweierlei. Abhängig davon, wie man es betrachtet, ist dieser Wert eine Art Entfernung oder eine Art Zeit.«

»Wie kann etwas Entfernung und Zeit gleichzeitig sein?«

»Weil es zu dem passt, was wir vorhin gesehen haben. Nämlich dass man Raum und Zeit nicht mehr voneinander trennen kann. Du erinnerst dich doch noch an diese Behauptung von Minkowski.«

Ich nickte.

»Wären Zeit und Raum doch völlig unabhängig voneinander – und dies hat man vor Minkowski immer gedacht –, dann könntest du sagen: Ich bin mit dem Zug in Brüssel losgefahren und drei Stunden später und nach dreihundert Kilometern in Paris angekommen. Aber das kannst du so jetzt nicht mehr sagen, denn Raum und Zeit sind nicht unabhängig voneinander. Es gibt nichts anderes als Raum und Zeit zusammen. Es existiert nur der Zeitraum oder die Raumzeit. Der Raum für sich betrachtet ist nur ein Schatten der Raumzeit, genauso wie auch die Zeit allein nur ein Schatten des Zeitraumes ist. Wie du weißt, zeigt der Schatten eines Körpers nur einen Teil dieses Körpers. Und außerdem ist dieser Schatten auch noch davon abhängig, wie du den Körper hältst. So hängt auch der Zeitschatten davon ab, wie du die Raumzeit betrachtest, und ebenso der Raumschatten davon, wie du die Raumzeit hältst.«

»Jetzt kann ich dir wirklich nicht mehr folgen!«

»Stell dir mal vor, du sitzt in einem Zug. Wegen des Relativitätsprinzips kannst du behaupten, dass der Zug stillsteht und die Erde sich bewegt. Angenommen, dieser Zug fährt von Brüssel nach Paris. Die Entfernung beträgt dreihundert Kilometer, und der Zug braucht genau drei Stunden dafür. Das jedenfalls könnten wir sagen, hätten wir noch nie von Einsteins Relativitätstheorie gehört. Mit Einstein können wir ausschließlich Folgendes sagen: Es gibt zwei Ereignisse. Erstens das Ereignis, dass du zu einem bestimmten Zeitpunkt den Brüsseler Südbahnhof hinter dir lässt. Zweitens das Ereignis, dass du etwas später im Pariser Gare du Nord ankommst. Hätten wir von Einsteins Relativitätstheorie nie etwas gehört, würden wir sagen, dass zwischen diesen beiden Ereignissen ein Zeitintervall von drei Stunden liegt und ein Entfernungsintervall von dreihundert Kilometern. Beide Aussagen haben wir bislang völlig unabhängig voneinander treffen können, auch wenn natürlich ein Zusammenhang zwischen beiden besteht, der es uns erlaubt, die Geschwindigkeit des Zuges zu berechnen. Das war die Situation *vor* der Relativitätstheorie. Aber wie wir vorhin gesehen haben, ist die Zeit, die zwischen zwei Ereignissen liegt, abhängig vom Beobachter. Und das Gleiche gilt für die Entfernung zwischen den beiden Ereignissen, auch sie ist vom Beobachter abhängig.«

Nils ließ mir eine kleine Pause. Dann sagte er:

»Der Beobachter in unserem Zug kennt Einsteins Relativitätstheorie. Und dieser formuliert wie folgt: ›In meinem Koordinatensystem ist die räumliche Entfernung zwischen den Ereignissen gleich null Kilometer.‹ Denn er schaut in Brüssel aus dem Fenster und sieht den Südbahnhof. Drei Stunden später schaut er in Paris aus dem gleichen Fenster und sieht den Gare du Nord. Das heißt, von seinem Standpunkt aus betrachtet, hat der Zug die ganze Zeit über stillgestanden, nur die Erde hat sich unter ihm bewegt. Zuerst ist Brüssel an seinem Fenster vorbeigekommen, und danach kam Paris an ebendiesem Fenster vorbei. In seinem Koordinatensystem haben weder er selbst noch sein Fenster sich bewegt, und deshalb ist die räumliche Entfernung zwischen den beiden Ereignissen null Kilometer. Die zeitliche Entfernung beträgt nach seiner Uhr drei Stunden, denn nach seiner Uhr ist er drei Stunden nach seiner Abfahrt aus Brüssel in Paris angekommen.«

»Und was ist daran Besonderes?«

»Auf den ersten Blick nichts. Aber wir haben gesehen, dass die Zeit, die für ihn verstrichen ist, anders ist als die Zeit, wie sie von einem Beobachter gemessen wird, der nicht im Zug sitzt, sondern einfach neben dem Gleis stillsteht. Dieser Beobachter neben dem Bahngleis wird messen, dass mehr Zeit verstrichen ist, und zwar $\frac{3\ Stunden}{\sqrt{1-\frac{v^2}{c^2}}}$. Da wir hier durch einen Wert teilen, der kleiner ist als eins, werden es mehr als drei Stunden sein. Eigentlich müssten wir sagen, dass es einen ruhenden Beobachter in Brüssel gibt und einen in Paris. Doch auch dann werden beide sagen, die Uhr des Mannes im Zug gehe nach und in Wirklichkeit seien mehr als drei Stunden verstrichen. Aber auch die Entfernung, die von den beiden Beobachtern außerhalb des Zuges gemessen wird, wird natürlich eine andere sein als die Entfernung, wie sie der Beobachter im Zug misst. Der Beobachter im Zug hatte als Entfernung null Kilometer gemessen, also etwas völlig anderes als die Entfernung von dreihundert Kilometern, wie sie die beiden ruhenden Beobachter außerhalb des Zuges messen.«

»Das alles kommt mir ziemlich künstlich vor. So kann man alles Mögliche verkomplizieren.«

»Denk nun an die Invariante nach Einstein. Der Beobachter im Zug und die Beobachter außerhalb des Zuges messen nämlich den gleichen Wert für $T^2 - \frac{L^2}{c^2}$. Für den Beobachter im Zug allerdings ist L gleich null, weil die Entfernung zwischen den beiden Ereignissen null ist. Er erhält also als Ergebnis, dass $T^2 - \frac{L^2}{c^2}$ gleich T^2 ist, wobei T die Zeit zwischen den beiden Ereignissen ist, wie sie seine Uhr angibt. Für die Beobachter außerhalb des Zuges dagegen ist $\frac{L^2}{c^2}$ enorm klein, weil c so groß ist und c^2 somit noch viel größer. L ist gleich dreihundert Kilometer, und c ist gleich dreihunderttausend Kilometer pro Sekunde. $\frac{L^2}{c^2}$ ist dann gleich 0,000001 Sekunden im Quadrat, was so gut wie gleich null ist. Im Hinblick auf T^2 dürfen wir das vernachlässigen. $T^2 - \frac{L^2}{c^2}$ ist auch für die Beobachter außerhalb des Zuges gleich T^2, wobei T gleich der Zeit zwischen den beiden Ereignissen ist, wie sie die Uhren der Beobachter außerhalb des Zuges angeben. Für diese beiden Beobachter ist $T^2 - \frac{L^2}{c^2}$ gleich T^2, wobei T die Zeit zwischen den Ereignissen ist, wie sie ihre eigene Uhr angibt. Da $T^2 - \frac{L^2}{c^2}$ eine Invariante ist, ist der Wert für $T^2 - \frac{L^2}{c^2}$ bei allen Beobachtern, sowohl innerhalb als auch außerhalb des Zuges, gleich. Weil das nach der eigenen Uhr für jeden gleich T^2 ist, ist T für alle Beobachter gleich. Für diese Situation und diese Geschwindigkeit – sie beobachten schließlich einen ›normalen‹ Zug – gehen ihre Uhren also gleich. Und das gilt nicht nur für diese Situation. Das gilt für alle Situationen im täglichen Leben.«

Ich war schlichtweg enttäuscht. Warum dieser ganze Aufwand, wenn schließlich die Uhren also doch gleich schnell gegangen waren?

Nils spürte meine Enttäuschung und fuhr auf der Stelle fort. »Das gilt aber nur für Situationen im täglichen Leben. Hast du schon mal von Myonen gehört?«

»Nein, nie gehört.«

»Myonen sind sehr kleine Teilchen, noch kleiner als Atome, die spontan im Weltall entstehen und spontan wieder zerfallen.«

»Von diesen spontan zerfallenden Teilchen habe ich schon gehört. Das hat mit ihrer Halbwertszeit zu tun, nicht wahr?«

Nils nickte.

»Wie kann etwas spontan entstehen und dann wieder zerfallen?«

»Das wird durch Einsteins Formel $E = mc^2$ beschrieben. Aus einer Kombination von Teilchen – die wir als Masse auffassen – und purer Energie kann eine Kombination aus anderen Teilchen mit mehr bzw. weniger Energie entstehen. Die gerade erst entstandenen Teilchen zerfallen dann wieder in abermals andere Teilchen oder in reine Energie oder in eine andere Kombination von Masse und Energie.«

»Das verstehe ich. Und so entstehen auch Myonen?«

»Ja. Sie entstehen am Rand der Atmosphäre durch den Zusammenprall von kosmischer Strahlung mit unserer Atmosphäre. Die Myonen erhalten dabei eine sehr hohe Geschwindigkeit. Manche davon fliegen in Richtung Erde.«

»Und dann können wir sie auf der Erde ausfindig machen!«, rief ich.

»Stimmt. Und genau jetzt kommt das Besondere an diesem Phänomen: Myonen haben eine enorme Geschwindigkeit, und so durchqueren sie die Erdatmosphäre im Bruchteil einer Sekunde. Andererseits aber zerfallen sie wegen ihrer kurzen Halbwertszeit wiederum so schnell, dass für die meisten selbst ihre enorme Geschwindigkeit nicht ausreicht, um die Entfernung von der Grenze der Atmosphäre bis zur Erde zurückzulegen. Aber – und nun wird es spannend – auf der Erde finden wir hundertmal mehr von diesen Myonen, als wir aufgrund ihrer Halbwertszeit eigentlich ausfindig machen dürften.«

»Und das ist eine Folge ihrer großen Geschwindigkeit.«

»Ihrer großen *relativen* Geschwindigkeit. Wenden wir die Formel $T^2 - \frac{L^2}{c^2}$ doch mal auf diese Myonen an. Betrachten wir sie von der Erde, dann sagen wir, dass sie die gesamte Entfernung von der Atmosphäre bis zur Erde zurücklegen müssen. Normalerweise sind die Myonen zu langsam, um diese Entfernung zurückzulegen, ehe sie spontan zerfallen. Aber von unserem Standpunkt aus vergeht die Zeit anders als für das Myon selbst. Könnten wir auf die Uhr eines Astronauten schauen, der mit einem Myon mitfliegt, dann würden wir sehen, dass dessen Uhr nachgeht. Wenn nach der Uhr des Astronauten T Sekunden verstrichen sind, sind für uns mehr Sekunden vergangen, und zwar $\frac{T}{\sqrt{1 - \frac{v^2}{c^2}}}$. Die Geschwindigkeit eines Myons beträgt ungefähr neunundneunzig Prozent der Lichtgeschwindigkeit. Seine Geschwindigkeit v ist also gleich 0,99 c. Für diese enorme Geschwindigkeit ist die Zahl $\sqrt{1 - \frac{v^2}{c^2}}$ gleich $\frac{1}{7}$. *T* geteilt durch $\frac{1}{7}$ ist gleich *T* multipliziert mit sieben. Dadurch vergeht für uns siebenmal mehr Zeit als für das Myon. Oder umgekehrt: Für das Myon vergeht nur ein Siebtel der Zeit, die für uns verstrichen ist. Und deshalb kann das Myon lange genug existieren, um die Entfernung zur Erde zurückzulegen. Es hat siebenmal mehr Zeit, als wir denken, um die Erde zu erreichen. Für das Myon gilt nämlich nur die Zeit, die es für sich selbst misst.«

»Und was ist mit der Entfernung?«, fragte ich.

»Von der Erde aus messen wir eine bestimmte Entfernung bis zum höchsten Punkt der Atmosphäre. Dieser Punkt steht relativ zu uns still. Der Astronaut, der mit dem Myon mitfliegt, sieht das völlig anders. Er sieht die Erde immer näher kommen, aber für ihn ist die Entfernung, welche die Erde zurücklegen muss, viel kürzer als die Entfernung, welche die Menschen auf der Erde messen. Erinnerst du dich, dass Längen von bewegten Körpern kürzer erscheinen? Der Astronaut also sieht, dass die Entfernung, die die Erde zurücklegt, viel kürzer ist als die Entfernung, die Menschen auf der Erde messen.«

»Nach der Formel $L \times \sqrt{1 - \frac{v^2}{c^2}}$?«

»Richtig. Die Entfernung, die der Astronaut misst, wird siebenmal kürzer sein als die, die wir messen.«

Ich nickte.

Nils fuhr fort: »Und aus diesem Grund wird der Astronaut die Tatsache, dass Myonen die Erde doch erreichen können, ganz anders erklären als wir. Denn für uns, die Beobachter auf der Erde, vergeht die Zeit des Myons siebenmal langsamer. Und das erklärt, weshalb so viele Myonen die Erde erreichen können. Vom Standpunkt des Astronauten aus betrachtet, erreicht die Erde das Myon jedoch darum, weil die Erde eine siebenmal kürzere Entfernung zurücklegen muss. Für den Astronauten vergeht die normale Myonenzeit, und nur weil die Entfernung so kurz ist, lebt das Myon lange genug, damit die Erde das Myon erreichen kann, ehe es zerfällt.«

Das wollte mir nicht so richtig einleuchten.

»Kannst du dir das vorstellen?«

»Ich weiß nicht ...«

»Lass es mich noch einmal zusammenfassen. Weil das Myon so schnell ist – oder besser gesagt, weil die Erde und das Myon so schnell aufeinander zufliegen –, messen beide – relativ zu ihrem eigenen Koordinatensystem – eine andere Zeit und eine andere Entfernung.«

»Nehmen wir mal an, das stimmt. Wie verhält es sich dann mit der Invariante?«

»Die gilt für beides: für das, was die Beobachter auf der Erde sehen, und für das, was der mit dem Myon mitfliegende Beobachter sieht. Der Wert $T^2 - \frac{L^2}{c^2}$ ist für beide gleich. Was sieht der Beobachter, der sich mit dem Myon bewegt? Für ihn finden das Entstehen und das Zerfallen des Myons am gleichen Ort statt. Für ihn ist L also gleich 0. Von $T^2 - \frac{L^2}{c^2}$ bleibt lediglich T^2. Wobei T die Zeit ist, die diesem Beobachter zufolge zwischen Entstehen und Zerfallen des Myons liegt.«

Das war einfach.

»Für den Beobachter auf der Erde gibt es eine Entfernung L zwischen dem Entstehen des Myons und dessen Zerfallen. Und es liegt auch eine Zeit T dazwischen. Aber diese Zeit T ist siebenmal länger als die Zeit, die der mit dem Myon mitfliegende Beobachter misst. Aber nun besteht noch ein Zusammenhang zwischen diesem L und der Entfernung von $7T$. L ist die Entfernung, die das Myon zurücklegt, während es eine Geschwindigkeit von 0,99 c oder neunundneunzig Prozent der Lichtgeschwindigkeit hat. Geschwindigkeit ist gleich Entfernung geteilt durch Zeit. Und also ist $0{,}99\,c = \frac{L}{7T}$. Wenn wir diese Gleichung umformulieren, gilt $L = 7 \times 0{,}99\,cT$.«

»Einverstanden.«

»Der Wert von $T^2 - \frac{L^2}{c^2}$, wie er von den Beobachtern auf der Erde gemessen wird, ist demnach $(7T)^2 - \frac{(7 \times 0{,}99\,cT)^2}{c^2}$, wobei T hier die Zeit ist, die das Myon erfährt oder die der Astronaut mit seiner

Uhr misst. Wir können durch *c* kürzen, 7^2 nach vorn bringen, und es bleibt übrig: $T^2 7^2$ (1–0,99^2). Und das ist tatsächlich gleich T^2, beziehungsweise der Wert der Invariante, wie er für das Myon gemessen wurde – wobei wir leicht abgerundet haben, denn 7 ist eigentlich gleich 7,0888.«

Nun hielt Nils kurz inne.

»Und das illustriert, dass unsere Formel tatsächlich eine Invariante ist.«

»Allerdings muss sie richtig angewendet werden«, bemerkte ich.

»Du sagst es. Wir müssen uns immer klar machen, was die Beobachter sehen. Man darf also nicht einfach sagen, dass Längen von bewegten Körpern sovielmal kürzer werden oder dass die Zeit um so viel langsamer vergeht. Wie das Beispiel gezeigt hat, ist die Entfernung des mit dem Myon mitfliegenden Beobachters gleich null, weil sich das Myon von seinem Standpunkt aus nicht von der Stelle bewegt.«

»Trotzdem, die Bedeutung dieser Formel verstehe ich immer noch nicht richtig. Es ist keine Zeit und auch keine Entfernung, aber was ist es dann?«

»Eben die unauflösliche Kombination aus beidem: Es ist die Raum-Zeit-Entfernung zwischen zwei Ereignissen. Oder noch präziser formuliert: Es ist das Quadrat der Raum-Zeit-Entfernung. Die Bedeutung dieser Raum-Zeit-Entfernung können wir verstehen, wenn wir Spezialfälle betrachten, so wie die Situation Beobachter und Myon. Der Beobachter sieht an dem Ort, an dem er sich befindet, zwei Ereignisse: das Entstehen und das Zerfallen des Myons. Für den Beobachter, der mit dem Myon mitfliegt, finden die beiden Ereignisse am gleichen Ort statt. Die Entfernung zwischen den beiden Ereignissen ist gleich null. Wir haben gesehen, dass in diesem Fall die Raum-Zeit-Entfernung gleich *T* ist. Und weil *T* gleich der Zeit zwischen den beiden Ereignissen ist, so wie der Beobachter diese erfährt, also gleich seiner ›Eigenzeit‹, können wir die Raum-Zeit-Entfernung auch als seine ›Eigenzeit‹ betrachten.

Zusammengefasst heißt das: Wenn ein Beobachter zwei Ereignisse in seiner Nähe wahrnimmt, ist die Raum-Zeit-Entfernung gleich seiner Eigenzeit.«

»Das ist also die Zahl der Sekunden, die für ihn zwischen den beiden Ereignissen liegt«, sagte ich.

»Und wir können noch einen anderen Spezialfall unterscheiden. Dafür schreiben wir die Invariante zunächst auf eine andere Weise auf. Ist eine Formel eine Invariante, dann bleibt sie das auch, wenn wir sie mit einer Konstante multiplizieren. Wenn $T^2 - \frac{L^2}{c^2}$ eine Invariante ist, dann bleibt sie das auch, wenn wir sie mit c^2 multiplizieren. Also ist auch $c^2T^2 - L^2$ eine Invariante. Und wenn wir das noch mal mit -1 multiplizieren, erhalten wir die Invariante $L^2 - c^2T^2$.«

Ich nickte.

»Was das bedeutet, sehen wir, wenn wir wieder einen Spezialfall betrachten. Stell dir zwei Beobachter vor: Der eine steht in Brüssel und der andere in Paris. Relativ zueinander bewegen sie sich nicht. Sie können also in Bezug auf sich von gleichzeitigen Ereignissen sprechen. Also können sie sagen, dass sie gleichzeitig, beispielsweise heute um zwölf Uhr mittags, ihr Taschentuch fallen lassen. Mit anderen Worten: Der Zeitunterschied zwischen den beiden Ereignissen beträgt für diese Beobachter null Sekunden. In diesem Fall ist die Invariante $L^2 - c^2T^2$ gleich L^2. Das ist also das Quadrat der Entfernung zwischen den beiden Ereignissen. In diesem Fall, wenn nämlich die beiden Ereignisse gleichzeitig stattfinden, ist die Raum-Zeit-Entfernung gleich der Eigenentfernung zwischen den beiden Ereignissen.«

»Aber wenn es kein Spezialfall ist, ist es dann nicht egal, welche Form der Formel man verwendet?«

»Es ist immer eine Invariante, aber es ist nicht gleichgültig, welche Form du verwendest. Wenn man zwei Ereignisse hat, wird nur eine der beiden Formen positiv sein. Nehmen wir wieder das Beispiel des Beobachters, der mit dem Zug von Brüssel nach Paris fährt. Die beiden Ereignisse, die wir hier unterscheiden, sind die Abfahrt in Brüssel-Süd und die Ankunft im Gare du Nord in Paris. Die lässt sich vom Standpunkt des Beobachters aus ganz einfach berechnen. Die Entfernung für ihn beträgt null, und somit ist die Raum-Zeit-Entfernung gleich der Zeit, die er misst, beispielsweise drei Stunden, oder, wenn wir in Standardgrößen messen: zehntausendachthundert Sekunden.«

Ich ergänzte sofort: »Alle anderen Beobachter werden also auch eine Raum-Zeit-Entfernung von zehntausendachthundert messen. Aber sie werden weniger als zehntausendachthundert Sekunden messen, dafür allerdings eine Entfernung messen, die nicht gleich null ist.«

»Völlig richtig. Aber noch etwas zeigt dieses Beispiel. Für diesen einen Beobachter im Zug ist die Entfernung null und die Zeit zehntausendachthundert Sekunden. Wenn wir für zwei Ereignisse einen Beobachter finden können, für den die Entfernung null ist, dann sagen wir, die zwei Ereignisse haben einen zeitartigen Abstand. Denn wir können nie einen Beobachter finden, für den die beiden Ereignisse gleichzeitig stattfinden.«

Darüber musste ich erst mal nachdenken. Angenommen, man könnte doch so einen Beobachter finden. Der müsste dann den Beobachter im Zug gleichzeitig in Brüssel und in Paris sehen. Nein, das war in der Tat unmöglich.

»Dann wird es wohl auch einen raumartigen Abstand von Ereignissen geben.«

»Genau. Ereignisse mit raumartigem Abstand sind Ereignisse, die sich für keinen Beobachter am gleichen Ort abspielen.«

»Das Beispiel mit unserem Zug ergibt also keine Ereignisse mit raumartigem Abstand, denn für den Beobachter im Zug finden die beiden Ereignisse wohl am gleichen Ort statt.«

»Richtig. Für den Beobachter im Zug geschehen die Abfahrt in Brüssel und die Ankunft in Paris am gleichen Ort, nämlich an seinem Fenster. Und somit gibt es keinen raumartigen Abstand der Ereignisse. Das heißt, sobald es einen Beobachter gibt, für den sich die Ereignisse am gleichen Ort abspielen, handelt es sich nicht um Ereignisse mit raumartigem Abstand.«

»Kannst du ein Beispiel für solche Ereignisse mit raumartigem Abstand geben?«

»Klar doch. Denk nur an die beiden Beobachter, die in Bezug auf einander stillstehen, der eine in Brüssel und der andere in Paris. Wenn sie beide im nach ihrer Uhr gleichen Augenblick ihr Taschentuch fallen lassen – der Zeitunterschied zwischen beiden Ereignissen ist also null –, dann sind das Ereignisse mit raumartigem Abstand.

Denn es kann keinen Beobachter geben, für den die beiden Ereignisse am gleichen Ort geschehen.«

»Einverstanden.«

»Wir können das auch anhand einer Zeichnung zeigen. Dafür können wir Minkowskis Zeichnungen mit den Kegeln verwenden. Du erinnerst dich bestimmt noch daran, wie wir Lichtstrahlen zeichnen. Auf dieser Zeichnung siehst du zwei Lichtstrahlen, die im gleichen Augenblick vom gleichen Ort ausgehen, aber in unterschiedliche Richtungen, der eine nach links und der andere nach rechts.«

»Nicht schlecht. Du hättest Künstler werden sollen.«

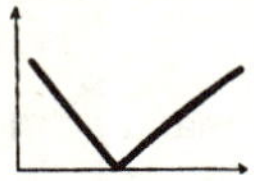

»Findest du? Ich bin nur gut in abstrakten Dingen.«

»Aber ich sehe gar keinen Kegel.«

»Du hast Recht. Es ist auch nur ein halber Kegel. Eigentlich müsste es so aussehen. Hier siehst du zwei Lichtstrahlen, die von verschiedenen Orten ausgehen und sich schneiden.«

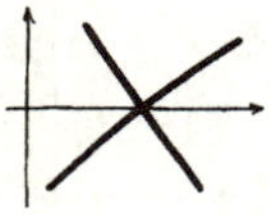

»Ich sehe immer noch keinen Kegel.«

»Und doch ist es einer. Du musst diese Zeichnung als den Schatten eines Kegels sehen. Wir zeichnen ja nur zweidimensional. Würden wir einen Kegel dreidimensional darstellen, erhielten wir das folgende Bild.«

»Jetzt sehe ich den Kegel.«

»Aber zweidimensional dargestellt sieht es aus wie auf der vorigen Zeichnung. Wir können noch einen Schritt weiter gehen: Ich lasse jetzt auch die Zeitachse und die x-Achse weg.«

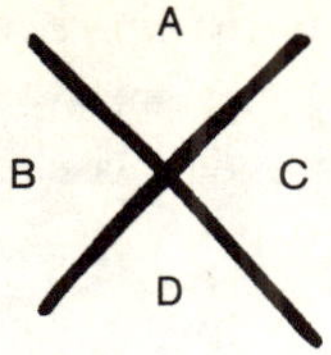

»Gut. Auch damit bin ich einverstanden. Ich muss mir auch jetzt einen Kegel vorstellen.«

»Diesen Kegel können wir einen Lichtkegel nennen. Die beiden Lichtstrahlen musst du als Lichtstrahlen in einer zweidimensionalen Welt auffassen. Es gibt nur eine Raum- und eine Zeitdimension. So wie man bei einem Bahngleis nur links und rechts hat, beim Gleis gibt es kein Vorn und Hinten, kein Oben und Unten. Von einem Punkt des Gleises können zu einem bestimmten Zeitpunkt nur zwei Lichtstrahlen ausgehen: einer nach links und einer nach rechts. Oder, wie die Zeichnung zeigt: Es gibt nur zwei Lichtstrahlen, die zu einem bestimmten Zeitpunkt von zwei unterschiedlichen Orten ausgehen und die sich an diesem Schnittpunkt begegnen.«

»Einverstanden.«

»Du siehst, dass dieser Kegel einen zweidimensionalen Raum in vier Bereiche gliedert. Man nennt das Quadranten. Ich habe sie A, B, C und D genannt. Weiter: Alle Ereignisse im Quadranten A sind Ereignisse, die für jeden beliebigen Beobachter vom Schnittpunkt aus in der Zukunft liegen. Anders gesagt: Jedes Ereignis in diesem Quadranten findet für jeden Beobachter nach dem Ereignis im Schnittpunkt statt. Ich will auch das kurz illustrieren.«

Nils zeichnete eine Sonne in den Quadranten A; anschließend eine Gerade durch diese Sonne und unseren Schnittpunkt.

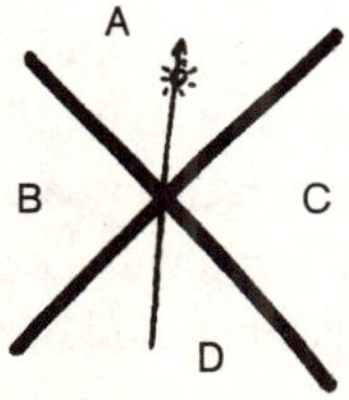

»Die Gerade durch die Sonne ist eine Zeitachse für einen bestimmten Beobachter. Ich zeichne jetzt eine x-Achse, und zwar so, dass die Lichtstrahlen Winkelhalbierende zwischen Zeitachse und x-Achse sind.

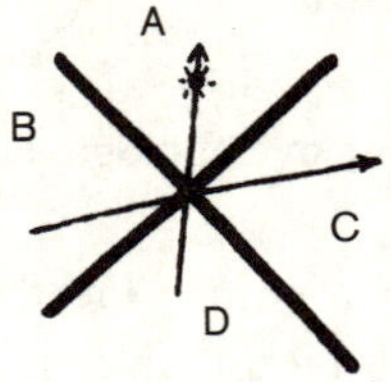

Jetzt kannst du die Zeitachse als Bewegungslinie eines Zuges betrachten, der mit konstanter Geschwindigkeit auf dem Bahngleis fährt. Wie wir schon gesehen haben, müssen wir die x-Achse schräg dazu zeichnen, sodass alle Lichtstrahlen Winkelhalbierende sind. Diese x-Achse gibt die Richtung aller Ereignisse an, die für einen Beobachter im Zug gleichzeitig geschehen. Würden Beobachter im Zug in einer Reihe nebeneinander stehen und alle im gleichen Augenblick auf die Uhr sehen, dann würden auch alle diese Ereignisse durch eine solche Linie dargestellt.«

Das hatte ich schon verstanden.

»Und wie ich bereits gesagt habe, können wir die Linie durch die Sonne als die Bewegungslinie eines Beobachters betrachten, der im fahrenden Zug stillsteht. Dieser Beobachter wird also zuerst in unserem Schnittpunkt sein und danach in der Sonne. Für diesen Beobachter finden diese beiden Ereignisse am gleichen Ort statt. Und wenn wir nun einen Beobachter finden können, für den zwei Ereignisse am gleichen Ort stattfinden, dann sind dies für ihn Ereignisse mit zeitartigem Abstand. Für jeden dieser Beobachter wird das Sonnenereignis dann nach dem Ereignis im Schnittpunkt stattfinden.«

Ich studierte die Zeichnung. »Wenn ich dich recht verstehe, wird auch ein Ereignis in D immer einen zeitartigen Abstand haben zu diesem anderen Ereignis. Denn wir können stets eine Zeitachse durch einen Punkt in D zeichnen und dann eine angepasste Raumachse. Darf ich es mal zeigen?«

»Natürlich.«

Nils gab mir das Blatt Papier und den Bleistift, und ich zeichnete ein Ereignis im Quadranten D mit einer Zeitachse und einer x-Achse.

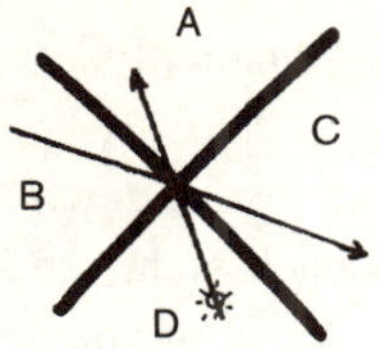

»Ausgezeichnet. Wir haben also wieder einen Beobachter gefunden, für den die beiden Ereignisse am gleichen Ort stattfinden. Und jetzt für ein Ereignis in Quadrant B?«

Das war einfach. Diese Ereignisse haben dann allerdings keinen zeitartigen Abstand mehr, sondern einen raumartigen. Anstatt einer Zeitachse musste ich eine Raumachse zeichnen.

»Ich weiß es. Man muss eine Raumachse durch die Sonne zeichnen und danach eine Zeitachse, die man so legt, dass die Lichtstrahlen die Winkelhalbierenden zwischen Zeitachse und Raumachse sind.«

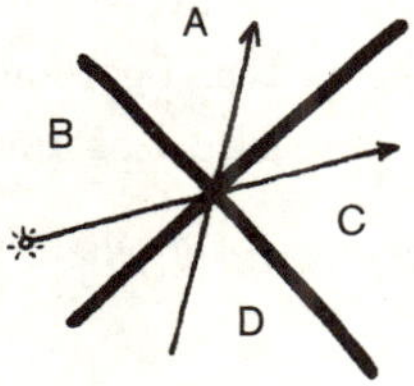

Die Erklärung lieferte ich selbst: »Diese Raumachse durch die Sonne und unseren Punkt können wir als Ereignisse betrachten, die alle gleichzeitig stattfinden, beispielsweise eine Reihe von Beobachtern, die nebeneinander in einem fahrenden Zug stehen und die alle Punkt zwölf auf ihre Uhr schauen. Die Zeitachse müssen wir dann so zeichnen, dass die Lichtstrahlen Winkelhalbierende sind. Die Sonne und unser Schnittpunkt sind also Ereignisse mit raumartigem Abstand.«

»Hervorragend. Und was stellt die Zeitachse in diesem Fall dar?«

»Das ist die Bewegung unseres Zuges, oder besser, die eines Beobachters, der im fahrenden Zug stillsteht. Daran können wir sehen, wie schnell der Zug fährt, sodass die Sonne und unser Punkt gleichzeitig stattfinden.«

»Und für ein Ereignis in Quadrant C ist es natürlich dasselbe.«

»Das ist klar.«

»An dieser Zeichnung kannst du noch mehr erkennen, zum Beispiel, weshalb man tatsächlich nicht schneller als das Licht reisen kann. Einen Grund dafür haben wir bereits gefunden. Erinnerst du dich noch an die Formel, mit der man berechnen kann, um wie viel sich eine Messlatte verkürzt, die sich mit einer bestimmten Geschwindigkeit an uns vorbeibewegt?«

»Sicher. Die Formel sagt, dass eine bewegte Messlatte eine Länge von $L \times \sqrt{1 - \frac{v^2}{c^2}}$ hat, wobei L die normale Länge ist und die Messlatte mit einer Geschwindigkeit v an uns vorbeikommt.«

»Ausgezeichnet. Und was passiert, wenn die Geschwindigkeit der Messlatte gleich der Lichtgeschwindigkeit ist?«

»Dann ist v gleich c, und die Formel lautet dann: $L \times \sqrt{1 - \frac{c^2}{c^2}}$. Und … das ist ja gleich null! Die Messlatte wäre nicht mehr da!«

»Und die Formel für die Zeitverzögerung?«

»Wenn für die bewegte Messlatte T Sekunden vergehen, dann würden für uns $\frac{T}{\sqrt{1 - \frac{v^2}{c^2}}}$ Sekunden vergehen. Würde die Messlatte mit einer Geschwindigkeit gleich der Lichtgeschwindigkeit vorbeisausen, würden für uns $\frac{T}{0}$ Sekunden vergehen! Aber das geht nicht. Es würden auf unserer Uhr unendlich viele Sekunden vergehen.«

»Wir können das auch umkehren: Wenn auf unserer Uhr T Sekunden verstreichen, dann würden auf der Uhr der Messlatte null Sekunden verstreichen. Mit anderen Worten: Die Uhr würde stillstehen.«

»Das ist stark. Dann geht das also ganz gewiss nicht?«

»Wahrscheinlich nicht, nein. Und es wird noch merkwürdiger, wenn man die Geschwindigkeit größer annimmt als Lichtgeschwindigkeit. Denn dann steht eine negative Zahl unter der Quadratwurzel, und aus negativen Zahlen können wir keine Quadratwurzel ziehen.«

»Also kann nichts schneller als das Licht sein.«

»Das ist ein sehr kniffliger Punkt. Nicht alle Wissenschaftler sind sich darin einig. Es steht zwar fest, dass gewöhnliche Materie nicht schneller sein kann als das Licht. Aber es könnte ungewöhnliche Materie geben, die doch schneller sein kann als das Licht. Aber diese ungewöhnliche Materie müsste dann stets schneller sein als das Licht: Es wäre unmöglich, dass diese ungewöhnliche Materie plötzlich langsamer würde als das Licht.«

»Das verstehe ich mal wieder nicht ganz.«

»Das muss dich nicht beunruhigen. Es ist ein Punkt, über den es noch keine Gewissheit gibt. In jedem Fall aber haben wir bewiesen, dass gewöhnliche Materie nicht schneller sein kann als das Licht.«

»Und so schnell wie das Licht?«

»Auf der Grundlage dessen, was wir gesehen haben, scheint das ebenfalls unmöglich zu sein. Später werden wir einen weiteren Grund dafür entdecken. Allerdings gibt es Teilchen, die mit Lichtgeschwindigkeit fliegen können: die Photonen.«

»Photonen?«

»Wie ich dir schon erklärt habe, verhält sich Licht manchmal wie eine Welle, manchmal wie ein Teilchenstrom. Diese Teilchen nennt man Photonen. Sie bewegen sich mit Lichtgeschwindigkeit fort. Auf unserer Zeichnung sind das also die Lichtstrahlen, die die Winkelhalbierenden zwischen allen Zeit- und Raumachsen sind.«

»Aber das bedeutet, dass die Uhr eines Photons stillsteht.«

»Stimmt.«

»Und dass damit jeder Punkt auf seiner Bahn gleichzeitig ist.«

»Stimmt auch.«

»Ist ja merkwürdig.«

»Das ist das Mindeste, was man sagen kann. Übrigens, wir sind noch nicht fertig mit unseren Zeichnungen. Wir können auch noch zeigen, was passieren würde, wenn man sich doch schneller bewegen könnte als die Zeit.«

»Das will ich sehen.«

»Das wird kompliziert. Darum werden wir eine Reihe von Zeichnungen machen. Angenommen, Beobachter könnten Signale schicken, die schneller sind als das Licht. Ein solches Signal kann alles sein: ein elektrisches Signal, eine Kugel, die abgefeuert wird, eine Rakete mit einer enormen Geschwindigkeit. Die erste Zeichnung zeigt eine Situation, in der ein Beobachter 1 ein solches Signal zu einem Beobachter 2 schickt, der sich relativ zu Beobachter 1 bewegt. Vom Standpunkt des Koordinatensystems von Beobachter 1 aus betrachtet haben wir folgende Situation: Beobachter 1 steht in seinem eigenen Koordinatensystem still, weswegen seine eigene Zeitachse durch eine vertikale Linie dargestellt ist. Die Zeitachse von Beobachter 2 ist eine schräge Linie. Ich habe auch seine x-Achse gezeichnet. Das Signal ist die Strichellinie, die schneller als das Licht ist und deshalb flacher als eine Winkelhalbierende.«

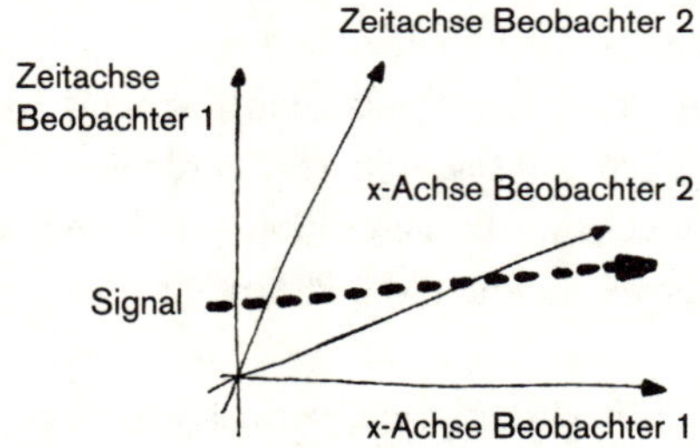

Ich fand nichts Merkwürdiges an der Zeichnung.

»Jetzt können wir für den Standpunkt von Beobachter 2 die gleiche Zeichnung anfertigen. Von seinem eigenen Standpunkt aus gesehen steht er still. Ich werde den Standpunkt des zweiten Beobachters daneben zeichnen; dann kannst du es gut vergleichen.«

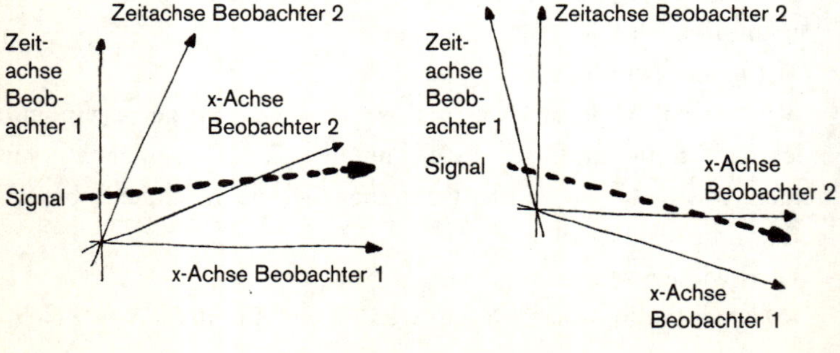

»Vom Standpunkt von Beobachter 2 aus gesehen läuft das Signal in der Zeit zurück!«

»Das Signal läuft schräg nach unten, während die Zeitachse gerade nach oben geht. Das Signal läuft also tatsächlich rückwärts in der Zeit. Das hätte man schon auf der ersten Zeichnung sehen können, denn die Linie des Signals schneidet die x-Achse von Beobachter 2 rechts vom Schnittpunkt zwischen Zeitachse und x-Achse von Beobachter 2.«

Doch Nils war noch nicht fertig.

»An und für sich scheint das nicht schlimm zu sein, man kann allerhand philosophieren über Signale, die in der Zeit zurücklaufen. Aber es hätte schon merkwürdige Folgen. Angenommen, wir hätten einen dritten Beobachter, der ebenfalls Signale versenden kann, die schneller sind als das Licht. Auch er bewegt sich relativ zu Beobachter 2, doch in die andere Richtung als Beobachter 1, und er schickt ein Signal schneller als das Licht in dessen Richtung. Er tut dies genau zu dem Zeitpunkt, in dem er das Signal von Beobachter 1 erhält. Vom Standpunkt von Beobachter 2 aus gesehen geht dieses Signal ebenfalls in der Zeit zurück, aber es bewegt sich in die andere Richtung. Auf unserer Zeichnung sieht das so aus.

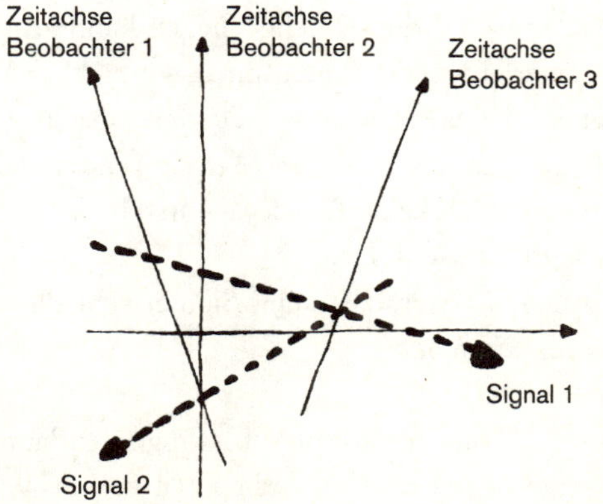

Und was sehen wir jetzt? Beobachter 3 schickt ein Signal zu Beobachter 1, nachdem er das Signal von Beobachter 1 erhalten hat. Und Beobachter 1 erhält das Signal, bevor er sein Signal losgeschickt hat.«

»Das ist ein schönes Paradox.«

»Und es wird noch schöner. Mal angenommen, Beobachter 3 beschließt, nur dann ein Signal zu schicken, wenn er kein Signal von Beobachter 1 sieht. Nehmen wir weiterhin an, Beobachter 1 beschließt, nur dann ein Signal zu schicken, wenn er doch ein Signal von Beobachter 3 erhält. Dann könnte folgende Situation entstehen: Beobachter 1 erhält ein Signal von Beobachter 3. Also sendet er ein Signal an Beobachter 3. Wenn Beobachter 3 jedoch ein Signal erhält, sendet er keins. Aber wenn er kein Signal sendet, dann kann Beobachter 1 auch keins erhalten haben. Und das steht im Widerspruch zu dem, was wir zuvor gesagt haben.«

»Ich verstehe. Und wenn Beobachter 1 kein Signal erhält, dann sendet er keins. Und dann bekommt Beobachter 3 kein Signal, und also sendet er eins. Also hat Beobachter 1 doch eines bekommen und sendet darum auch eines. Damit haben wir ein Paradox.«

»Perfekt. Für die meisten Menschen ist das ein ausreichender Grund für die Behauptung, dass Signale nicht schneller fliegen können als das Licht.«

»Aber nicht für alle?«

»So ist es. Ich selbst sehe keine Probleme, falls es doch ungewöhnliche Materie gibt, die schneller fliegen kann als das Licht; es darf nur zu keinerlei Interaktionen mit gewöhnlicher Materie oder gewöhnlichen Beobachtern kommen: Diese Beobachter können also keine Signale von ungewöhnlicher Materie senden oder erhalten. Und dann können auch keine Paradoxa entstehen.«

»Und was sagte Einstein dazu?«

»Einstein war sich sicher, dass keine Signale schneller als das Licht gesendet werden können.«

»Und hatte er Recht?«

»Das ist eine schöne philosophische Frage. Vorläufig weiß niemand darauf eine Antwort. Aber zerbrechen wir uns jetzt den Kopf nicht darüber. Ich muss dir erst noch etwas über unsere Kegel erzählen.

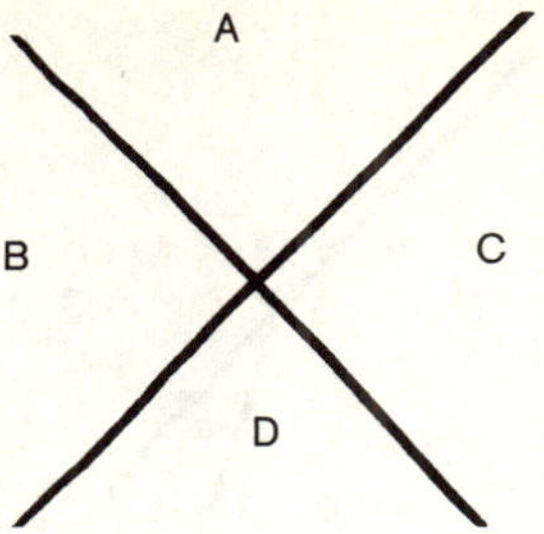

Der Schnittpunkt beider Linien stellt unseren Punkt P dar. Der Quadrant A ist von unserem Punkt aus die Zukunft, der Quadrant D die Vergangenheit. Jedes Signal, das von unserem Punkt ausgeht, hat eine geringere Geschwindigkeit als das Licht. Das bedeutet, dass die Weltlinie eines solchen Signals stets im Quadranten A liegt. Das bedeutet weiterhin, dass unser Punkt nur den Zeitraum im Quadranten A beeinflussen kann und nicht in den Quadranten B und C. Wir können das auch anders ausdrücken: Wir sagen, dass die Zukunft von unserem Punkt aus in A liegt. Auch das Umgekehrte ist wahr. Nur Signale, die innerhalb des Quadranten D verschickt wurden, können unseren Punkt P erreichen. Also liegt die Vergangenheit von unserem Punkt im Quadranten D.«

»Dafür also war unser Kegel so wichtig!«

»Ganz genau. Der Kegel, den wir durch einen beliebigen Punkt zeichnen können, zeigt Vergangenheit und Zukunft von diesem Punkt. Die Weltlinie, welche die Vergangenheit des Punktes angibt, liegt immer in Quadrant D und die Weltlinie für die Zukunft des Punktes immer in Quadrant A. Die Weltlinie darf nirgendwo flacher sein als fünfundvierzig Grad, denn dann wäre sie schneller als das Licht. Und das geht nicht. Die folgende Zeichnung zeigt eine mögliche Weltlinie innerhalb des Lichtkegels.

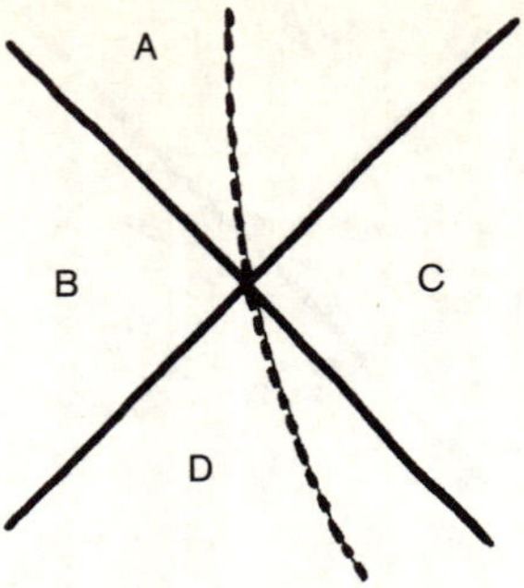

Verstehst du?«

Ich war mir nicht ganz sicher.

Noch bevor ich nachdenken konnte, sagte Nils: »Es wären auch noch andere merkwürdige Dinge möglich, wenn man schneller als das Licht reisen könnte. Nimm zum Beispiel mal an, du würdest dich für die Dauer von zehn Sekunden in einer geraden Linie mit zehnfacher Lichtgeschwindigkeit fortbewegen. Wenn du dich dann umdrehst und in die Richtung schaust, aus der du gekommen bist, dann würdest du sehen, wie du dich selbst von dem Ort entfernst, an dem du stehst.«

»Das heißt, man würde sich selbst näher kommen sehen?«

»Nein, du würdest dich selbst zurückgehen sehen in der Zeit. Jede Sekunde legst du eine Entfernung zurück, die zehnmal so groß ist wie die Lichtgeschwindigkeit. Wenn du dich nach zehn Sekunden umdrehst, hast du die Entfernung, die das Licht in einer Sekunde zurücklegt, bereits hundertmal hinter dir gelassen. Nach einer Sekunde hättest du zehn der hundert Lichtsekunden zurückgelegt. Die Entfernung zwischen diesem Punkt und dem Punkt, an dem du nach zehn Sekunden bist, beträgt also neunzig Lichtsekunden. Das bedeutet, dass das Licht neunzig Sekunden oder anderthalb Minuten braucht, um dich zu erreichen; du wirst dich also nach anderthalb Minuten dort sehen, wo du warst, als du eine Sekunde lang geflogen bist.«

Mir wurde etwas schwindelig, aber ich versuchte Nils zu folgen.

»Nach zwei Sekunden hättest du zwanzig der hundert Lichtsekunden zurückgelegt. Die Entfernung zu dem Punkt, an dem du jetzt bist, beträgt achtzig Lichtsekunden. Es wird also achtzig

Sekunden dauern, bevor das Licht, das von dort startete, dich erreicht. Das heißt, nach von deinem Start an gerechnet einundneunzig Sekunden siehst du dich selbst wieder, und zwar dort, wo du nach einer Sekunde gewesen bist, und nach zweiundachtzig Sekunden dort, wo du nach zwei Sekunden warst. Und so können wir fortfahren: Nach dreiundsiebzig Sekunden würdest du dich dort sehen, wo du nach neun Sekunden gewesen bist. Betrachten wir die Abstände nun vorwärts in der Zeit, dann siehst du dich nach neunzehn Sekunden in einer Entfernung von neunzig Lichtsekunden vom Start – oder zehn Lichtsekunden von deinem jetzigen Standort entfernt –, nach achtundzwanzig Sekunden in einer Entfernung von zwanzig Lichtsekunden von deinem jetzigen Standort, nach siebenunddreißig Sekunden in einer Entfernung von dreißig Lichtsekunden von deinem jetzigen Standort, und so weiter. Du würdest dich selbst also rückwärts fliegen sehen. Weil du vorwärts geflogen bist, siehst du dich demnach selbst in der Zeit zurückfliegen. Ist doch simpel, oder?«

»Wenn ich dir glauben soll, dann würde man sich, sobald man schneller ist als das Licht, nach einer solchen Kegelzeichnung also nicht nur rückwärts in der Zeit bewegen, sondern man würde sich auch rückwärts in der Zeit fliegen sehen?«

»Stimmt. Glaubst du es nicht?«

»Ich denke doch. Aber jetzt ist mir nach einer Pause.«

»Ach. Und gerade jetzt wollte ich mit der allgemeinen Relativitätstheorie loslegen.«

»Ist mir egal. Mein Kopf ist voll.«

»War ja auch nur ein Scherz.«

»Bis morgen, Nils.«

»Bis morgen, Esther.«

Ich löschte das Licht.

Weitere Folgen der Relativitätstheorie

»Nils, ich habe noch einmal über diese Bewegungen nachgedacht. Der Lichtstrahl selbst, der bewegt sich doch mit Lichtgeschwindigkeit?«

»Ja, das tut er.«

»Wie sieht dann ein Beobachter, der mit dem Lichtstrahl mitreist, die Ereignisse?«

»Dieser Beobachter sieht etwas sehr Merkwürdiges. Erinnere dich noch mal an den Zug zwischen Brüssel und Paris. Je schneller der Zug fährt, desto näher liegen die beiden Ereignisse – die Abfahrt aus Brüssel und später die Ankunft in Paris – beieinander. Vom Standpunkt unseres im Zug sitzenden Beobachters aus gesehen, finden beide Ereignisse nach wie vor am gleichen Ort statt, nämlich an seinem Fensterplatz. Je schneller der Zug fährt, desto rascher nacheinander finden die beiden Ereignisse am gleichen Ort statt. Würde der Zug so schnell fahren wie das Licht, dann fänden die beiden Ereignisse gleichzeitig statt, das heißt, sowohl am gleichen Ort als auch zum gleichen Zeitpunkt. Um es anders zu formulieren: Für einen Beobachter auf einem Lichtstrahl findet alles, was ihm begegnet, im gleichen Augenblick und am gleichen Ort statt.«

»Hat Einstein selbst derartige Gedankenexperimente angestellt?«

»Ja, als Sechzehnjähriger fragte er sich, wie ein Beobachter einen Lichtstrahl sehen würde, wenn er mit diesem Lichtstrahl mitreisen könnte. Er kam damals zu dem Schluss, dass dieser Beobachter, nach allem, was die Wissenschaft damals wusste, eine stillstehende elektromagnetische Welle sehen müsste – ein Phänomen, das nicht bekannt ist. Auf der Grundlage dieser Erwägungen soll er seine Relativitätstheorie entwickelt haben.«

»Ich habe an noch etwas anderes gedacht. Gestern hast du gesagt, dass Geschwindigkeiten höher als Lichtgeschwindigkeit nicht möglich sind.«

»Das stimmt.«

»Aber was sagst du dann zum Folgenden? Mal angenommen, ich ruhe in meinem Koordinatensystem. Ein Zug fährt etwas langsamer als das Licht von links nach rechts. Ein anderer Zug fährt ebenfalls etwas langsamer als das Licht von rechts nach links. Relativ zueinander fahren die beiden dann doch mit einer Geschwindigkeit, die fast doppelt so groß ist wie die Lichtgeschwindigkeit?«

»Das wäre richtig, wenn du die Geschwindigkeiten einfach addieren dürftest, genau wie Galilei und Newton es getan hätten. Aber das ist nicht erlaubt.«

Ich schaute enttäuscht.

»Aber es ist gut, dass du solche Fragen stellst.«

»Ich hatte mir schon gedacht, dass die Sache wieder mal einen Haken hat.«

»Und der Haken ist immer der gleiche: Die Geschwindigkeit des Lichtes ist in allen Systemen gleich. Könntest du alle Geschwindigkeiten einfach zusammenzählen, auch die des Lichtes, dann würde die Lichtgeschwindigkeit nicht überall gleich sein. Angenommen, du hast die Geschwindigkeiten v_1 und v_2, so wie in deinem Beispiel mit den beiden sich relativ zu dir bewegenden Zügen. Wenn du ausrechnen willst, wie hoch die Geschwindigkeit des einen Zuges relativ zum anderen ist, dann musst du das folgendermaßen tun: $\frac{v_1 + v_2}{1 + \frac{v_1 \times v_2}{c^2}}$. In Worten: Du addierst beide Geschwindigkeiten. Die Summe teilst du durch eine Zahl, die gleich ist der Summe aus 1 und dem Produkt der beiden Geschwindigkeiten, wiederum geteilt durch das Quadrat der Lichtgeschwindigkeit. Du siehst, dass diese Summe der Geschwindigkeiten stets kleiner ist als $v_1 + v_2$, weil du durch eine Zahl teilst, die größer ist als 1. Du siehst an dieser Formel auch, dass du, sobald du eine Geschwindigkeit zur Lichtgeschwindigkeit addierst, wiederum nur die Lichtgeschwindigkeit erhältst. Zum Beispiel: Wenn v_2 gleich c ist, bekommst du: $\frac{v_1 + c}{1 + \frac{v_1 \times c}{c^2}}$. Wenn du diese Formel ein wenig umwandelst, siehst du, dass der resultierende Wert gleich c ist.«

»Hm.«

»Mit der gleichen Formel kannst du auch sehen, dass die Summe aus zwei Geschwindigkeiten stets kleiner ist als *c*, wenn die beiden Geschwindigkeiten kleiner sind als *c*.«

»Hm … Lässt sich denn wirklich nichts ausdenken, wodurch die Lichtgeschwindigkeit überschritten werden kann?«

»Ich fürchte nein. Viele haben es versucht, und alle sind gescheitert.« Nils' Stimme klang geradezu dramatisch.

Aber ich wollte noch nicht aufgeben, mobilisierte alles, was ich schon gelernt hatte. Nils ließ mir Zeit, nachzudenken und meine Frage zu formulieren. Er wusste, dass das die beste Art war, mich zu überzeugen.

»Nils, wir haben doch schon bei Newton gesehen, dass ein Körper beschleunigt wird, wenn eine Kraft auf ihn einwirkt. Das wird ausgedrückt in der Formel $F = m \times a$. Wenn eine Kraft F auf einen Körper mit der Masse m einwirkt, dann erhält der Körper eine Beschleunigung a. Wenn man die gleiche Kraft immer weiter ausübt, wird ein Körper auch immer weiter um den gleichen Wert beschleunigt. Ist die Beschleunigung beispielsweise ein Meter pro Sekunde im Quadrat, dann wird die Geschwindigkeit in jeder Sekunde um einen Meter pro Sekunde zunehmen. Nach einer Sekunde ist die Geschwindigkeit ein Meter pro Sekunde; nach zwei Sekunden ist sie zwei Meter pro Sekunde, und nach tausend Sekunden ist die Geschwindigkeit schon tausend Meter pro Sekunde. Wenn man schließlich 400 Millionen Sekunden lang eine Beschleunigung von einem Meter pro Sekunde im Quadrat hat, dann hat man doch eine Geschwindigkeit von 400 Millionen Metern oder vierhunderttausend Kilometern pro Sekunde. Und das ist schneller als die Lichtgeschwindigkeit!«

»Das würde hinkommen, aber …«

»Aber … die Sache hat also wieder einen Haken?«

»Hier ist der Haken, dass die Beschleunigung nicht immer konstant bleibt.«

»Auch nicht, wenn man beständig die gleiche Kraft ausübt?«

»Selbst dann nicht. Denn die Masse wird sich verändern.«

»Das scheint mir aber ziemlich weit hergeholt.«

»Es ist aber so. Wir können Einsteins neue Gesetze nicht einfach mit den alten Gesetzen von Newton kombinieren. Wir haben vorhin gesehen, dass man Geschwindigkeiten nicht so ohne weiteres addieren kann. Da die Beschleunigung die Erhöhung oder Verringerung der Geschwindigkeit pro Sekunde ist, muss man zu der Geschwindigkeit deren Veränderung addieren beziehungsweise davon subtrahieren, und darum kann man Newtons Beschleunigungsformel nicht anwenden. Du musst die Formel anpassen, wie wir es vorhin getan haben – mit dem Ergebnis, dass du dann die Formel $\frac{v_1 + v_2}{1 + \frac{v_1 \times v_2}{c^2}}$ erhältst. Lässt du also eine konstante Kraft F auf einen Körper mit einer Masse m einwirken, beschleunigt sich der Körper nicht mit der konstanten Beschleunigung a. Die Beschleunigung wird immer geringer werden. Weil immer noch die Formel $F = m \times a$ gilt, wobei a bei gleich bleibendem F immer kleiner wird, können wir lediglich schlussfolgern, dass die Masse m des Körpers immer größer wird, je schneller er sich bewegt. Es ist einfach zu berechnen, dass die Masse eines Körpers mit der Geschwindigkeit v gleich $\frac{m_0}{\sqrt{1 - \frac{v^2}{c^2}}}$ ist, wobei m_0 gleich der Ruhemasse ist.«

»Der Ruhemasse?«

»Ja. Ich sagte vorhin, dass die Masse eines Körpers größer wird, je mehr die Geschwindigkeit dieses Körpers zunimmt. Die Masse eines Körpers in Ruhe – für einen bestimmten Beobachter! – nennt man die Ruhemasse. Die Masse eines bewegten Körpers wird größer sein als dessen Ruhemasse.«

»Beobachter, die sich relativ zu diesem Körper mit einer eigenen Geschwindigkeit bewegen, werden also eine andere Masse für diesen Körper messen?«

»So ist es. Auch Masse ist demnach ein relativer Begriff. Mal angenommen, ein Körper befindet sich relativ zu einem Beobachter in Ruhe. Wird eine bestimmte Kraft auf diesen Körper ausgeübt, wird das eine bestimmte Geschwindigkeitsveränderung hervorrufen. Für einen Beobachter, der sich relativ zu diesem Körper mit einer bestimmten Geschwindigkeit bewegt, wird dieselbe Kraft seiner Wahrnehmung zufolge eine kleinere Geschwindigkeitsveränderung hervorrufen. Da die Masse das Verhältnis von Kraft und Beschleunigung ist, wird der Beobachter für diesen Körper eine größere Masse messen.«

»Du meinst hier mit Masse doch die träge Masse? Das Verhältnis zwischen der Kraft und der Beschleunigung von einem Körper? Oder ich begreife das alles überhaupt nicht mehr.«

»Ja, die träge Masse.«

»Und wie ist es dann mit der schweren Masse, der Masse, die mit der Schwerkraft zu tun hat? Da diese Masse immer genauso groß ist wie die träge Masse, wird sie wohl auch größer werden?«

»Gut beobachtet. Viele Abhandlungen zur Relativitätstheorie sind in diesem Punkt sehr vage. Sie sprechen nie von den verschiedenen Massen und tun so, als gäbe es nur eine Masse, die dann die gleiche Bedeutung hat wie das Gewicht. Dabei handelt es sich um etwas völlig Verschiedenes.«

»Aber wie ist es jetzt mit der schweren Masse?«

»Das ist eine völlig andere und recht komplizierte Sache. Es hat sich nämlich herausgestellt, dass nach Einsteins Relativitätstheorie Newtons Gravitationstheorie nicht mehr gültig ist.«

»Die Schwerkraft ist also auch nicht mehr das, was sie mal war?«

»Könnte man sagen. Aber vorläufig kann ich das nicht näher erläutern.«

»Da haben wir's mal wieder.«

»Na, nicht so schnell. Es hat mit Einsteins zweitem Kraftakt zu tun. Die Gravitationstheorie nach Newton und Galilei kann in der Welt der speziellen Relativitätstheorie nicht mehr gelten, weil in die von Newton formulierten Gesetze Geschwindigkeiten, Beschleunigungen und Längen eingehen. Wenn aber verschiedene Beobachter jeweils andere Längen und auch andere Zeiten messen, können wir nicht einfach unterstellen, dass Newtons Gravitationsgesetz nach wie vor gilt. Du erinnerst dich noch an die Formel der Anziehungskraft zwischen zwei Körpern: Diese ist proportional zu den Massen der beiden Körper und umgekehrt proportional zum Quadrat der Entfernung zwischen den beiden. Da Entfernung jedoch ein relativer Begriff ist, abhängig von der Bewegung des Beobachters, ist nicht klar, welche Entfernung wir einsetzen müssen. Wir wissen, dass träge Masse ein relativer Begriff ist. Vielleicht gilt etwas Ähnliches für die schwere Masse. Kurz, es ist nicht sicher, ob wir Newtons Gravitationstheorie ohne weiteres anwenden können, selbst nicht, wenn wir die neuen Formeln für Entfernung und Masse einsetzen. Erst als Einstein seine allgemeine Relativitätstheorie entwickelt hatte, konnte man auch die neuen Gravitationsgesetze formulieren. Aber darauf werden wir erst später eingehen. Vorher musst du genau begriffen haben, was es bedeutet, dass auch die Masse eines Körpers relativ ist. Es bedeutet sicher nicht, dass sich das Gewicht eines Körpers verändert. Denn das hat mit der schweren Masse eines Körpers zu tun, und in der speziellen Relativitätstheorie kann man nichts über die schwere Masse sagen.«

»Ich glaube, ich verstehe schon. Verschiedene Beobachter, die sich mit unterschiedlicher Geschwindigkeit bewegen, werden einem Körper eine jeweils andere Masse zuschreiben. Wenn sie die Auswirkung einer bestimmten Kraft auf einen Körper messen, werden sie auch eine jeweils andere Beschleunigung messen. Und daraus leiten sie ab, dass die Masse eines Körpers eine jeweils andere ist.«

»Genau. Außerdem ist es so, dass die Masse umso größer wird, je weiter die Geschwindigkeit zunimmt. Erreicht ein Körper fast Lichtgeschwindigkeit, dann steigt die Masse gegen unendlich. Fliegt ein Körper also fast so schnell wie das Licht und wirkt eine Kraft auf ihn ein, dann wird sich der Körper relativ auf diesen Beobachter fast überhaupt nicht beschleunigen, weil seine Masse nahezu unendlich ist. Auch daraus kannst du entnehmen, dass ein Körper niemals Lichtgeschwindigkeit erreichen kann. Denn wenn die Masse gegen unendlich steigt, brauchte man eine unendliche Kraft, um den Körper derart zu beschleunigen.«

»Nils, dazu fällt mir noch was ein. Masse und Geschwindigkeit haben mit Energie zu tun. Die Masse eines Körpers wird größer für einen Beobachter, der sich relativ zu diesem bewegt. Wird dann für diesen Beobachter nicht auch die Energie größer?«

Nils nickte anerkennend.

»Das siehst du ganz richtig. Und damit kommen wir zu der berühmtesten Formel aller Zeiten.«

»$E = mc^2$.«

»Genau. Was die Formel bedeutet, habe ich dir schon vor einigen

Abenden gesagt. Jetzt können wir uns klar machen, wie Einstein zu dieser Formel gekommen ist. Wenn ein Körper schneller wird, hat er mehr Masse. Und da kinetische Energie mit der Masse eines Körpers verbunden ist und auch mit der Geschwindigkeit dieses Körpers, wird ein Körper, der eine höhere Geschwindigkeit hat, auch mehr Energie haben. Nicht nur, weil die Geschwindigkeit größer ist, sondern auch, weil die Masse größer ist.«

»Aber wieder vom Standpunkt eines bestimmten Beobachters aus gesehen!«

»Sehr richtig bemerkt. Wir dürfen nach wie vor nicht vergessen, dass Geschwindigkeit immer relativ ist zum Standpunkt eines Beobachters. Weil Masse und Energie ihrerseits mit der Geschwindigkeit zusammenhängen, haben Masse und Energie ihre Bedeutung nur mehr für einen bestimmten Beobachter. Andere Beobachter messen eine andere Masse und eine andere kinetische Energie. Da die Masse eines bewegten Körpers mit c^2 verbunden ist, ist es logisch, dass auch die Formel für die Energie etwas mit c^2 zu tun hat. Wir können das ein wenig anschaulicher machen. Wie ich vorhin sagte, die relative Masse $m_{(g)}$ eines Körpers ist abhängig von dessen Geschwindigkeit: gemäß der Formel $m_{(g)} = \frac{m_0}{\sqrt{1 - \frac{v^2}{c^2}}}$. Jetzt gibt es in der Mathematik einen kleinen Trick. Eine Zahl $\frac{1}{\sqrt{1-a}}$ ist in etwa gleich $1 + \frac{1}{2}a$. Das gilt eigentlich nur, wenn a klein ist, aber ich benutze diese Umwandlung auch nur, damit du nachvollziehen kannst, wie wir zur Formel $E = mc^2$ kommen. Wenn wir den umformulierten Wert in $m_{(g)} = \frac{m_0}{\sqrt{1 - \frac{v^2}{c^2}}}$ einsetzen, dann bekommen wir $m_{(g)} \approx m_0 + \frac{1}{c^2} \times \frac{1}{2} m_0 v^2$.

Diese doppelte Schlangenlinie heißt: ›ist ungefähr gleich‹. Was nach dem Pluszeichen steht, ist gleich der kinetischen Energie des Körpers im Ruhezustand geteilt durch das Quadrat der Lichtgeschwindigkeit. Wenn wir die kinetische Energie K nennen, bekommen wir $m_{(g)} \approx m_0 + \frac{K}{c^2}$. Die Masse hat also um $\frac{K}{c^2}$ zugenommen. Der Unterschied in der Masse ist also gleich $\frac{K}{c^2}$. Und da K eine Form von Energie ist, ist der Unterschied in der Masse gleich $\frac{E}{c^2}$. Die zusätzliche Masse ist also $\frac{E}{c^2}$. Masse ist also gleich $\frac{E}{c^2}$. In einer Formel ausgedrückt ist das: $m = \frac{E}{c^2}$. Das können wir umformulieren in $E = mc^2$ und haben damit die wahrscheinlich wichtigste Formel der Relativitätstheorie. Auf jeden Fall ist es die berühmteste Formel, die jemals aufgeschrieben wurde. Wie du sehen kannst, beruht sie auf der Tatsache, dass die Masse – aufgrund ihrer Beziehung zur Beschleunigung – relativ ist. Und du kannst auch sehen, dass die Massenzunahme ihrer Entstehungsursache entgegenwirkt. Denn durch die Beschleunigung wird die Masse größer. Und weil sie größer wird, wird es schwieriger werden, die Masse weiter zu beschleunigen. Und wir dürfen auch hier nicht vergessen, dass wir von der trägen Masse sprechen.«

»Ich finde es ziemlich erstaunlich, was in so einer einfachen Formel alles steckt.«

»Wahrscheinlich ist das einer der Gründe, weshalb sie so berühmt ist. Die Formeln der allgemeinen Relativitätstheorie sind viel komplizierter. Die meisten Leute haben nicht die leiseste Ahnung, wie sie aussehen, aber $E = mc^2$ kennt jeder. Und sie ist ja auch spektakulär. Sie besagt, dass ein kleines bisschen Masse doch eine enorme Energie repräsentiert.«

»Und so kam man zur Kernenergie.«

»Genau. Aber du darfst nicht vergessen, was die Formel wirklich bedeutet. Sie sagt nicht nur, dass Energie eine bestimmte Form von Masse ist und umgekehrt, so wie man sagen kann, dass Wasser und Eis Erscheinungsformen ein und desselben Stoffes sind, nein, nach dieser Formel ist Energie gleich Masse und Masse gleich Energie. Darum habe ich vor einiger Zeit behauptet, dass ein warmes Bügeleisen wirklich mehr wiegt als ein kaltes Bügeleisen.«

»Jetzt widersprichst du dir wieder selbst. Du hast vorhin gesagt, dass wir auch weiterhin unterscheiden müssen zwischen der trägen und der schweren Masse, die wiederum mit dem Gewicht zu tun hat, und jetzt wirfst du die Dinge durcheinander.«

»Du hast Recht. Und doch stimmt es, was ich sage. Aber das hat mit der allgemeinen Relativitätstheorie zu tun. Sie liefert nämlich eine Erklärung für die Tatsache, dass die schwere Masse genauso groß ist wie die träge Masse.«

»Aber Einstein wusste das noch nicht, als er seine spezielle Relativitätstheorie aufstellte?«

»Richtig. Zwar hat er seine Formel $E = mc^2$ im Zusammenhang der speziellen Relativitätstheorie aufgestellt, doch die volle Bedeutung dieser Formel ist ihm nicht sofort aufgegangen. Zum Beispiel die Tatsache, dass Energie und Masse wirklich dasselbe sind – also mehr sind als einfach nur eine andere Erscheinungsform von ein und demselben –, und auch der Zusammenhang zwischen träger und schwerer Masse war ihm nicht sogleich in seiner vollständigen Bedeutung klar.«

»Langsam dreht sich mir aber der Kopf.«

»Der hat auch so viel begreifen müssen in so kurzer Zeit.«

»Aber immerhin weiß ich jetzt, dass alles relativ ist: Gleichzeitigkeit, Zeitintervalle, Längen, das Addieren von Geschwindigkeiten, alles relativ zum Beobachter, und ebenso die träge Masse.«

»Nicht alles ist relativ …«

»Ach ja, die Lichtgeschwindigkeit c ist absolut.«

»Richtig. Einsteins Relativitätstheorie könnte auch die Absolutivitätstheorie heißen. Denn die Theorie sagt nicht, dass alles relativ ist. Die Theorie sagt zwar, dass bestimmte Dinge relativ sind. Andererseits sagt sie auch, dass bestimmte Dinge absolut sind: an erster Stelle die Lichtgeschwindigkeit c, die für alle sich relativ zueinander bewegenden Beobachter gleich groß ist. Zweitens ist $L^2 - c^2T^2$ eine Invariante: gleich groß für alle Beobachter, die sich relativ zueinander mit gleicher Geschwindigkeit bewegen. Wieder kann uns ein kleiner mathematischer Trick helfen, um daraus eine Formel zu machen, die derjenigen gleicht, die wir schon kennen. Wir können $-c^2T^2$ gleichstellen mit c^2u^2, wobei wir u^2 gleichsetzen mit $-T^2$.«

»Das geht doch nicht? Denn u^2 ist immer positiv. Und $-T^2$ ist immer negativ. Die können dann doch nicht gleich sein?«

»Ich sagte, dass wir einen mathematischen Trick verwenden. u^2 ist in der Tat immer positiv, es sei denn, u ist eine imaginäre Zahl.

Das ist eine gewöhnliche Zahl multipliziert mit der Quadratwurzel aus –1.«

»Diese Quadratwurzel kann man doch gar nicht ziehen!«

»Nicht im realen Zahlenraum, aber die mathematische Welt ist weiter. Mathematiker bezeichnen die Quadratwurzel aus –1 als i. Das bedeutet, dass i^2 gleich –1 ist. Und damit kommen wir wieder weiter.«

»Das ist aber eine ziemliche Trickserei.«

»Die Zahl i ist eine sehr nützliche Erfindung. Wir können darauf jetzt nicht näher eingehen, aber die Verwendung von i macht eine Reihe mathematischer Operationen sehr einfach. Hier können wir zu einer absoluten Größe kommen, die der Formel gleicht, die uns vorhin gezeigt hat, dass die Entfernung zwischen zwei Punkten immer gleich groß ist, egal, wie wir die Achsen zeichnen. Denn durch diesen Trick erreichen wir, dass $L^2 + c^2u^2$ zu einer Konstante wird. Wenn wir uc mit t gleichsetzen, wird aus $L^2 + t^2$ ein konstanter Wert, also eine Invariante. Mit anderen Worten: Wenn ein Beobachter zwischen zwei Ereignissen eine Entfernung L und eine Art imaginäre Zeit t misst und deren Quadrate addiert, erhält er das gleiche Ergebnis wie jeder andere Beobachter, der ein anderes L und ein anderes t misst.«

»Trotzdem, das sind doch nur mathematische Tricks.«

»Du weißt, dass Minkowski diese Invariante gefunden hat. Und auf den ersten Blick erschien das tatsächlich nur wie eine neue Formulierung, zwar eine sehr elegante Formulierung, aber auch nicht mehr als das. Es war also eine Methode, um einfachen Leuten und Beobachtern – so wie dir und mir – klarzumachen, was die Relativitätstheorie alles beinhaltet. Ihre wahre Bedeutung hat Minkowskis Formulierung dadurch erhalten, dass sie Einstein auf die richtige Spur zur allgemeinen Relativitätstheorie gebracht hat.«

»Also gut. Ich werde mich noch so lange in Geduld üben, bis du mir das richtig erklärt hast. Ich halte fest, dass wir die Theorie auch ›Absolutivitätstheorie‹ nennen könnten, weil c immer konstant ist und die Invariante auch.«

»Stimmt. Aber der Name ›Relativitätstheorie‹ klingt viel magischer, du weißt schon, wegen all der Verwirrung, die ›Zeit‹ und

›Länge‹ als relative Größen in unserem Kopf anrichten. Aus diesem Grund wird die Theorie wohl immer Relativitätstheorie heißen. Irgendwann hat es einen gewissen Doktor Fokker gegeben, einen niederländischen Professor, und der hat in seinen Vorlesungen und Büchern versucht, den Namen ›Chronogeometrie‹ einzuführen. Er schrieb: ›Durchaus gibt es Gründe, sich zu wundern, dass all die genannten Schlussfolgerungen aus einer Theorie abgeleitet werden können, die sich ihrem Namen nach lediglich mit Relativität beschäftigt. Tatsächlich aber berühren die Relativitätsbetrachtungen, die insbesondere zu Anfang Beifall fanden, nur einen einzigen Aspekt der Sache. Schon wurde von verschiedenen Physikern bemerkt, dass die Theorie mehr auf die Formulierung von Absoluta, von Invarianten abzielt denn auf ein Relativitätsprinzip. Der eingebürgerte Name muss wirklich als veraltet bezeichnet werden. Zu häufig gibt er Anlass zu hoffnungslosen Missverständnissen und kürzlich noch zu einem ungenießbaren Federkrieg. Der Name Relativitätstheorie erinnert an die historische Entwicklung und die Vergangenheit. Der Name Chronogeometrie eröffnet Perspektiven für die Zukunft.‹ Das ist schon über vierzig Jahre her, aber sein Vorschlag hat nicht wirklich Furore gemacht, und das trotz der Tatsache, dass der Name ›Relativitätstheorie‹ tatsächlich veraltet ist und nur eine Seite der Sache beleuchtet.«

»Und damit schließt das Kapitel über die spezielle Relativitätstheorie.«

»Und morgen machst du einen weiteren Schritt in Richtung allgemeine Relativitätstheorie. Gute Nacht, junges Fräulein.«

»Gute Nacht, Relativitätslehrer.«

Der Doppler-Effekt

Am nächsten Morgen hatte ich überhaupt keine Lust auf Relativität. Nicht weil ich kein Interesse mehr hatte, das überhaupt nicht, aber weil ich an diesem Tag mit Opa nach Gent fuhr. Eine Stunde nach dem Frühstück standen wir im Bahnhof und warteten auf den Zug.

Züge haben mich immer schon fasziniert. Irgendwie habe ich mir nie vorstellen können, wie man mit Strom so große Maschinen in Gang setzen kann. Gespannt verfolgte ich jeden Zug, der an uns vorbeifuhr. Die meisten halten auf unserem kleinen Bahnhof gar nicht an.

Da schoss mir eine Frage durch den Kopf. »Opa«, fragte ich, »weshalb machen vorbeifahrende Züge ein iiiiiiiiii-aaaaaaaa-Geräusch?«

»Ein iiiiiiiiii-aaaaaaaa-Geräusch? Wir sprechen doch von Zügen, Liebes, nicht von einem Esel?«

»Ach, du weißt doch, was ich meine: dass sich ein Zug anders anhört, wenn er von uns wegfährt, als wenn er sich nähert.«

»Ach, das. Eben diese Frage hat sich Christian Doppler vor langer Zeit auch gestellt.«

»Wer ist das denn schon wieder?«

»Christian Doppler war ein österreichischer Physiker. Er fand 1842 die Antwort auf deine Frage – wir nennen das jetzt den Doppler-Effekt –, und mit dieser Antwort hat er den Anstoß zu einer Menge wichtiger Erfindungen gegeben. Wenn dein Vater geblitzt wird, weil er zu schnell fährt, dann kann er sich bei Doppler bedanken. Wenn wir heute wissen, wie weit entfernt sich die Sterne befinden oder wie schnell sie sich von uns entfernen, dann haben wir auch das Doppler zu verdanken. Dein guter Freund Einstein war ein faszinierter Erforscher des Doppler-Effekts, denn für ihn war es eine Methode, seine Relativitätstheorie zu testen. Das Zwillingsparadox hat übrigens auch damit zu tun.«

Einstein, schon wieder Einstein. Selbst an diesem freien Tag, für den ich mir vorgenommen hatte, mal ganz ohne ihn auszukommen, tauchte er auf, an einer völlig unerwarteten Stelle. War ich inzwischen so verhext von diesem Mann? Oder ist es wirklich so, dass alles mit ihm zu tun hat und dieser Name deshalb immer und überall auftaucht? Ob jemand, der von Napoleon fasziniert ist, dessen Spuren auch überall sieht und hört?

Opa blätterte mittlerweile schon wieder in seinem Buch über Gent.

»Heute wollen wir uns den *Vrijdagmarkt* mal etwas aus der Nähe betrachten«, sagte er. »Den stolzen Platz, der Zeuge der wichtigsten Phasen in der Geschichte von Gent und Flandern gewesen ist. Der Platz, an dem blutige Kämpfe ausgetragen wurden, der aber auch die Bühne für prachtvolle Feierlichkeiten abgab. Von Margaretha von Österreich über Napoleon bis hin zu unserem jetzigen König Albert II. haben alle hier ihren festlichen Einzug gehalten.«

Napoleon, wie kam er denn auf den. Wieso nicht Einstein?

»Und was ist mit Doppler?«

»Doppler? Nein, der ist nie in Gent gewesen. Jedenfalls nicht, soweit ich weiß. Gent hat viele andere berühmte Wissenschaftler gehabt, Plateau etwa, aber keinen Doppler.«

»Opa, ich will eigentlich wissen, was Doppler über die Züge herausgefunden hat.«

»Ach, das. Aber wollten wir uns heute nicht mal um Kultur kümmern und nicht um die Naturwissenschaften?«

»Steckt die größte Freude nicht in der Kombination verschiedener Genüsse?«

»Du bist aber auch mit allen Wassern gewaschen. Na gut, wenn du willst. Aber dann musst du zuerst etwas über Wellen wissen. Du weißt, was Wellen sind?«

»Wasserwellen und Schallwellen und Licht?«

»Genau. Das Letzte ist sehr wichtig, denn auch das Licht besteht aus Wellen. Wasserwellen kennen wir jedoch am besten; wir denken dabei zuallererst an Wellen im Meer. Aber auch, wenn wir einen Stein ins Wasser werfen, sehen wir, wie Kreise entstehen und sich von der Stelle her ausbreiten, an der der Stein ins Wasser schlug. Diese Kreise werden immer größer, aber auch immer schwächer, bis sie sozusagen verschwinden. Diese Kreise entstehen periodisch, und deshalb haben sie einen Wellencharakter. Auch Schall besteht aus Wellen. In diesem Fall entsteht die Welle durch die Bewegung von

Luft. Deshalb zum Beispiel ist es im Weltraum oder auf dem Mond absolut still: Es gibt keine Luft, also können auch keine Wellen in der Luft sein, also kann es auch keinen Schall geben.«

»Und diese Fortbewegungen in der Luft haben eine Geschwindigkeit von dreihundert Metern pro Sekunde.«

»Stimmt. Wir müssen hier allerdings unterscheiden zwischen der Geschwindigkeit der Luft – oder des Wassers – und der Geschwindigkeit der Welle. Denk zum Beispiel nur an Wasserwellen, die entstehen, wenn wir einen Stein ins Wasser werfen. Wir sehen die Kreise immer größer werden, aber wir sehen kein Wasser, das sich von der Stelle bewegt.«

Ich musste an meinen Vetter Jan denken, der zu Hause an unserem Teich so gerne mit seinen Schiffchen im Wasser spielt und den ich oft geärgert habe, nämlich mit Steinen, die ich in die Nähe seiner Schiffchen warf. Es war dann genau so, wie Opa sagte: Es entstanden Kreise, die immer größer wurden. Kamen sie in die Nähe von einem Schiffchen, dann ließen sie das Schiffchen etwas hochschaukeln, aber sonst geschah nichts. Also sagte ich: »Ja, das Wasser bewegt sich nicht wirklich fort. Die Wasserteilchen machen einfach einen kleinen Sprung, eins nach dem andern. Und sie geben die Bewegung weiter an ihren Nachbarn, der die Bewegung auch wieder an seinen Nachbarn weitergibt, und so geht es immer weiter.«

»Genau. Es ist, als würden eine Menge Leute eine lange Reihe bilden und sich die Hand geben. Sie könnten ein Signal weitergeben, ohne sich von der Stelle zu rühren. Der Erste drückt mit seiner rechten Hand die linke Hand des Zweiten. Der Zweite drückt dann mit der rechten Hand die linke des Dritten. Und so weiter. Auf diese Weise führen alle Menschen eine Bewegung aus und bleiben doch an Ort und Stelle. Was wandert, ist das Signal. Es ist, als würde sich dieses Händedrücken von der einen Person zur anderen fortbewegen. Würden sie in dem Augenblick, in dem sie die Hand ihres Nachbarn drücken, auch noch eine kleine Verbeugung machen, dann würde ein Beobachter, der aus einiger Entfernung zuschaut, eine Art Wellenbewegung sehen. Er würde sehen, wie sich einer nach dem andern verbeugt, genau so, als würde sich eine Welle durch die

Reihe fortpflanzen. Die Welle würde sich mit einer Geschwindigkeit von einigen Metern pro Sekunde fortbewegen, abhängig von der Geschwindigkeit, mit der sie sich verbeugen, aber die Leute selbst würden stillstehen. Daran siehst du, dass die Geschwindigkeit des Signals verschieden sein kann von der Geschwindigkeit des Mediums.«

»Das ist ungefähr dasselbe wie Leute, die Wassereimer weiterreichen, wenn ein Brand gelöscht werden muss.«

»Richtig. Hier sind die Eimer die Signale, die vom Ersten bis zum Letzten weitergegeben werden.«

»Oder wie die Fans bei einem Fußballspiel, die die La-Ola-Welle machen.«

»Genau.«

»Funktionieren Schallwellen auch so?«

»Ungefähr. Bei einer Schallwelle vibrieren die Luftmoleküle mit einer bestimmten Frequenz.«

»Was meinst du damit?«

»Luftmoleküle bewegen sich sehr schnell über eine sehr kurze Entfernung hin und her. Die Zahl der Hin- und Herbewegungen pro Sekunde nennt man die Frequenz. Frequenz wird gemessen in Hertz. Ein Molekül, das sich tausendmal pro Sekunde hin und her bewegt, hat eine Frequenz von tausend Hertz.«

»Bewegen sich die Moleküle wirklich so schnell?«

»Sogar noch viel schneller. Denk nur an die Saiten einer Gitarre. Wenn wir eine Saite berühren, fängt sie mit einer bestimmten Frequenz an zu vibrieren, zum Beispiel mit tausend Hertz. Eigentlich ist es noch etwas komplexer, weil Saiten verschiedene Wellen gleichzeitig hervorbringen. Aber angenommen, wir hätten eine Saite, die nur eine einzige Welle produziert. Bewegt sich die Saite mit einer Frequenz von tausend Hertz, dann bewegen sich auch die Luftmoleküle in ihrer Umgebung nach und nach mit dieser Geschwindigkeit. Diese Bewegung geben sie weiter an ihre Nachbarmoleküle; die geben sie ebenfalls weiter, und so pflanzt sich die Welle mit einer Geschwindigkeit von ungefähr dreihundert Metern pro Sekunde fort. Wenn die Welle unser Ohr erreicht, beginnt auch unser Trommelfell mit dieser Frequenz zu vibrieren. Unser Gehirn setzt dieses

Signal dann um in etwas, das wir als einen Ton von tausend Hertz erkennen.«

Ich nickte.

»Nicht alle Signale sind hörbar. Töne mit einer zu niedrigen oder zu hohen Frequenz können wir nicht hören. Um es wissenschaftlich auszudrücken: Das menschliche Gehör hat einen Bereich von ungefähr zwanzig bis ungefähr zwanzigtausend Hertz. Alles mit einer Frequenz von unter zwanzig und über zwanzigtausend Hertz können wir nicht hören. Kennst du diese Hundepfeifen?«

»Diese Pfeifen, die wir nicht hören, aber Hunde schon?«

»Genau. Wenn du in so eine Pfeife bläst, dann produzierst du einen Ton von mehr als zwanzigtausend Hertz. Ein Mensch kann das nicht hören, ein Hund schon. Es ist also eine sehr freundliche Manier, deinen Hund zu rufen, ohne andere Leute zu stören.«

»Bewegen sich diese Luftteilchen auf und ab, so wie Wasserteilchen in einer Wasserwelle?«

»Nein, die Luftteilchen bewegen sich zum Beispiel von links nach rechts, wenn das Geräusch sich ebenfalls von links nach rechts ausbreitet: Sie zittern oder schwingen also in der gleichen Richtung, in der das Geräusch sich ausbreitet. Mit einem wissenschaftlichen Ausdruck sagen wir, dass Schallwellen Longitudinalwellen sind. Wenn die Welle sich von links nach rechts ausbreitet, also auf horizontale Weise, dann schwingen die Teilchen auch sehr schnell in horizontaler Richtung. Die Wasserteilchen bewegen sich auf und ab, also senkrecht zur Bewegung der Wasserwellen. Das nennt man Transversalwellen.«

»Aha, ich verstehe. Gibt es nur Longitudinal- und Transversalwellen?«

»Ja, das sind die beiden Arten.«

»Und Lichtwellen, sind das Longitudinal- oder Transversalwellen?«

»Lichtwellen sind Transversalwellen, die Schwingungen stehen senkrecht zur Wellenbewegung.«

»Aber das können wir nicht sehen.«

»Nein, das können wir aber aus der Theorie ableiten und experimentell bestätigen.«

Ich hatte schon die nächste Frage. »Wie kommt es, dass nicht alle Töne von tausend Hertz gleich klingen?«

»Wie meinst du das?«

»Na, wenn wir auf einem Klavier eine bestimmte Note anschlagen und wir spielen sie mit einem anderen Instrument, dann klingt das doch nicht gleich.«

»Stimmt. Das meinte ich vorhin, als ich sagte, dass eine Gitarre – und jedes andere Instrument – gleichzeitig verschiedene Wellen produziert. Schlagen wir eine Saite an, wird ein bestimmtes Wellenmuster erzeugt: Das ist eine Kombination aus unterschiedlichen Wellen. Dieses Muster können wir auseinander klamüsern in verschiedene einzelne Wellen, die jede mit einer bestimmten Frequenz schwingen. Die Welle mit der niedrigsten Frequenz nennen wir den Grundton, beispielsweise eine Welle von vierhundertvierzig Hertz. Innerhalb des Wellenmusters gibt es gleichzeitig Wellen von allen Vielfachen von vierhundertvierzig Hertz: Es wird eine Welle von achthundertachtzig Hertz geben, eine von 1320 Hertz, eine von 1760 Hertz und so weiter. Das nennen wir die Obertöne. Diese Wellen werden nicht alle gleich stark sein und deshalb nicht alle gleich laut klingen. Die Stärke der Obertöne hängt vom jeweiligen Instrument ab. Und das genau bestimmt die Klangcharakteristik eines jeden Instruments. Die jeweilige Kombination der Grundtöne mit jeweils charakteristisch starken und schwachen Obertönen bestimmt also, wie ein Instrument klingt; man nennt das die Klangfarbe.«

»Ich wusste nicht, dass Musik so funktioniert.«

»Aber waren wir vorhin nicht bei Doppler?«

»Doppler, den hätten wir fast vergessen. Ich weiß jetzt, wie Schallwellen funktionieren. Und was ist mit dem Zug und seinem iiiiiiiiii-aaaaaaaa-Geräusch?«

»Das Geräusch eines Zuges hat eine bestimmte Frequenz. Wenn ein Zug auf uns zufährt, dann verändert sich die Frequenz dieses Geräusches. Das ist das iiiiii-Geräusch.«

»Wie kann sich die Frequenz des Geräusches verändern?«

»Mal angenommen, das Geräusch hat eine Frequenz von einem Hertz. Das könnten wir zwar nicht hören, aber es macht das Beispiel einfacher. Wenn wir uns die Schallwelle noch mal als unsere Kette von Menschen vorstellen, die alle einem Meter auseinander stehen und die Hand ihres Nachbarn drücken, dann würde das bedeuten, dass sie jede Sekunde einmal drücken. Die erste Person drückt jede Sekunde die Hand der zweiten. Die zweite gibt den Druck fast unmittelbar an die dritte weiter und so fort. Der Letzte in der Reihe erhält dann diese Händedrücke mit einer gewissen Verzögerung auch im Rhythmus von einem pro Sekunde.«

»Ein ziemliches Rumgedrücke.«

»Wer etwas lernen will, muss sich eben anstrengen. Angenommen, der Erste in der Reihe drückt die Hand seines Nachbarn auf einmal in einem Rhythmus von zwei pro Sekunde. Dann wird es ein paar Sekunden dauern, ehe der Letzte in der Reihe Händedrücke im Tempo zwei pro Sekunde erhält. Es gehen keine Händedrücke verloren, und eine Tempoveränderung wird für den Letzten erst fühlbar sein, wenn alle Händedrücke, die der Erste im alten Tempo weitergegeben hat, auch bei dem Letzten angekommen sind.«

Opa nahm ein Blatt Papier. »Wir können das auch aufzeichnen. Angenommen, wir haben eine Reihe von hundert Metern. Pro Meter haben wir eine Person; also stehen hundert Personen in der Reihe. Angenommen, ein Signal pflanzt sich mit zwei Metern pro Sekunde fort. Wenn also der Erste die Hand des Zweiten drückt, dauert es fünfzig Sekunden, ehe auch der Letzte einen Händedruck erhält. Auf einer Zeichnung sieht das wie folgt aus:

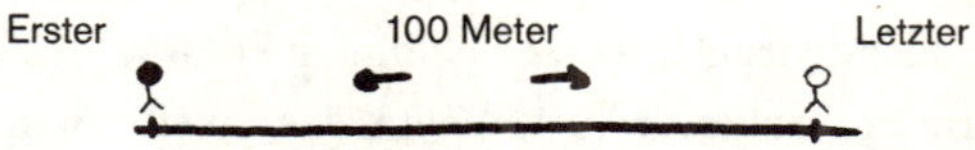

Der Erste drückt die Hand des Zweiten um zwölf Uhr. Wir deuten das mit einem Sternchen an.

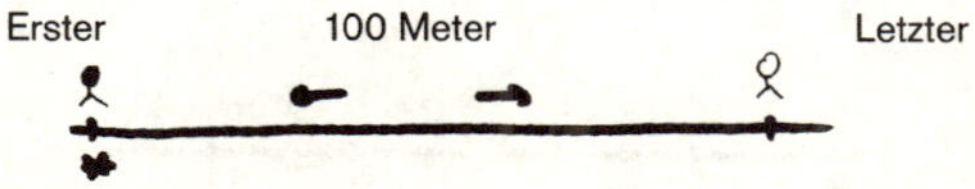

Der Zweite drückt dann die Hand des Dritten, der Dritte die des Vierten und so weiter. Das Händedrucksignal pflanzt sich mit einer Geschwindigkeit von zwei Metern pro Sekunde fort. Jede Sekunde befindet sich das Signal zwei Meter weiter. So wird beispielsweise um zwölf Uhr zehn Sekunden ein Händedruck in zwanzig Metern Entfernung zum Ersten stattfinden.

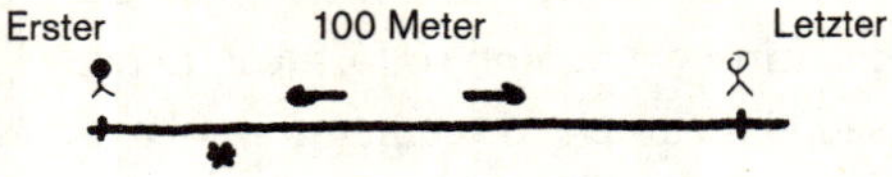

Nach fünfzig Sekunden bekommt der Letzte auch einen Händedruck.

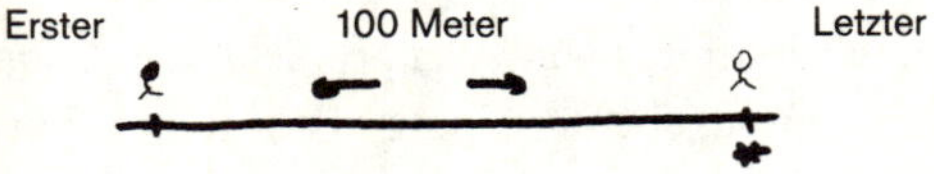

Wenn der Erste weitermacht, zum Beispiel alle zehn Sekunden, dann werden verschiedene Händedrücke gleichzeitig unterwegs sein. Auf unserer Zeichnung werden verschiedene Sternchen zu sehen sein. Also machen wir wieder eine Zeichnung, wobei der Erste einen ersten Händedruck gibt und von da an alle zehn Sekunden einen weiteren Händedruck. Zu den verschiedenen Zeitpunkten haben wir dann folgende Situationen.

Um zwölf Uhr:

Dieser erste Händedruck pflanzt sich mit einer Geschwindigkeit von zwei Metern pro Sekunde fort. Wenn das zweite Signal gegeben wird, um zwölf Uhr und zehn Sekunden, hat der erste Händedruck schon zwanzig Meter zurückgelegt. Die Situation ist dann wie folgt.

Um zwölf Uhr und zehn Sekunden:

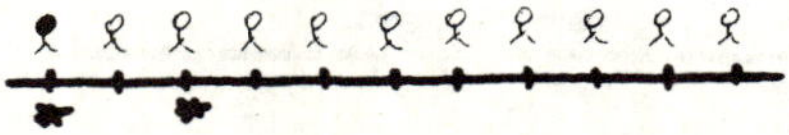

Diese beiden Signale pflanzen sich jeweils mit einer Geschwindigkeit von zwei Metern pro Sekunde fort. Wenn das dritte Signal gegeben wird, um zwölf Uhr und zwanzig Sekunden, dann hat das erste Signal schon vierzig Meter zurückgelegt und das zweite Signal zwanzig Meter. Die Situation ist dann wie folgt.

Um zwölf Uhr und zwanzig Sekunden:

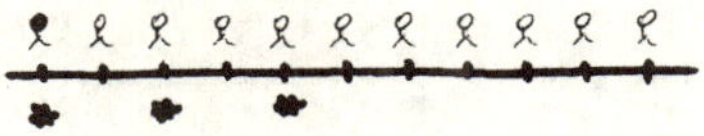

Und so können wir weitermachen. Um zwölf Uhr und fünfzig Sekunden erreicht das Signal dann die letzte Person in der Reihe.

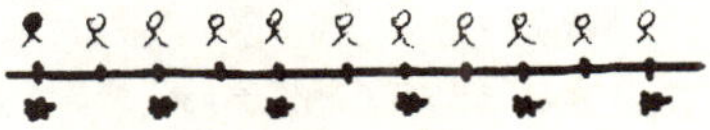

Gibt die erste Person immer weiter Signale, werden wir also alle zehn Sekunden das gleiche Muster sehen. In den dazwischen liegenden Sekunden werden wir etwas sehen, das so aussieht.

Um zwölf Uhr und einundfünfzig Sekunden:

Um zwölf Uhr und zweiundfünfzig Sekunden:

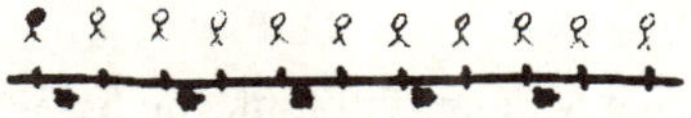

Und so weiter, bis wir um zwölf Uhr und eine Minute ein neues Signal haben.

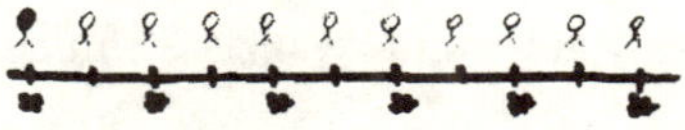

Wenn die erste Person das Tempo in diesem Augenblick verdoppelt und jetzt alle fünf Sekunden einen Händedruck weitergibt, dann haben wir die folgende Situation. Um zwölf Uhr und eine Minute hat er ein Signal gegeben, und nach fünf Sekunden gibt er wieder eins.

Und fünf Sekunden später wieder eins. Die Signale werden sich demnach wie folgt fortpflanzen.

Um zwölf Uhr und eine Minute:

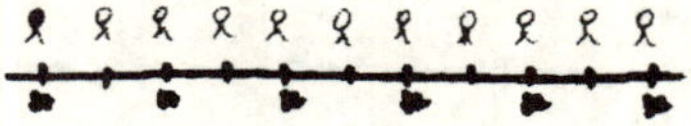

Um zwölf Uhr, eine Minute und fünf Sekunden gibt es wieder ein Signal. Die anderen Signale haben inzwischen erst zehn Meter seit dem letzten Signal zurückgelegt.

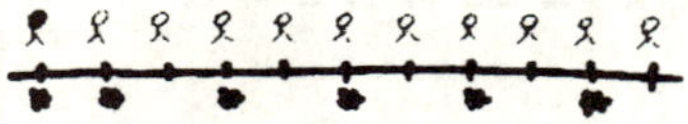

Um zwölf Uhr, eine Minute und zehn Sekunden gibt es wieder ein Signal. Du siehst, dass der Letzte in der Reihe immer noch Signale erhält, die sich im Abstand von zwanzig Metern zueinander befinden, aber dass am Anfang der Reihe Signale im Abstand von zehn Metern auftauchen.

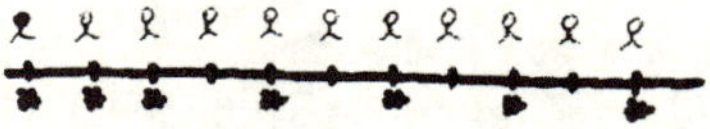

Und so fahren wir fort.

Um zwölf Uhr, eine Minute und fünfzehn Sekunden:

Um zwölf Uhr, eine Minute und zwanzig Sekunden:

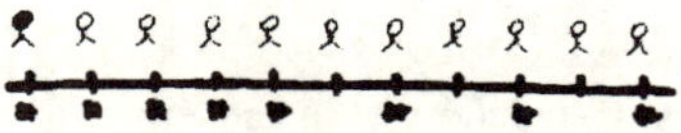

Um zwölf Uhr, eine Minute und fünfundvierzig Sekunden empfängt die letzte Person das letzte Signal im alten Tempo von zehn Sekunden pro Signal.

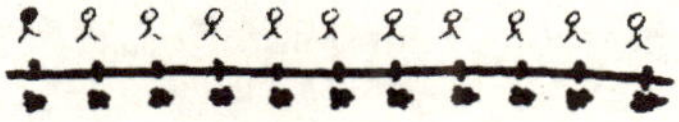

Fünf Sekunden später, um zwölf Uhr, eine Minute und fünfzig Sekunden, empfängt er wieder ein Signal. Von jetzt an empfängt er also die Signale, die der Erste im Fünfsekundentakt weitergegeben hat.

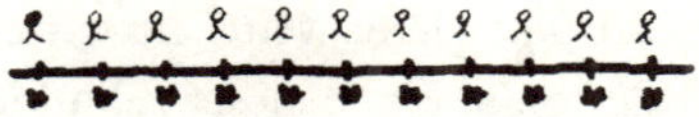

Du siehst also, dass der Erste ab zwölf Uhr und eine Minute Signale im Fünfsekundentakt gab, während der Letzte das erst fünfzig Sekunden später merkt. Ändert der Erste nach einer bestimmten Zeit wieder sein Tempo, wird es also wieder fünfzig Sekunden dauern, ehe der Letzte das merkt. Eigentlich ist das logisch, weil sich die Signale mit einer Geschwindigkeit von zwei Metern pro Sekunde fortpflanzen und eine Entfernung von hundert Metern zurücklegen müssen.«

»Und wie ist das jetzt mit dem fahrenden Zug?«

»Mal angenommen, die erste Person gibt wieder Signale im Takt von zehn Sekunden, aber sie steht dabei nicht still: Sie läuft die Reihe in Richtung des Letzten entlang. Alle anderen Personen bleiben stehen. Weil sich dieser Mensch derweil bewegt, drückt er nach zehn Sekunden nicht die Hand der zweiten Person, sondern die Hand derjenigen, die sich dort befindet, wo er mittlerweile angelangt ist. Wir nehmen an, dass er sich mit einer Geschwindigkeit von einem halben Meter pro Sekunde bewegt. Nach zehn Sekunden wird er also fünf Meter weiter sein.

Um zwölf Uhr:

Nach zehn Sekunden ist der Händedruck zwanzig Meter weitergekommen. Inzwischen hat die erste Person fünf Meter zurückgelegt. Sie wird also ihren zweiten Händedruck der Person geben, die sich in Höhe dieser fünf Meter befindet. Die Situation ist dann wie folgt.

Um zwölf Uhr und zehn Sekunden:

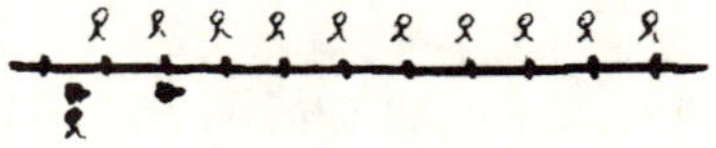

Die Signale liegen also nur mehr fünfzehn statt zwanzig Meter auseinander. Zehn Sekunden später gibt die erste Person – der Mensch, der inzwischen wieder fünf Meter weiter ist – wieder einen Händedruck; diesmal der Person in Höhe dieser zehn Meter.

Um zwölf Uhr und zwanzig Sekunden:

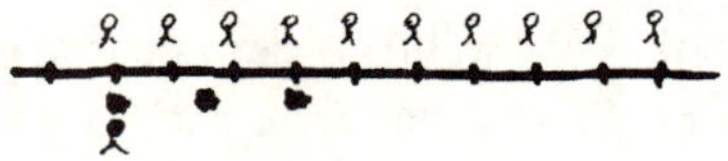

Und so geht es weiter. Nach einigen zehn Sekunden wird der Letzte in der Reihe also Signale empfangen, die lediglich fünfzehn Meter auseinander liegen. Diese Signale kommen nicht im Zehnsekundentakt (das ist zwanzig – die Entfernung zwischen zwei Signalen entlang der Menschenreihe – geteilt durch zwei – der Geschwindigkeit des Händedrucksignals entlang der Menschenreihe), sondern alle siebeneinhalb Sekunden – das ist fünfzehn geteilt durch zwei. Und doch gibt der Erste seine Signale nach wie vor im Zehnsekundentakt weiter.«

Opa machte eine kleine Pause.

»Und damit haben wir den Doppler-Effekt. Ersetzen wir die erste Person durch den fahrenden Zug, die Händedrucksignale durch die Ausbreitung der Schallwellen und die Entfernung zwischen zwei Händedrücken durch die Frequenz des Zuggeräusches, dann verstehen wir, weshalb es sich verändert. Der Zug erzeugt ein Geräusch mit einer bestimmten Frequenz: Die Wellenberge haben einen bestimmten zeitlichen Abstand zueinander. Aber da der Zug in unsere Richtung fährt, liegen die Wellenberge räumlich näher beieinander und wir hören ein Geräusch mit einer höheren Frequenz. Und weil Geräusche mit einer höheren Frequenz höher klingen, hören wir dieses iiiiii-Geräusch. Ist der Zug an uns vorbei, geschieht genau das Umgekehrte. Dann liegen die Wellenberge räumlich weiter auseinander.«

Opa nahm wieder das Blatt Papier.

»Schauen wir noch mal auf unsere Menschenreihe. Zu einem bestimmten Zeitpunkt haben wir die folgende Situation: Der Mensch, der vorwärts geht, befindet sich in einem bestimmten Augenblick in Höhe von fünfundzwanzig Metern. Dort wird er sich umdrehen und in die andere Richtung zurückmarschieren.

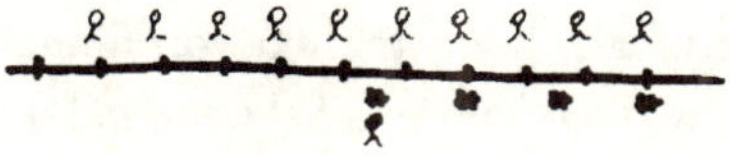

Wir sehen also die Signale fünfzehn Meter auseinander. Gerade nachdem er der Person bei fünfundzwanzig Metern die Hand gedrückt hat, dreht er sich um und geht in die andere Richtung, wieder mit einer Geschwindigkeit von einem halben Meter pro Sekunde. Nach zehn Sekunden gibt er wieder ein Signal. Die Händedrücke haben sich mittlerweile wieder zwanzig Meter nach rechts verpflanzt, aber die Person ist mittlerweile fünf Meter nach links gegangen. Also drückt er der Person die Hand, die sich bei fünfzig Metern befindet.

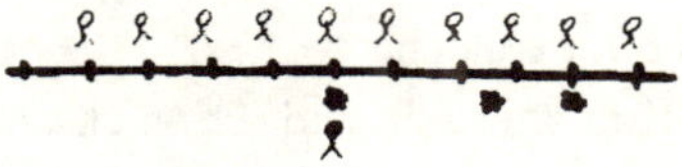

Nach zehn Sekunden gibt er wieder einen Händedruck, aber jetzt der Person, die sich bei fünfundzwanzig Metern befindet. Die anderen Händedrucksignale haben sich inzwischen schon wieder zwanzig Meter nach rechts fortgepflanzt.

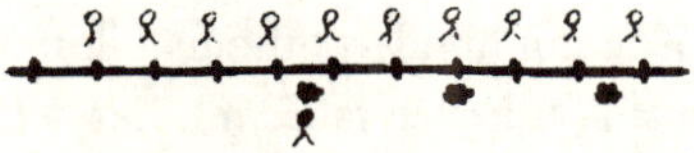

Wieder zehn Sekunden später:

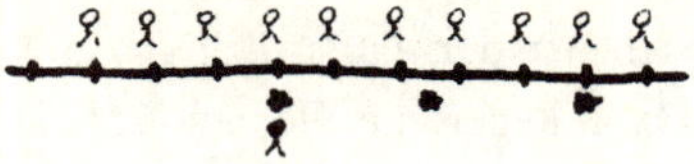

Und weitere zehn Sekunden später:

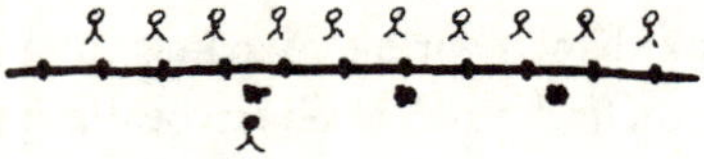

Und so siehst du, dass die Person am Ende der Reihe jetzt Signale empfängt, die fünfundzwanzig Meter auseinander liegen. Sie wird also Händedrucksignale in einem Takt von fünfundzwanzig geteilt durch zwei oder zwölfeinhalb pro Sekunde bekommen. Und doch gibt der gehende Mensch seine Signale nach wie vor im Zehnsekundentakt. Aber diesmal entfernt er sich von der Person, welche die Signale empfängt. Mit dem Zug ist das nicht anders. Der Zug, der an uns vorbeigefahren ist, entfernt sich jetzt ebenfalls von uns. Der Abstand zwischen den Wellenbergen wird also größer werden. Das Geräusch wird eine niedrigere Frequenz haben. Geräusche mit einer niedrigeren Frequenz klingen tiefer, und so hören wir das tiefere aaaaaaa-Geräusch.«

»Wow! Eigentlich klingt das alles ganz einfach.«

»In Wirklichkeit braucht man dazu einiges an Berechnungen, aber das Prinzip ist in der Tat einfach.«

»Und wenn der Zug stillsteht und ich mich auf den Zug zubewege, passiert dann das Gleiche? Höre ich dann auch eine höhere Frequenz? Und wenn der Zug steht und ich laufe von ihm weg, höre ich dann eine niedrigere Frequenz?«

»Das hast du gut beobachtet. Der Doppler-Effekt tritt auch dann auf, wenn sich der Empfänger des Signals relativ zum Sender oder der Quelle des Signals bewegt.«

»Also wenn der Zug mit hundert Stundenkilometern auf mich zufährt und ich stehe still, oder ich fahre mit hundert Stundenkilometern auf einen stillstehenden Zug zu, dann höre ich genau dasselbe.«

»Ungefähr.«

»Ist es denn nicht genau dasselbe?«

»Es gibt einen sehr subtilen Unterschied. Das kommt daher, dass Schallwellen ein Medium brauchen – die Luft –, um sich fortzupflanzen. Das kannst du sehen, wenn du die genauen Formeln studierst, aber das lassen wir jetzt. Bei Licht macht es keinen Unterschied, weil Licht auch kein Medium braucht.«

»Tritt der Doppler-Effekt denn auch beim Licht auf?«

»Ja.«

»Man kann den Doppler-Effekt beim Licht also sehen?«

»Durch Veränderungen im Farbspektrum. Bei Schall entspricht die Frequenz einer bestimmten Tonhöhe; bei Licht entspricht die Frequenz einer bestimmten Farbe. Ändert sich die Frequenz aufgrund des Doppler-Effekts, wird eine geringe Farbverschiebung auftreten. Man kann das bei einem Stern beobachten, nicht mit bloßem Auge, wohl aber mit speziellen Geräten. Bei einem Stern, der sich von der Erde entfernt, tritt eine Rotverschiebung auf. Das heißt: Das Licht wird röter. Das sichtbare Licht variiert von blau – für hohe Frequenzen – bis rot – für niedrige Frequenzen. Entfernt sich ein Stern von uns, dann wird das Licht eine niedrigere Frequenz bekommen und ein klein wenig röter werden. Kommt ein Himmelskörper auf uns zu, dann erhält das Licht eine höhere Frequenz und wird ein klein wenig blauer. In diesem Fall tritt eine Blauverschiebung auf. Anhand der Rot- oder Blauverschiebung kann man messen, wie schnell sich ein Stern relativ zu uns bewegt.«

»Wie lässt sich das denn messen? Man weiß doch nicht, wie das Licht wäre, wenn der Stern relativ zu uns stillstehen würde?«

»Doch. Das Licht, das die Sterne ausstrahlen, hat mit der Zusammensetzung der Sterne und den chemischen Prozessen zu tun, die sich in den Sternen abspielen. Das Licht, das wir von einem Stern empfangen, kann man genau wie Töne in verschiedene Frequenzen auseinander klamüsern: Auch das Licht eines Sternes ist schließlich eine Kombination verschiedener Lichtfrequenzen. Indem man die Frequenzen des Sternenlichts mit Lichtfrequenzen vergleicht, die man hier auf der Erde gemessen hat, kann man ableiten, von welchen chemischen Elementen sie stammen. Weil die Geschwindigkeit der Sterne relativ zur Lichtgeschwindigkeit meistens sehr klein ist, werden sich auch die Frequenzen durch den Doppler-Effekt nur sehr wenig verändern. Wenn wir also im Licht eines Sternes eine Frequenz sehen, die sehr nahe bei der Frequenz eines uns bekannten chemischen Elements liegt, dann wissen wir, dass es sich um das gleiche Element handelt und dass der Frequenzunterschied mit dem Doppler-Effekt zu tun hat. Indem wir den Unterschied genau messen, können wir genau berechnen, wie schnell sich der Stern relativ zu uns bewegt.«

»Endlich weiß ich, wie man die Geschwindigkeit von Sternen messen kann. Das war für mich immer ein großes Rätsel.«

»Siehst du, Kleines, die Menschen können sehr erfinderisch sein. Leider wird Dopplers Erfindung auch für weniger angenehme Zwecke benutzt. Dein Vater wüsste, wovon ich spreche.«

»Du meinst das Blitzen, weil er zu schnell fährt.«

»Du kannst ja meine Gedanken lesen!«

»Natürlich, Opa, immer. Aber ich sage es dir nicht jedes Mal.«

»Haha. Aber ich wette, jetzt weißt du nicht, was ich denke.«

»Doch. Du hast Lust auf einen flambierten Pfannkuchen mit Eis.«

»Da bringst du mich auf eine gute Idee. Sobald wir in Gent sind, gehen wir erst mal essen. Ich weiß nämlich, wo es die besten flambierten Pfannkuchen gibt. Und Kindereis gibt es da auch.«

»Opa!«

»Na ja, oder andere leckere Sachen für junge Damen.«

Doppler und das Zwillingsparadox

An diesem Abend konnte ich Nils von einem leckeren Eis berichten.

»Wie kannst du deine Zeit nur mit Eisessen vertun, wenn es so viele interessante Dinge zu erforschen gibt?«

Gefasst erwiderte ich: »Ich habe dabei ja auch über Einstein nachgedacht.«

»Nachdenken? Wo kommen wir hin, wenn die Jugend jetzt auch schon anfängt nachzudenken.«

»Nils!«

»Na ja, man weiß nie«, brummte er. »Und wozu haben deine Hirnwebereien geführt?«

»Ich bin auf ein Problem gestoßen. Ich habe nachgedacht über die Züge, über Beobachter, die in fahrenden Zügen sitzen, und über Beobachter in einem Zug, der auf dem Bahngleis wartet.«

»Und?«

»Es ist doch immer so, dass die Beobachter in einem fahrenden Zug gleichwertig sind mit denen in einem stehenden Zug? Man kann nie behaupten, dass sich die im Zug relativ zu denen im anderen Zug bewegen, ohne dass man nicht genauso gut sagen könnte, die im anderen Zug bewegen sich relativ zu den Beobachtern im ersten. Stets gilt beides, oder?«

»Ja, das ist immer so.«

»Und es ist auch immer so, dass die Uhren derjenigen, die sich angeblich bewegen, nachgehen relativ zu den Uhren derjenigen, die stehen? Was dann gleichzeitig auch umgekehrt gelten muss für die, die angeblich stillstehen? Auch deren Uhren gehen nach für diejenigen, die sich angeblich bewegen.«

»Genau. Das ist immer so. Ohne Ausnahme.«

»Und genau da liegt mein Problem.«

»Lass hören.«

»Also Folgendes. Angenommen, wir haben einen Zug. Vorn im Zug sitzt ein Beobachter. Dieser Zug fährt auf einem Bahngleis. Auf einem anderen Bahngleis sitzen Beobachter in einem stillstehenden Zug. Sie haben zuvor Verabredungen getroffen und Berechnungen gemacht, sodass ihre Uhren im entscheidenden Augenblick gleich gehen.«

»Was meinst du damit?«

»Die Uhren der Beobachter im stehenden Zug gehen gleich. Sie gehen auch während des ganzen Experiments gleich. Außerdem zeigen die Uhr des Beobachters im fahrenden Zug und die Uhr des ersten Beobachters im stehenden Zug zu genau dem Zeitpunkt zwölf Uhr an, zu dem die Spitze des fahrenden Zuges, in dem sich der einzelne Beobachter befindet, am ersten Beobachter im stehenden Zug vorbeikommt. Schau hier, wie auf dieser Zeichnung.«

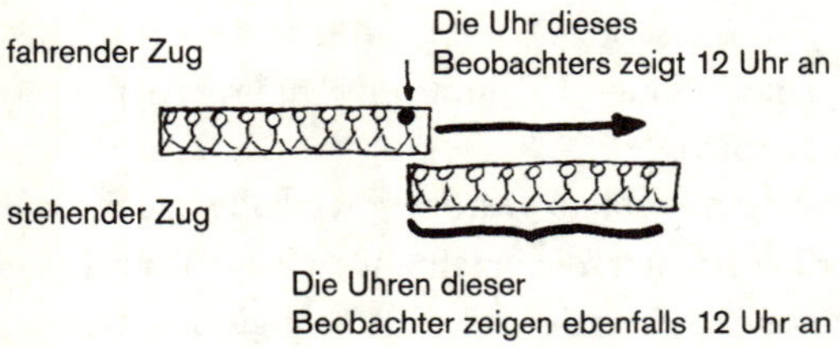

Nils sagte: »Du meinst, wenn der erste stillstehende Beobachter und der fahrende Beobachter jeweils auf die Uhr des anderen sehen, dann sehen sie, dass sowohl die eigene wie die Uhr des anderen Punkt zwölf Uhr anzeigen.«

»Genau, denn zwei Beobachter, die im gleichen Augenblick am gleichen Ort sind, sehen natürlich dasselbe. Wir vernachlässigen für dieses Gedankenexperiment, dass die Beobachter und auch ihre Uhren nicht an exakt demselben Ort sind.«

Nils nickte zustimmend.

»Und da die Uhren aller ruhenden Beobachter gleich gehen, zeigt die Uhr des hintersten ruhenden Beobachters ebenfalls zwölf Uhr an. Wenn der Beobachter im fahrenden Zug am zweiten ruhenden Beobachter vorbeikommt, dann schauen beide wieder gegenseitig auf ihre Uhren. Da sie beide im gleichen Augenblick am gleichen Ort sind, müssen sie das Gleiche sehen. Sie sehen beide die gleiche Zeit, sowohl auf der des ruhenden wie auf der des fahrenden Beobachters. Sie sind sich also einig, dass es auf der Uhr des fahrenden Beobachters zum Beispiel fünf Sekunden nach zwölf ist, während es auf ihrer eigenen Uhr zum Beispiel sieben Sekunden nach zwölf ist.«

Nils nickte wieder.

»Und jetzt kommt's. Sie sind sich darüber einig, dass auf der Uhr des fahrenden Beobachters nur fünf Sekunden verstrichen sind, seit dieser am ersten Beobachter vorbeigekommen ist, auf der Uhr des ruhenden Beobachters dagegen sieben Sekunden. Sie sind sich also einig, dass die Uhr des fahrenden Beobachters, verglichen mit der des ruhenden Beobachters, nachgeht. Und genau da liegt mein Problem. Denn wir haben festgestellt, dass Beobachter, die sich relativ zueinander bewegen, stets gleichwertig sind. Also müssten eigentlich beide sehen, dass die Uhr des anderen nachgeht. Aber warum sehen dann beide, dass die Uhr des Beobachters im fahrenden Zug nachgeht?«

Nils rieb sich übers Gesicht und grinste.

»Das ist in der Tat ein ernstes Problem. Das passt nicht mit dem zusammen, was du bis jetzt gehört hast, richtig?

»Ich weiß, dass irgendwas nicht stimmt, aber ich weiß nicht genau, was.«

»Dann müssen wir die Sache systematisch angehen. Lass uns zunächst im Einzelnen betrachten, was in unserer Argumentation fehlerhaft sein könnte.«

»Heißt das, ich habe etwas verkehrt gemacht?«

»Offensichtlich, denn dein Gedankenexperiment steht im Widerspruch zu Einsteins Theorie.«

»Aber die könnte doch auch verkehrt sein?«

»Das wäre in der Tat möglich, aber doch eher unwahrscheinlich, meinst du nicht?«

Da konnte ich wohl kaum dagegenhalten.

»Also«, sagte Nils, »am besten beginnen wir mit den Fakten unseres Systems: mit Zügen und Beobachtern. Der Einfachheit halber wollen wir annehmen, dass zwei Beobachter im fahrenden Zug sitzen, einer vorn und einer hinten. Und wir haben natürlich auch zwei ruhende Beobachter, die in entsprechender Entfernung zueinander stehen. Welche Entfernung das sein muss und wie sie ihre Uhren zu Beginn des Experiments stellen, musst du jetzt beschreiben.«

Etwas unsicher legte ich los.

»Im Zug sitzen zwei Beobachter. Einer vorne und einer hinten. Sie stehen relativ zueinander und zum Zug still. Der Zug fährt auf einem

Gleis. An diesem Gleis stehen zwei Beobachter. Auch diese stehen relativ zueinander und zum Bahngleis still. Alle vier haben vorab Verabredungen getroffen und Berechnungen gemacht. Dank dieser Berechnungen können sie ihre Uhren vorab so stellen, dass sie im richtigen Moment die richtige Zeit anzeigen. Mit ›die richtige Zeit anzeigen‹ meine ich, dass die Uhren der Beobachter im fahrenden Zug immer gleich gehen – jedenfalls von ihrem Standpunkt aus gesehen –, dass die Uhren der ruhenden Beobachter ebenfalls gleich gehen – auch von ihrem Standpunkt aus gesehen – und dass die Uhr des Beobachters an der Spitze des Zuges genau gleich geht mit der des ersten ruhenden Beobachters, sobald sie aneinander vorbeikommen.«

Nils nickte zustimmend.

»Die beiden Beobachter draußen neben dem Gleis stehen genauso weit auseinander, wie der Zug lang sein wird, wenn er vorbeikommt. Um das ausrechnen zu können, müssen sie berücksichtigen, dass der fahrende Zug für die ruhenden Beobachter kürzer ist als ein stehender Zug. Die beiden ruhenden Beobachter stehen dann genau in der richtigen Entfernung zueinander: im Abstand, der der Länge des fahrenden Zuges gleicht. Und wenn nun die Spitze des Zuges beim zweiten ruhenden Beobachter ist, dann wird das Ende exakt am ersten Beobachter vorbeikommen. Wir sprechen hier von Gleichzeitigkeit, gesehen vom Standpunkt der ruhenden Beobachter aus. Für sie wird das Ereignis, die Ankunft der Spitze beim zweiten Beobachter, im gleichen Augenblick stattfinden wie das Ereignis der Ankunft des Endes beim ersten Beobachter.«

Nils hörte mir gespannt zu und hatte offenbar keine Einwände.

»Die beiden im Zug haben ihre Uhren vorher abgeglichen, das Gleiche haben die beiden ruhenden Beobachter außerhalb des Zuges getan. Wir nehmen weiterhin an, dass sie alles so eingerichtet haben, dass beide Uhren, sowohl die des vorderen Beobachters im Zug wie die des ersten stillstehenden Beobachters draußen, Punkt zwölf anzeigen, wenn sie aneinander vorbeikommen. Das ist genau zu dem Zeitpunkt, an dem die Zugspitze am ersten Beobachter vorbeikommt.«

»Sie können das in der Tat so berechnen. Wenn ich dich richtig verstehe, haben wir nun folgende Situation. Am besten zeichne ich das rasch auf. Diese erste Zeichnung dient zur Vorbereitung des Experiments. Wir sehen die ruhenden Beobachter, und wir sehen die Beobachter im Zug. Wir nennen die Beobachter im fahrenden oder bewegten Zug B1 und B2 und die ruhenden oder stillstehenden Beobachter S1 und S2. Alle vier Beobachter haben also vorab ihre Uhren genauso gestellt, wie du es gerade beschrieben hast.

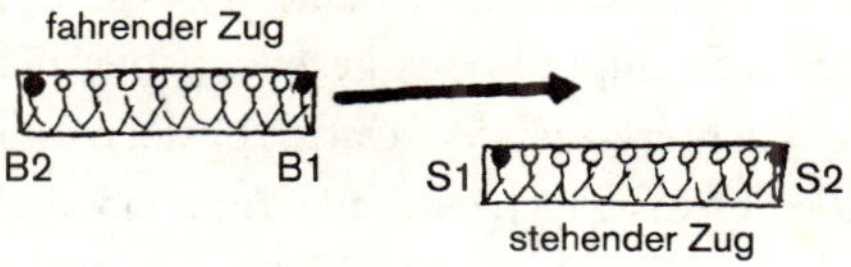

Wenn es auf den Uhren von B1 und S1 genau zwölf Uhr ist, dann passiert die Spitze des Zuges mit S1 genau die Stelle, an der B1 steht. B1 und S1 können in diesem Augenblick sowohl auf ihre eigene Uhr wie auf die des anderen schauen und werden sehen, dass beide Uhren tatsächlich Punkt zwölf Uhr anzeigen. Auf dieser Zeichnung sehen wir also die Situation um zwölf Uhr auf den Uhren von B1 und S1.«

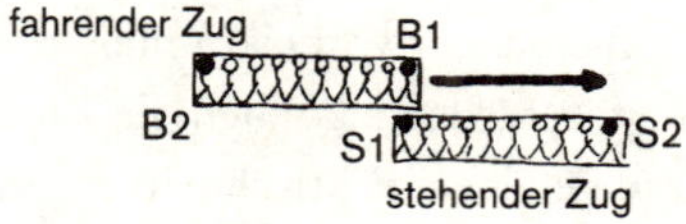

Nils' Augen leuchteten vor Vergnügen. Es war klar, dass er wusste, wo ich einen Fehler gemacht hatte, gleich würde er damit herausrücken.

»Die Frage ist dann: Wie spät ist es auf den Uhren von S2 und B2?«

Es lag auf der Hand, zu sagen, dass die Uhr von S2 ebenfalls zwölf Uhr anzeigt, denn seine Uhr sollte mit der von S1 gleich gehen. Genauso offensichtlich schien es, dass auch die Uhr von B2 zwölf anzeigt, weil sie ja mit der von B1 gleich geht. Aber ich ließ mich nicht aufs Glatteis führen.

»Du stellst eine doppeldeutige Frage. Du kannst nicht fragen, wie spät es in jenem Augenblick auf der Uhr sowohl von S2 als auch von B2 ist.«

Nils schaute mich fragend an, aber sein Blick war ermutigend.

»Man kann nur sagen ›in dem Augenblick‹ – was also auf eine Gleichzeitigkeit hinweist –, wenn man dazu sagt, ob es für S1 oder für B1 gleichzeitig ist. Es hat nur Sinn, zu sagen, dass S1 und S2 etwas gleichzeitig tun und dass B1 und B2 etwas gleichzeitig tun.«

Hier zog Nils flüchtig die Stirn kraus. Ich verbesserte sofort meinen Fehler.

»Warte, ich meine damit, dass S1 und S2 etwas gleichzeitig tun können von ihrem Standpunkt aus gesehen, aber auch vom Standpunkt jedes Beobachters aus, der relativ zu ihnen stillsteht. Genauso, wie B1 und B2 etwas gleichzeitig tun können von ihrem wie vom Standpunkt jedes Beobachters aus gesehen, solange der relativ zu ihnen stillsteht. Für manchen Beobachter wird es vielleicht auch so sein, dass S1 und B2 etwas gleichzeitig tun oder dass S2 und B1 etwas gleichzeitig tun, aber dieser Beobachter wird in keinem Fall S1, S2, B1 oder B2 sein.«

Nils nickte zustimmend, schien aber noch nicht ganz zufrieden.

»Es sei denn, sie sind genau am gleichen Ort: also genau dann, wenn B1 an S1 vorbeikommt oder B1 an S2 oder aber B2 an S1 oder B2 an S2. Wenn sie aneinander vorbeikommen und sich in dem Augenblick die Hand geben, dann können sie sagen, sie haben sich gleichzeitig die Hand gegeben. Faktisch wird dann jeder Beobachter im Universum dem zustimmen und sagen, sie haben sich gleichzeitig die Hand gegeben.«

Jetzt schien Nils völlig zufrieden. »Und wie spät ist es nach all dem auf den Uhren von S2 und B2, wenn S1 und B1 aneinander vorbeikommen?«

»Vom Standpunkt von S1 und S2 aus ist es auf der Uhr von S2 ebenfalls zwölf Uhr. Vom Standpunkt von B1 und B2 aus ist es auf der Uhr von B2 auch zwölf Uhr. Doch vom Standpunkt von S1 und S2 aus gesehen, ist es auf der Uhr von B2 nicht zwölf Uhr, und auch vom Standpunkt von B1 und B2 aus ist es nicht zwölf Uhr auf der Uhr von S2.«

Nils lachte. »Bravo, aber wir sind noch nicht am Ziel. Dein Problem entstand, als der Zug etwas weiter war.«

»Eben. Das Problem war Folgendes: Der Zug fährt mit gleicher

Geschwindigkeit weiter; etwas später wird B1 an S2 vorbeikommen. Diese beiden können dann auf die eigene oder die Uhr des jeweils anderen schauen. Wie wir vorhin gesagt haben, ist es beispielsweise auf der Uhr von S2 zwölf Uhr und sieben Sekunden, auf der Uhr von B1 dagegen zwölf Uhr und fünf Sekunden.«

Nils nickte. »Das ist richtig«, sagte er. »Um uns weiterzuhelfen, will ich es schnell aufzeichnen.

B1 befindet sich genau neben S2 und B2 genau neben S1. Das kommt natürlich daher, dass wir die Positionen von S1 und S2 vorab so gewählt hatten: Sie stehen exakt genauso weit auseinander, wie der fahrende Zug lang ist.

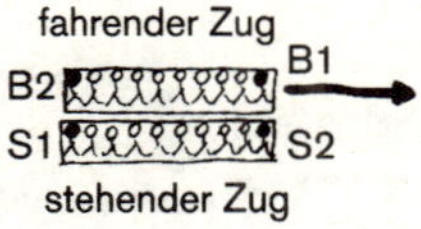

Und jetzt sind wir so weit«, sagte Nils. »Was fällt dir an dieser Zeichnung auf? Was stellt sie dar?«

»B2 ist genau in Höhe von S1, und B1 genau in Höhe von S2.«

»Was meinst du mit diesem ›und‹«?

Ich wusste nicht recht, worauf Nils hinauswollte.

Er fragte: »Die Entfernung zwischen S1 und S2 ist genau die Länge des Zuges?«

»Ja. Das hatten wir vorher so ausgemacht. Die Beobachter haben vorher die Länge des Zuges berechnet.«

»Welche Beobachter?«

»Die ruhenden natürlich.«

»Wieso natürlich?«

»Die Beobachter im Zug können seine Länge ganz einfach messen, denn sie stehen relativ zum Zug still. Die ruhenden Beobachter müssen die Länge des Zuges berechnen, weil er für sie kürzer ist.«

»Also die Zeichnung, die wir sehen …«

Da ging mir ein Licht auf.

»Du hast Recht: Das ist eine Zeichnung vom Standpunkt der ruhenden Beobachter aus. Alles, was auf der Zeichnung zu sehen ist, geschieht gleichzeitig, und zwar vom Standpunkt der ruhenden Beobachter aus. Nur von ihnen aus betrachtet ist B1 genau in dem Augenblick auf der Höhe von S2, wenn B2 auf der Höhe von S1 ist.«

»Bravo. Wir dürfen nie vergessen, dass unsere Zeichnung nur für bestimmte Beobachter gilt und nicht für alle. Eine Zeichnung zeigt Dinge, die gleichzeitig stattfinden, aber immer vom Standpunkt bestimmter Beobachter aus betrachtet.«

Froh rief ich: »Und das galt auch schon für die erste Zeichnung. Eigentlich müssen wir hinzufügen, dass es eine Zeichnung vom Standpunkt von S1 und S2 aus ist. Dann können wir auch die Zeiten dazuschreiben. Wir wissen schon, dass es auf der Uhr von S1 und S2 zwölf Uhr ist, und auch auf der Uhr von B2.«

Ich ergänzte die erste Zeichnung:

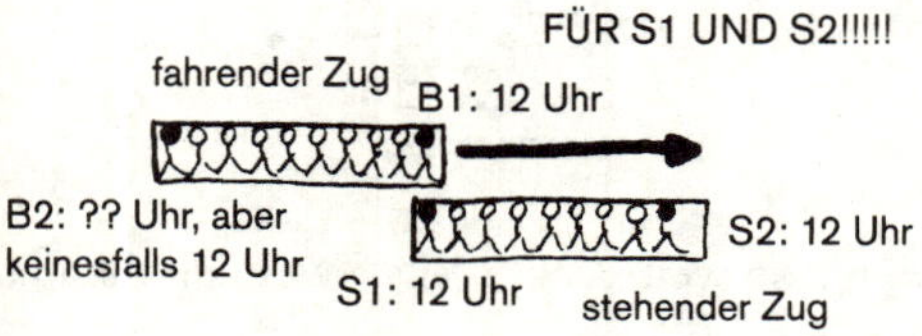

»Wir können auch eine Zeichnung vom Standpunkt von B1 und B2 aus anfertigen. Sie zeigt die Situation zu dem Zeitpunkt, zu dem B1 auf der Höhe von S1 ist. Sie zeigt alles, was in diesem Moment, vom Standpunkt von B1 und B2 aus gesehen, gleichzeitig passiert. Der Abstand zwischen B2 und B1 ist hier größer, als er es auf der ersten Zeichnung war, weil dieser Abstand auf der zweiten Zeichnung der Länge des Zuges im Stillstand entspricht.

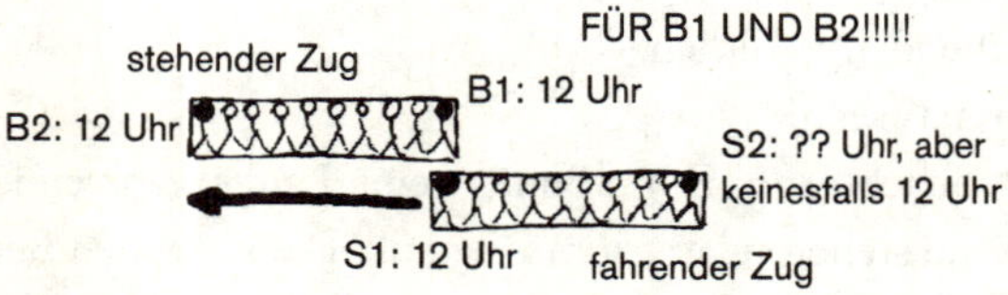

Aber Nils, wie spät ist es dann im ersten Fall auf der Uhr von B2 und im zweiten Fall auf der Uhr von S2?«

»Hm«, sagte Nils, »das kann ich dir so auf der Stelle nicht beantworten. Ich müsste es kurz ausrechnen. Aber jedenfalls ist es so, dass B1 und B2 zwar von ihrem Standpunkt aus ihre Uhren abgeglichen haben, beispielsweise um elf Uhr. Aber vom Standpunkt von S1 und S2 aus betrachtet, haben sie das nicht gleichzeitig getan. Von S1 und S2 aus gesehen, hat B2 seine Uhr etwas früher als B1 auf elf Uhr gestellt. Demnach geht für S1 und S2 die Uhr von B2 relativ zu der von B1 vor. Da sich B1 und B2 mit gleicher Geschwindigkeit bewegen, gehen ihre Uhren also relativ zu S1 und S2 im gleichen Maß nach, und die Uhr von B2 geht, gemessen an der von B1, immer noch vor. Wenn es auf der Uhr von B1 zwölf ist, ist B1 gerade auf der Höhe von S1, und der kann feststellen, dass die Uhr von B1 zwölf Uhr anzeigt. Aber für S1 ist es auf der Uhr von B2 schon später als zwölf. Aus diesem Grund, von diesem Punkt an hat deine weitere Argumentation nicht mehr gestimmt. Du bist davon ausgegangen, dass es auf allen Uhren zwölf war, aber das eben ist unmöglich, selbst wenn wir es vom Standpunkt von S1 und S2 aus betrachten würden. Verstehst du?«

»Ja. Man verliert so leicht aus dem Auge, dass man alles stets von einem bestimmten Standpunkt aus betrachten muss. Man kann überhaupt nichts gleichzeitig vom Standpunkt zweier Beobachter aus betrachten, die sich relativ zueinander bewegen.«

»Wenn du das begriffen hast, bist du ein Riesenstück vorangekommen.«

»Das freut mich.«

Ich schaute noch einmal auf die Zeichnungen.

»Aber da gibt es noch etwas, was mir im Kopf herumgeht. Opa hat mir heute Morgen vom Doppler-Effekt erzählt. Er hat gesagt, Einstein hätte sich sehr für dieses Phänomen interessiert. Welcher Zusammenhang besteht denn zwischen dem Doppler-Effekt und Einstein?«

»Das hat mit dem Zwillingsparadox zu tun.«

»Das kenne ich schon.«

»Ja, aber es gibt einen bestimmten Aspekt, über den wir noch nicht gesprochen haben. Die meisten Menschen haben eine falsche Vorstellung vom Zwillingsparadox.«

»Wieso das denn?«

»Die meisten Leute meinen, das Zwillingsparadox funktioniere folgendermaßen: Da sind zwei Zwillingsbrüder. Der eine bleibt auf der Erde, der andere saust mit enormer Geschwindigkeit durchs All. Wenn er wiederkommt, wird er jünger sein als sein Bruder. Einverstanden?«

»Einverstanden«, sagte ich.

»Bis hierher ist alles in Ordnung. Aber jetzt pass auf. Die meisten erklären dies Phänomen mit der Behauptung, die Zeit vergehe für jemand, der sich mit großer Geschwindigkeit fortbewegt, langsamer.«

»Ist das denn nicht so?«

»Nein, so ist es nicht. Wenn jemand mit großer Geschwindigkeit an uns vorbeisaust, dann sehen *wir*, dass seine Uhr langsamer geht als unsere.«

»Das stimmt.«

»Aber du weißt, dass Geschwindigkeit relativ ist.«

Ich nickte.

»Die Person, die mit großer Geschwindigkeit an uns vorbeikommt, kann mit dem gleichen Recht sagen, dass wir mit großer Geschwindigkeit an ihm vorbeirasen. Und wenn er auf unsere Uhr schaut, dann wird er sehen, dass die langsamer geht als seine.«

»Das stimmt. Die Beobachter sind gleichwertig.«

»Aber wie soll es dann gehen, dass ein Raumfahrer jünger sein wird als sein auf der Erde zurückgebliebener Bruder? Von seinem Standpunkt aus hat die Erde mit einer enormen Geschwindigkeit eine enorme Reise gemacht. Von seinem Standpunkt aus müsste demnach die gesamte Erde einschließlich seines Bruders weniger schnell gealtert sein und nicht er.«

Darauf fiel mir nicht sofort eine Antwort ein. »Ich, äh ..., ja, jetzt, wo du es sagst. Aber dann wird es erst recht paradox. Also dann wird ja wohl keiner von beiden jünger sein?«

»Doch, der Raumfahrer wird effektiv jünger sein als sein zurückgebliebener Bruder.«

»Aber wie kann das sein? Sie haben jeder das Recht, zu behaupten, dass sie selbst stillstehen und dass der Bruder mit hoher Geschwindigkeit vorbeifliegt, und jetzt sagst du, der eine sei wirklich jünger als der andere.«

»Das sage ich tatsächlich. Ist das nicht ein schönes Paradox?«

»Und wie soll das zugehen?«

Nils holte tief Luft. »Die Erklärung ist ziemlich kompliziert. Es gibt wenigstens zwei Wege, auf denen man das erläutern kann. Der eine ist möglicherweise etwas komplizierter als der andere. Doch sollte man beide gehen, dann dabei sieht man zugleich, wie man ein Problem von völlig unterschiedlichen Seiten angehen kann. Beide Erklärungen laufen darauf hinaus, dass sich die Brüder nicht in der gleichen Situation befinden. Denn was geschieht? Wenn der eine Bruder zu seiner Weltraumreise startet, dann muss er zunächst beschleunigen. Seine Raumrakete steht still auf der Erde, und der Motor muss Kraft auf die Rakete ausüben. Während dieser Phase ist die spezielle Relativitätstheorie für die Zwillingsbrüder-Beobachter nicht gültig, weil sie nur für Beobachter gilt, die sich relativ zueinander mit konstanter Geschwindigkeit bewegen. Aber nehmen wir an, die Beschleunigungsphase ist sehr kurz, und tun deshalb so, als könne der Raumfahrer-Bruder sofort eine konstante Geschwindigkeit erreichen. Von dem Augenblick an gilt die spezielle Relativitätstheorie.

Schauen die beiden Brüder jetzt auf die Uhr des jeweils anderen, dann sehen sie, dass die Uhr ihres Bruders, gemessen an ihrer eigenen, nachgeht. Und ebenfalls beide sehen sie, dass ihr Bruder jünger wird als sie selbst. Alles verlangsamt sich ja: Nicht nur die Uhren gehen langsamer, sondern alles, was die Menschen tun, geschieht langsamer – jede Bewegung, die sie machen, ist langsamer, und auch alle Körperprozesse verlangsamen sich. Jedenfalls ist das in den Augen des jeweils anderen Bruders so. Sie selbst merken davon nichts. Für beide vergeht die Zeit noch ebenso schnell wie zuvor. Jetzt kommt der Knackpunkt: Der Raumfahrer-Bruder will zur Erde zurückkehren. Um das zu tun, muss er seine Rakete verzögern, umdrehen und wieder beschleunigen. Aber wenn wir wieder annehmen, dass dies relativ rasch geht, dann können wir auch hier so tun wie beim Start der Reise. Wir nehmen an, dass der Raumfahrer-Bruder von einem auf den anderen Augenblick umkehren kann und dann wieder mit der gleichen Geschwindigkeit zurückfliegt. Und da steckt auch die Lösung. Wegen der Tatsache, dass der Raumfahrer seinen Motor anstellen muss, um Fahrt zu mindern, zu halten, umzukehren und dann in die umgekehrte Richtung wieder zu beschleunigen, können wir nicht mehr sagen, dass die beiden Brüder in Bezug auf einander in der gleichen Situation sind. Wir können die Situation schließlich nicht mehr umkehren und den Raumfahrer-Bruder als den ruhenden Beobachter betrachten. Wir können nicht sagen, dass wir, die Erde und das gesamte Weltall in Bezug auf den Raumfahrer anhalten und dann alles in dessen Richtung in Bewegung setzen, denn der Raumfahrer muss sich selbst effektiv verlangsamen und in die umgekehrte Richtung wieder beschleunigen. Das ist der Grund, weshalb die beiden Brüder nicht mehr in ein und derselben Situation sind. Und deswegen kann es so sein, dass der eine jünger ist als der andere.«

»Aber wieso ist es dann der Raumfahrer, der jünger ist, und nicht der andere?«

»Eine sehr gute Frage. Auf einer Zeichnung von Minkowski können wir das ganz einfach sehen. In ein Achsenkreuz zeichnen wir die Zeitachse und die Raumachse für den Erden-Bruder. Das ist die Horizontale x und die vertikale Linie ct. Wir zeichnen auch die Zeitachse x' und die Raumachse ct' für den Raumfahrer-Bruder.

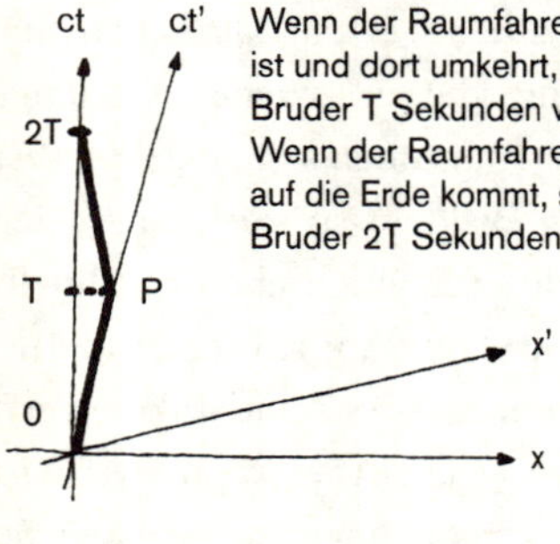

Die Linie OP stellt die Hinreise des Raumfahrer-Bruders dar.
Die Linie von P nach 2T stellt die Rückreise dar.
Wenn der Raumfahrer in P angekommen ist und dort umkehrt, sind für den Erden-Bruder T Sekunden vergangen.
Wenn der Raumfahrer-Bruder wieder auf die Erde kommt, sind für den Erden-Bruder 2T Sekunden vergangen

Wenn wir annehmen, dass der Raumfahrer-Bruder vom Nullpunkt aus startet, dann stellt ct' auch die Bewegung des reisenden Bruders dar, zumindest für die erste Hälfte seiner Reise. Wir nehmen an, dass der Raumfahrer bis zum Punkt P reist und dann zurückkehrt. Kurz bevor er aber in P angekommen ist – und somit immer noch mit hoher Geschwindigkeit reist –, sind für den Erden-Bruder T Sekunden vergangen. Er schaut auf die Uhr seines reisenden Bruders – eigentlich müssen wir uns vorstellen, dass es im Punkt P einen Beobachter gibt, der relativ zum Erden-Bruder stillsteht und der auf die Uhr des Raumfahrer-Bruders schaut. Und was sieht er? Auf der Uhr des Raumfahrers sind nur $T \times \sqrt{1 - \frac{v^2}{c^2}}$ Sekunden vergangen. Im gleichen Augenblick verlangsamt er sich und stoppt in Punkt P. Er muss also Kraft ausüben, wodurch die beiden Beobachter, Raumfahrer und Erden-Bruder, nicht mehr gleichwertig sind. Auf der Uhr des Raumfahrers sind nach wie vor nur $T \times \sqrt{1 - \frac{v^2}{c^2}}$ Sekunden vergangen. In diesem Augenblick befinden sich beide Brüder relativ zueinander im Stillstand. Sie können für diesen Moment eine gemeinsame Zeitachse und Raumachse verwenden. Für den Raumfahrer-Bruder sind weniger Sekunden vergangen, und er wird demnach weniger gealtert sein als sein Erden-Bruder. Aber wenn wir dann schauen, wie viel Zeit für Raumfahrer und Erden-Bruder vergangen sind, dann sehen wir, dass nach der mit ihrem Koordinatensystem verbundenen Zeitachse für den Raumfahrer tatsächlich weniger Zeit vergangen ist. Kehrt er dann zurück, dann wird er sich im zweiten Teil der Reise abermals relativ zu seinem Bruder bewegen. Wieder kann der eine Bruder sagen, sein reisender Bruder bewege sich und er selbst stehe still. Und das Gleiche sagt der andere. Ihre Uhren werden also relativ zueinander wieder vorgehen. Kommt der Raumfahrer wieder auf die Erde zurück, muss er bremsen. Er muss also eine Aktion durchführen, die sein Erden-Bruder nicht zu unternehmen braucht, und wird dadurch wieder in eine andere Situation gelangen als dieser. Genau wie im ersten Teil der Reise wird auch im zweiten Teil wiederum weniger Zeit vergangen und er wird somit weniger gealtert sein als der Erdenbruder. Insgesamt wird er also während beider Hälften seiner Reise jünger geworden sein. Wenn er in beiden Reisehälften gleich schnell fliegt, dann wird der Altersunterschied bei seiner Ankunft genau doppelt so groß sein, wie er es war, als er genau nach der Hälfte der Reise anhielt. Erkennst du das auf der Zeichnung?«

»Ich glaube, ich verstehe es jetzt. Aber wiederholen könnte ich das noch nicht. Ich hatte immer gedacht, das Zwillingsparadox sei einfacher und der Raumfahrer bliebe nur deshalb jünger, weil er mit hoher Geschwindigkeit fliegt.«

»Das kann ich mir gut vorstellen, Esther. Viele Leute verstehen das Zwillingsparadox falsch. Allerdings gibt es auch Wissenschaftler, die gerade das Zwillingsparadox als einen Beweis dafür sehen, dass die spezielle Relativitätstheorie falsch sei. Denn sie sagen, beide Brüder befinden sich doch in der gleichen Situation. Also müssten der eine wie auch der andere zum Zeitpunkt der Rückkehr jünger sein. Oder: Beide müssten nach wie vor das gleiche Alter haben. Aber da die spezielle Relativitätstheorie diesen Wissenschaftlern zufolge beweist, dass der eine jünger sein wird als der andere, könne die spezielle Relativitätstheorie nur falsch sein.«

»Ich kann diese Leute durchaus verstehen.«

»Das begreife ich. Aber es gibt auch noch diesen anderen, den zweiten Weg, auf dem man das Zwillingsparadox erklären kann. Und dieser Beweisweg beruht auf dem Doppler-Effekt.«

»Liebe Güte!«

»Nur keine Panik. Er ist viel konkreter als der erste Beweis. Dein Großvater hat dir zweifellos von den Signalen erzählt, die Menschen in einer Menschenkette aneinander weitergeben?«

»Woher weißt du das?«

»Du hast selbst gesagt, dass er dir vom Doppler-Effekt erzählt hat. Diese Menschenkette ist eine einfache Art, so etwas zu erklären. Deswegen komme ich darauf. Nun denke an die Situation, in der die erste Person plötzlich Signale in einem schnelleren Tempo weitergibt. Die letzte Person in der Reihe wird das nicht sofort bemerken. Erinnerst du dich?«

»Ja klar: Weil sich die Signale mit einer bestimmten Geschwindigkeit fortpflanzen, wird es eine Weile dauern, bis der Empfänger die Änderung im Tempo bemerkt.«

»Richtig. Und etwas Vergleichbares geschieht infolge des Doppler-Effekts auch mit den Zwillingen. Wenn sich der Raumfahrer mit einer bestimmten Geschwindigkeit von der Erde entfernt, wird er einen Doppler-Effekt bei den Lichtsignalen wahrnehmen, die sein daheim gebliebener Bruder auf der Erde aussendet. Und auch der wird einen Doppler-Effekt wahrnehmen: nämlich bei den Lichtsignalen, die der Reisende aussendet. Wie wir gesehen haben, werden sie beim Doppler-Effekt keinen Unterschied beobachten, weil es bei Licht keinen Unterschied macht, ob sich nun die Quelle oder der Empfänger bewegt. Das steht übrigens auch in Übereinstimmung mit der Tatsache, dass die Beobachter gleichwertig sind. Jedenfalls, sie bemerken bei den gegenseitigen Lichtsignalen jeweils einen Doppler-Effekt. Aber jetzt noch mal aufgepasst: Wenn der Raumfahrer-Bruder am weitestentfernten Punkt seiner Reise angekommen ist, wird er umkehren. In genau diesem Augenblick wird er bei den Lichtsignalen seines Erden-Bruders den umgekehrten Doppler-Effekt beobachten. Solange er sich von seinem Erden-Bruder entfernt, nimmt er in dessen Lichtsignalen eine Rotverschiebung wahr. Aber sobald er umkehrt, bewegt er sich auf seinen Erden-Bruder zu, und damit auch auf dessen Lichtsignale. Sofort werden alle Signale, die sein Bruder von der Erde gesandt hat, eine Blauverschiebung aufweisen. Er reist diesen Lichtstrahlen jetzt entgegen und wird die Blauverschiebung von diesem Moment an feststellen. Anders der Erden-Bruder: Der nämlich kann die Blauverschiebung in den Signalen des Raumfahrer-Bruders nicht sofort feststellen. Denn er wird noch eine Zeit lang Signale empfangen, die ausgesandt wurden, als sich der Raumfahrer noch von ihm entfernte. Erst nach einer Weile wird der Erden-Bruder wissen, dass der Raumfahrer umgekehrt ist und sich ihm wieder nähert. Auch das zeigt, dass sich die beiden Brüder in unterschiedlichen Situationen befinden und keine gleichwertigen Beobachter sind. Beide können die Wellenkämme der empfangenen Wellen zählen: die Momente des höchsten Ausschlags der Welle, sozusagen die Spitze. Sie werden beide stets alle Spitzen zählen, die der andere Bruder gesandt hat; nicht eine kann verloren gehen. Aber der Erden-Bruder wird mehr rote Spitzen zählen als blaue: Nachdem der Raumfahrer-Bruder umgekehrt ist, wird der Erden-Bruder schließlich noch eine Zeit lang rote Spitzen sehen. Der reisende Bruder dagegen wird ebenso viele blaue wie rote Spitzen zählen. Daraus wiederum können wir berechnen, wie viel Zeit für jeden verstrichen ist. Und wenn wir das tun, stimmt das mit dem Ergebnis des ersten Beweises überein.«

»Kannst du mir das noch etwas anschaulicher darstellen?«, fragte ich.

»Nun, mal angenommen, die Brüder tauschen Lichtsignale in einer Frequenz von fünfzig Spitzen pro Sekunde aus. Durch die Rotverschiebung werden sie jeder weniger Spitzen pro Sekunde empfangen, zum Beispiel nur neunundvierzig. Wenn der reisende Bruder auf der Hälfte der Reise ist und also mit seinem Raumschiff umkehrt, wird er unmittelbar eine Blauverschiebung sehen. Er wird sofort mehr als fünfzig Spitzen pro Sekunde empfangen. Denn auch die Spitzen, die der Erden-Bruder vor einiger Zeit gesendet hat, werden vom Moment der Fahrtumkehr an die Blauverschiebung aufweisen. Er wird einundfünfzig Spitzen pro Sekunde empfangen. Während der gesamten ersten Hälfte seiner Reise wird er eine Rotverschiebung wahrnehmen und während der gesamten zweiten Hälfte eine Blauverschiebung. Angenommen, die Reise dauert nach der Uhr des Raumfahrers insgesamt zweihundert Sekunden, dann wird er für genau die Hälfte, also hundert Sekunden lang, eine Rotverschiebung sehen – und demnach neunundvierzig Spitzen pro Sekunde oder viertausendneunhundert Spitzen insgesamt empfangen. Und er wird für hundert Sekunden eine Blauverschiebung sehen – also hundert Sekunden lang einundfünfzig Spitzen pro Sekunde, während der Rückreise also fünftausendeinhundert empfangen. Insgesamt wird er viertausendneunhundert plus fünftausendeinhundert Spitzen empfangen, also zehntausend.

Und der Erden-Bruder? Er wird während des ersten Teils der Reise ebenfalls eine Rotverschiebung sehen, das heißt, neunundvierzig Spitzen pro Sekunde empfangen. Wenn der Raumfahrer die Rückreise angetreten hat, wird der Daheimgebliebene noch eine Zeit lang Rotverschiebungen wahrnehmen. Er wird ja noch eine Zeit lang Lichtsignale empfangen, die gesendet wurden, bevor der Bruder umgekehrt ist. Wenn der Erden-Bruder dann ebenfalls Blauverschiebungen beobachtet, wird sich der Raumfahrer-Bruder schon eine Zeit lang auf der Rückreise befinden. Erst nach einer gewissen Zeit also wird er auch einundfünfzig pro Sekunde zählen. Insgesamt muss der Erden-Bruder ebenfalls zehntausend Wellenspitzen empfangen, denn sein Bruder hat ihm zehntausend gesendet: zweihundert Sekunden lang fünfzig Spitzen pro Sekunde. Da der Raumfahrer keine Spitze einholen kann – denn die Wellen reisen mit Lichtgeschwindigkeit –, muss der Erden-Bruder alle Spitzen empfangen, bevor sein Bruder wieder bei ihm ist.«

Nils machte eine kleine Pause.

»Jetzt kommt das Schwierigste. Für den Reisenden sind zweihundert Sekunden verstrichen. Wären für den daheim gebliebenen Bruder auch nur zweihundert Sekunden vergangen, dann hätte der Erden-Bruder weniger als zehntausend Wellenspitzen empfangen. Denn neunundvierzig pro Sekunde mehr als hundert Sekunden lang und einundfünfzig pro Sekunde weniger als hundert Sekunden lang sind in der Summe nach wie vor weniger als zehntausend. Aber das kann nicht sein, denn der reisende Bruder hat zehntausend gesendet und der daheim gebliebene Bruder empfängt sie alle. Es gibt nur einen Weg, das aufzulösen: Für den Erden-Bruder müssen mehr als zweihundert Sekunden vergangen sein.«

»Kommt mir doch sehr wunderlich vor.«

»Geht aber ganz reell zu. Natürlich sind die Zahlen, die ich genannt habe, nicht exakt, aber sie zeigen das Prinzip. Physiker haben mithilfe des Doppler-Effekts sehr genaue Berechnungen angestellt, und deren Ergebnisse stimmen haargenau mit den Ergebnissen überein, die man nach den Formeln der Relativitätstheorie voraussagen kann.«

»Ich verstehe. Dieser zweite Beweis mit dem Doppler-Effekt erscheint mir überzeugender als der erste.«

»Es gibt nicht viele Menschen, die all diese schwierigen Dinge und Verhältnisse auf Anhieb verstehen. Aber die meisten Menschen können doch dahinter kommen, wenn sie sich ein wenig anstrengen und immer wieder über diese Dinge nachdenken. Möglichst auf immer neuen Wegen, vielleicht auch immer wieder mit einem anderen Lehrer. Jeder dieser Lehrer wird dann seinen Beitrag zum Verständnis des Problems leisten. Und irgendwann verstehst du, was all die Lehrer hatten sagen wollen. Und dann ist alles glasklar.«

»Aber jetzt habe ich doch noch eine ganz andere Frage; zu den Experimenten nämlich, die man durchgeführt hat, um die spezielle Relativitätstheorie zu beweisen. Ich habe schon ein paarmal von Experimenten mit Atomuhren in einem Flugzeug gelesen. Die spezielle Relativitätstheorie gilt jedoch nur für Inertialsysteme, also für

Beobachter, die sich geradlinig parallel zueinander bewegen. Und wenn ein Flugzeug um die Erde fliegt, dann fliegt es nicht gerade, sondern in Kreisen, oder?«

»Das stimmt. Ein Flugzeug, das um die Erde fliegt, beschreibt einen Kreis. Aber dieser Kreis ist enorm groß im Vergleich zur Größe des Flugzeugs, so gesehen also fast eine Gerade. Es ist also eine sehr weitgehende Annäherung, wenn wir sagen, dass das Flugzeug geradeaus fliegt. Man hat tatsächlich Tests mit Atomuhren in einem Flugzeug durchgeführt. Würde das Flugzeug geradeaus fliegen, gäbe es wieder eine Situation, in der die Uhr im Flugzeug, gemessen an der auf der Erde, nachgeht. Gleichzeitig würde dann die Uhr auf der Erde im Vergleich zu der im Flugzeug nachgehen. Aber weil die Uhr im Flugzeug in einem Kreis fliegt und demnach nicht geradeaus, wird sie tatsächlich im Vergleich zur Uhr auf der Erde nachgehen, und zwar nicht nur in relativen, sondern auch in absoluten Begriffen.«

»Das verstehe ich.«

»Bei diesem Versuch dürfen wir nicht vergessen, dass es noch einen anderen Effekt gibt, nämlich die Drehung der Erde um die eigene Achse. Auch diese Drehung sorgt für Kräfte, genauso wie du eine Kraft spürst, wenn du in einem Auto sitzt, das um eine enge Kurve fährt. Auch die Uhr auf der Erde ist dieser Drehung ausgesetzt, somit auch diesen Kräften. Deshalb macht es einen Unterschied, ob das Flugzeug genau in Richtung der Erddrehung fliegt oder nicht. Aber das kann man bei den Berechnungen, die man anstellt, berücksichtigen. Das hat man natürlich getan, und sowohl für das Flugzeug, das mit der Erddrehung fliegt, als auch für das Flugzeug, das in die entgegengesetzte Richtung fliegt, stimmten die Messergebnisse der Experimente mit den berechneten Werten überein. Eigentlich muss ich noch etwas hinzufügen. Atomuhren gab es noch nicht, als Einstein seine Relativitätstheorie veröffentlichte. Sie wurden erst in den sechziger Jahren des vorigen Jahrhunderts entwickelt. Damals war auch die allgemeine Relativitätstheorie schon bekannt. Und der allgemeinen Relativitätstheorie zufolge entsteht noch ein zweiter Effekt. Du weißt, dass die Schwerkraft auf der Erde größer ist als die Schwerkraft in einem Flugzeug, weil das Flugzeug weiter vom Erdmittelpunkt entfernt ist. Und nach der allgemeinen Relativitätstheorie geht eine Uhr langsamer, wenn die Schwerkraft größer ist. Wenn wir also Experimente mit einer Atomuhr in einem Flugzeug machen, müssen wir berücksichtigen, dass die Zeit auf der Erde langsamer vergeht als in einem Flugzeug. Bei den Experimenten, die man durchgeführt hat, hat man natürlich auch das berücksichtigt. Und die Messergebnisse stimmten genau mit den Voraussagen der speziellen und der allgemeinen Relativitätstheorie überein.«

»Phantastisch. Dass man derartige Phänomene voraussagen kann, und sie werden dann auch noch bestätigt durch Messungen. Einstein muss wirklich ein Genie gewesen sein!«

»Daran zweifelt heute fast niemand mehr. Aber mit der allgemeinen Relativitätstheorie sind wir noch nicht fertig. Die Theorie leistet viel mehr, als nur zu sagen, dass die Zeit auf der Erde langsamer vergeht als in einem Flugzeug.«

»Wäre es dann nicht an der Zeit, das wir uns diese allgemeine Relativitätstheorie mal vornehmen?«

»Du nimmst mir die Worte aus dem Mund.«

»Na denn, nix wie ran!«

»Aber dafür musst du gut ausgeschlafen sein.«

»Ich glaube, ich habe gerade das Sandmännchen gehört …«

»Schlaf schön, Esther.«

»Du auch, Nils.«

Das Äquivalenzprinzip

Am nächsten Abend musste ich mindestens eine Stunde warten, ehe Nils auftauchte.

Als er endlich erschien, wollte ich nur noch, dass er auf der Stelle loslegte.

»Herr Albert liebte Gedankenexperimente. So ist es nur logisch, dass er auch seine allgemeine Relativitätstheorie mit einem Gedankenexperiment zu erklären versuchte. Dafür benutzte er einen Fahrstuhl.«

»Einen Fahrstuhl?«

»Einen ganz gewöhnlichen Fahrstuhl. Seit Galilei hatten sich viele Menschen die Frage gestellt, wie es möglich ist, dass Körper, die nicht gleich schwer sind, im luftleeren Raum dennoch gleich schnell nach unten fallen. Für Galilei war das nur logisch, und doch stellte dieses Phänomen die Menschen nach ihm immer wieder vor ein großes Problem. Die Tatsache, dass Körper im luftleeren Raum alle gleich schnell fallen, bedeutet eigentlich, dass die schwere und die träge Masse gleich groß sind. Du erinnerst dich: Die schwere Masse eines Körpers ist verantwortlich für die Größe der Schwerkraft, die auf diesen wirkt, die träge Masse eines Körpers dagegen für die Trägheit oder den Widerstand dieses Körpers gegen jede Beschleunigung oder Verzögerung. Niemand hatte eine befriedigende Erklärung dafür finden können, dass die träge Masse gleich der schweren Masse ist. Für Newton war das reiner Zufall. Er hatte keine Erklärung dafür, aber es machte für seine Theorie auch keinen Unterschied. Selbst wenn sich irgendwann herausgestellt hätte, dass beide Massen doch unterschiedlich groß sind, an seiner Theorie hätte das überhaupt nichts geändert.«

Nils schwieg einen Augenblick.

»Herr Albert wollte sich nicht damit zufrieden geben, dass die beiden Massen nur zufällig gleich groß sein sollten. Beim Nachdenken darüber hat er sich sein berühmtes Gedankenexperiment mit dem Fahrstuhl einfallen lassen. Mal angenommen, du bist in einem geschlossenen Aufzug, einem Aufzug ohne Fenster. Du kannst also nicht nach draußen schauen. Herr Albert behauptet, dass du dann nicht unterscheiden kannst, ob du dich in einem stehenden Fahrstuhl auf der Erde befindest oder in einer Kabine im freien Weltraum, die beschleunigt nach oben gezogen wird – und zwar so weit von allen Himmelskörpern entfernt, dass der Fahrstuhl deren Schwerkraft nicht spürt. Dieser Aufzug nun wird mit einer konstanten Beschleunigung, die gleich der Beschleunigung der Schwerkraft auf der Erde ist, an einem Seil nach oben gezogen. In beiden Fällen wirst du im Aufzug eine Kraft spüren, die dich nach unten zieht. Im ruhenden Fahrstuhl auf der Erde spürst du die Schwerkraft der Erde. Eine ebenso große Kraft, die dich nach unten drückt, spürst du auch in einem Fahrstuhl auf der Erde, der mit einer Beschleunigung gleich der Schwerkraft nach oben gezogen wird. Wenn du nicht weißt, ob du dich in einem ruhenden Fahrstuhl auf der Erde befindest oder in einem Fahrstuhl im All, der beschleunigt in die Höhe gezogen wird, kannst du den Unterschied nicht spüren. Genauso wenig, wie du spüren kannst, ob du in einem stehenden Zug sitzt oder in einem, der sich mit konstanter Geschwindigkeit fortbewegt.«

»Und wenn man einen Körper fallen lässt? Kann man es dann nicht sehen?«

»Nein, denn in beiden Fällen fällt der Körper mit der gleichen Beschleunigung nach unten. Im ersten Fall zieht die Schwerkraft den Körper auf den Boden des Fahrstuhls. Im zweiten Fall schwebt der Körper einfach, weil keine Kräfte auf ihn einwirken. Aber weil der Fahrstuhl nach oben beschleunigt wird, wird der Fahrstuhlboden beschleunigt zum Körper hingezogen. Für dich sieht es also so aus, als würde der Körper nach unten fallen.

Aus diesem Gedankenexperiment lässt sich noch mehr herausholen. Wenn du im beschleunigten Fahrstuhl zwei Körper mit einer unterschiedlich schweren Masse hast, dann ist es logisch, dass beide gleich schnell fallen: Eigentlich schweben beide nebeneinander, und der Boden des Fahrstuhls kommt beschleunigt auf sie zu.«

»Und Körper in einem stehenden Fahrstuhl auf der Erde fallen auch gleich schnell nach unten.«

»So ist es. Wir haben schon gesehen, dass alle Körper im luftleeren Raum gleich schnell fallen. Aber der Grund dafür ist nicht so leicht zu erkennen. Denn es bedeutet, dass die träge Masse genauso groß ist wie die schwere Masse. Und dafür liefert Herr Albert eine Erklärung. Er behauptet, dass keinerlei Unterschied besteht zwischen unseren beiden Fahrstuhlsituationen. Der Grund, weshalb alle Körper auf der Erde gleich schnell fallen, ist, dass die beiden Fahrstuhlsituationen vollkommen gleichwertig sind.«

Ich protestierte. »Jetzt finde ich aber doch, dass Einstein die Dinge umkehrt. Wir haben zunächst die Situation, dass wir nicht wissen, weshalb zwei Körper auf der Erde gleich schnell fallen. Dann die Tatsache, dass die beiden Fahrstuhlsituationen gleichwertig sind. Und sie sind gleichwertig, weil die beiden Körper auf der Erde gleich schnell fallen. Und jetzt stellt Einstein die Dinge einfach auf den Kopf. Er behauptet, die beiden Fahrstuhlsituationen sind gleich, und macht daraus den Grund dafür, dass die beiden Körper auf der Erde gleich schnell fallen. Ist das nicht ein bisschen simpel?«

»Herr Albert stellt die Dinge in der Tat ein wenig auf den Kopf, aber nur, weil er einen guten Grund dafür hat. Weißt du noch, die spezielle Relativitätstheorie? Auch hier stand am Anfang ein Problem, die Tatsache nämlich, dass die Geschwindigkeit des Lichtes für ruhende wie für bewegte Beobachter stets gleich ist. Anstatt eine Erklärung dafür zu suchen, machte Herr Albert daraus einfach ein Naturgesetz. Natürlich nicht ohne Gründe, denn es war schon unzählige Male bewiesen worden und es geht zudem auch aus den Maxwellschen Gesetzen hervor. Auf diesem Naturgesetz hat er eine vollständige Theorie aufgebaut. Und konnte dadurch nicht nur Dinge erklären, sondern auch Dinge voraussagen, die man experimentell noch erproben musste.«

»Und mit der allgemeinen Relativitätstheorie hat er das auch so gemacht?«

»Richtig. Aber bevor wir uns das anschauen, müssen wir noch ein paar andere Aspekte im Zusammenhang mit unserem Fahrstuhl betrachten. Wir haben festgestellt, dass ein Beobachter in einem geschlossenen Fahrstuhl nicht bestimmen kann, ob dieser Fahrstuhl auf der Erde stillsteht oder im All mit einer konstanten Beschleunigung nach oben gezogen wird. Aber das ist noch nicht alles. Stell dir nun einen Fahrstuhl vor, der sehr hoch über der Erde an einem Seil hängt. Sobald der Fahrstuhl losgelassen wird, fällt er mit konstanter

Beschleunigung nach unten. Das nennt man übrigens einen freien Fall. Alle Körper im Fahrstuhl werden von der Schwerkraft der Erde nach unten gezogen. Weil die träge Masse genauso groß ist wie die schwere Masse, fallen sie alle gleich schnell. Wenn ein Beobachter in diesem Fahrstuhl einen Körper loslässt, wird dieser einfach neben der Hand des Beobachters in der Luft schweben. Fahrstuhl, Beobachter und Körper fallen ja gleich schnell. Kannst du dir das vorstellen?«

»Ja.«

»Und was heißt das? Ein Beobachter in diesem Fahrstuhl hat keine Möglichkeit, festzustellen, ob er in einem Fahrstuhl steckt, der im freien Fall nach unten fällt, oder in einem, der sich weit entfernt von allen Planeten und Sternen befindet und in dem er sich frei bewegt, ohne dass irgendeine Kraft auf den Fahrstuhl und die Körper in ihm einwirkt. Denn in beiden Fällen schwebt alles einfach in der Luft.«

»Wird nicht lange dauern, bis er den Unterschied doch bemerkt: Wenn er in einem Fahrstuhl ist, der auf die Erde zufällt, dann wird es über kurz oder lang ganz schön krachen.«

»Du hast Recht. Aber das ist noch nicht alles.«

»Nicht alles?«

»Mal angenommen, der Fahrstuhl, der nach unten, auf die Erde zufällt, ist sehr breit; sagen wir, ein paar Kilometer breit. Was wird geschehen, wenn du zwei Körper fallen lässt, und zwar einen an der linken und einen an der rechten Seite des Fahrstuhls?«

Ich verstand zunächst nicht, worauf Nils hinauswollte. »Was soll geschehen, nichts Besonderes, sie fallen einfach gleich schnell in Richtung Erde. Für den Beobachter in dem Fahrstuhl ist es, als würden beide schweben und auf gleicher Höhe stillstehen. Es macht doch keinen Unterschied, ob es ein großer oder ein kleiner Fahrstuhl ist.«

»Weshalb macht es keinen Unterschied?«

»Die Körper fallen einfach gerade nach unten.«

»Und wohin fallen sie?«

»Ganz einfach, auf die Erde.«

»Die Erde ist groß …«

»Sie fallen geradewegs auf den Punkt der Erdoberfläche zu, über dem sie hängen.«

»Aha. Hängen sie über demselben Punkt?«

Da hatte ich begriffen.

»Nein, denn sie befinden sich ein paar Kilometer weit auseinander. Und deshalb fallen sie auf verschiedene Punkte zu, die sich ebenso weit voneinander entfernt befinden.«

»Und was würde passieren, wenn man einen Fahrstuhl hätte, der von Amerika bis Europa reicht?«

»Dann würden die Körper auf beiden Seiten des Fahrstuhls immer noch gerade nach unten fallen.«

»Kannst du das mal aufzeichnen?«

Ich zeichnete Folgendes:

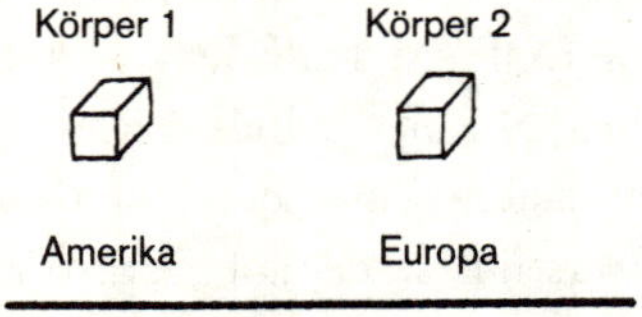

»He«, sagte Nils, »ich dachte, Kolumbus hätte bewiesen, dass die Erde rund ist …«

Ich zeichnete schnell einen Kreis und darüber einen gigantischen Fahrstuhl. Damit wurde mir die Sache klar. Als ich die beiden Körper rechts und links im Fahrstuhl zeichnete, sah ich, worauf Nils hinauswollte. Würde ich von den Körpern aus eine Gerade zum Erdmittelpunkt zeichnen, dann wären die Falllinien nicht mehr parallel. Sie stehen beide senkrecht zur Erdoberfläche und schneiden sich im Erdmittelpunkt.

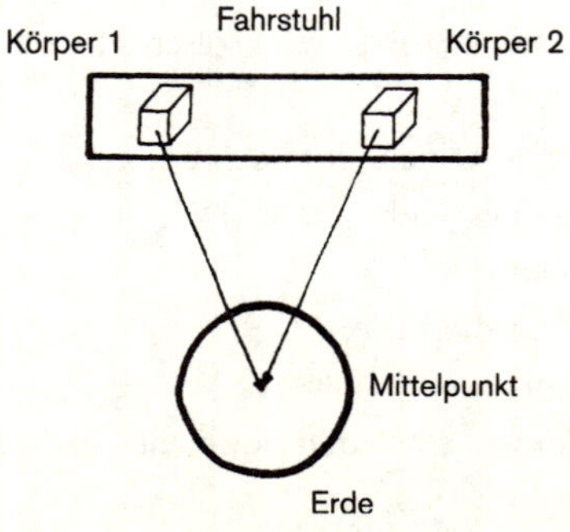

»Und was bedeutet das jetzt für die Körper, die fallen?«, fragte Nils.

»Sie kommen einander immer näher, je weiter sie fallen.«

»Richtig. Und was bedeutet das?«

»Na ja, dass ein Beobachter in einem geschlossenen Fahrstuhl doch bestimmen kann, ob er auf die Erde zufällt oder sich im freien Raum befindet.«

»Richtig. Wenn wir uns auf ein lokales oder örtliches Experiment beschränken – auf ein Experiment mit einem kleinen Fahrstuhl, der nur über eine kleine Distanz fällt –, dann kann ein Beobachter nicht bestimmen, ob er sich in einem fallenden Fahrstuhl befindet oder in einem Fahrstuhl im freien Raum.«

»Merkwürdiger Name: ein lokales Experiment.«

»Das ist ein sehr wichtiger Begriff, auch für den Zusammenhang zwischen der speziellen und der allgemeinen Relativitätstheorie. Nun lass uns noch einen Schritt weiter gehen. Erinnere dich an unser erstes Experiment. Da hatten wir einen Fahrstuhl, der auf der Erde steht, und einen, der an einem Seil hochgezogen wird.«

»Ich sehe schon, worauf du hinauswillst: Wenn es ein sehr großer Fahrstuhl ist, dann kann man auch in diesem Fall einen Unterschied zwischen beiden Situationen ausmachen. Körper, die wir im stehenden Fahrstuhl auf der Erde fallen lassen, werden wieder auf den Erdmittelpunkt zufallen, das heißt, sie werden sich ein bisschen näher kommen.«

»Richtig beobachtet. Und wir können noch mehr tun.«

»Wir kommen wohl nie an ein Ende.«

»Sagen wir mal, wir nähern uns der Lösung immer mehr. Was geschieht nun, wenn wir seitlich im Fahrstuhl eine Lampe anbringen, und zwar einen Meter über dem Fahrstuhlboden? Aus dieser Lampe lassen wir einen sehr feinen horizontalen Lichtstrahl aufleuchten, parallel zum Boden des Fahrstuhls. Was sehen wir dann?«

Nils zeichnete den Versuch auf.

»Lass mich nachdenken. Beginnen wir mit dem ersten Experiment. Wir haben einen Fahrstuhl auf der Erde, der stillsteht, und einen, der an einem Seil nach oben gezogen wird. Wenn wir im stehenden Fahrstuhl einen horizontalen Lichtstrahl aufleuchten lassen, dann sehen wir einfach einen horizontalen Lichtstrahl. Stimmt doch, oder?«

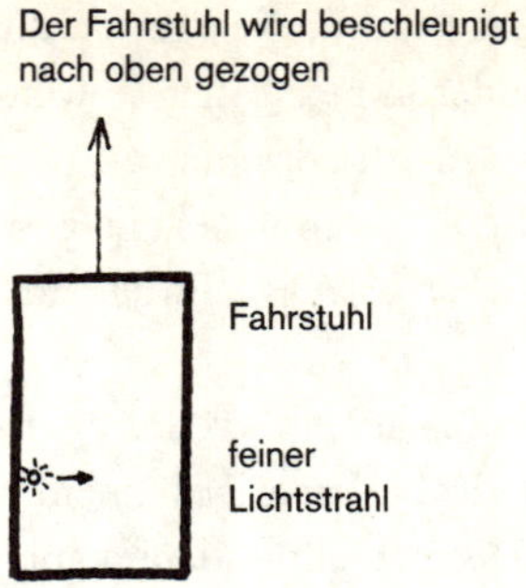

»Wieso auch nicht?«

»Nils!«

»Was denn?«, fragte er unschuldig.

»Du meinst doch irgendwas damit!«

»Du hast Recht. Da ist wieder mal ein Haken. Aber zuerst der Lichtstrahl in dem anderen Fahrstuhl.«

»Der wird beschleunigt nach oben gezogen. Wir lassen einen Lichtstrahl horizontal aufleuchten. Während der Lichtstrahl sich zur anderen Seite des Fahrstuhls hin ausbreitet, wird der Boden beschleunigt nach oben gezogen. Darum wird der Punkt, an dem das Licht auf der anderen Seite auftrifft, etwas tiefer liegen als sein Ausgangspunkt.«

»Prima. Die richtige Schlussfolgerung.«

Nils hielt auch das in einer Zeichnung fest.

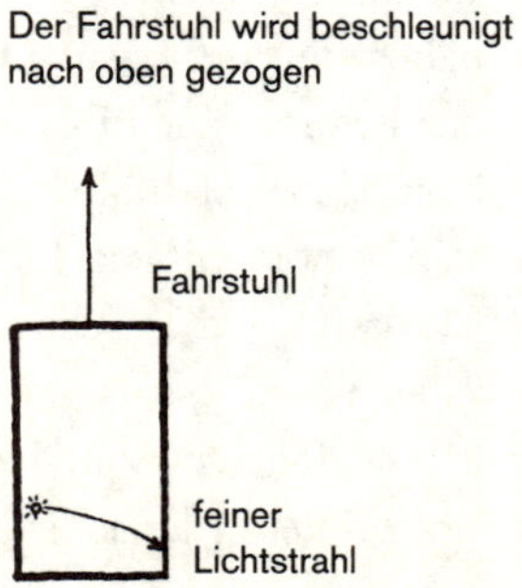

»Wir können also doch einen Unterschied zwischen den beiden Fahrstuhlsituationen ausmachen. Aber diesen Unterschied sehen wir nur dann, wenn der Fahrstuhl groß genug ist. Und beim zweiten Experiment?«

»Beim zweiten Experiment haben wir einen Aufzug, der zur Erde hin fällt und einen, der sich im freien Raum bewegt. Bei diesem ist alles wie gehabt. Da bleibt der Lichtstrahl parallel zum Boden, ohne irgendwelche Probleme. Im fallenden Fahrstuhl haben wir eine ähnliche Situation wie zuvor. Der Lichtstrahl geht von einer bestimmten Höhe aus. Der Fahrstuhl fällt währenddessen nach unten. Bis der Lichtstrahl auf der anderen Seite ankommt, wird der Fahrstuhl etwas nach unten gefallen sein. Also wird der Lichtstrahl auf der gegenüberliegenden Wand etwas höher auftreffen.«

»Richtig.«

Wieder dieser Unterton! Gleich würde er damit herausrücken, wo der Haken diesmal lag, das kannte ich schon.

»Und was können wir daraus schließen?«

»Der Beobachter in einem geschlossenen Fahrstuhl kann also mit einem Lichtstrahl bestimmen, wo er sich befindet: in einem fallenden Fahrstuhl, in einem Fahrstuhl im freien Raum, in einem stillstehenden oder in einem nach oben gezogenen Fahrstuhl.«

»Schön. Gut zusammengefasst.«

Ich ergänzte jedoch auf der Stelle: »Dann jedenfalls, wenn wir uns nicht auf lokale Experimente beschränken. Bei lokalen Experimenten ist es unmöglich, festzustellen, ob ein Lichtstrahl auf der gleichen Höhe ankommt oder nicht, weil der Lichtstrahl so schnell ist und der Fahrstuhl so klein.«

»Wunderbar. Zusammengefasst: Sowohl mit fallenden Körpern als auch mit Lichtstrahlen können wir bei lokalen Experimenten keinen Unterschied zwischen den Fahrstuhlsituationen feststellen. Bei nichtlokalen Experimenten dagegen können wir einen Unterschied sehen.«

»Aber die Sache hat bestimmt wieder einen Haken. Sonst bräuchten wir keine allgemeine Relativitätstheorie«, bemerkte ich.

»Das kannst du wohl sagen. Herr Albert hatte auch hier wieder ganz andere Vorstellungen. Mit seiner speziellen Relativität hat er in

Bezug auf das Licht eine bestimmte Aussage gemacht. Energie ist Masse, hat er gesagt, und Masse ist Energie. Auch Licht ist Energie, also ist Licht auch Masse. Faktisch ging es hier um die träge Masse. Aber inzwischen war Einstein ja zu der Einsicht gekommen, dass es einen Zusammenhang zwischen träger und schwerer Masse gibt. Wenn Masse der Schwerkraft unterliegt, muss das auch für das Licht gelten. Also muss Licht durch große Körper abgelenkt werden, zum Beispiel durch die Sonne.«

Irgendwie hatte ich das Gefühl, dass gerade ein paar Teilchen des Puzzles auf ihren Platz gefallen waren.

»Das kann man doch ganz leicht nachmessen. Ein Kinderspiel.«

»Kleine Spötterin. Aber du wirst es kaum glauben, man hat 1919 tatsächlich ein Experiment vorgenommen, um das zu messen. Sir Arthur Eddington, einer der größten Physiker und Einsteinkenner, hat es durchgeführt.«

»Und wie ging das genau?«

»Das Prinzip war einfach. Einstein zufolge wird das Licht eines Sternes durch die Sonne abgelenkt. Durch diese Ablenkung befindet sich der Stern scheinbar an einer anderen Stelle. Wenn man das messen will, muss man einfach den scheinbaren Ort eines Sternes tagsüber mit dessen scheinbarem Ort des Nachts vergleichen.«

»Tagsüber sieht man doch keine Sterne?«

»Meistens nicht, nein. Aber die Welt kennt mitunter wundersame Zufälle. Einer dieser Zufälle ist, dass die Größe des Mondes, von der Erde aus gesehen, genau mit der Größe der Sonne übereinstimmt. Meistens merken wir davon kaum etwas. Nur bei einer totalen Sonnenfinsternis ist das von entscheidender Bedeutung. Bei einer totalen Sonnenfinsternis steht der Mond genau zwischen Erde und Sonne. Weil der Mond, von der Erde aus gesehen, genauso groß ist wie die Sonne, verdeckt er die Sonne bei einer Sonnenfinsternis vollkommen. Also können wir bei einer totalen Sonnenfinsternis von der Erde aus Sterne sehen, die sich direkt neben der Sonne befinden. Denn diese Sterne werden vom Mond nicht bedeckt. Also können wir auch den Ort dieser Sterne exakt messen. Dieser Ort wird die scheinbare Position der Sterne bezeichnen, weil das Licht der Sterne durch die Sonne abgelenkt wird. Und diese scheinbare Position können wir dann mit der nächtlichen Position dieser Sterne vergleichen, wenn die Sonne auf der anderen Seite der Erde steht und deswegen das Licht der Sterne nicht ablenkt.«

»Und das hat man tatsächlich effektiv messen können?«

»Ja und nein. Zwar hat Sir Arthur Eddington dieses Experiment im Jahr 1919 tatsächlich durchgeführt, aber er stieß dabei auf einige Probleme. Manche Wissenschaftler argumentieren, die dadurch entstandenen Messfehler seien so groß, dass auch die Messungen unzuverlässig seien. Darum könne das Experiment keine Beweise für Einsteins Theorien liefern. Anderen zufolge ist das Experiment vollkommen gelungen, und sie akzeptieren es als Beweis für Einsteins Theorien.«

»Und was ist die Wahrheit?«

»Die Wahrheit ist, dass seither noch andere Experimente unternommen worden sind, die Einsteins Theorien bestätigen. Die Diskussionen über das Experiment von Sir Arthur Eddington sind heute also weniger wichtig als 1919. Später werde ich dir mehr von diesen Experimenten erzählen.«

»Auf jeden Fall aber wird das Licht durch die Schwerkraft abgelenkt.«

»Richtig. Davon ist mittlerweile fast jeder überzeugt. Du erinnerst dich doch noch daran, dass dein Großvater dir mal erzählt hat, dass man um die Ecke gucken kann?«

Ich nickte.

»Das liegt daran, dass das Licht abgelenkt wird. Dadurch kann man mitunter Dinge sehen, die sich hinter einer Ecke befinden. Wenn in Eddingtons Experiment Sterne vorkämen, die gerade noch vom Mond verdeckt würden, könnte man sie trotzdem sehen.«

»Ich verstehe. Aber dann haut meine Argumentation mit den Lichtstrahlen in den Fahrstühlen nicht mehr hin.«

»Das konntest du ja auch nicht wissen. Betrachten wir also noch einmal das Experiment mit dem Fahrstuhl, der nach oben gezogen wird, und dem, der auf der Erde steht.«

»Du hast Recht, das macht einen großen Unterschied. Ich habe gesagt, dass ein Lichtstrahl in einem nach oben gezogenen Fahrstuhl gewissermaßen nach unten abgelenkt wird. Aber wenn ein Lichtstrahl in einem Fahrstuhl auf der Erde ebenfalls nach unten abgelenkt wird, und zwar durch die Schwerkraft, dann kann ein Beobachter im geschlossenen Fahrstuhl zwischen den beiden Situationen nicht mehr unterscheiden.«

»Schön. Gut gesagt. Und im anderen Experiment?«

»Da haben wir einen Fahrstuhl, der fällt, und einen, der sich im freien Raum bewegt. Wenn im fallenden Fahrstuhl das Licht genauso schnell fällt wie der Fahrstuhl, dann kann ein Beobachter auch hier keinen Unterschied bemerken.«

»Richtig. Jetzt ist es Zeit, die Dinge zusammenzufassen. Wir betrachten zunächst das erste Experiment, den Vergleich zwischen dem auf der Erde stehenden und dem im All nach oben sausenden Fahrstuhl. Bei einem lokalen Experiment mit fallenden Körpern werden wir keinen Unterschied feststellen.

Lokales Experiment mit fallenden Körpern: kein Unterschied

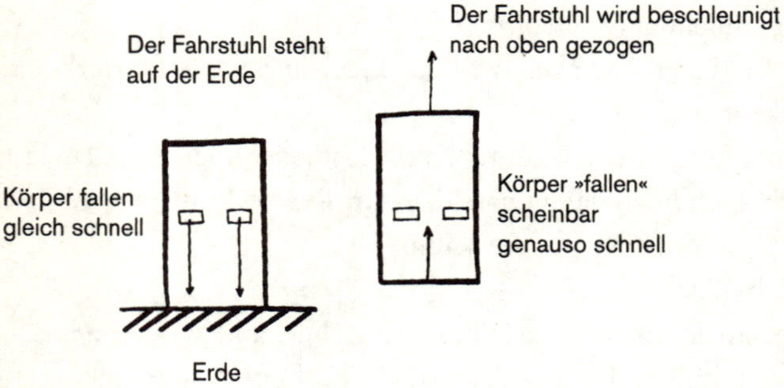

Bei nichtlokalen Experimenten mit fallenden Körpern dagegen sehen wir wohl einen Unterschied. Im stehenden Fahrstuhl auf der Erde kommen die Körper einander näher, weil sie zum Erdmittelpunkt hin fallen. Im beschleunigten Fahrstuhl bleiben sie gleich weit auseinander.

Nichtlokales Experiment mit fallenden Körpern: Unterschied

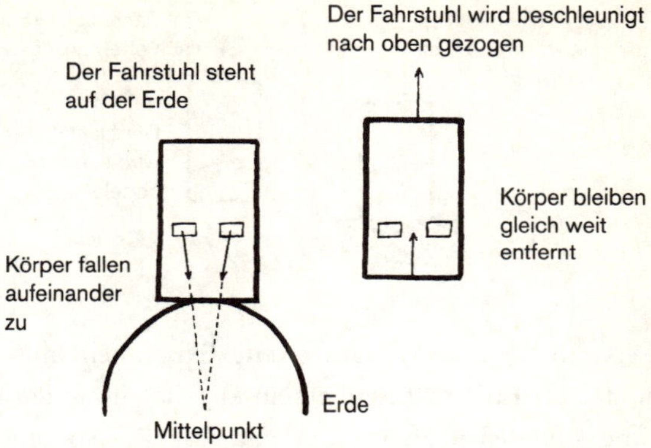

Bei lokalen Experimenten mit Lichtstrahlen sehen wir keinen Unterschied.

Lokales Experiment mit Lichtstrahlen: kein Unterschied

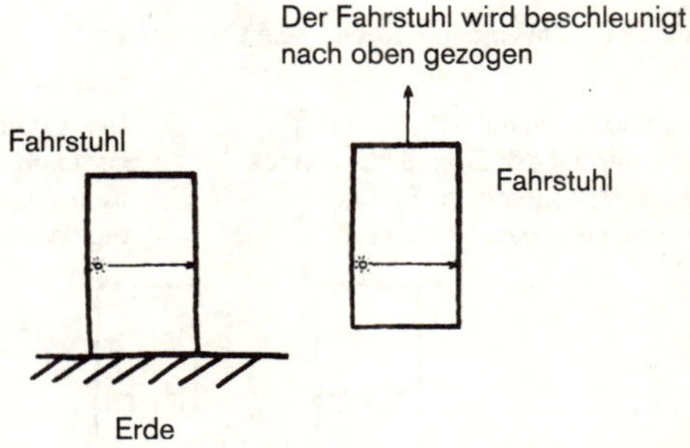

Bei nichtlokalen Experimenten mit Lichtstrahlen sehen wir wahrscheinlich auch keinen Unterschied. Im stehenden Fahrstuhl wird das Licht durch die Schwerkraft der Erde abgelenkt. Im beschleunigten Fahrstuhl scheint es, als würde das Licht für einen Beobachter im Fahrstuhl einen Bogen beschreiben. Für einen Beobachter außerhalb des Fahrstuhls bewegt sich das Licht ganz normal geradeaus. In der folgenden Zeichnung sehen wir den Lichtstrahl, wie ihn ein Beobachter im Fahrstuhl wahrnimmt.

Nichtlokales Experiment mit Lichtstrahlen: wahrscheinlich kein Unterschied

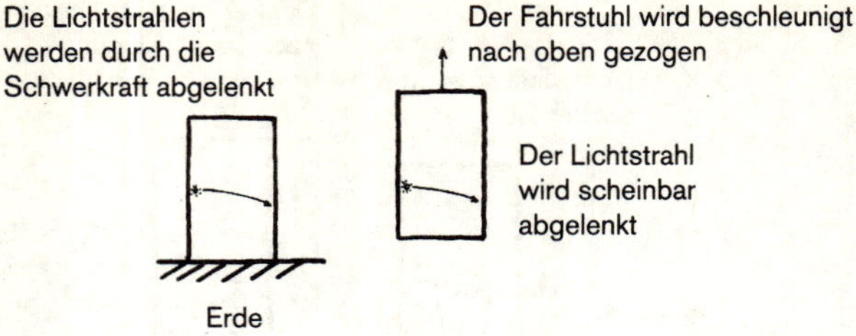

Und jetzt betrachten wir das zweite Experiment mit einem Fahrstuhl, der zur Erde fällt, und einem, der sich im freien Raum befindet und keinerlei Kräften unterliegt. Lokale Experimente mit fallenden Körpern werden uns keinen Unterschied erkennen lassen. Im fallenden Fahrstuhl fallen auch die Körper so schnell wie der Fahrstuhl und scheinen für einen Beobachter im Fahrstuhl zu schweben. Im anderen Fahrstuhl schweben Fahrstuhl und Körper im freien Raum.

Lokales Experiment mit fallenden Körpern: kein Unterschied

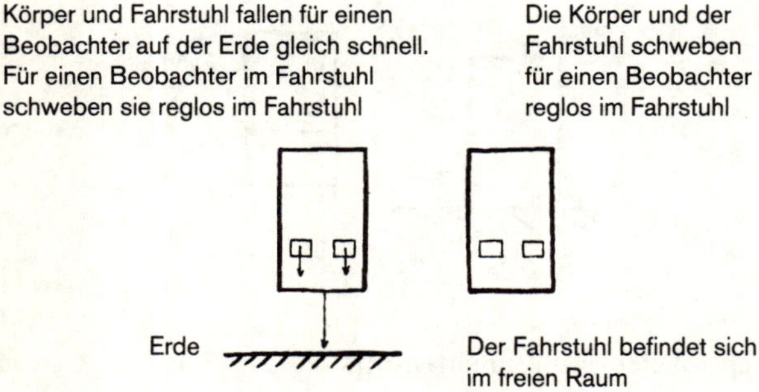

Bei nichtlokalen Experimenten mit fallenden Körpern dagegen gibt es wohl einen Unterschied. Die Körper im fallenden Fahrstuhl scheinen für einen Beobachter im Fahrstuhl aufeinander zuzuschweben.

Nichtlokales Experiment mit fallenden Körpern: Unterschied

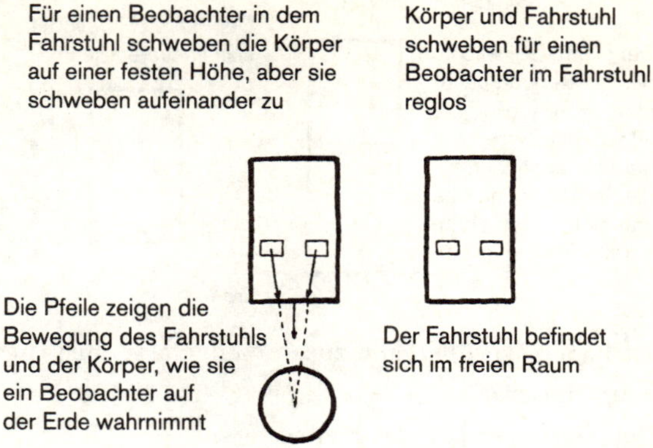

Bei lokalen Experimenten mit einem Lichtstrahl sehen wir keinen Unterschied, denn der Lichtstrahl bewegt sich in beiden Fällen horizontal.

Lokales Experiment mit Lichtstrahlen: kein Unterschied

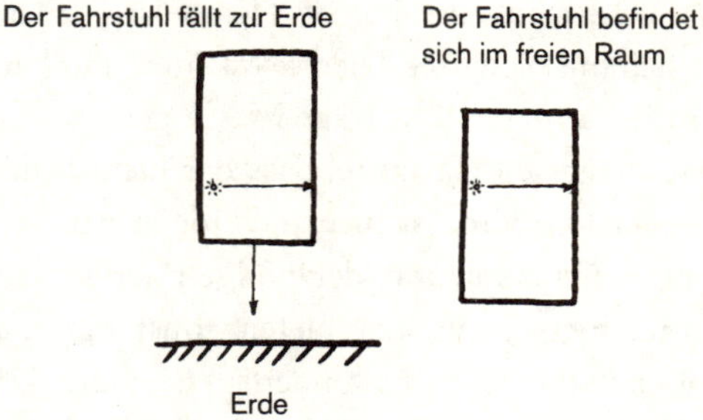

Auch bei nichtlokalen Experimenten mit einem Lichtstrahl gibt es wahrscheinlich keinen Unterschied. Im fallenden Fahrstuhl wird der Lichtstrahl durch die Schwerkraft der Erde nach unten abgelenkt. Gleichzeitig scheint der Lichtstrahl nach oben abgelenkt zu werden, weil der Fahrstuhl beschleunigt nach unten fällt. Wenn sich diese beiden Effekte gegenseitig genau aufheben, scheint der Lichtstrahl für einen Beobachter im Fahrstuhl horizontal zu verlaufen. Im Fahrstuhl im freien Raum verläuft der Lichtstrahl naturgemäß horizontal.

Nichtlokales Experiment mit Lichtstrahlen: wahrscheinlich kein Unterschied

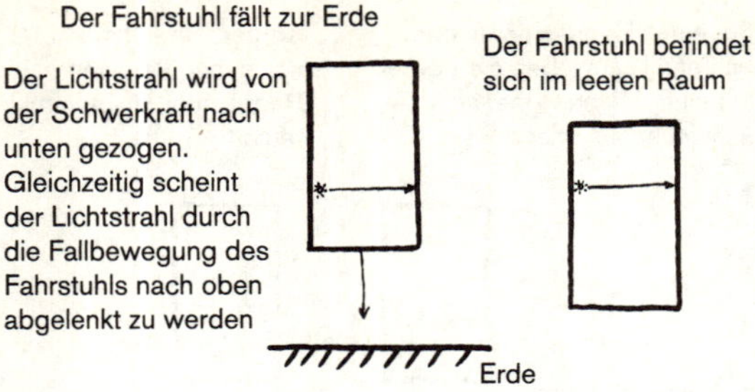

Und damit haben wir alle Fälle zusammengefasst. Bist du so weit damit einverstanden?«

»Ich sehe überhaupt kein Problem.«

»Noch eine letzte Kleinigkeit, um die Sache rund zu machen: Die Gleichwertigkeit zwischen den Fahrstühlen nennt man das Äquivalenzprinzip.«

»Weil die beiden Situationen gleichwertig sind?«

»Richtig. Äquivalenz ist ein anderes Wort für Gleichwertigkeit.«

»Aber abgesehen von diesem Lichtstrahl, der durch die Schwerkraft abgelenkt wird, steckt doch nichts Neues darin, oder? Ich finde, das alles lässt sich mit Newtons Theorie erklären; nur hatte er keine Erklärung für die Tatsache, dass träge Masse genauso groß ist wie schwere Masse. Sogar die Tatsache, dass der Lichtstrahl durch die Schwerkraft abgelenkt wird, ist nicht neu, denn das ist eine Folge der speziellen Relativitätstheorie, derzufolge Energie Masse ist. Ich hoffe, du hast noch etwas mehr zu bieten, sonst kann mich die allgemeine Relativitätstheorie nicht sonderlich beeindrucken.«

»Du wirst schon noch auf deine Kosten kommen. Bislang sind wir immer noch mit vorbereitenden Operationen beschäftigt. Über diese solltest du übrigens noch etwas wissen.«

»Hoffentlich nichts, das du mir erst wieder nächtelang erklären musst?«

»Es hängt mit dem zusammen, was wir gerade gesehen haben – nämlich mit den zwei Körpern, die aufeinander zufliegen, wenn sie in einem fallenden Fahrstuhl losgelassen werden. Eigentlich ist das ein Spezialfall eines allgemeineren Phänomens. Wir können es in seiner

Gänze betrachten, wenn wir nicht zwei, sondern vier Körper nehmen. Und wir ordnen die vier Körper in Form einer Raute an. So wie hier.«

Nils nahm wieder ein Blatt Papier und malte vier Sternchen.

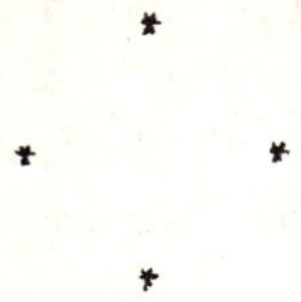

»Die beiden Sternchen nebeneinander sind die beiden Körper, die wir schon beobachtet haben, wie sie, losgelassen in einem Fahrstuhl, der auf die Erde zufällt, aufeinander zufliegen. Das untere und das obere Sternchen sind zwei zusätzliche Körper. Jetzt frage ich dich: Was wird mit diesen beiden zusätzlichen Körpern geschehen, wenn wir auch sie fallen lassen? Schau vorläufig nur auf diese beiden zusätzlichen Körper.«

»Sie fallen gleich schnell zur Erde. Sie bleiben also in der gleichen Entfernung zueinander.«

»Bist du dir sicher?«

»Ja, denn alle Körper fallen gleich schnell.«

»Das stimmt, aber doch nicht ganz. Erinnerst du dich noch an Newtons genaue Formulierung des Gravitationsgesetzes?«

»Zwei Körper ziehen sich wechselseitig an mit einer Kraft, die proportional ist zu ihren Massen und umgekehrt proportional zum Quadrat der Entfernung zwischen den Mittelpunkten der beiden Körper.«

»Und wenn wir das auf unsere beiden Körper anwenden, die von der Erde angezogen werden?«

»Darf ich die Anziehungskraft zwischen den beiden Körpern selbst vernachlässigen?«

»Aber ja doch. Die Anziehungskraft der Erde ist so viel größer, dass wir die Anziehungskraft zwischen den beiden Körpern vernachlässigen können.«

»Dann sehe ich noch nicht, worum es geht.«

»Stell dir mal vor, die beiden zusätzlichen Körper befinden sich sehr weit auseinander: Der obere Körper steht also ein ganzes Stück über dem unteren.«

Jetzt wusste ich, worauf das hinauslief. »Die Entfernung zwischen dem oberen Körper und der Erde wird viel größer sein als die Entfernung zwischen dem unteren und der Erde. Die Anziehungskraft, die auf den oberen Körper wirkt, wird also kleiner sein als die auf den unteren Körper. Der untere wird also stärker beschleunigt werden als der obere. Das heißt, die Entfernung zwischen den beiden Körpern wird immer größer werden.«

»Vollkommen richtig!«

Ich war stolz auf mich.

»Und wenn wir das jetzt mit dem verbinden, was wir über die beiden ersten Körper wissen?«, fragte Nils.

Ich nahm das Blatt Papier mit den vier Sternchen.

»Die beiden Körper nebeneinander kommen aufeinander zu. Der untere Körper wird stärker beschleunigt werden als die drei anderen. Auch die beiden nebeneinander schwebenden Körper werden stärker beschleunigt werden als der obere. Weil die Anziehungskraft umgekehrt proportional zum Quadrat der Entfernung ist, wird der Beschleunigungsunterschied zwischen dem unteren Körper und den beiden Körpern nebeneinander größer sein als der Beschleunigungsunterschied zwischen den beiden nebeneinander schwebenden Körpern und dem oberen. Die Entfernung zwischen dem unteren Körper und den beiden Körpern nebeneinander wird sich also schneller vergrößern als die Entfernung der beiden Körper zu dem über ihnen. Wenn wir das kombinieren, dann wird unsere Raute ungefähr so verformt werden. Ich zeichne es jetzt mal etwas übertrieben, damit es deutlich wird.

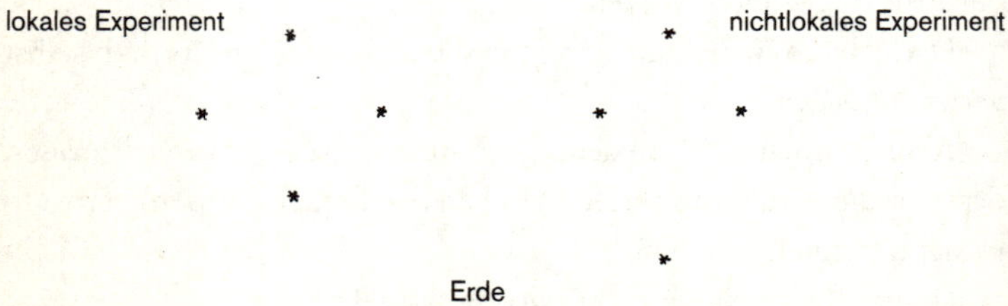

Links haben wir die ursprüngliche Raute aus vier einzelnen Körpern in einem fallenden Fahrstuhl und rechts die verformte Raute, nachdem der Fahrstuhl schon eine Zeit lang auf die Erde zugefallen ist.«

Nils nickte zustimmend. Ich sah ihm an, dass er sich über mein Ergebnis freute.

»Das hast du sehr gut gezeichnet. Dieser Effekt mit der verformten Raute hat einen Namen: Man nennt es den Gezeiteneffekt.«

»Gezeiten? So wie Ebbe und Flut?«

»Haargenau. Und das hat einen sehr guten Grund, denn Ebbe und Flut sind die Folge des gleichen Effekts, der unsere Raute verformt.«

»Das musst du mir erklären.«

»Weißt du, wie Ebbe und Flut entstehen?«

»Durch die Anziehungskraft des Mondes. Manchmal kommt auch noch die Anziehungskraft der Sonne dazu, wodurch eine Springflut entsteht.«

»Wie oft pro Tag wechseln Ebbe und Flut?«

»Zweimal.«

»Wie oft pro Tag dreht sich die Erde um die eigene Achse?«

Wollte er mich schon wieder aufs Glatteis führen?

»Einmal natürlich.«

»Wie oft am Tag kommt eine Seite der Erde dann am Mond vorbei?«

»Einmal.«

»Und wie kommt es, dass wir trotzdem zweimal am Tag Flut haben?«

Das musste mit diesem Gezeiteneffekt der verformten Raute zusammenhängen. Sonst hätte Nils jetzt nicht damit angefangen. Die verformte Raute kommt zustande, weil die Körper nebeneinander aufeinander zufallen und weil der obere Körper weniger stark von der Erde angezogen wird als der untere …

»Ich weiß es. Die Erde ist bedeckt mit Wasser. Das Wasser können wir als einen gesonderten Körper auf der Erde betrachten. Eigentlich haben wir ja drei Elemente: die Erde, das Wasser auf der dem Mond zugewandten Seite und das Wasser auf der dem Mond abgewandten Seite der Erde. Das Wasser auf der Mondseite wird am stärksten vom Mond angezogen. Da haben wir Flut. Das Wasser an der anderen Seite der Erde wird im Vergleich dazu weniger stark angezogen, und außerdem wird es auch weniger angezogen als die Erde. Dieses Wasser bleibt also gewissermaßen hinter der Erde zurück. Darum haben wir dort auch Flut. Einmal, weil die eine Seite dem Mond zugewandt ist, und einen halben Tag später, weil diese Seite vom Mond abgewandt ist.«

»Eine perfekte Erklärung. Newton hätte das nicht besser gekonnt.«

»Wusste Newton das schon?«

»Er hat exakt auf diese Weise erklärt, weshalb es zweimal täglich Flut gibt.«

»Und was hat nun dieser Gezeiteneffekt mit Einstein zu tun? Denn auch der lässt sich doch mit den Newtonschen Gesetzen ausreichend erklären. Dafür musste kein Einstein kommen.«

»Das stimmt. So wie wir es bislang betrachtet haben, ist noch nichts Besonderes daran. Wie wir vorhin festgestellt haben, spielt der Gezeiteneffekt bei lokalen Experimenten keine Rolle. Bei nichtlokalen Experimenten dagegen schon. Aber auf den ersten Blick können wir nicht erkennen, ob sich daraus noch ein weiterer Unterschied zwischen den verschiedenen Fahrstuhlsituationen ergibt oder nicht. Dafür brauchen wir die Mathematik, denn auf einer Zeichnung können wir den Gezeiteneffekt nicht unmittelbar festhalten. Und gleich wirst du sehen, wie die allgemeine Relativitätstheorie ins Spiel kommt. Und das wiederum hängt mit einem anderen Phänomen zusammen, von dem du sicher auch schon mal gehört hast: mit den schwarzen Löchern.«

»Schwarze Löcher!«

»Du weißt, was das ist?«

»Klar doch!«

»Dann wirst du gleich auch ganz genau hören, wie diese schwarzen Löcher funktionieren.«

»Und so haben wir die vorbereitenden Arbeiten beendet, denke ich. Können wir dann endlich mit der allgemeinen Relativitätstheorie anfangen?«

»Ich fürchte, wir haben erst die Hälfte der Vorbereitungen hinter uns. Aber den Rest heben wir uns für morgen auf.«

»Was?!«

Ich warf mein Kopfkissen in die Ecke, aus der Nils mittlerweile schon wieder verschwunden war …

Euklidische Geometrie

Eigentlich wunderte ich mich, dass ich verhältnismäßig rasch begriffen hatte, worum es in der speziellen Relativitätstheorie geht. Ich konnte mitreden, Fragen stellen, alleine weiterdenken, auch wenn ich längst nicht alles verstand. Aber ich hatte eine Vorstellung, die dem, was diese Theorie ist, doch sehr nahe kam. So schien es mir wenigstens. Ob ich auch, was die allgemeine Relativitätstheorie angeht, zu einem solchen Gefühl kommen würde? Wahrscheinlich würde ich meinen Kopf noch ganz schön anstrengen müssen. Aber Nils würde, so hoffte ich wenigstens, doch wenigstens einen Zipfel des Schleiers lüpfen.

So hatte ich voller Erwartung am nächsten Abend auf Nils gewartet. Ich fragte mich, was er wohl tut, wenn er nicht bei mir ist. Aber plötzlich war er wieder da.

»Hallo Nils, was hast du heute getrieben?«

»Ich? Ach, bisschen rumgehangen. Bisschen beobachtet und mit Steinen und Messlatten herumgelaufen.«

»Triffst du dich manchmal noch mit anderen Beobachtern?«

»Nein, ich bin der letzte.«

»Wie? Der letzte Beobachter?«

»Ja, ein bisschen wie der letzte Mohikaner.«

»Sind die anderen Beobachter denn tot?«

»Nein, sie sind einfach nicht mehr da. So geht das mit Beobachtern. Wenn jemand sie braucht, sind sie plötzlich da, und wenn sie keiner braucht, verschwinden sie wieder.«

»Wie traurig.«

»Überhaupt nicht. Es ist einfach so. Wir tun, was wir tun müssen.«

»Bist du denn nie einsam?«

»Nein, ich habe viele Kontakte zu Menschen, die wie du schon albertisiert sind oder mittendrin stecken in diesem Prozess.«

»Gibt es viele solcher Menschen?«

»Ich habe sie nie gezählt, aber einige Tausend sind es bestimmt.«

»Und die kennst du alle?«

»Nur diejenigen, die ich albertisiert habe. Das sind aber hunderte.«

»Was ist das für ein Gefühl, der letzte Beobachter zu sein?«

»Eigentlich bin ich nicht wirklich der letzte. Es gibt noch einen.«

»Wow, kannst du den mal mitbringen?«

»Nanu? Hast du die Nase voll von mir?«

»So habe ich es nicht gemeint …«

»War auch nur ein Scherz. Aber ich kann ihn nicht mitbringen, weil er irgendwo ganz weit weg ist. Eigentlich kennst du ihn. Na, errätst du es?«

Allmählich dämmerte mir etwas. Klar.

»Der Zwillingsbruder-Raumfahrer! Der ist immer noch unterwegs. Aber warum ist er nicht verschwunden?«

»Ein Beobachter kann nicht verschwinden, solange er an einem Gedankenexperiment teilnimmt.«

»Aber wenn du den Zwillingsbruder-Raumfahrer zurückholen würdest, dann könnte er auch verschwinden? Denn dann ist sein Gedankenexperiment vorbei.«

»Aber sein Gedankenexperiment kann nicht beendet werden, weil es Herrn Albert nicht mehr gibt.«

»Das ist schlimm.«

»Esther. Du darfst uns nicht mit Menschen vergleichen. Wir sind Beobachter. Wir sehen die Dinge anders als Menschen.«

»Und was ist mit dem auf der Erde zurückgebliebenen Zwillingsbruder? Der kann ja dann auch nicht verschwinden, weil sein Experiment dasselbe ist wie das des Raumfahrer-Bruders?«

Nils lachte.

»Klar, den gibt es noch.«

»Aber … dann bist du der zurückgebliebene Bruder des Raumfahrers! Wieso hast du das nie gesagt?«

»Das ist doch nicht so wichtig. Außerdem bin ich hier ja auch als Mitwirkender in einem anderen Gedankenexperiment. Herr Albert hat sich nämlich ein Gedankenexperiment ausgedacht, um alle Menschen zu albertisieren. Und das muss ich tun.«

»Aber das ist doch unmöglich. Du wirst nie Zeit genug haben, alle Menschen zu albertisieren.«

»So ist es. Aber was ist daran schlimm?«

Nun verstand ich, was er sagen wollte. Sein Gedankenexperiment würde nie zu Ende gehen, also würde auch er immer weiterexistieren.

»Wie wählst du die Menschen aus, die du albertisierst?«

»Ich wähle sie nicht aus. Sie wählen sich selbst aus, ohne es zu wissen. Zunächst müssen sie davon überzeugt sein, dass sie die Relativitätstheorie verstehen können. Dabei kann ich ihnen nicht helfen. Aber wenn sie so weit sind, dann entdecken sie mich auf einem Foto neben Herrn Albert. Und dann erwache ich zum Leben, und die zweite Phase beginnt, so wie jetzt mit dir.«

»Wenn du nicht bei mir bist, albertisierst du dann gerade jemand anderen?«

»Ja klar. Oder ich halte den Kontakt mit Menschen, die schon albertisiert sind.«

»Es könnte also beispielsweise sein, dass du gerade meine beste Freundin Ruth albertisiert?«

»Das wäre tatsächlich möglich.«

»Und, ist es so?«

»Das musst du selbst herausfinden.«

»Sei nicht albern, Nils. Aber sag mal, wäre es möglich, dass auch ich Teil eines Gedankenexperiments bin?«

»Nein, du bist ein Stückchen Wirklichkeit. Obwohl, wenn wir der Konserviertes-Gehirn-Theorie glauben sollen ...«

»Der was?«

»Es hat einmal einen Arzt gegeben, der hat Experimente angestellt, bei denen er das Gehirn seiner Patienten mithilfe von Elektroden stimulierte. Wenn er bestimmte Bereiche im Gehirn angeregt hat, konnte er bestimmte Erinnerungen wiederaufleben lassen. Auf der Grundlage dieser Ergebnisse hat man sich die Konserviertes-Gehirn-Theorie ausgedacht. Sie besagt, dass es möglich sein muss, die Gedanken von Menschen über Elektroden zu steuern und neue Gedanken entstehen zu lassen, da wir auf diese Weise ja auch Erinnerungen aufleben lassen können. Wenn wir dieses Experiment zu Ende denken, dann muss es möglich sein, ein menschliches Gehirn in einem Labor zu konservieren und es mithilfe von Elektroden zu stimulieren. Wenn man das auf die richtige Weise tut, müsste es möglich sein, dieses Hirn denken zu lassen, es sei noch ein vollständiger Mensch, der ein normales Leben führt. Es könnte also durchaus möglich sein, dass du ein Gehirn in irgendeinem Labor bist.

Ein Wissenschaftler stimuliert das Gehirn dergestalt, dass es denkt, es wäre ein Mädchen namens Esther. Esther, die gerade hier sitzt, einen Großvater hat und eine Freundin namens Ruth und die von einer Erfindung, die auf den Namen Nils hört, einiges über die Relativitätstheorie lernt.«

»Das ist aber doch nicht so?«

»Das ist gerade der Clou der Angelegenheit. Du, Esther, kannst auf keine Weise dahinter kommen, ob du wirklich das Mädchen Esther bist oder lediglich ein Gehirn in einem Labor.«

»Aber die Tatsache, dass ich denke, dass ich kein Gehirn in einem Labor bin, ist doch ein Beweis dafür, dass es nicht so ist?«

»Nein, denn das Gehirn in diesem Labor könnte auch dazu stimuliert werden, das zu denken. Es gibt für dich wirklich keinerlei Möglichkeit, zu bestimmen, ob du Esther bist oder ein Gehirn in einem Einmachglas.«

»Na ja. Vielleicht hast du Recht. Und trotzdem bin ich davon überzeugt, dass ich Esther bin.«

»Das würde ich an deiner Stelle auch so halten.«

»Konservierte Gehirne. Was für ein Unsinn.«

»Überhaupt kein Unsinn. Erinnerst du dich noch an unsere ersten Gespräche, als wir uns darüber unterhielten, wie schwierig es ist, etwas sicher zu wissen?«

»Aber ja.«

»Nun, diese konservierten Gehirne gehören mit in diese Diskussion.«

»Aber das ist philosophisch.«

»Stimmt. Dabei sind wir gar nicht zusammen, um uns mit Philosophie zu beschäftigen, selbst wenn die Dinge, die wir besprechen, manchmal auch zu verdammt philosophischen Fragen führen.«

»Ich würde fürs Erste jedoch ein bisschen stinknormale allgemeine Relativitätstheorie vorziehen.«

»Und gerade heute müssen wir uns zunächst der euklidischen Geometrie zuwenden.«

»O nein. Geometrie! Das Langweiligste, was es gibt!«

Nils runzelte die Stirn. »Aber liebes Kind, es ist einer der edelsten Zweige der Mathematik!«

»Dann sieh mal zu, ob du mich davon überzeugen kannst!«

»Sehr gern sogar. Wobei ich dich gleich darauf hinweisen möchte, dass wir schon allerhand Geometrie betrieben haben. Parabeln, Ellipsen – alles Geometrie.«

»Aber das war schöne Geometrie. Wieso müssen wir uns unbedingt damit herumplagen?«

»Wenn wir die Geometrie vernachlässigen – und insbesondere die euklidische, oder besser die nichteuklidische –, dann kannst du nie verstehen, wovon die allgemeine Relativitätstheorie handelt.«

»Aha, es ist mal wieder so weit. Bestimmt holst du jetzt ganz weit aus, und am Ende sagst du dann in einem kleinen Satz, wie alles mit Einstein zusammenhängt. Ich wüsste diesmal aber gern vorneweg, worauf das alles hinausläuft. Das wirst du doch kurz erklären können? Mein Lehrer sagt immer, wer etwas richtig verstanden hat, kann es einem anderen, der es noch nicht versteht, auch in ein paar Worten erklären.«

»Na gut, wenn du meinst. Es verhält sich so: Die spezielle Relativitätstheorie sagt, dass Zeit und Raum nicht voneinander getrennt sind, sondern eine Raumzeit bilden. Die Zeit und die Entfernung zwischen zwei Ereignissen, gesondert gemessen, sind relativ: Sie hängen ab von der in Bezug auf diese Ereignisse relativen Geschwindigkeit eines Beobachters. Die Raum-Zeit-Entfernung ist absolut: Diese ist für alle Beobachter in Inertialsystemen gleich. Die mathematische Formel hierfür, $L^2 + T^2$, ist eine Konstante. Die spezielle Relativitätstheorie hat auch gezeigt, dass Masse Energie ist und umgekehrt. Wie du weißt, wird das durch die Formel $E = mc^2$ wiedergegeben. Die allgemeine Relativitätstheorie besagt, dass diese Raumzeit der speziellen Relativität nichteuklidisch ist, manchmal sagt man dazu auch, dass sie gekrümmt ist. Diese Krümmung wird verursacht durch Materie, die äquivalent ist mit Energie. Und durch diese Krümmung erfahren wir, was wir in der Theorie von Newton als Schwerkraft bezeichnen.«

»Ach, ist das alles?«

»Verstehst du es? Kolossal. Dann sind wir am Ende unseres Kurses. Schönen Dank. Du warst ein nettes Publikum.«

»Nils, stell dich nicht so an. Natürlich verstehe ich es nicht.«

»Aber irgendwas davon hast du wohl verstanden?«

»Nur das mit der Raumzeit, und dass Masse Energie ist. Aber nicht mehr diese Krümmung. Und das mit der Schwerkraft erst recht nicht.«

»Das ist auch das Allerschwierigste. Darüber, dass die Raumzeit gekrümmt ist, kursieren allerhand Geschichten. Diese Krümmung mache schwarze Löcher möglich; sie erlaube es auch, durch Wurmlöcher zur gegenüberliegenden Seite des Universums zu reisen oder überhaupt in der Zeit zu reisen, und so weiter.«

»Ist das alles Unsinn?«

»Nicht ganz. Ein Körnchen Wahrheit steckt immer darin. Aber um das alles herum blühen die wildesten Phantasien.«

»Phantasien, die absolut nicht wahr sein können?«

»Darauf lässt sich schwer eine Antwort geben. Die allgemeine Relativitätstheorie stellt eine Reihe mathematischer Formeln oder Gleichungen auf. Die Lösungen dieser Gleichungen beschreiben, wie die Raumzeit funktioniert. Aber nicht alle dieser Lösungen sind bekannt. Außerdem wissen wir nicht, ob alle Lösungen mit einem echten oder einem möglichen Zustand im Universum übereinstimmen. Ein paar der nach diesen Gleichungen möglichen Zustände beschreiben das, was man mit Wurmlöchern und Zeitreisen meint. Aber darum, dass sie nach den Gleichungen möglich wären, müssen diese Zustände noch lange nicht in Wirklichkeit existieren.«

»Das ist ziemlich abstrakt.«

»Fangen wir mit diesen Gleichungen an. Eine Gleichung ist eine mathematische Beschreibung eines Phänomens oder eines Vorgangs. Bei Galilei und Newton haben wir schon gesehen, dass die Bewegung eines Körpers durch eine mathematische Gleichung beschrieben werden kann. So wird ein Körper, der sich mit konstanter Geschwindigkeit bewegt, durch eine lineare Gleichung der Form $x = at + b$ beschrieben. Hierbei steht x für die Position eines Körpers, zum Beispiel gemessen in Metern ab einem bestimmten Punkt, und t für die Zeit, beispielsweise gemessen in Sekunden ab einem bestimmten Zeitpunkt. Die Konstanten a und b hängen ab von der Geschwindigkeit des Körpers und seiner Position zum Zeitpunkt null. Befindet sich der Körper zum Zeitpunkt null beispielsweise auf der Position $x = 0$, dann ist b gleich null. Mit anderen Worten: Dann hat die

Beschreibung die Form $x = at$. Die Konstante a ist die Geschwindigkeit des Körpers. Wenn wir x in Metern angeben, die Zeit in Sekunden und die Geschwindigkeit in Metern pro Sekunde, und gesetzt, die Geschwindigkeit des Körpers beträgt zwei Meter pro Sekunde, dann ist a gleich zwei. Die Gleichung lautet dann $x = 2t$. Alle Lösungen dieser Gleichung – das sind alle Paare (x, t), bei denen x gleich zwei mal t ist – entsprechen einem bestimmten Zustand des Körpers. Wenn t gleich zehn Sekunden ist und x gleich zwanzig Meter, dann ist x in der Tat zwei mal t, und dann ist das Paar (x, t) gleich (20, 10) eine Lösung der Gleichung. Und sie beschreibt den Zustand des Körpers zu einem bestimmten Zeitpunkt an einem bestimmten Ort. In diesem Fall ist es der mit der tatsächlichen Beobachtung übereinstimmende Zustand, dass sich der Körper nach zehn Sekunden in zwanzig Metern Entfernung befindet. Mit dieser Gleichung lässt sich nicht nur überprüfen, ob ein bestimmtes Paar (x, t) eine mögliche Lösung ist, sondern man kann aus einem bestimmten t auch die dazugehörigen x berechnen. Oder aus einem bestimmten x die dazugehörigen t.«

»Aber es gibt doch nur ein x für ein bestimmtes t und nur ein t für ein bestimmtes x?«

»Für diese Gleichung ja. Aber mal angenommen, der Körper bewegt sich hin und her und es dauert jedes Mal zehn Sekunden, ehe der Körper einen vollständigen Hin-und-her-Zyklus vollendet hat. Dann wird es für jedes x unendlich viele t geben, die der Gleichung gerecht werden.«

»Und wie sieht eine solche Gleichung dann aus?«

»Abhängig von der genauen Bewegung des Körpers wird die Gleichung eine jeweils andere sein. Wir wollen uns mal anschauen, wie eine solche Gleichung für ein einfaches Beispiel aufgestellt wird. Angenommen, wir haben eine Feder, die an einer Wand befestigt ist.«

Nils griff mal wieder zu Bleistift und Papier.

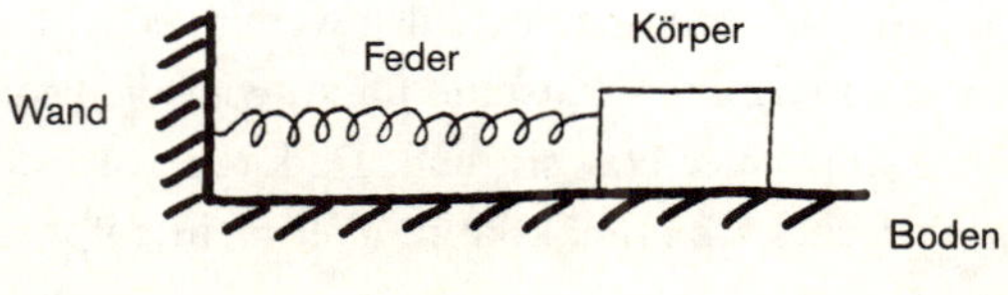

»An dieser Feder ist ein Körper befestigt. Der Körper kann frei über den Boden gleiten, ohne Reibung. Das bedeutet, es wird keine Reibungsenergie freigesetzt. Mal angenommen, die Feder hat in neutraler Position eine Länge von einem Meter. Das ist eine Gleichgewichtslage, denn wenn wir weder Feder noch Körper berühren, bleibt der Körper hübsch dort, wo er ist. Sobald wir den Körper nach rechts ziehen, ziehen wir auch die Feder auseinander. Aber die Feder widersetzt sich dem, also werden wir Kraft aufwenden müssen, um die Feder auseinander zu bekommen: Wir spüren eine Kraft, die den Körper wieder nach links ziehen will.«

»Das ist wieder das mit der Aktion und Reaktion nach Newton: Wir ziehen an der Feder, und die Feder zieht an uns.«

»Gut beobachtet. Würden wir jetzt den Körper plötzlich loslassen, würde er in der Tat nach links gezogen werden. Würden wir ihn stattdessen von der neutralen Position aus einen Meter nach links schieben, dann wäre ebenfalls eine Kraft spürbar; dann würde diese Kraft den Körper nach rechts schieben.«

»Wieder das Gesetz von Aktion und Reaktion.«

»Genau. Würden wir den Körper plötzlich loslassen, dann würde er nach rechts geschoben werden.«

»Das verstehe ich.«

»Die Frage ist jetzt: Wenn wir den Körper zuerst nach rechts ziehen und anschließend loslassen, wie weit nach links wird er dann zurückschwingen?«

»Das haben wir in der Schule gehabt. Abhängig davon, wie weit die Feder über einen Meter hinaus ausgedehnt ist, wird der Körper nach links gezogen. Wenn er zurückschwingt, befindet er sich irgendwann an der Stelle, wo die Länge der Feder noch genau einen Meter beträgt. In dem Augenblick schwingt der Körper aber noch weiter nach links. Auf den Körper wirkt ja keine Kraft mehr ein, und deshalb schwingt er mit derselben Geschwindigkeit weiter nach links. Das ist das erste Newtonsche Gesetz. Aber dadurch, dass sich der Körper weiter nach links bewegt, also weiter als der eine Meter, den die Feder in entspanntem Zustand misst, wird die Feder zusammengedrückt. Dem widersetzt sie sich. Dadurch wird der Körper eine Kraft nach rechts erfahren, kommt aber nicht sofort zum Stillstand, sondern wird nur verzögert, bis er weniger als einen Meter vor der Wand zum Stillstand kommt. An dieser Stelle wirkt die Kraft der Feder aber immer noch. Dadurch wiederum wird der Körper nach rechts geschoben. Er wird immer schneller, denn die Kraft der Feder bringt den Körper in eine immer schnellere Bewegung. Und so befindet sich der Körper auf einmal erneut an der Position, an der die Feder genau einen Meter lang ist. An diesem Punkt wirkt keine Kraft mehr auf ihn ein. Er schwingt also mit der Geschwindigkeit, die er in diesem Augenblick hat, nach rechts weiter. Nun wird die Feder also wieder gedehnt, wodurch der Körper wieder eine Kraft nach links erfährt. Also verlangsamt er sich wieder, bis er stillsteht. Von dem Augenblick an bewegt er sich wieder zurück nach links.«

»Wunderbar zusammengefasst. Wir sollten das kurz aufzeichnen. Das ist der Körper im Ruhezustand. Die Feder ist entspannt.

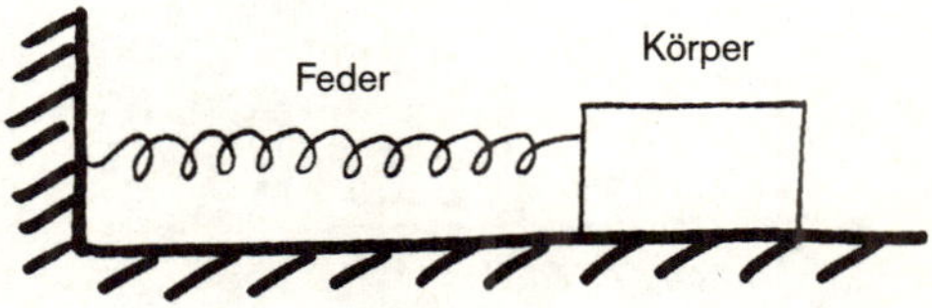

Auf der nächsten Zeichnung wurde der Körper nach rechts gezogen.

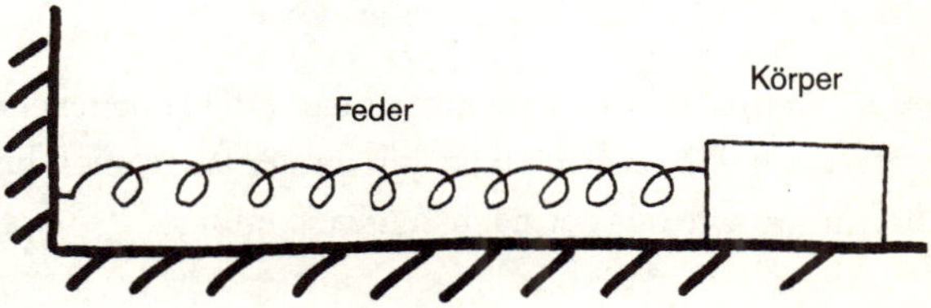

Der Körper wird eine Kraft nach links erfahren, weil die Feder gedehnt ist. Auf der nächsten Zeichnung hat es den Körper nach links gezogen. Der Körper wird eine Kraft nach rechts erfahren, weil die Feder zusammengedrückt ist.

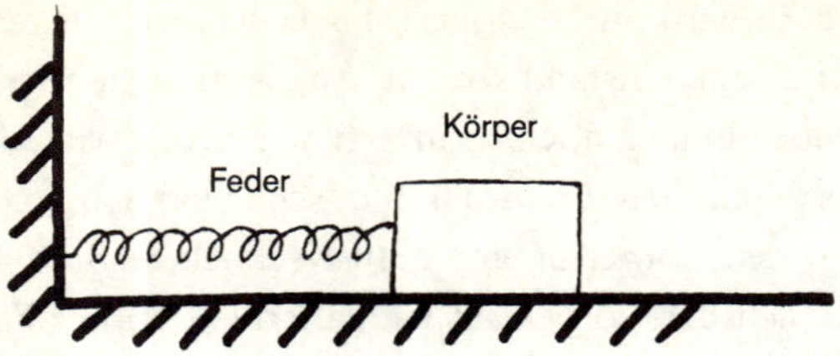

Wie du vorhin richtig erklärt hast, müssen wir dabei eines im Auge behalten. Es ist nicht so, dass der Körper nach rechts schwingen wird, weil eine Kraft nach rechts auf ihn wirkt. Denn würde er sich gerade in diesem Augenblick nach links bewegen, würde er sich lediglich verlangsamen. Und es ist auch nicht so, dass der Körper nach links schwingen wird, weil er eine Kraft nach links erfährt. Wenn andererseits ein Körper nach rechts schwingt und er erfährt eine Kraft nach rechts, dann wird er immer schneller nach rechts fliegen, so wie auf der nächsten Zeichnung.

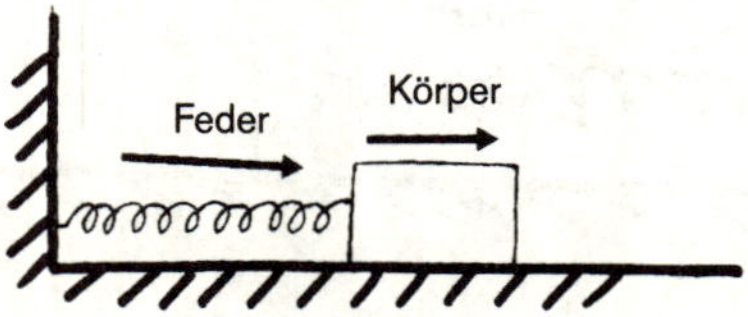

Anfangszustand:
Kraft der Feder: nach rechts
Bewegung des Körpers: nach rechts
Ergebnis: Der Körper bewegt sich immer schneller nach rechts

Wenn ein Körper nach links schwingt und er erfährt dabei eine Kraft nach rechts, dann wird er nach links hin immer langsamer, bis er zuletzt stillsteht. So wie auf der nächsten Zeichnung.

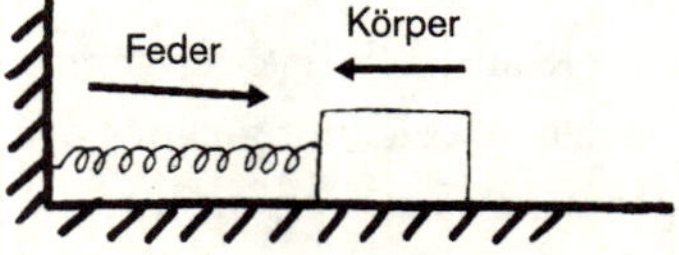

Anfangszustand:
Kraft der Feder: nach rechts
Bewegung des Körpers: nach links
Ergebnis: Der Körper bewegt sich immer langsamer nach links

Wenn der Körper nach links schwingt und die Kraft drückt ebenfalls nach links, dann wird der Körper nach links hin immer schneller, so wie auf der nächsten Zeichnung.

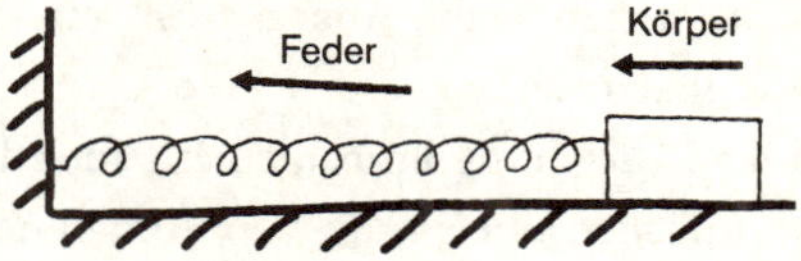

Anfangszustand:
Kraft der Feder: nach links
Bewegung des Körpers: nach links
Ergebnis: Der Körper bewegt sich immer schneller nach links

Schwingt der Körper nach rechts und die Kraft drückt nach links, dann wird der Körper nach rechts hin immer langsamer, bis er letztendlich stillsteht, so wie auf der nächsten Zeichnung.«

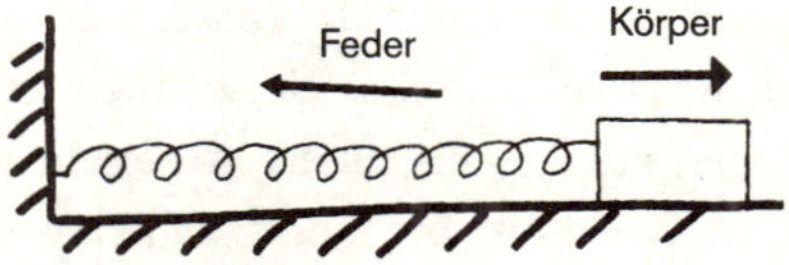

Anfangszustand:
Kraft der Feder: nach links
Bewegung des Körpers: nach rechts
Ergebnis: Der Körper bewegt sich immer langsamer nach rechts

Ich besah mir die Zeichnungen. »Und der Körper wird also immerzu hin und her schwingen: von links nach rechts und von rechts nach links?«

»Ganz recht, jedenfalls solange wir keine Energie verlieren, was in Wirklichkeit aber der Fall sein wird. Erstens, weil die Feder nicht perfekt ist: Sie wird sich etwas verformen; dadurch entsteht Wärme. Diese Wärme ist Energie, die verloren geht, wodurch sich der Körper verlangsamt. Zweitens, weil der Körper nicht perfekt gleitet. Dadurch wird ebenfalls Wärme entstehen, die auch verloren geht. Drittens, weil es auch zur Reibung mit der Luft kommt. Auch dadurch wird etwas Energie verloren gehen. Und zuletzt wird Energie verloren gehen, weil sich der Körper durch all das Ziehen und Drücken auch ein wenig verformen wird, was ebenfalls einen Energieverlust mit sich bringt. All diese Energieverluste bewirken etwas, das man als Dämpfung bezeichnet. Das Ergebnis ist, dass der Körper immer weniger weit nach links und rechts ausschwingen wird, bis er letztendlich in der Mitte stehen bleibt. Aber der Einfachheit halber klammern wir das jetzt mal aus.«

»Wie sieht so eine Gleichung im Fall einer Feder denn aus?«

»Wir müssen zunächst eine Reihe von Annahmen formulieren. Wir nennen die Masse des Körpers m.«

»Weshalb sagen wir nicht: zehn oder zwanzig Kilogramm?«

»Weil wir das Problem allgemein lösen wollen. Wenn wir mit m arbeiten, dann erhalten wir ein Resultat, das für alle Körper gilt: für Körper von zehn Kilogramm oder zwanzig, oder auch für solche, deren Masse wir nicht kennen.«

»Und was ist der Nutzen davon?«

»Nun, es könnte zum Beispiel sein, dass die Gleichung, die das Endergebnis beschreibt, nicht von der Masse des Körpers abhängt. Wenn wir mit einer Masse von zehn oder zwanzig arbeiten, könnten wir das nicht ohne weiteres erkennen. Arbeiten wir aber mit m, dann wird m in der Gleichung nicht auftauchen, wenn das Resultat von der Masse unabhängig ist.«

»Okay.«

»Angenommen, dass die auf den Körper einwirkende Kraft proportional ist zur Verformung der Feder. Damit meinen wir Folgendes: Wenn wir die Feder um zehn Zentimeter dehnen, dann wird sie eine bestimmte Kraft ausüben. Dehnen wir die Feder um das Doppelte, dann wird sie doppelt so viel Kraft ausüben. Wenn wir die Feder um zehn Zentimeter zusammendrücken, wird sie die gleiche Kraft ausüben, als würde sie zehn Zentimeter gedehnt, allerdings in die umgekehrte Richtung.«

»Ist das bei allen Federn so?«

»Bei allen idealen Federn. Das sind Federn, bei denen die Kraft gleich groß ist, ob sie nun gedehnt oder zusammengedrückt werden, und bei denen die Kraft proportional ist zu ihrer Verformung.«

»Was du sagst, läuft darauf hinaus, dass eine Feder dann ideal ist, wenn sie ideal ist.«

»Stimmt. Wir müssen ein bestimmtes Modell einer Feder nehmen. Da wir feststellen können, dass die Kraft einer echten Feder beim Ausdehnen fast gleich groß ist wie beim Zusammendrücken, idealisieren wir das und sagen, dass es genau so ist.«

»Darf man das einfach so tun?«

»Es geht nicht anders. Man muss sich ein bestimmtes Modell von der Wirklichkeit machen, anders kann man keine Physik betreiben. Je besser das Modell ist, desto besser funktioniert natürlich das daraus abgeleitete physikalische Gesetz. Daher versucht man immer, ein Modell zu finden, das so weit wie möglich mit der Wirklichkeit übereinstimmt, jedenfalls unter bestimmten Umständen.«

»Was meinst du denn damit schon wieder?«

»Um dir ein konkretes Beispiel zu geben: Wir wissen aus Erfahrung, dass sich jede Feder wie eine ideale Feder verhält, solange sie nur wenig verformt wird. Also wenn man die Feder nur ein kurzes Stück dehnt oder zusammendrückt.«

»Das verstehe ich.«

»Schön. Jetzt zurück zu unserer Gleichung. Wir können die Gleichung formulieren, indem wir sagen, dass die Kraft F proportional ist zur Verformung oder Dehnung. Mathematisch dargestellt, heißt das: $F = -k \times \mathit{Dehnung}$. Hierbei steht k für eine bestimmte Konstante, die lediglich von Material und Größe unserer idealen Feder abhängt. Für eine bestimmte Feder wird k gleich zehn sein, für eine andere gleich eins, für wieder eine andere gleich drei. Je stärker Zug oder Druck einer Feder bei einer bestimmten Dehnung sind, desto größer ist k. Die Dehnung ist gleich der Länge der Feder in einem bestimmten Augenblick minus ihrer Länge im Ruhezustand. Ist die Dehnung gleich null, dann befindet sich die Feder im Ruhezustand.«

»Und dann ist F gleich null?«

»Stimmt. Das sehen wir in der Formel $F = -k \times \mathit{Dehnung}$. Wenn einer der Faktoren gleich null ist, dann ist auch F gleich null.«

»Wieso haben wir ein Minuszeichen in der Formel?«

»Weil die Kraft der Feder stets in die der Dehnung entgegengesetzte Richtung wirkt. Wenn wir die Feder nach rechts ausdehnen, dann wirkt die Kraft der Feder nach links. Drücken wir sie nach links zusammen, dann drückt die Kraft nach rechts. Also muss davor ein Minuszeichen stehen.«

»Das ist aber einfach.«

»Jetzt müssen wir das Ganze noch mit Newtons Formel kombinieren, die darstellt, wie sich ein Körper bewegt, wenn eine Kraft auf ihn einwirkt.«

»$F = m \times a$.«

»Genau. Wir wenden diese Formel auf die Bewegung des Körpers an. Das F der Formel stimmt mit der Kraft der Feder überein, denn es ist die einzige Kraft, die auf den Körper einwirkt. Wir erhalten also $-k \times Dehnung = m \times a$. Jetzt müssen wir diese Gleichung und ihre Elemente interpretieren. k und m kennen wir, denn diese hängen lediglich von Feder und Körper ab. Bleiben also die Dehnung und a. Die Dehnung drücken wir anhand der Position des Körpers aus. Diese Position bezeichnen wir als x. Wenn wir x gleich null setzen, solange sich die Feder in ihrer neutralen Position befindet, dann ist die Dehnung gleich null. Denn wenn sich die Feder links befindet, dann ist x negativ, und wenn sie sich rechts befindet, dann ist x positiv. Wir erhalten also $-k \times x = m \times a$.

Jetzt noch ein Letztes. Es gibt einen weiteren Zusammenhang zwischen x und a. Wie du weißt, steht a für die Beschleunigung. Die Beschleunigung a können wir betrachten als die Veränderung der Geschwindigkeit im Verhältnis zur Zeit. Wenn sich die Geschwindigkeit auf konstante Weise verändert, dann ist a gleich der Veränderung der Geschwindigkeit pro Sekunde. Mit anderen Worten: $a = \frac{v_2 - v_1}{t_2 - t_1}$. Hierbei sind t_2 und t_1 bestimmte Zeitpunkte und ist v_1 die Geschwindigkeit zum Zeitpunkt t_1 und v_2 die Geschwindigkeit zum Zeitpunkt t_2. Die Beschleunigung a ist also gleich der Differenz der Geschwindigkeiten geteilt durch die Differenz der Zeit. Wenn die Geschwindigkeit um zwölf Uhr und eine Sekunde gleich drei Metern pro Sekunde ist und um zwölf Uhr und vier Sekunden gleich zwölf Metern pro Sekunde, dann ist die Beschleunigung gleich $\frac{12 - 3}{4 - 1}$, also drei Meter pro Sekunde pro Sekunde, oder, wie man auch sagt, drei Meter pro Sekunde im Quadrat. Das bedeutet also, dass sich die

Geschwindigkeit jede Sekunde um drei Meter pro Sekunde vergrößert. Verstehst du?«

»Ja.«

»Wenn sich aber die Geschwindigkeit fortwährend ändert, wie zum Beispiel im Fall unserer Feder, dann ist es nicht so einfach, die Beschleunigung in einem bestimmten Moment auszudrücken. Dann müssen wir das anders schreiben, nämlich: $a = \frac{dv}{dt}$. Wobei *d* für Delta oder Differenz steht, ›delta t‹ ist also der winzig kleine Zeitunterschied zwischen t_1 und t_2, wenn t_1 und t_2 unendlich nahe beieinander liegen; *dv* (›delta v‹) ist entsprechend eine winzig kleine Geschwindigkeitsveränderung. Weil nun die Geschwindigkeit die Veränderung des *x* im Verhältnis zur Zeit ist, ist die Geschwindigkeitsänderung im Verhältnis zur Zeit gleich der Veränderung der Veränderung von *x* in deren Verhältnis zur Zeit. Oder eben $v = \frac{dx}{dt}$. Kombinieren wir das mit $a = \frac{dv}{dt}$, erhalten wir: $a = \frac{d^2x}{dt^2}$. Aus der Formel $-k \times x = m \times a$ wird also $-k \times x = m \times \frac{d^2x}{dt^2}$.«

»Meine Güte. Klingt völlig logisch und einfach. Aber ich begreife nicht die Bohne …«

»Nun ja, nimm das zunächst als Beispiel einer Gleichung, mit der sich vollständig beschreiben lässt, wie sich der Körper mit einer Masse *m* bewegen wird, wenn er an einer Feder mit einer Kraftkonstante *k* befestigt ist. Die Gleichung beschreibt den Zusammenhang zwischen *x* und *t*. So kann man berechnen, wo sich der Körper in jedem beliebigen Augenblick befinden wird.«

»Ich kapiere das Getue mit diesen *delta*s nicht.«

»Dabei sind gerade diese Deltas oder sehr kleinen Differenzen sehr wichtig. Diese *d*s sind Differenziale. Einfache Verhältnisse, die sich nicht ändern, lassen sich mathematisch leicht darstellen. Der Zusammenhang zwischen der Seite *S* eines Quadrats und dessen Fläche wäre ein solches einfaches Beispiel. Die Fläche eines Quadrats ist nämlich die Seite im Quadrat: $S \times S$. Ist die Länge eines Quadrats vier Meter, dann ist die Oberfläche 4 × 4 oder 16 Quadratmeter. Willst du aber einen Zusammenhang zwischen Dingen ausdrücken, die sich verändern, musst du auf die Differenziale zurückgreifen. So wie wir das gerade getan haben. Dieses $\frac{d^2x}{dt^2}$ ist die Veränderung der Veränderung der Entfernung x in der Zeit. Die Veränderung der Entfernung x in der Zeit ist gleich der Geschwindigkeit $\frac{d^2x}{dt^2}$ und zeigt also die Veränderung der Geschwindigkeit in der Zeit. Und das ist die Beschleunigung. Geschwindigkeit besagt, wie schnell ein Körper den Ort wechselt, je weiter die Zeit voranschreitet. Je größer die Geschwindigkeit eines Autos, desto größer die Entfernung, die es in einer bestimmten Zeit zurücklegt. Die Beschleunigung gibt an, wie schnell sich die Geschwindigkeit verändert. Je größer die Beschleunigung, desto rascher ändert sich die Geschwindigkeit des Autos.«

»Weshalb muss man das so kompliziert machen?«

»Wenn die Beschleunigung konstant ist, beispielsweise zehn Meter pro Sekunde im Quadrat, dann ist die Geschwindigkeit zu einem bestimmten Zeitpunkt gleich der Zahl der Sekunden multipliziert mit dieser Beschleunigung. Nach einer Sekunde ist die Geschwindigkeit gleich zehn Meter pro Sekunde, nach zwei Sekunden zwanzig Meter pro Sekunde und so weiter. Aber wenn sich die Beschleunigung fortwährend ändert, dann ist der Zusammenhang zwischen der Beschleunigung und der Geschwindigkeit nicht mehr so einfach darstellbar. Dann ergibt sich ein komplizierterer Zusammenhang, und den kann man nur mit Differenzialen darstellen.«

»Ich verstehe es immer noch nicht ganz.«

»Geschwindigkeit, hatten wir gesagt, gibt an, wie rasch sich die Entfernung in einer bestimmten Zeitspanne verändert. Beträgt die Geschwindigkeit eines Autos hundert Stundenkilometer, dann wird das Auto jede Stunde hundert Kilometer zurücklegen. Wenn die Geschwindigkeit des Autos konstant ist, wird die Geschwindigkeit des Autos in jedem Augenblick gleich der Durchschnittsgeschwindigkeit von hundert Stundenkilometern sein. Doch angenommen, der Wagen ändert andauernd seine Geschwindigkeit. Er fährt jetzt hundertzehn, dann wieder sechzig Stundenkilometer schnell, und so weiter. Auch dann ist es möglich, dass er nach einer Stunde hundert

Kilometer zurückgelegt hat. Auch in diesem Fall beträgt die Durchschnittsgeschwindigkeit hundert Stundenkilometer, obwohl das Auto fast nie mit hundert Kilometern pro Stunde gefahren ist. Behält man den Tachometer eines Autos im Auge, sieht man, dass sich die Geschwindigkeit fast fortwährend ändert. Der Tachometer berechnet gewissermaßen die Geschwindigkeit für ein sehr kurzes Intervall. So als würde er jede Sekunde messen, welche Entfernung das Auto zurücklegt, und hieraus dann die Durchschnittsgeschwindigkeit des Autos während dieser Sekunde berechnen. Du kennst noch die Formel $v = \frac{s}{t}$. Die Geschwindigkeit ist gleich der Entfernung, die ein Auto zurücklegt, geteilt durch die Zeit, die das Auto braucht, um diese Entfernung zurückzulegen. Der Tachometer wird ein sehr kurzes *s* und ein sehr kurzes *t* nehmen. In der Mathematik nennen wir ein sehr kleines *s* ein *ds* und eine sehr kurzes *t* ein *dt*. Außerdem kennt die Mathematik spezielle Techniken, um aus einer Gleichung mit Ausdrücken wie $\frac{d^2x}{dt^2}$ zu berechnen, welchen Weg ein Auto zurücklegen wird oder wo sich ein Auto oder ein Planet oder eine Rakete zu einem bestimmten Zeitpunkt befinden werden.«

»Und wie sehen diese Techniken aus?«

»Ich kann es an einem Beispiel illustrieren. Ein Körper, der fällt, erfährt eine konstante Gravitationskraft. Wir vernachlässigen hier den Gezeiteneffekt. Zwar befindet sich ein fahrender Körper immer in gleicher Entfernung zum Erdmittelpunkt. Aber wenn wir den Gezeiteneffekt ausklammern, wirkt eine konstante Kraft auf den Körper. Wir wenden Newtons Gesetz $F = m \times a$ an. In diesem Fall ist *a* gleich $\frac{dv}{dt}$, *v* gleich $\frac{dx}{dt}$, und *a* ist auch gleich $\frac{d^2x}{dt^2}$. In dieser Formulierung lautet die Newtonsche Gleichung also $F = m \times \frac{dv}{dt}$. Die Kraft *F* ist für einen fallenden Körper gleich der Schwerkraft. Wie wir vorhin gesagt haben, ist die Kraft *F* eine Konstante für diesen Körper. Auch die Masse *m* ist eine Konstante. Die Formel wird also zu $\frac{F}{m} = \frac{dv}{dt}$. Was links steht, ist eine Konstante, die wir beispielsweise *k* nennen. Diese Konstante *k* ist für alle Körper gleich.«

»Ach, und das kommt daher, dass die träge Masse genauso groß ist wie die schwere Masse!«

»Das hast du gut behalten. Aus den Berechnungen mit Differenzialen folgt, dass die Geschwindigkeit v gleich der Konstante k multipliziert mit der Zeit t ist, sofern $\frac{dv}{dt}$ gleich der Konstante k ist. Diese Konstante k ist übrigens gleich der Fallbeschleunigung, die für alle Körper auf der Erde 9,8 Meter pro Sekunde im Quadrat beträgt. Sie wird symbolisiert durch den Buchstaben g.«

Das hatte Opa schon gesagt, als er von Newton und der Schwerkraft erzählte.

»Die Geschwindigkeit des Körpers ist gleich 9,8 multipliziert mit der Zeit, oder $v = 9{,}8\,t$. Nach einer Sekunde ist die Geschwindigkeit des fallenden Körpers gleich 9,8 Meter pro Sekunde, nach zwei Sekunden 19,6 Meter pro Sekunde und so weiter. Aus den Berechnungen nach der Differenzialmethode folgt: Die Entfernung, die der Körper zurücklegt, ist gleich 9,8 multipliziert mit der Zeit t im Quadrat und geteilt durch zwei. Oder: $x = 9{,}8\frac{t^2}{2}$. Nach einer Sekunde hat der Körper 4,9 Meter zurückgelegt, nach zwei Sekunden 19,6 Meter und so weiter. Verstehst du das?«

»Wenn das immer so einfach ist …«

»Ist es nicht, aber mithilfe von Computern kann man stets Annäherungswerte berechnen.«

»Kannst du mir das mit dem *d* noch mal erklären?«

»Das *d* kommt vom griechischen Wort Delta. Man bezeichnet damit immer eine Differenz. Eine örtliche Veränderung entspricht einer bestimmten Entfernung, und eine zeitliche Veränderung entspricht einer Zeitspanne. Eine sehr kleine Ortsveränderung ist ein ds und eine sehr kleine Zeitveränderung ein dt.«

»Okay. Und jetzt sag mir bitte, was das alles mit der euklidischen Geometrie zu tun hat!«

»Es hat eher etwas mit der nichteuklidischen Geometrie zu tun. Und die ist bedeutsam für die allgemeine Relativitätstheorie. Aber um das zu verstehen, müssen wir uns zuvor ein wenig mit der euklidischen Geometrie beschäftigen. Das ist die Geometrie, die wir in der Schule gelernt haben. Die bereits genannte Flächenformel für ein Quadrat ist eine Formel der euklidischen Geometrie. Ein anderes Beispiel aus der euklidischen Geometrie ist die Formel, mit der wir den Umfang eines Kreises berechnen.«

»Der Umfang ist gleich der Länge des Durchmessers multipliziert mit der Zahl π. Diese Konstante ist ungefähr gleich 3,1416.«

»Das stimmt. Das Besondere an dieser Formel ist, dass sie immer und überall gilt, für alle Kreise, kleine und große.«

»Gilt sie auch auf dem Mond?«

»Sie gilt überall – zumindest überall in einem euklidischen Raum.«

»Was meinst du damit?«

»Das ist der Raum, in dem die euklidische Geometrie gilt.«

»Jetzt erklärst du wieder ein Wort durch sich selbst. Die euklidische Geometrie gilt im euklidischen Raum. Und der euklidische Raum ist der Raum, in dem die euklidische Geometrie gültig ist.«

»Man hat lange gedacht, die euklidische sei die einzig mögliche Geometrie. Die Grundlage dafür legte Euklid mit den Büchern, die er vor mehr als zweitausend Jahren geschrieben hat. Eine Leistung, die ihn zu einem der größten Mathematiker aller Zeiten gemacht hat. Er hat das gesamte geometrische Wissen in einer sehr systematischen Weise beschrieben und behandelt. Und er hat es so gut getan, dass man die Methode, die er beschrieben hat, bis heute in der Schule anwendet. Nur die Symbole sind andere geworden.«

»Was war das Besondere daran?«

»Euklid hat seine Geometrie sehr systematisch aufgebaut. Dazu ist er von fünf Axiomen ausgegangen. Das sind Thesen, die niemand beweisen kann, die aber so grundlegend und naheliegend sind, dass an ihrer Wahrheit niemand zweifelt. Ausgehend von diesen Axiomen, hat er die Geometrie vollständig als System darstellen können. Und er hat auf dieser Grundlage, ausgehend von diesen fünf Axiomen, weitere Thesen beweisen können. Und das immer weiter, bis er die gesamte euklidische Geometrie bewiesen hatte, eingeschlossen die Formeln für Parabeln und Ellipsen und für den Rauminhalt vieler geometrischer Körper.«

»Das ist stark. Und was sind diese fünf Axiome?«

»Du hast sie wahrscheinlich in der Schule gelernt:

1. Zwei Punkte lassen sich stets mit einer Geraden verbinden.

2. Eine Gerade kann man unendlich weit verlängern.

3. Man kann, von einem gegebenen Mittelpunkt ausgehend, eine geschlossene Kreislinie durch einen anderen gegebenen Punkt ziehen.

4. Alle rechten Winkel sind kongruent, das heißt deckungsgleich, wenn man sie aufeinander legt.

5. Durch jeden nicht auf einer gegebenen Geraden liegenden Punkt kann man genau eine Gerade ziehen, die parallel ist zur gegebenen Geraden.

Euklid hat noch eine Reihe weiterer Axiome verwendet, ohne sich dessen bewusst zu sein. Daher lernt man heute in der Schule mehr als fünf Axiome. Aber die genannten fünf waren die, auf die Euklid seine Geometrie gegründet hat. Die ganze Geschichte der Mathematik hindurch hat man geglaubt, diese Axiome seien so logisch und naheliegend, dass sie nicht unabhängig voneinander sein könnten. Man dachte, das fünfte Axiom könne aus den vier vorangehenden hergeleitet werden. Viele Mathematiker haben versucht, das zu beweisen. Viele waren davon überzeugt, es wirklich bewiesen zu haben, aber das waren alles Trugschlüsse.«

»Woher weißt du das so genau?«

»Weil das fünfte Axiom nicht aus den vier vorhergehenden abgeleitet werden kann. Das wiederum haben andere große Mathematiker unabhängig voneinander beweisen können und damit für große Überraschung unter den Mathematikern gesorgt. Zugleich war dies der erste Schritt hin zu einer nichteuklidischen Geometrie. Mathematiker nutzen für solche Beweise einen kleinen Trick. Wenn man unwiderleglich zeigen will, dass ein Sachverhalt oder Satz aus einem anderem heraus bewiesen werden kann, dann ist es naheliegend, dies auf direktem Weg zu versuchen. Doch kann man den Beweis auch indirekt antreten, indem man von der Gegenthese ausgeht, in unserem Fall also fragt, was geschehen würde, wenn das fünfte Axiom nicht aus den ersten vier abzuleiten wäre. In dieser Absicht könnte man zum Beispiel die These aufstellen, dass durch einen bestimmten Punkt mehr als eine Gerade verläuft, die zu einer gegebenen Geraden parallel ist. Oder dass es überhaupt keine Parallele gibt. Und dann schaut man, welche Folgen sich aus einer solchen These ergeben würden. Das heißt, man versucht, zu einem Widerspruch zu gelangen.«

Nils ließ mir einen Augenblick Zeit zum Nachdenken.

»Einige Mathematiker haben also versucht, Widersprüche zu finden, indem sie von einer Annahme ausgingen, die dem fünften Axiom entgegengesetzt ist. Wie so häufig bei derartigen Angelegenheiten streitet man sich darüber, wer der Erste war. Fest steht, dass Nicolai Iwanowitsch Lobatschewski und János Bolyai dies als Erste getan haben, und zwar unabhängig voneinander. Und zu ihrer eigenen großen Überraschung sahen sie, dass sie eine völlig andere Geometrie schaffen konnten, die in sich keinen einzigen Widerspruch aufweist, die aber dennoch nicht mit der euklidischen Geometrie übereinstimmt. Und das ist ihnen gelungen, indem sie mehr als eine Parallele durch einen Punkt zuließen.«

»Aber wie soll denn das gehen?«

»Es geht. Genauso wie man ein Dreieck zeichnen kann, dessen Winkelsumme größer ist als hundertachtzig Grad.«

»Über hundertachtzig Grad?«

»Gewiss, zum Beispiel ein Dreieck auf einer Kugel. Auf einer ebenen Fläche beträgt die Winkelsumme eines Dreiecks stets hundertachtzig Grad. Oder wie Euklid formuliert hat: Die Summe der Winkel eines Dreiecks ist gleich der Summe zweier rechter Winkel. Dein Großvater hat dir bereits vorgeführt, wie man ein Dreieck mit drei rechten Winkeln zeichnen kann. Den ersten Eckpunkt wählen wir auf dem Nordpol der Erdkugel, den zweiten Eckpunkt irgendwo auf dem Äquator und den dritten ebenfalls auf dem Äquator, aber so, dass die Verbindungslinie zwischen diesem dritten und dem ersten Punkt senkrecht steht auf der Linie zwischen dem ersten und dem zweiten Punkt, sodass am Nordpol also ein rechter Winkel entsteht.«

»Kann man sich auch ein Dreieck mit einer Winkelsumme unter hundertachtzig Grad vorstellen?«

»Ja. Zum Beispiel, indem man ein Dreieck auf einen Flaschenhals zeichnet. Man wählt einen Punkt oben auf dem Flaschenhals. Von diesem Punkt aus zieht man zwei Linien, die einen kleinen Winkel bilden. Diese beiden Linien zieht man gleich lang, lässt sie jedoch enden, bevor der Hals in den Bauch der Flasche übergeht. Die Endpunkte dieser beiden Linien bilden dann zwei weitere Eckpunkte des Dreiecks. Zeichnet man jetzt ein Dreieck durch die drei Punkte – indem man die jeweils kürzeste Linie zeichnet, die zwei Punkte verbindet –, dann erhält man ein Dreieck, dessen Winkelsumme kleiner ist als hundertachtzig Grad.«

»Na prima! Dann kann ich ja alles vergessen, was wir in der Schule gelernt haben.«

»Nein, absolut nicht. Wir müssen uns allerdings bewusst machen, dass wir in der Schule nur die euklidische, also die ebene Geometrie gelernt haben. Doch wenn du etwas von der Relativitätstheorie begreifen willst, dann muss dir klar sein, dass es auch nichteuklidische Geometrien gibt und wie diese sich von der euklidischen unterscheiden.«

»Und was haben nun diese Differenziale damit zu tun?«

»In der nichteuklidischen Geometrie sehen Geraden anders aus als die auf einer ebenen Fläche. Eine Gerade auf einer Kugel ist gekrümmt. Und Differenziale sind, wie bereits gesagt, sehr kurze Stückchen von etwas: ein kurzes Stück Zeit, ein kurzes Stück Entfernung oder eine kurze Strecke. Wir müssen mit diesen kurzen Stückchen arbeiten, wenn wir Dinge beschreiben, die sich fortwährend ändern. Haben wir eine Gerade, dann können wir daraus ein Stückchen ausschneiden und *s* nennen. Diese Strecke *s* ist dann ein kleines Stück Gerade. Aber wenn wir eine Krümmung haben, können wir daraus kein gerades Stück ausschneiden. Wir können allerdings ein Stück ausschneiden, das sehr klein ist, fast unendlich klein, sodass wir sagen können, es sei gerade. Dieses unendlich kurze Stück der Krümmung können wir dann benutzen, um Gleichungen aufzustellen. Wir erhalten dann Gleichungen mit vielen $\frac{dx}{dt}$ und $\frac{d^2x}{dt^2}$. Und diese Gleichungen können wir mithilfe der Differenzialrechnung lösen. Durch die Anwendung der Differenzialrechnung können wir die Lösungen bestimmen, in denen nur noch die Werte x und t vorkommen.«

»Also wenn ich es recht verstehe, ist das, was sonst gerade ist, in der nichteuklidischen Geometrie gekrümmt. Deshalb können wir nicht mit den Formeln der euklidischen Geometrie arbeiten. Zum Glück gibt es so etwas wie die Differenzialrechnung. Aber Nils, es war doch Newton, der die Differenzialrechnung erfunden hat?«

Nils war überrascht. »Das stimmt. Newton brauchte ein mathematisches Mittel, um seine Bewegungsgesetze zu beschreiben. Und weil die Mathematik seiner Zeit dazu keine passenden Techniken kannte, hat er die Differenzialrechnung erfunden.«

»Aber damit hatte er noch keine nichteuklidische Geometrie.«

»Stimmt. Newton arbeitete mit Differenzialen im euklidischen Raum. Er benutzte sie, um die Bewegung von Körpern in einem euklidischen Raum zu beschreiben, aber noch nicht zur Beschreibung der Geometrie des euklidischen Raumes. Das war übrigens auch nicht notwendig, denn die nötigen Techniken dafür hatte Euklid bereits zur Verfügung gestellt. Erst als man die nichteuklidische Geometrie entdeckte, brauchte man andere Techniken. Und da wiederum war man in der glücklichen Lage, dass die Differenzialrechnung bereits zur Verfügung stand. Man konnte sie zur Entwicklung der nichteuklidischen Geometrie nutzen.«

»Alles hängt wirklich mit allem zusammen. Aber inzwischen weiß ich nun überhaupt nicht mehr, was das alles mit der Relativitätstheorie zu tun hat.«

»Ich verspreche dir, dass du das bald verstehen wirst.«

»Ich kann's nur hoffen …«

»Nils, ich bin völlig durcheinander. Du hast so viele vorbereitende Dinge mit mir besprochen, dass ich mittlerweile absolut keinen Zusammenhang mehr sehe.«

»Der Zusammenhang all dessen, Esther, ist eben die allgemeine Relativitätstheorie.«

»Das habe ich fast geahnt. Aber viel klarer sehe ich dadurch auch nicht.«

»Wir haben in der Tat allerhand Vorbereitungsarbeit geleistet. Erstens haben wir uns das Äquivalenzprinzip angeschaut. Es besagt, dass es bei lokalen Experimenten nicht möglich ist, den Unterschied zwischen einem auf der Erde stehenden Fahrstuhl und einem Fahrstuhl festzustellen, der im freien Raum beschleunigt nach oben gezogen wird. Das gleiche Prinzip besagt auch, dass wir mit lokalen Experimenten keinen Unterschied feststellen können zwischen einem Fahrstuhl, der auf die Erde fällt, und einem, der im freien Raum schwebt. Führen wir jedoch nichtlokale Experimente durch oder berücksichtigen wir die Gezeiteneffekte, dann ist das Ergebnis nicht so eindeutig. In manchen Fällen können wir einen Unterschied wahrnehmen, in anderen Fällen ist das schwierig.«

Ich nickte heftig.

»Drittens haben wir gesehen, dass es nicht nur eine euklidische Geometrie gibt, sondern auch noch andere Geometrien. Bis in die Zeit von Herrn Albert waren diese anderen Geometrien eher etwas Theoretisches, Denkmodelle ohne wirkliche Anwendungsmöglichkeiten. Und schließlich haben wir auch etwas über Differenziale gesagt, die wir verwenden können, um unendlich kleine Quantitäten von etwas zu betrachten. Das ist nützlich, wenn es um Größen geht, die sich permanent ändern, um Längen zum Beispiel, um Geschwindigkeiten, Beschleunigungen, Kräfte. Solche sich verändernden Größen können wir in einem Koordinatensystem nicht durch eine Gerade darstellen, sondern nur durch gekrümmte Linien. Indem wir diese Krümmungen als eine Folge von sehr vielen äußerst kurzen Linienstückchen oder eben von Differenzialen betrachten, können wir für diese Probleme mit den passenden mathematischen Techniken doch eine Lösung finden. Newton hat diese Differenziale für seine Bewegungsgesetze angewendet. Ein anderes Gebiet zur Anwendung der Differenzialrechnung ist die nichteuklidische Geometrie, in der sämtliche Geraden – in der Bedeutung der kürzesten Verbindung zwischen zwei Punkten – de facto gekrümmt sind.«

»Gut. Bis hierher kann ich dir folgen. Aber wie muss ich mir jetzt die allgemeine Relativitätstheorie vorstellen, die das alles zusammenbinden soll?«

»Wie du weißt, gilt die spezielle Relativitätstheorie lediglich für Beobachter in Inertialsystemen. Das sind Koordinatensysteme, in denen das Newtonsche Bewegungsgesetz gilt; anders gesagt: Systeme, die keinen Kräften ausgesetzt sind. Ein Beispiel dafür ist eine Rakete, die im freien Raum fliegt: Dort gibt es keine Schwerkraft, und die Rakete unterliegt auch keinen anderen Kräften. Ein anderes Beispiel ist ein Zug, der mit konstanter Geschwindigkeit auf einem geraden Bahngleis fährt. Wir betrachten ausschließlich horizontale Bewegungen, die Schwerkraft spielt also keine Rolle. Ein Beobachter in einem Inertialsystem kann mit keiner Methode und keinem Experiment bestimmen, ob er ruht oder sich mit konstanter Geschwindigkeit bewegt. Darum hat Einstein gesagt, dass es keine absolute Bewegung gibt und dass alle Beobachter in Inertialsystemen äquivalent sind. Für Beobachter, die der Schwerkraft oder anderen Kräften unterliegen, gilt die spezielle Relativitätstheorie nicht.«

»Aber er wollte natürlich eine Theorie, die für alle Beobachter gilt.«

»Genau. Im Geltungsbereich der speziellen Relativitätstheorie würde ein Beobachter beispielsweise nicht bestimmen können, ob er Kräften ausgesetzt ist oder nicht. Und das führt uns zum Äquivalenzprinzip, das wir uns jetzt noch einmal näher anschauen wollen. Wie wir schon festgestellt haben, kann jemand im Fahrstuhl keine lokalen Experimente durchführen, die ihm sagen, ob er sich in einem zur Erde fallenden Fahrstuhl befindet oder in einem, der im freien Raum schwebt. Zwar gibt es im freien Raum keine Schwerkraft, wohl aber in einem fallenden Fahrstuhl.«

»Im fallenden Fahrstuhl gibt es doch keine Schwerkraft!«

»Ach. Und weshalb nicht?«

»Eine Person oder ein Körper im fallenden Fahrstuhl spürt doch keine Schwerkraft, oder? Dort ist es doch nicht anders als in einem Raumschiff, das um die Erde kreist. Alles schwebt einfach herum. Gießt man ein Glas Wasser aus, dann ballt sich das Wasser zu einer Kugel zusammen und schwebt einfach herum.«

»Esther, du bist ein Genie.«

»Ich ein Genie? Wieso?«

»Weil du das gleiche Argument anführst wie Herr Albert.«

»Aber 1915 gab es doch noch keine Raumschiffe.«

»Nein, aber Herr Albert brauchte keine wirklichen Raumschiffe, um zu wissen, was in einem Raumschiff passieren würde. Ich bin mir sicher, dass es Newton auch gewusst hätte.«

»Von welchem Argument sprichst du eigentlich?«

»Also, Herr Albert hat irgendwann einmal davon erzählt, dass ihm ein Mann, der von einem Dach gestürzt war, geholfen habe, die allgemeine Relativitätstheorie zu formulieren. Der Mann ist also gefallen, hat sich aber wie durch ein Wunder nicht ernsthaft verletzt. Hinterher erklärte dieser Mann, er habe beim Fallen keine Schwerkraft gespürt.«

»Das ist dasselbe wie ein Körper oder eine Person im fallenden Fahrstuhl.«

»Haargenau. Aber findest du das nicht merkwürdig?«

»Nicht wirklich, nein. Du hast mir das Äquivalenzprinzip so gut erklärt, dass die Sache für mich sonnenklar ist.«

»Und doch stimmt es nicht.«

»Was stimmt hier nicht?«

»Gehen wir noch mal zum Anfang zurück. Zu Newton und seiner Gravitationstheorie. Wie lautet das Gesetz noch mal?«

»Zwei Körper ziehen sich an mit einer Kraft, die proportional ist zu den Massen der beiden Körper und umgekehrt proportional zum Quadrat der Entfernung zwischen ihren Mittelpunkten.«

»Und wo und wann gilt diese Kraft?«

Ich witterte Unrat. »Überall. Immer«, murmelte ich.

»Was sagst du?«

»Immer. Überall«, sagte ich laut.

»Also auch für fallende Körper?«

»Auch für fallende Körper.«

»Aha.«

Ich seufzte tief.

»Es ist keine Katastrophe, es ist ein entscheidender Schritt, den wir jetzt machen. Wenn du das verstehst, sind wir, von ein oder zwei Details abgesehen, am Ziel.«

»Ich hoffe es. Manchmal wünschte ich, wir hätten gar nicht damit angefangen.«

»Das ist nicht dein Ernst!«

»Nein, natürlich nicht.«

»Was du vorhin gesagt hast, trifft den Kern der Sache. Jemand in einem fallenden Fahrstuhl spürt die Schwerkraft nicht. Jemand, der in einem Raumschiff um die Erde kreist, spürt die Schwerkraft nicht. Auch der fallende Mann hat die Schwerkraft nicht gefühlt. Und doch gibt es sie, nach dem Newtonschen Gravitationsgesetz. Merkwürdig also, dass jemand, der fällt, keine Schwerkraft spürt. Und allgemeiner: dass ein Beobachter auf keine Weise, durch kein Experiment bestimmen kann, ob er aufgrund der Schwerkraft fällt oder ob er sich im freien Raum befindet.

Wir sind schon einmal fast an diesem Punkt gewesen: Diese Phänomene haben indirekt mit der Tatsache zu tun, dass die träge Masse genauso groß ist wie die schwere Masse. Einstein wollte sich nicht damit abfinden, dass dies auf einem Zufall beruhen sollte. Wenn es sich tatsächlich so verhält, dass diese beiden Arten von Masse gleich groß sind, und wenn das zur Folge hat, dass alle Körper gleich schnell fallen, dann muss es eine grundlegende Ursache dafür geben. Auch die Tatsache, dass man keinen Unterschied feststellen kann zwischen dem Fallen aufgrund der Schwerkraft und dem Schweben im freien Raum, in dem keine Kräfte wirken, kann nicht auf einem Zufall beruhen.«

Diesmal sollte seine Pause wohl die Spannung steigern.

Ich schaute ihn fragend an.

»Es kann kein Unterschied gemacht werden zwischen einer Situation, in der es Schwerkraft gibt, und einer anderen, in der es keine Schwerkraft gibt. Und warum? Weil es diesen Unterschied gar nicht gibt. Denn: Es gibt keine Schwerkraft. Das nämlich ist der Grund, weshalb die träge Masse genauso groß ist wie die schwere Masse.

Weil es die Schwerkraft nicht gibt, gibt es die schwere Masse nicht. Was wir als schwere Masse erfahren, ist eigentlich träge Masse.«

Jetzt traf mich aber der Schlag. Zuerst hatte er mir tagelang unter die Nase gerieben, wie wichtig der Unterschied zwischen der schweren Masse und der trägen Masse eines Körpers ist, und jetzt sagte er, ohne mit der Wimper zu zucken, die schwere Masse sei das Gleiche wie die träge Masse. Wie Opa konnte sich auch Nils nicht einkriegen vor Bewunderung für Newtons Gravitationstheorie, die aus dem Weltall eine große Maschine gemacht hat. Offenbar alles nur Theater, denn jetzt versuchte er mir weiszumachen, es gebe gar keine Schwerkraft. Armer Newton. Was für eine Demütigung. Ich schaute Nils ungläubig an.

»Esther, Herr Albert hat das tatsächlich behauptet, ich schwör's dir.«

»Aber hatte er auch Recht?«

»Er hatte Recht. Ich verstehe, dass dir das ziemlich verwirrend vorkommt. Aber du darfst nicht vergessen, dass es auch für die meisten Wissenschaftler Jahrzehnte gedauert hat, ehe sie die allgemeine Relativitätstheorie akzeptiert haben. Die spezielle Relativitätstheorie haben sie fast sofort akzeptiert, die allgemeine Relativitätstheorie hatte es da viel schwerer. Ich verstehe gut, dass du es nicht so selbstverständlich findest. Aber lass mich fortfahren, du kannst dir dann später überlegen, ob du dem folgen möchtest oder nicht.«

»Gut.«

»Herr Albert behauptete also, man könne deswegen keinen Unterschied zwischen einem fallenden Fahrstuhl mit Schwerkraft und einem Fahrstuhl im freien Raum ohne Schwerkraft machen, weil es keine Schwerkraft gibt. Schwerkraft existiert nicht, sie ist eine Illusion. Das gilt übrigens auch für das andere Fahrstuhl-Gedankenexperiment, in dem ein Fahrstuhl auf der Erde einem Fahrstuhl gleich ist, der beschleunigt nach oben gezogen wird. Minkowski hat, wie Herr Albert erklärt hat, für die Formulierung der allgemeinen Relativitätstheorie eine große Rolle gespielt. Du erinnerst dich noch an die Invariante, die Minkowski eingeführt hat?«

»Ja klar. Wenn wir zwei Ereignisse haben, die sich in einem bestimmten Inertialsystem in einer Entfernung x voneinander und mit einem Zeitunterschied t zutragen, dann ist $x^2 - c^2t^2$ eine Konstante. Das bedeutet, dass wir in einem anderen Inertialsystem zwar ein anderes x und ein anderes t haben – wir nennen die beispielsweise X und T –, aber die Formel $X^2 - c^2T^2$ wird gleich $x^2 - c^2t^2$ sein.«

»Gut behalten. Und wenn wir eine imaginäre Zahl verwenden?«

»Wenn wir ct gleichsetzen mit iu, dann wird daraus: $x^2 + u^2$, ebenfalls eine Konstante.«

»Phantastisch. Wir haben auch gesehen, dass wir diese Formel als das Quadrat einer Art von Entfernung betrachten können. Das leiten wir analog zum Satz des Pythagoras ab. Erinnerst du dich noch? $5^2 = 3^2 + 4^2$. Wenn wir die Entfernung s nennen, dann ist $s^2 = x^2 + u^2$. Oder die Quadratwurzel des Ausdrucks, der rechts vom Gleichheitszeichen steht: $s = \sqrt{x^2 + u^2}$. Da $x^2 + u^2$ invariant ist für alle möglichen Inertialsysteme, sind das auch s^2 und s selbst. Nur: Der Satz des Pythagoras ist nicht immer gültig.«

»Nein, er gilt nur für rechtwinklige Dreiecke.«

»Ja und nein. Er gilt nicht unter allen Umständen für rechtwinklige Dreiecke, sondern nur für solche in der euklidischen Geometrie. Denk beispielsweise an das Dreieck, das wir auf die Weltkugel gezeichnet haben: durch den Nordpol und durch zwei Punkte auf dem Äquator. Dieses Dreieck hat nicht nur einen, es hat sogar drei rechte Winkel. Und doch gilt der Satz des Pythagoras hier nicht. Denn die drei Seiten dieses Dreiecks auf der Kugeloberfläche sind alle gleich lang, und also kann das Quadrat einer Seite nicht gleich der Summe der Quadrate der beiden anderen Seiten sein.«

»Einverstanden. Der Satz des Pythagoras gilt nur für die euklidische Geometrie.«

»Aber wir können den Satz anpassen. Du erinnerst dich noch an ein gewöhnliches Koordinatensystem für eine gewöhnliche ebene Fläche. Das besteht aus einem Raster mit lauter geraden Linien. Es gibt ein System von horizontalen Geraden und eins von vertikalen Geraden. Alle horizontalen Linien verlaufen parallel zueinander, und alle vertikalen Linien ebenfalls. Alle horizontalen Linien stehen rechtwinklig auf allen vertikalen Linien, und natürlich auch umgekehrt.«

»Ich erinnere mich.«

»Aber jetzt mal angenommen, wir haben eine gekrümmte Fläche, etwa ein Stück von einer Kugel. Wenn wir darauf ein Linienraster zeichnen, dann werden es keine geraden Linien sein und auch keine Parallelen. Es wird ein Raster sein wie dieses.

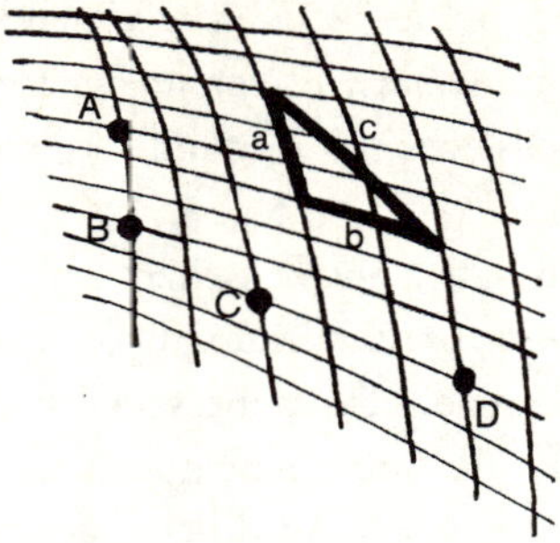

Und damit befinden wir uns in der nichteuklidischen Geometrie. Du musst dir vorstellen, dass dies lauter so genannte Geraden auf einer gekrümmten Fläche sind, dass die Geraden sozusagen parallel sind und dass die Entfernung zwischen allen Geraden gleich ist. Die Entfernung zwischen Punkt *A* und Punkt *B* ist in dieser Fläche genauso groß wie die Entfernung zwischen Punkt *C* und Punkt *D*, denn die Entfernung beträgt jedes Mal drei Kästchen. Verstehst du?«

»Ich glaube schon. Ist etwas gewöhnungsbedürftig, dass krumme Linien Geraden sein sollen.«

»Schön. Auf der Zeichnung sehen wir auch ein rechwinkliges Dreieck *abc*: Der Winkel zwischen der Seite *a* und der Seite *b* ist ein rechter Winkel. Auf dieses Dreieck können wir den Satz des Pythagoras allerdings nicht ohne weiteres anwenden, denn der gilt ja nur in einer euklidischen Fläche. Mathematiker haben jedoch herausgefunden, dass die Länge der Seite *c* auf eine Weise analog zum Satz des Pythagoras ausgedrückt werden kann. In der Formel des Pythagoras $c^2 = a^2 + b^2$ steht eine 1 für a^2 und eine 1 für b^2. Wir können es so einrichten, dass die Formel auch für eine gekrümmte Fläche gültig bleibt, indem wir die Zahl 1 durch andere Zahlen ersetzen und indem wir einen Terminus *ab* hinzufügen. Wir erhalten dann als Satz des Pythagoras für eine gekrümmte Fläche: $c^2 = g_{11}a^2 + 2g_{12}ab + g_{22}b^2$.«

»Und wie groß sind diese g_{11}, g_{12} und g_{22}?«

»Das hängt von der gekrümmten Fläche ab, vom Linienraster, das man in dieser Fläche wählt, und auch vom Ort in der gekrümmten

Fläche. Denn eine solche Fläche muss nicht überall gleich gekrümmt sein. Sieh dir nur die Erde an: Sie ist an den Polen abgeflacht und hat dort eine andere Krümmung als am Äquator. Auch eine Flasche ist nicht überall gleich gekrümmt: Der Bauch der Flasche hat eine bestimmte Krümmung – die auch in sich, je nach der Richtung, in der man ihr folgt, verschieden gekrümmt ist –, der Hals hat wieder eine andere Krümmung – ebenfalls abhängig von der Richtung –, und dort, wo der Bauch in den Hals übergeht, entsteht wiederum eine andere Krümmung. An diesen Stellen wird es also jeweils andere g_{11}, g_{12} und g_{22} geben. Da die Krümmung wirklich von Ort zu Ort eine andere sein kann, selbst wenn die Spitzen des Dreiecks sehr nahe beieinander liegen, können wir die Formel $c^2 = g_{11}a^2 + 2g_{12}ab + g_{22}b^2$ nicht verwenden. Weißt du noch, was wir tun müssen, wenn wir mit sich ständig ändernden Größen arbeiten?«

»Dann müssen wir natürlich mit Differenzialen rechnen.«

»Genau. Also müssen wir die Formel so schreiben: $dc^2 = g_{11}da^2 + 2g_{12}dadb + g_{22}db^2$. Diese *da*, *db* und *dc* sind dann sehr kleine Streckenstückchen, sie sind annähernd gerade. Das bedeutet, dass die Formel nur für unendlich kleine Dreiecke gilt. Die Zahlen g_{11}, g_{12} und g_{22} sind dann abhängig von dem Ort, an dem wir dieses oder jenes kleine Stückchen betrachten. Wenn wir die Länge der Hypotenuse des Dreiecks berechnen wollen, dann werden wir die Techniken der Differenzialrechnung auf die Formel $dc^2 = g_{11}da^2 + 2g_{12}dadb + g_{22}db^2$ anwenden müssen. Verstehst du das?«

»Ich glaube. Es geht hier um in sich verschieden gekrümmte Linien, also müssen wir Differenziale anwenden. Auch die Zahlen g_{11}, g_{12} und g_{22} sind unterschiedlich, selbst für Punkte, die unendlich nahe beieinander liegen. Also kommen wir mit der gewöhnlichen Mathematik nicht weiter und müssen die Differenzialrechnung anwenden. Und damit sehen wir, wie nichteuklidische Geometrie und Differenzialrechnung zusammenhängen.«

»Eine schöne Zusammenfassung. Aber ich versuch's auch noch mal auf einem anderen Weg. Zuerst haben wir gesagt, es gibt die Schwerkraft nicht. Dann haben wir gesehen, dass wir Differenziale verwenden können, um den Satz des Pythagoras zu erweitern, sodass dieser auch für gekrümmte Flächen gilt.«

»Jetzt noch der Zusammenhang zwischen den beiden, und fertig ist die Laube.«

»In der Tat. Jetzt müssen wir nur noch den Zusammenhang mit Koordinatensystemen von Beobachtern herstellen. Denn worum geht es in der Relativitätstheorie tatsächlich?«

»Um Koordinatensysteme vielleicht?«

»Dass du darauf gekommen bist! Es geht um Beobachter in Koordinatensystemen. Bei der speziellen Relativität geht es um solche, die sich relativ zueinander geradlinig parallel bewegen, also um Inertialsysteme. Beobachter in diesen Systemen sind völlig gleichwertig. Man kann nicht bestimmt sagen, dass sich der eine Beobachter bewegt und ein anderer Beobachter stillsteht oder umgekehrt. Zudem gehen in einem angeblich bewegten Inertialsystem die Uhren relativ zu solchen in einem angeblich ruhenden Inertialsystem verlangsamt. Auch das gilt umgekehrt: Die Uhren des zweiten Inertialsystems gehen langsamer im Vergleich zu denen des ersten Koordinatensystems. Entsprechendes gilt für Messlatten und Massen.«

»Das habe ich mittlerweile verstanden.«

»Womit sich Herr Albert herumplagte, war die Tatsache, dass die Gleichwertigkeit von Beobachtern lediglich für Inertialsysteme gilt. Er stellte sich die Frage, wie sich ein Körper in einem Inertialsystem bewegt. In solchen Systemen bewegt sich ein freier Körper – einer, auf den keine Kräfte einwirken – entlang seiner Eigenzeitlinie. Du weißt noch, dass man ein Koordinatensystem mit einem Körper verbinden kann, der sich relativ zu dir und deinem eigenen Koordinatensystem bewegt. Innerhalb seines eigenen Koordinatensystems ruht ein bewegter Körper, bewegt sich also nur in der Zeit und nicht in der Entfernung. In der invarianten Formel $s^2 = x^2 - c^2t^2$ ist x gleich null. Also gilt, dass $s^2 = -c^2t^2$ ist, oder, wenn wir mit der Quadratwurzel von –1 arbeiten, dass $s^2 = u^2$ oder $s = u$ ist.«

»Das verstehe ich«, sagte ich.

»Also weiter. Der Weg, den ein bewegter Körper im Koordinatensystem eines Beobachters verfolgt, wenn er sich von einem ersten Punkt zu einem zweiten bewegt, ist der kürzeste Weg, den es zwischen diesen beiden Punkten gibt. Jedenfalls wenn wir den Abstand in s messen und nicht in x. Aber wir arbeiten ja in der Raumzeit und müssen darum mit Raumzeitabständen *s* rechnen, weil nur *s* eine Invariante für verschiedene Koordinatensysteme ist.«

Ich nickte.

»Jetzt kommt die große Einsicht von Herrn Albert. Aus dem Äquivalenzprinzip können wir – solange wir uns auf lokale Experimente beschränken – ableiten, dass wir die Schwerkraft nicht wahrnehmen können. Wenn wir die Dinge nichtlokal, das heißt mit großen Entfernungen betrachten und den Gezeiteneffekt berücksichtigen, dann können wir die Schwerkraft sehr wohl feststellen. Denn Planeten bewegen sich nicht geradlinig, sondern in Ellipsen. Und sogar Licht bewegt sich nicht entlang einer Geraden, sondern wird von der Sonne abgelenkt. Herr Albert stellte sich nun Folgendes vor: einmal angenommen, Planeten und fallende Körper folgen doch geraden Bahnen und auch das Licht folgt einer Geraden, dies allerdings nicht in einem euklidischen, sondern in einem gekrümmten Raum. Planeten und fallende Körper folgen einfach den Krümmungen des gekrümmten Raumes. Sie unterliegen dabei nicht der Schwerkraft, sondern verhalten sich einfach nach dem Trägheitsgesetz von Galilei und Newton. Du erinnerst dich noch daran: Ein Körper, auf den keine Kräfte einwirken, fliegt mit konstanter Geschwindigkeit entlang einer geraden Linie. Aber die Gerade im gekrümmten Raum ist eine geodätische Linie in einem gekrümmten Raum. Planeten, fallende Körper und sogar Lichtstrahlen folgen einfach den geodätischen Linien des gekrümmten Raumes, so wie ein Wagen in einer Achterbahn den Krümmungen der Achterbahngeleise folgt. Wie eine Achterbahn mit all ihren Steigungen und Kurven und Loopings und Korkenziehern kannst du dir geodätische Linien in einem gekrümmten Raum vorstellen. Und die Wagen folgen hübsch dieser ›Geraden‹.«

Auch Opa hatte schon von geodätischen Linien gesprochen. Sie seien, hatte er gesagt, die kürzeste Verbindung zwischen zwei Punkten auf einer gekrümmten Fläche, analog zur Geraden in einer Fläche, die ebenfalls die kürzeste Verbindung zwischen zwei Punkten ist.

»Ich weiß nicht, ob ich alles richtig verstehe. Weshalb ist der Raum gekrümmt? Was sorgt dafür, dass die geodätischen Linien gekrümmt sind?«

»In Herrn Alberts Argumentation ist es die Masse der Sonne, die den Raum verkrümmt, weswegen die Planeten verkrümmten Bahnen folgen. Das wird anschaulicher, wenn wir die Sonne mit einer Kugel vergleichen, die auf einer aufgespannten Gummihaut liegt. Durch das Gewicht der Kugel wird die Haut durchhängen. Sie wird also auch eine gekrümmte Fläche bilden. Eine Gerade auf dieser Fläche wird ebenfalls gekrümmt sein.«

»Ich verstehe es noch nicht ganz, aber ganz langsam dämmert mir was.«

»Dann muss ich dich gleich enttäuschen, denn eigentlich stimmt die Vorstellung von dieser Gummihaut nicht ganz.«

Ich schnappte nach Luft.

»Zweierlei fehlt dabei. Erstens ist diese Gummihaut eine Fläche. Das bedeutet, sie hat nur zwei Dimensionen. In Wirklichkeit lässt die Masse der Sonne nicht nur eine Fläche durchhängen, sondern sie verformt einen vollständigen Raum, also nicht nur in die beiden Richtungen der Haut – vorn/hinten und links/rechts –, sondern in drei Richtungen: vorn/hinten, links/rechts und oben/unten. Korrekter wäre also, sich einen Kubus aus Schaumgummi vorzustellen. Man schneidet den Kubus genau mittendurch, dann schneidet man aus jeder Hälfte eine Halbkugel heraus, die kleiner ist als die Kugel, welche die Sonne darstellt. In die zu kleine Aushöhlung stopft man die Sonnenkugel. Um die Sonne in die Aushöhlung hineinstopfen zu können, wird man den Schaumgummi zerren und quetschen müssen. Stell dir jetzt noch vor, dass der ursprüngliche Schaumgummikubus ein dreidimensionales Raster aus geraden Fäden enthält, die sich in regelmäßigem Abstand zueinander befinden. Du kannst dir vorstellen, dass diese Fäden nicht mehr gerade sind, nachdem du die Sonnenkugel eingefügt hast. Dennoch musst du die Fäden als Geraden betrachten; besser gesagt als geodätische Linien in dem durch die Sonne gekrümmten Raum.«

Er skizzierte das noch einmal.

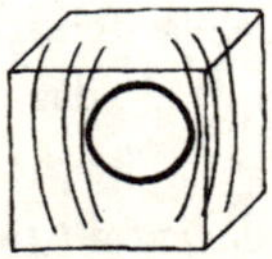

Das war eine perfekte Darstellung einer dreidimensionalen Verformung.

»Du versuchst also zu sagen, dass die Sonne den Raum um sich herum verformt. Aber wenn es mehr ist als nur eine andere Vorstellungsweise, wenn es also wirklich eine Verformung ist, dann müssten wir diese Verformung doch sehen können, oder?«

»Meinst du?«

»Wir sehen doch auch, dass die Weltkugel keine platte Fläche und dass die Gummihaut ausgedehnt ist?«

»Ist die Weltkugel keine platte Fläche?«

»Das ist doch seit über fünfhundert Jahren bekannt. Und es gab sogar Griechen, die bereits vor zweieinhalbtausend Jahren davon überzeugt waren, dass die Erde eine Kugel ist.«

Nils sah mich mit einem merkwürdigen Lächeln an, sagte aber nichts. Da wurde mir klar, was ich gerade gesagt hatte. Vor zweieinhalbtausend Jahren waren es nur ein paar Griechen gewesen, die wussten, dass die Erde nicht flach ist, sondern eine Kugel. Und erst vor fünfhundert Jahren ließen sich die meisten Menschen davon überzeugen. Nils hatte Recht: Das hatte so lange gedauert, weil die Menschen nicht direkt sehen können, dass die Erde eine Kugel ist. Wenn man in einer Rakete sitzt, sieht man das natürlich sofort, aber wenn man einfach auf der Erde steht, kann man es nicht sehen. Erst als es den Menschen auffiel, dass man von einem Schiff stets zuerst den Mast sieht und dann erst den Rumpf, ›sahen‹ sie wirklich, dass die Erde eine Kugel ist und keine flache Scheibe. Ich musste lachen, als mir plötzlich die Geschichte von einem amerikanischen Wissenschaftler einfiel. Der hatte vor einigen Jahren eine Vorlesung über das Universum gehalten. Plötzlich rief eine alte Dame aus dem Saal, das sei doch alles Quatsch. Die Frau war immer noch davon überzeugt, dass die Erde eine flache Scheibe sei und auf dem Rücken einer großen Schildkröte ruhe. Diese Schildkröte wiederum sollte auf dem Rücken einer anderen stehen, diese wiederum auf dem Rücken einer anderen und so weiter, bis ins Unendliche.

»Du hast Recht, Nils, es ist nicht sofort zu sehen, dass die Erde keine flache Scheibe ist. Aber was ist mit diesem Schaumgummi?«

»Das ist noch viel schwerer zu sehen, denn diesen Schaumgummi gibt es nicht. Ich habe ihn nur als Beispiel benutzt, um es anschaulich zu machen. Aber eigentlich befindet sich die Sonne im Raum und nicht in Schaumgummi. Und es ist gerade dieser Raum, den wir weder sehen noch hören, fühlen, schmecken oder riechen können, den die Sonne verformt. Da ist kein Schaumgummi, und da sind auch keine Fäden.«

»Es läuft also darauf hinaus, dass der Raum durch die Sonne gekrümmt ist, dass wir dies aber nicht sehen können.«

»Ja und nein. Hör mir noch mal zu. Ein Mensch auf der Erde kann nicht sehen, dass die Erde eine Kugel ist. Einverstanden?«

»Er kann es am Mast sehen, ich meine, wenn ein Schiff vom offenen Meer zur Küste fährt, dann sehen die Leute an Land zunächst den Mast des Schiffes und danach erst den Rumpf.«

»Weshalb können wir den Mast des Schiffes sehen?«

»Weil der Mast senkrecht auf dem Schiff steht. Er ragt nach oben.«

»Aha. Jetzt sind wir so weit. Der Mast steht senkrecht, und deshalb sehen wir ihn. Aber eigentlich beschäftigen wir uns mit einer zweidimensionalen Welt: Wir kennen nur die platte Fläche der Erde. Wir kennen nur links und rechts und vorn und hinten, aber oben und unten kennen wir nicht. Mal angenommen, alles wäre zweidimensional. Wir können uns eine solche Welt vorstellen, indem wir sagen, dass alles flach ist: Ein Schiff ist flach und hat keinen Mast, und wir kriechen alle auf dem Bauch und mit dem Gesicht zur Erde herum, sodass wir nicht nach oben schauen können. Werden wir dann sehen, dass die Erde eine Kugel ist?«

»Wenn du uns zu Kriechtieren machst, können wir niemals sehen, dass die Erde eine Kugel ist.«

»Und damit sind wir so weit. Wenn wir zweidimensionale Wesen in einer zweidimensionalen Welt sind, dann können wir nicht sehen, ob die zweidimensionale Welt flach ist oder nicht. Einverstanden?«

Plötzlich sah ich es. »Und doch können wir es merken! Eine gekrümmte Welt ist nichteuklidisch!«

Ich wurde rot vor Aufregung.

Nils sah mich bewundernd an.

Ich fuhr schnell fort: »Wir können geometrische Experimente anstellen. Wenn sich im Ergebnis zeigt, dass die euklidische Geometrie aufgeht, dann sind wir auf einer ebenen Fläche, andernfalls in einer gekrümmten Fläche.«

»Zum Beispiel?«

»Indem wir ein enormes Dreieck zeichnen. Ist die Summe der Winkel nicht gleich hundertachtzig Grad, dann sind wir nicht in einer flachen Welt. Oder indem wir einen großen Kreis zeichnen. Wenn der Umfang dieses Kreises nicht gleich zwei π mal Radius ist, dann sind wir nicht in einer flachen Welt.«

Nils applaudierte. »Bravo. Bravissimo.«

Ich glühte vor Stolz.

»Aber wie zeichnest du so ein großes Dreieck? Du kannst doch schwerlich eine ganz lange Latte machen und hoffen, dass sie genau gerade ist.«

»Das ist einfach. Mit einem Lichtstrahl zum Beispiel.«

Nils runzelte die Stirn.

Enttäuscht sagte ich: »Das geht natürlich nicht, denn es könnte sein, dass der Lichtstrahl auf irgendeine Weise abgelenkt wird, ohne dass wir das direkt sehen können, und dann sind die Seiten des Dreiecks nicht gerade … Und ich hatte tatsächlich geglaubt, ich wüsste es.«

»Esther. Ich finde dich wirklich phantastisch. Du bist durch eigene Schlussfolgerungen dahinter gekommen, dass es sehr schwierig ist, zu sehen, ob wir nun in einer gekrümmten oder einer geraden Welt leben. Es ist schwierig, dies direkt festzustellen, und selbst auf indirektem Weg ist es nicht eindeutig möglich. Ist aber nicht schlimm. Denn es erklärt uns zugleich, weshalb es so lange gedauert hat, bis man Einsteins allgemeine Relativitätstheorie akzeptierte. Könnten wir so ohne weiteres sehen, dass wir in einer gekrümmten Welt leben, dann hätte man Einsteins allgemeine Relativitätstheorie längst akzeptiert.«

»Hat man denn jemals Experimente durchgeführt, die beweisen, dass Einstein mit seiner allgemeinen Relativitätstheorie Recht hatte?«

»Gewiss. Es waren bislang aber auch nur vier im Prinzip verschiedene Experimente. Darauf kommen wir später noch zurück. Zuerst müssen wir noch unsere Erklärung zu Ende bringen.«

»Du warst dabei, zu erklären, dass eine Kugel auf einer Gummihaut nicht die richtige Vorstellung dafür liefert, wie die Sonne den

Raum krümmt. Ein Fehler dabei ist, dass eine Gummihaut nur zweidimensional ist, der Raum aber dreidimensional. Also können wir uns die Krümmung durch die Sonne besser mithilfe eines Schaumgummiwürfels vorstellen, in den wir die Sonne packen.«

»Es gibt noch einen zweiten Fehler. Für Einstein bestand keinerlei Zweifel, dass die spezielle Relativitätstheorie richtig ist. Und die entscheidende Erkenntnis dieser Theorie ist, dass Raum und Zeit nicht voneinander getrennt werden können. Es gibt weder einen Raum, der für sich und unabhängig von der Zeit existiert, noch umgekehrt eine Zeit, die unabhängig ist vom Raum. Es gibt nur eine Raumzeit. Für jedes Koordinatensystem gibt es eine Zeit und einen Raum, in einem anderen Koordinatensystem jedoch gibt es eine andere Zeit und einen anderen Raum. Nur zwei Dinge sind absolut und gelten für alle Koordinatensysteme: die Geschwindigkeit des Lichtes und Minkowskis Invariante. So ziemlich alles andere ist relativ.«

»Einverstanden.«

»Nun, um zu zeigen, wie Einstein die allgemeine Relativität bewiesen hat, müssen wir daran nicht viel verändern. Nach dem Äquivalenzprinzip kann bei lokalen Experimenten kein Unterschied zwischen einem fallenden Fahrstuhl und einem Fahrstuhl im freien Raum festgestellt werden. Aber der speziellen Relativitätstheorie zufolge existiert dieser Fahrstuhl nicht ›im Raum und in der Zeit‹, sondern in der Raumzeit. Und das deckt sich mit unserer Erfahrung, denn alle Experimente, die die spezielle Relativitätstheorie bestätigt haben, sind lokale Experimente gewesen. Um nun die Beweisführung vollständig und stimmig zu machen: Solange wir lokale Experimente durchführen, müssen wir die spezielle Relativitätstheorie in einer gekrümmten Raumzeit anwenden, in der wir nicht nur die Raumachsen durch gekrümmte Linien darstellen müssen, sondern in dem auch die Zeitachse eine solche gekrümmte Linie ist. Und weshalb ist diese Raumzeit gekrümmt? Wegen der Massen im Universum: wegen der Erde, der Sonne, dem Mond, den Sternen und allem, was Masse hat. Oder wegen allem, was Energie hat, denn Masse ist Energie, und Energie ist Masse. Und das ist nun die allgemeine Relativitätstheorie unseres hochverehrten Herrn Albert. Bitte sehr.«

Das war mir vielleicht eine kalte Dusche.

Gekrümmte Raumzeit

»Und das soll alles sein, die ganze allgemeine Relativitätstheorie?«

»Das ist sie, voll und ganz. Allerdings ohne die mathematischen Einzelheiten und Formulierungen und dergleichen.«

»Dann bin ich mir nicht sicher, ob ich das wirklich begriffen habe. Es ging auf einmal so schnell.«

»Was verstehst du denn nicht?«

»Diese krumme Zeit zum Beispiel. Wie muss ich mir das vorstellen?«

»Das ist auch gar nicht so einfach. Sich eine gekrümmte Linie und eine gekrümmte Fläche vorzustellen, ist nicht schwer. Und mit unserem Schaumgummiwürfel und den Fäden darin können wir uns auch einen gekrümmten Raum vorstellen. Sich eine gekrümmte Zeit vorzustellen, ist sehr viel schwieriger. Wir könnten uns natürlich die Zeichnung des Minkowski-Diagramms, die wir schon hatten, noch mal vornehmen; könnten aus Bahngleis und Zeitachse gekrümmte Linien machen, aber viel wird uns das nicht helfen.«

»Wahrscheinlich hast du Recht.«

»Aber vielleicht hilft Folgendes: Wir haben gerade gesehen, dass wir als dreidimensionale Wesen in einem dreidimensionalen Raum schwierig direkt wahrnehmen können, dass der Raum gekrümmt ist. Selbst indirekt ist das schwer festzustellen. Denn mit lokalen Experimenten funktioniert das nicht. Wir müssen, wie du selbst gesagt hast, mit großen Dreiecken oder Kreisen arbeiten. Und selbst dann wissen wir nicht, ob wir ein tatsächlich perfektes Dreieck hinbekommen. Es ist einigermaßen kompliziert, eine lange, gerade Latte herzustellen, und wir wissen auch nicht, ob wir einen Lichtstrahl nutzen können, denn auch das Licht könnte auf irgendeine Weise abgelenkt werden. Wir können uns also auf unsere Experimente nicht verlassen und nicht sicher sein, ob wir in einem euklidischen Raum leben oder nicht.«

»Der Lichtstrahl wird der Krümmung des Raumes folgen, nicht? Aber wenn das so ist, dann ist er doch gerade, denn er folgt einer geodätischen Linie und somit der Krümmung des Raumes. In diesem Sinn bilden drei Lichtstrahlen doch immer gerade Seiten eines Dreiecks, oder nicht?«

»Nein, nicht ganz. Das eben ist eine der größten Schwierigkeiten mit dieser Krümmung. Lass uns noch mal zurückkehren zu unserer Kugel und der gespannten Gummihaut. Das ist zwar ein Modell mit einigen Mängeln, aber dennoch nützlich. Die Kugel lässt aufgrund ihres Gewichts die aufgespannte Haut durchhängen. Was wird geschehen, wenn wir eine weitere Kugel auf diese Haut legen?«

»Dann rollt die zweite Kugel zur ersten hin, so als würde sie von der ersten angezogen.«

»Richtig. Aber was passiert mit der Haut?«

»Wenn die zweite Kugel schwer genug ist, wird sie die Haut noch etwas mehr durchhängen lassen.«

»Genau. Und wenn wir als zweite eine Kugel von unterschiedlichem Gewicht nehmen würden?«

»Dann wird die Haut anders durchhängen.«

»Sehr gut. So muss man sich das auch mit der Raumzeitkrümmung rund um die Sonne vorstellen. Die Sonne krümmt die Raumzeit, aber Planeten und andere Körper sorgen für zusätzliche Krümmungen. Also können wir die Raumzeit um die Sonne herum nicht als eine feste gekrümmte Fläche betrachten, die allen Körpern, die wir darüber rollen lassen, die gleiche Bahn geben würde. Die Bahn, die ein Körper in der gekrümmten Fläche der Sonne verfolgen wird, hängt eben nicht allein von der Sonne ab, sondern auch vom jeweiligen Körper selbst. Wenn beispielsweise die Planeten kreisen, wird sich die Raumkrümmung um die Sonne herum den jeweiligen Konstellationen fortwährend angleichen. Diese sich andauernd verändernde Krümmung wird wiederum die Bahn der Planeten beeinflussen, und so entsteht eine stetige Wechselwirkung zwischen der Krümmung des Raumes und aller im Raum befindlichen Materie.«

»Du hast vorhin die Achterbahn angeführt. Wenn wir dabei bleiben, hieße das, die Achterbahn ist nicht fest. Sie wird ihre Form verändern, je nachdem, ob überhaupt Wagen, ob leere oder volle Wagen auf ihr fahren. Und die Formveränderung an einer bestimmten Stelle lässt sich auch aus großer Entfernung feststellen.«

»Sehr gut. Eine Veränderung in der Achterbahn ist also nicht nur lokal feststellbar, sondern auch aus einer großen Entfernung. Und wenn wir noch mal auf den Lichtstrahl zurückkommen, von dem du gesagt hast, er wird der Krümmung des Raumes folgen: Dessen Bahn wird also eine andere sein als die Bahn, die beispielsweise eine Messlatte verfolgen würde, denn Lichtstrahl und Messlatte haben unterschiedliche Massen und dadurch einen unterschiedlichen Einfluss auf die Krümmung.«

»Das heißt, Messlatte und Lichtstrahl beeinflussen die Krümmung, die dann ihrerseits wieder Messlatte und Lichtstrahl anders krümmen wird?«

»So ist es.«

»Wie in aller Welt lässt sich dieses Sich-wechselseitig-Beeinflussen mathematisch darstellen?«

»Das war tatsächlich eine enorme Schwierigkeit. Zwar hat Herr Albert die Gleichungen der allgemeinen Relativitätstheorie aufschreiben können, aber lösen konnte er sie nicht. Sie beruhen auf Differenzialen von Tensoren, das sind komplizierte geometrische Größen. Aber darauf können wir gleich noch zurückkommen. Wir waren noch bei deiner Schwierigkeit, dir eine gekrümmte Zeitlinie erst mal nur vorzustellen. Also kurz zum gekrümmten Raum: Wir haben gesehen, dass dessen Krümmung sehr schwer festzustellen ist. Aber vielleicht geht es auf folgende Weise: Denk dir den Schaumgummiwürfel mit der Sonne und dem Linienraster darin, das durch die Sonne verformt wird. Nimm dieses Linienraster als Koordinaten eines Koordinatensystems. Die Abstände zwischen den Linien waren ursprünglich – im Raum ohne Sonne – gleich groß. Nachdem wir die Sonne in die zu kleine Aushöhlung gepresst haben, waren die Abstände nicht mehr gleich groß. Die Linien lagen jetzt näher beieinander. Allgemein können wir sagen, dass die Abstände zwischen zwei Koordinatenlinien desto kürzer werden, je näher wir der Sonne kommen.«

Das wunderte mich nicht mehr. Entfernungen werden kürzer für bewegte Körper, wieso sollte das nicht auch in der Nähe der Sonne möglich sein?

»Eine Zeitlinie wird ganz ähnlich verformt wie eine Raumlinie. Am Ende liegen auch hier die Linien näher beieinander als zuvor. Dadurch vergeht die Zeit in der Nähe der Sonne langsamer.«

»Müsste sie nicht schneller vergehen, wenn die Linien näher beieinander liegen?«

»Nein. Sieh dir mal die folgende Linie mit den Sternchen an. Diese begrenzen Zeitstückchen, die ursprünglich gleich lang waren. Zum Beispiel eine Sekunde. Durch die Krümmung der Sonne kommen sie näher zueinander. In der Mitte steht die Sonne, dort kommen sich die Sternchen also am nächsten.

Jedes Linienstück zwischen zwei Sternchen steht nach wie vor für eine Sekunde. Aber weil die Linienstücke immer kürzer werden, wird es mehr Sternchen geben, und damit mehr Abschnitte und auch Sekunden. Gehst du beispielsweise von der linken Seite bis zur Mitte, dann wirst du an mehr Sternchen, damit auch an mehr Sekunden, vorbeikommen, und deshalb wird es länger dauern. So vergeht die Zeit in der Nähe der Sonne langsamer.«

»Das ist sicher auch wieder so eine von Einsteins Ideen, die leider nicht experimentell überprüft werden können.«

»Falsch. Darauf bezieht sich einer der vier möglichen Versuche, die erfolgreich durchgeführt werden können.«

»Auf der Sonne?«

»Nein, der Effekt der langsamer werdenden Zeit ist selbst auf der Erde festzustellen. Und zwar nicht nur, indem man eine sehr genaue Uhr in einem Flugzeug mit einer sehr genauen Uhr auf der Erde vergleicht. Er lässt sich sogar feststellen, wenn man eine sehr genaue Uhr in einem Turm mit einer sehr genauen Uhr auf dem Erdboden vergleicht.«

»Wow. Das ist stark, noch stärker als bei der speziellen Relativitätstheorie.«

»Das denke ich auch. Aber ich will dir noch etwas zu den Fragen zur allgemeinen Relativitätstheorie sagen, die wir beantworten können. Du hast gesehen, dass die spezielle Relativitätstheorie sehr geradlinig aufgebaut ist.«

»Ein hübsches Wortspiel.«

»Bei der allgemeinen Relativitätstheorie ist das viel weniger der Fall. Und damit meine ich nicht, dass es die allgemeine Relativitätstheorie mit gekrümmten Linien zu tun hat. Ich meine damit, dass eine ganze Menge der Fragen, die du ganz bestimmt hast, nicht einfach zu beantworten sein werden.«

Ich runzelte die Stirn.

»Wir müssen die allgemeine Relativitätstheorie in erster Linie als eine Erweiterung der speziellen Relativitätstheorie sehen. Wie du inzwischen weißt, gilt die spezielle nur für Inertialsysteme und besagt, dass diese Systeme äquivalent sind. In diesem Sinn ist sie eine Anpassung der von Galilei erkannten Relativität. Die allgemeine Relativität dagegen ist eine Erweiterung der speziellen. Auf den ersten Blick erscheint die Anpassung einfach. Anstatt mit geraden Linien und Flächen, statt mit Räumen und Raumzeiten arbeitet sie mit gekrümmten Linien und Flächen, mit gekrümmten Räumen und Raumzeiten. Lokal gesehen gilt die spezielle Relativitätstheorie nach wie vor. Denn solange man sich auf kurze Entfernungen und kurze Zeitabschnitte beschränkt, kann man so tun, als seien alle Linien gerade. Dieses ›lokal gesehen‹ darfst du großzügig auffassen. Noch in unserem Sonnensystem sind die gekrümmten Linien so gut wie gerade. Das bedeutet, dass wir im Sonnensystem mit der speziellen Relativitätstheorie zu brauchbaren Ergebnissen und Voraussagen kommen. Nur in der Nähe der Sonne – das gilt zum Beispiel für den Planeten Merkur – sind die gekrümmten Linien so krumm, dass wir auf die allgemeine Relativitätstheorie zurückgreifen müssen.«

Jetzt wurde mir klarer, was Opa und Nils vor ein paar Tagen über den Planeten Merkur erzählt hatten.

»Die Mathematik der speziellen Relativität ist sehr einfach. Du hast die Formeln für die Verkürzung von Zeit und Raum und auch für das Addieren von Geschwindigkeiten gesehen. Die schwierigste mathematische Operation, die darin vorkommt, ist eine Quadratwurzel. Das ist sozusagen Mathematik für die Grundstufe. Um die Formeln abzuleiten, brauchst du zwar Mathematik aus der Mittelstufe, aber mehr auch nicht. Das gilt selbstverständlich nur für die mathematische Seite der Sache. Viel schwieriger ist es, sich eine Vorstellung zu machen, das nötige Verständnis zu entwickeln. Das Gefühl, so und nicht anders funktioniert die Welt, will sich einfach nicht einstellen; es ist einfach nicht so selbstverständlich, als hättest du es selbst herausgefunden. Doch unmöglich ist das auch nicht – wie du inzwischen an dir selbst erfahren hast.«

Ich hatte in der Tat das Gefühl, doch schon einiges über die spezielle Relativitätstheorie zu wissen.

»Weil die dazugehörige Mathematik so einfach ist, hilft sie, Fragen über die spezielle Relativitätstheorie zu beantworten. Eine Zeichnung mit dem Minkowski-Diagramm kann Klarheit verschaffen. Für die allgemeine Relativitätstheorie dagegen ist all das nicht so ohne weiteres möglich. Schon ihr mathematischer Unterbau ist ein völlig anderer. Jetzt haben wir es mit Differenzialen und Tensoren zu tun. Ich könnte dir die Gleichungen zeigen, aber sie würden dir überhaupt nichts sagen. Denn darin tauchen Symbole auf, deren Bedeutung erst für jemanden deutlich wird, der einigermaßen vertraut ist mit der Differenzialrechnung. Die größte Schwierigkeit liegt darin, dass die Mathematik durch die Verwendung von Tensoren sehr abstrakt ist.«

»Kannst du trotzdem versuchen, mir etwas zu diesen Tensoren zu sagen?«

»Ganz zu Anfang meiner Erläuterungen zur allgemeinen Relativitätstheorie habe ich erzählt, dass Einstein auf der Suche war nach der Gleichwertigkeit von Koordinatensystemen. Mit der speziellen Relativität war es ihm bereits gelungen, dies für Inertialsysteme zu beweisen. Die Suche nach Gleichwertigkeit für sämtliche Koordinatensysteme führte ihn zur allgemeinen Relativitätstheorie. Er war davon überzeugt, dass der Raum auf irgendeine Art gekrümmt ist. Er war sich auch sicher, dass Minkowskis Invariante eine Schlüsselrolle für die erweiterte Theorie spielen musste. Also suchte er nach einer Möglichkeit, Invarianten in gekrümmten Räumen mathematisch darzustellen. Und dabei hat ihm der Zufall geholfen. Im 19. Jahrhundert hatte man die nichteuklidische Geometrie, die Geometrie gekrümmter Räume, entwickelt. Und zufällig hatte man auch Tensoren erfunden; das sind mathematische Größen, deren Wert ähnlich wie bei Vektoren mit einer Richtung verbunden ist, hier allerdings mit der Krümmungsrichtung. Darum kann man mit diesen Tensoren Invarianten in gekrümmten Räumen darstellen. So wie die Vektoren die Transformation von Koordinatensystemen im ungekrümmten Raum erlauben, so erlauben Tensoren die Transformation im gekrümmten Raum. Man kann also Gleichungen so aufstellen, dass sie unabhängig von dem Koordinatensystem gelten, das man im gekrümmten Raum wählt. Und damit sind sie auch unabhängig von den Beobachtern in den Koordinatensystemen.«

»Wenn ich dich recht verstehe, war Herr Albert davon überzeugt, dass Minkowskis Invariante in einem gekrümmten Raum darstellbar sei, aber er wusste das nicht sicher.«

»Richtig. Seine Überzeugung beruhte auf Einsicht. Er durchdachte Minkowskis Invariante und seine eigenen Fahrstuhlexperimente und kam darauf, dass es nicht anders sein konnte. Die größte Schwierigkeit, vor der er stand, war, dafür eine mathematische Form zu finden: nämlich die Gleichung, die eine Invariante in einem gekrümmten Raum darstellt. Mit diesem Problem hat er mehrere Jahre lang gerungen. Er hat viele Experimente unternommen, aber erst in einer Artikelserie aus den Jahren 1915 und 1916 hat er die definitive Gleichung vorstellen können. Und selbst da dachte er noch, sie enthalte einen Fehler. Schließlich stimmte seine Gleichung nicht mit den Vorstellungen überein, die man damals vom Universum hatte. Man wusste nämlich noch nicht, dass sich das Universum ausdehnt, auch die Urknalltheorie war noch nicht entwickelt. Herr Albert versuchte also, seine Gleichung anzupassen, indem er eine kosmologische Konstante einführte. Als man mehr über das Universum in Erfahrung gebracht hatte, hat er seinen Fehler eingesehen. Diese kosmologische Konstante sei der größte Fehler seines Lebens gewesen, hat er später gesagt. Aber wir machen alle mitunter Fehler.«

»Vom Urknall habe ich schon mal gehört, aber ich wusste nicht, dass diese Theorie erst nach der allgemeinen Relativitätstheorie entwickelt wurde.«

»Das hat der belgische Priester Georges Lemaître zwischen 1927 und 1933 getan. Die Ironie will, dass Einstein ausgerechnet diesem Mann einen miserablen naturkundlichen Durchblick vorwarf, als ihm Lemaître 1927 seine Vorstellung erläutern wollte. Auch andere Physiker, wie Eddington zum Beispiel, konnten mit Lemaîtres Ideen nichts anfangen. Ungefähr fünf Jahre später mussten sowohl Einstein als auch Eddington ihren Irrtum einsehen. Damit aber war der

Urknall oder Big Bang noch lange nicht allgemein akzeptiert. Die Ironie des Schicksals wollte es übrigens auch, dass der Name Big Bang von einem Gegner dieser Theorie erfunden wurde, nämlich von Fred Hoyle. Der benutzte das Wort 1950 in einer Rundfunkansprache als eine Art Schimpfname. Es hat Jahrzehnte gedauert, ehe die Urknalltheorie allgemein akzeptiert war. Der mehr oder weniger definitive Beweis für den Urknall wurde erst 1992 geliefert.«

»Ich will das mal zusammenfassen und sehen, ob ich es richtig verstanden habe. Einstein war also zuerst zu der Vorstellung gelangt, dass es Invarianten geben müsste, die für alle und nicht nur für Beobachter in Inertialsystemen gelten. Aber dann stand er vor dem gigantischen Problem, diese Invarianten zu finden und sie dann auch noch in eine mathematische Form zu gießen. Richtig, so weit?«

»Völlig richtig«, sagte Nils.

»Wusste Einstein schon etwas von Tensoren, als er über seine Theorie nachdachte?«

»Nein. Als er sein Problem seinem Freund Grossmann vorlegte, hat der ihn auf die Tensoralgebra hingewiesen. Und er hat ihm auch geholfen, die mathematische Formulierung der allgemeinen Relativitätstheorie auf die Beine zu stellen. Zumindest in wesentlichen Teilen, denn nach der Veröffentlichung, die in verschiedenen Etappen erfolgte, haben sich andere Mathematiker über seine Theorie gebeugt. Es war, wie ich schon sagte, Herrn Albert ja nur gelungen, die mathematischen Gleichungen zu notieren, aber nicht, sie zu lösen. Mehr noch, er erwartete nicht, dass irgendwer sie jemals würde lösen können. Was ihn allerdings nicht daran hinderte, Berechnungen für bestimmte Phänomene durchzuführen, zum Beispiel für die Ablenkung des Lichtes oder im Zusammenhang mit der abweichenden Bahn des Merkur.«

»Hoppla. Jetzt bist du wieder ein bisschen schnell. Mathematiker, die sich über seine Gleichung gebeugt haben, die Lösung seiner Gleichungen und die Bahn des Merkur: Über all diese Dinge will ich dann doch ein wenig mehr hören. Außerdem kann ich absolut nicht kapieren, wieso ein Körper zur Erde fällt und wieso ein Planet immer um die Sonne kreist, wenn es keine Schwerkraft gibt. Und du musst mir auch noch von den vier Experimenten erzählen, mit denen man bewiesen hat, dass die allgemeine Relativitätstheorie korrekt ist.«

»Kein Problem. Um zusammenzufassen: Die Mathematik der allgemeinen Relativitätstheorie stellt dar, wie die Raumzeit gekrümmt wird, wenn in dieser Raumzeit Massen vorhanden sind – oder eben Energie. Diese Mathematik wird mit Tensoren formuliert, weil man mit Tensoren Invarianten für Koordinatensysteme darstellen kann. Und bis heute sind die Gleichungen noch nicht ganz gelöst. Daher sind auch nicht alle Fragen mit Sicherheit zu beantworten. Was allerdings wohl sicher feststeht, ist, dass sich frei bewegende Körper geodätischen Linien folgen, den Linien also, die wir als Geraden in gekrümmten Raumzeiten bezeichnen können, weil sie die kürzeste Entfernung zwischen zwei Punkten darstellen. Diese Geraden werden beschrieben durch eine angepasste Minkowski-Gleichung, die wiederum auf der angepassten Gleichung des Pythagoras $dc^2 = g_{11}da^2 + 2g_{12}dadb + g_{22}db^2$ beruht. Diese angepasste Minkowski-Gleichung muss aus den Gleichungen der allgemeinen Relativitätstheorie abgeleitet werden. Und das ist sehr schwierig. Bisher hat man diese Gleichungen nur für bestimmte Fälle lösen können.«

»Du sicherst dich ja bloß selber ab, weil du wahrscheinlich nicht alle meine Fragen beantworten kannst.«

»Nicht doch. Ich werde sie alle beantworten können, aber vielleicht nicht zu deiner völligen Zufriedenheit …«

»Bei der speziellen Relativitätstheorie ist es so, dass die Uhr des einen Beobachters im Vergleich zur Uhr des anderen nachgeht, und umgekehrt: Die Uhr des anderen Beobachters geht verglichen mit der des ersten nach. Ist das bei der allgemeinen Relativitätstheorie auch so?«

»Nein. Denk beispielsweise an die Uhr am Fuß und eine Uhr hoch oben in einem Turm. Die Uhr unten geht tatsächlich langsamer als die oben.«

»Die Uhren verhalten sich tatsächlich anders! Die Koordinatensysteme sind also nicht gleichwertig!«

»Doch. Jedes Koordinatensystem wird innerhalb der Raumzeit seinen eigenen Raum und seine eigene Zeit haben, die sich von denen der meisten anderen Koordinatensysteme unterscheiden. Aber eine so genannte kürzeste oder geodätische Linie in einem Koordinatensystem wird auch die kürzeste Linie in einem beliebigen anderen Koordinatensystem sein. Denn das *ds*, das für die kürzeste Verbindung in einem bestimmten Koordinatensystem steht, wird in einem anderen Koordinatensystem zwar andere Komponenten haben, aber es wird doch dieselbe Linie darstellen. Vergleiche das einfach mit der Formel $s^2 = x^2 - c^2t^2$ der speziellen Relativitätstheorie. Die Komponenten von s in einem bestimmten Koordinatensystem sind x und t. In einem anderen Koordinatensystem werden es ein anderes x und ein anderes t sein, aber wenn wir auch in diesem zweiten Koordinatensystem $s^2 = x^2 - c^2t^2$ berechnen, werden wir das gleiche s^2 erhalten. Dasselbe geschieht für das *ds* in der allgemeinen Relativität. Dessen Komponenten werden in verschiedenen Koordinatensystemen verschieden sein, *ds* jedoch wird für alle gleich sein. Alle Stückchen *ds*, zwischen zwei Punkten der Raumzeit aneinander gereiht, werden in beiden Koordinatensystemen die kürzeste Linie zwischen den beiden Punkten darstellen.«

Das verwirrte mich jetzt wieder.

»Erinnerst du dich noch an die spezielle Relativitätstheorie? Dort entstand der Unterschied zwischen den x und den t daraus, dass zwei Beobachter zwischen zwei Ereignissen in der Raumzeit eine unterschiedliche Entfernung und ein unterschiedliches Zeitintervall messen. In der allgemeinen Relativität wird sich dieser Unterschied in einer anderen Weise äußern, nämlich mit Raum, Zeit, Schwerkraft und Beschleunigungen. Lass uns zurückkehren zu den Fahrstühlen, mit denen alles angefangen hat. Aus dem Äquivalenzprinzip folgt, dass ein Fahrstuhl, der beschleunigt wird, gleich einem Fahrstuhl in einem Gravitationsfeld ist. Ein Beobachter kann also sagen: Ich befinde mich in einem Gravitationsfeld – in einem Raum also, der durch vorhandene Massen gekrümmt wird. Und ein anderer: Ich befinde mich in einem beschleunigten Fahrstuhl. Verstehst du? Wie in der speziellen Relativität auch können sie zwei sich widersprechende Meinungen haben, aber sie haben alle beide Recht.«

»Ich glaube, das verstehe ich. Das heißt, alle Beobachter werden ihre jeweilige Zeitlinie und ihre jeweiligen Raumlinien und Kräfte haben. Die werden von Beobachter zu Beobachter unterschiedlich sein, aber über den kürzesten Weg sind sie sich alle einig.«

»Genau.«

»Aber dann haben wir das Problem, dass dies nur für lokale Experimente gilt.«

»Nein. Es gilt für alle Experimente, wenn wir den gekrümmten Raum berücksichtigen. Zwei Körper in einem freien Fahrstuhl im freien Raum folgen Geraden – wobei sie stets in gleicher Entfernung voneinander bleiben. Auch zwei Körper in einem fallenden Fahrstuhl folgen Geraden, nämlich geodätischen Linien, allerdings in einem gekrümmten Raum, wodurch sie einander näher kommen.«

»Aber worin steckt denn der Wert der allgemeinen Relativitätstheorie? Und weshalb findet man die allgemeine Relativitätstheorie noch viel genialer als die spezielle?«

»Über den Wert gibt es nichts zu diskutieren. Als ich zum ersten Mal über die Fahrstühle sprach, hast du selbst bemerkt, dass es auf den ersten Blick nur wie eine andere Darstellungsweise aussieht, ob man nun sagt: Die Schwerkraft zieht einen Körper nach unten; oder aber: Ein Körper verfolgt eine gerade Bahn in einem gekrümmten Raum.«

»Das finde ich nach wie vor.«

»Die Tatsache, dass Licht von der Schwerkraft abgelenkt wird, kann dadurch erklärt werden, dass man die spezielle Relativitätstheorie mit Newtons Gravitationstheorie kombiniert, wobei wir einen Zusammenhang zwischen der schweren Masse und der trägen Masse unterstellen.«

»Das stimmt auch.«

»Außerdem müssen wir festhalten, dass Newtons Gravitationstheorie sehr einfach ist im Vergleich zu Einsteins allgemeiner Relativitätstheorie, die ebenfalls die Schwerkraft beschreibt, aber auf eine völlig andere Weise.«

»Das ist auch wahr.«

»Nun, unter diesen Umständen kann es nur eine Art geben, den Wert der allgemeinen Relativitätstheorie aufzuzeigen. Und zwar dadurch, dass man Fälle aufzeigt, in denen Newtons Theorie zu einem anderen Ergebnis führt als die allgemeine Relativitätstheorie, und in denen Experimente beweisen, dass nur die allgemeine Relativitätstheorie und ihre Voraussagen richtig sind.«

»Sind das die vier Experimente, die du schon erwähnt hast?«

»Genau. Von einem habe ich schon gesprochen: dem Eddington-Experiment.«

»In diesem Experiment geht es um die Ablenkung von Licht. Aber vor weniger als einer Minute hast du noch gesagt, diese Ablenkung könne dadurch erklärt werden, dass man die spezielle Relativitätstheorie mit Newton kombiniert.«

»Die bloße Tatsache, dass Licht abgelenkt wird, kann tatsächlich durch die Kombination der beiden erklärt werden. Trotzdem gibt es einen äußerst wichtigen Unterschied zur allgemeinen Relativitätstheorie. Diese nämlich sagt eine Abweichung voraus, die doppelt so groß ist wie die, die sich aus Newton plus spezieller Relativitätstheorie ergibt. Der Grund dafür ist, dass die allgemeine Relativitätstheorie auch eine Krümmung des Raumes voraussagt. Kombinieren wir Newton und die spezielle Relativitätstheorie, läuft das darauf hinaus, dass nur die Zeit gekrümmt ist. Die Auswirkung der Krümmung der Raumzeit, also die Krümmung sowohl des Raumes als auch der Zeit, ist doppelt so groß wie die Krümmung der Zeit allein. Und, Wunder über Wunder, das stimmt genau mit den Ergebnissen von Sir Arthur Eddington überein.«

»Aber nicht alle sind sich darüber einig, dass die Messergebnisse überzeugend sind.«

»Stimmt auch. Aus diesem Grund ließen sich die meisten durch diese Versuche noch nicht überzeugen. Seither hat man ein derartiges Experiment noch etwa siebenmal durchgeführt. Die Messergebnisse schwankten zwischen dem 0,7fachen und dem 1,55fachen der von Einstein vorausgesagten Abweichung. Das ist gegenüber Einsteins Voraussage also eine Differenz von dreißig bis fünfundfünfzig Prozent. Vielleicht eine grobe Näherung, aber gewiss kein zureichender Beweis für die Richtigkeit der allgemeinen Theorie. Man wird natürlich auch deshalb nicht überzeugt sein, weil viele von Einsteins Überlegungen weit hergeholt scheinen, wie du schon selbst bemerkt hast. Trotzdem war allein das Aufstellen einer Theorie, die von einem völlig neuen Standpunkt ausging, eine große intellektuelle Leistung von Einstein. Solange diese Theorie jedoch im Vergleich zu Newtons Theorie keine Mehrerkenntnis brachte, war es für viele Wissenschaftler eben auch nicht mehr als eine beeindruckende intellektuelle Leistung. Nach Einsteins allgemeiner Relativitätstheorie hat es übrigens noch viele weitere Theorien gegeben, die sich von Newtons Theorie unterschieden. Aber inzwischen scheint Einsteins allgemeine Theorie den anderen doch den Rang abzulaufen.«

»Scheint ein ziemlicher Leidensweg gewesen zu sein, den Einstein da zurücklegen musste. Und das zweite Experiment?«

»Die Bahn des Merkur. Eigentlich war das der erste Beweis für Einsteins Theorie. Du weißt, dass die Bahn des Merkur von der Bahn abweicht, die Newtons Theorie voraussagt.«

»Ja, man hat lange geglaubt, dass dafür ein noch unentdeckter Planet verantwortlich sei. Aber man hat ihn nie finden können, dabei hatte man ihm bereits den Namen Vulcanus gegeben.«

»Richtig. Hier konnte die allgemeine Relativitätstheorie nun eine Erklärung liefern. Die Berechnungen nach der allgemeinen Theorie und nach Newton weichen voneinander ab, und zwar für Gebiete, in denen die Schwerkraft sehr groß ist, oder, um in Begriffen der allgemeinen Theorie zu sprechen: in denen die Krümmung sehr stark ist. Und das ist in unserem Sonnensystem nur für Merkur der Fall. Dieser Planet kreist am nächsten um die Sonne, dort also ist die Schwerkraft am größten oder die Krümmung am stärksten. Wenn die beiden Theorien zu unterschiedlichen Ergebnissen führen, dann musste dies als Erstes bei Merkur auffallen.«

»Aber dieses Argument wird auch nicht sehr überzeugend gewesen sein.«

»Stimmt. Der Schwachpunkt war, dass das Merkur-Problem zu Einsteins Zeit schon sehr lange bekannt war. Einstein hatte also eine Voraussage zu einem Problem getroffen, das man bereits lange kannte. Und wie wir ganz zu Anfang gesehen haben, ist eine Theorie immer stärker, wenn sie neue überprüfbare Dinge voraussagt, als wenn sie bestehende Dinge erklärt.«

»Also immer noch nicht sehr überzeugend für die allgemeine Relativitätstheorie … Aber es gab noch einen dritten Test.«

»Richtig. Das ist die Rotverschiebung.«

»Höre ich da etwas von Doppler?«

»So in etwa. Der dritte Test überprüft die Voraussage, dass die Strahlung, die von der Oberfläche einer großen Masse wie Erde oder Sonne ausgeht, röter wird, während sie sich von der Oberfläche entfernt.«

»Und man hat diese Voraussage mit der notwendigen Genauigkeit testen können?«

»Mit sehr großer Genauigkeit. Mit einer Fehlerquote von weniger als einem Prozent gegenüber Einsteins Voraussage.«

»Das ist schon ein ganzes Stück besser als die fünfzig Prozent von vorhin. Ein überzeugender Beweis.«

»Und besonders, nachdem man Messungen mit Atomuhren in einem Flugzeug und später in einer Rakete durchgeführt hat, die einen Fehler von weniger als 0,01 Prozent ergaben.«

»Großartig. Und das war dann der vierte Test?«

»Eigentlich nicht. Eher eine Variante des dritten. Denn Atomuhren arbeiten mit Schwingungen von Atomen oder Molekülen. Je mehr Energie ein Atom hat, desto rascher schwingt es. Ein Atom, das schwingt, strahlt Licht aus. Und die Farbe dieses Lichts hängt von der Energie des Atoms ab. Deshalb stimmen langsamer gehende Atomuhren mit Atomen überein, die weniger Energie haben und somit röter sind, wie wir bei Doppler gesehen haben.«

»Aber es bleibt ein sehr überzeugender Beweis.«

»Ja, aber leider nicht nur für die allgemeine Relativitätstheorie ...«

»Was meinst du denn damit schon wieder?«

»Vorhin habe ich schon erwähnt, dass nach Einsteins Theorie noch andere Gravitationstheorien aufgestellt wurden. Alle Theorien, die mit der speziellen Relativität und mit dem Äquivalenzprinzip übereinstimmen, sagen eine derartige Rotverschiebung voraus.«

»Gibt es denn wirklich keine anderen überzeugenden Beweise?«

»Es hat noch andere Versuche gegeben. Die bis jetzt genannten Tests nennt man die so genannten klassischen Experimente, weil sie relativ alt sind. Im Jahr 1964 hat man ein weiteres Experiment vorgestellt, das man mittlerweile vielleicht auch schon als klassisch bezeichnen könnte. Über Radarsignale kann man versuchen, die Zeit zu messen, die ein Lichtsignal braucht, um sich in der Nähe einer Sonne oder eines Planeten fortzubewegen, dort also, wo die Raumzeit gekrümmt ist. Diese Zeitspanne muss größer sein als in der flachen Raumzeit. Diese Tests haben eine maximale Fehlerquote von unter fünf Prozent ergeben.«

»Du meinst, Licht bewegt sich langsamer in der Nähe einer schweren Masse? Aber dann ist die Lichtgeschwindigkeit ja gar keine Konstante?«

»Das Licht scheint sich, von der Erde aus gesehen, in der Nähe einer schweren Masse tatsächlich langsamer zu bewegen. Aber du musst bedenken: Eine konstante Geschwindigkeit hat das Licht im luftleeren Raum. In Luft oder in Glas ist es langsamer. Etwas Entsprechendes geschieht in einer gekrümmten Raumzeit. Hier werden die Entfernungen und die Zeit derartig verformt, dass es von weitem so aussieht, als sei das Licht langsamer. Je größer die Masse, desto stärker die Verformung und desto stärker die scheinbare Verlangsamung, die wir auf der Erde wahrnehmen. Vor Ort allerdings behält das Licht seine konstante Geschwindigkeit bei.«

»Und was würden wir sehen, wenn sich ein Astronaut einer großen Masse nähert?«

»Wenn wir auf seine Uhr schauen könnten, würden wir sehen, dass sie zunehmend langsamer geht. Aber für den Astronauten wird alles beim Alten bleiben. Er würde nicht merken, dass die Zeit langsamer vergeht.«

»Ich glaube, ich verstehe es. Der vierte Versuch ist also auch ein Punkt für Einsteins Theorie. Aber wenn ich alles zusammenfassen darf, dann hat man bislang noch keine wirklich überzeugenden, wasserdichten Beweise gefunden?«

»Das stimmt. Andererseits hat man für viele konkurrierende Theorien mittlerweile aufzeigen können, dass sie falsch sind.«

»Und darum ist die allgemeine Relativitätstheorie also vorläufig die beste Theorie der Schwerkraft?«

»Richtig. Nach dem heutigen Stand der Wissenschaft kommen die Voraussagen der allgemeinen Relativitätstheorie den Messergebnissen am nächsten, und sie ist, wie schwierig sie auch sein mag, doch die einfachste Theorie.«

»Gibt es weitere Experimente, die man vielleicht durchführen könnte?«

»Gewiss. Die allgemeine Erwartung geht dahin, dass es ein sehr starker Beweis wäre, wenn man die Existenz von schwarzen Löchern unumstößlich nachweisen könnte. Das Gleiche wäre der Fall, wenn man Gravitationswellen aufspüren könnte.«

»Sind denn noch keine schwarzen Löcher bekannt?«

»Es gibt einige sehr ernsthafte Kandidaten, aber vorläufig ist nicht ein einziges schwarzes Loch hundertprozentig nachgewiesen.«

»Und diese Gravitationswellen?«

»Die haben mit Bewegungen in der gekrümmten Raumzeit zu tun. Weil schwere Körper wie Sternsysteme …«

»Körper nennst du so was!«

»Gut, Massen. Schwere Massen verändern fortwährend die Krümmung der Raumzeit. Man nimmt nun an, dass diese Veränderung der Krümmung sich wie eine Welle durch die Raumzeit ausbreitet. Das nennt man Gravitationswellen. Vergleichbar mit Wellen, wie sie in einem Teich entstehen, wenn man darin herumrührt, und die sich über eine große Entfernung hinweg ausbreiten. Allerdings sind diese Gravitationswellen sehr schwach. Könnte man sie jedoch nachweisen, wäre dies ein überzeugender Beweis für die allgemeine Relativitätstheorie.«

»Uns bleibt also Hoffnung.«

»Uns bleibt die Hoffnung, dass die allgemeine Relativitätstheorie irgendwann einmal für immer unumstößlich bewiesen wird.«

»Vorhin hast du gesagt, die mathematischen Gleichungen der allgemeinen Relativitätstheorie seien nicht vollständig gelöst.«

»So ist es.«

»Und doch hat man Berechnungen anstellen können. Anders hätte man ja keine Voraussagen über Merkur treffen können, auch keine über Rotverschiebung und Uhren, die langsamer gehen. Wie ist das möglich?«

»Als Einstein seine Gleichungen veröffentlichte, glaubte er nicht, dass sie überhaupt irgendjemand würde vollständig lösen können. Was ihn allerdings nicht daran hinderte, selbst Berechnungen darüber anzustellen, wie das Licht von der Sonne abgelenkt werden müsste. Zu diesem Zweck versuchte er die Minkowski-Invariante in eine Form für die gekrümmte Welt zu bringen, wie sie seiner Einsicht entsprach. Er stützte sich also nicht auf die eigentlichen Gleichungen der Relativitätstheorie. Denn die beruhen ja auf der Tensoralgebra. Eigentlich war es eine große Überraschung, als der Astronom Karl Schwarzschild eine erste Lösung für die echte Tensorgleichung der allgemeinen Relativitätstheorie fand. Hiermit hatte er den einfachsten Fall gelöst.«

»Den einfachsten Fall?«

»Ja. Alle bisher bekannten Lösungen sind keine allgemeinen Lösungen, sondern nur solche für Spezialfälle. Die Situation, mit der Schwarzschild sich beschäftigt hat, war ein Universum mit einer einzigen punktförmigen Masse und einer kugelsymmetrischen Raumzeit. Letzteres bedeutet, die Krümmung ist, vom Körper aus betrachtet, in alle Richtungen die gleiche. Für diesen besonderen Fall hat Schwarzschild eine mathematische Lösung finden können.«

»Aber was ist der Nutzen dieses Beispiels? Die Wirklichkeit ist doch ganz anders.«

»Der Meinung war Einstein auch. Auch er fand eine Lösung, die nur für ein Universum mit einem einzigen Massepunkt zutrifft, nicht sehr hilfreich. Dennoch war es nicht ganz unwichtig, denn immerhin hatte man nun eine Annäherung für Situationen mit einem Massepunkt, der von anderen Massepunkten relativ weit entfernt ist. Als sehr gute Annäherung kann man sich die Sonne als punktförmigen Körper vorstellen. Schwarzschilds Lösung zeigt dann, wie ein *ds* aussieht, ein unendlich kleines Stückchen der Bahn eines Planeten um die Sonne. Mit entsprechenden mathematischen Techniken kann man aus der Formel dieses *ds*-Stückchens die vollständige Bahn berechnen. Und es zeigte sich, dass die so berechnete Bahn von der nach Newton vorauszusagenden Ellipse nur minimal abwich. Und für den Merkur ergab sich sogar eine messbare Differenz.«

»Eine Lösung beschreibt also immer ein ganz kleines *ds*?«

»Faktisch sagen die Gleichungen der allgemeinen Relativitätstheorie, wie die Raumzeit bei einer bestimmten Ansammlung von Massen gekrümmt wird. Da Körper in dieser gekrümmten Raumzeit geodätischen Linien folgen, wird man versuchen, genau diese Linien zu berechnen. Und das kann man tatsächlich, wenn man ein unendlich kleines Stück derselben berechnet. Aus dem so bestimmten *ds* erhält man, bei Anwendung der richtigen Techniken, die vollständige geodätische Linie.«

»Im Prinzip könnte man also, wenn man nur die Massen von allen Sternsystemen, Sonnen und Planeten kennen würde, das vollständige Universum berechnen?«

»Das wäre sehr kompliziert. Selbst wenn alle Massen bekannt wären, auch mit den größten und schnellsten Computern könnte man das Universum nicht vollständig, bis ins Einzelne, berechnen. Aber das ist auch nicht schlimm. Man kann ja durchaus einen Ausschnitt des Universums betrachten, beispielsweise Sonne und Merkur, und alles andere vernachlässigen, und trotzdem sehr gute Ergebnisse erzielen. Der Einfluss sämtlicher anderer Planeten auf Merkur lässt sich also problemlos ausblenden. Und das gilt auch für die meisten anderen Fälle. Man kann also immer einen kleinen Ausschnitt des Weltalls isolieren und so tun, als gäbe es den größten Teil des Universums nicht.«

»Und Voraussagen über das Universum – kann man die auf der Grundlage der allgemeinen Relativitätstheorie treffen?«

»Das ist möglich. Man kann voraussagen, wie sich das Universum entwickelt, oder berechnen, wie sich ein schwarzes Loch verhält; vorausgesetzt natürlich, es gibt diese schwarzen Löcher tatsächlich. Inzwischen ist man allerdings immer mehr zu der Auffassung gelangt, dass sich diese schwarzen Löcher mithilfe der Quantenmechanik besser beschreiben lassen als mit der allgemeinen Relativitätstheorie. Aber du hast ja danach gefragt, ob man mit der allgemeinen Relativitätstheorie Voraussagen treffen kann über die Entwicklung des Universums. Dazu solltest du etwas lesen, denn wie das Universum aussehen könnte, falls die allgemeine Relativität zutrifft – das ist eine lange Geschichte für sich.«

»Das werde ich ganz bestimmt tun. Jetzt aber noch eine Frage. Du hast gesagt, die Gleichungen stellen dar, wie die Raumzeit durch eine Ansammlung von Massen gekrümmt wird. Bei der Behandlung der speziellen Relativitätstheorie haben wir jedoch gesehen, dass Massen abhängig sind von dem Koordinatensystem, von dem aus die Masse betrachtet wird. Das war doch einer der Gründe, weshalb Newtons Schwerkraft nicht einfach übernommen werden durfte. Und jetzt sagst du, dass man in den Berechnungen doch mit Massen operieren kann?«

»Eine gute Bemerkung, du passt wirklich auf. Aber diese Massen, die in der Gleichung eigentlich als Energien vorkommen, werden ebenfalls in Tensorform dargestellt, und das ist eine Art der Darstellung, die unabhängig ist von einem speziellen Koordinatensystem. Auch die Krümmungen der Raumzeit und die Gleichungen insgesamt werden in Tensorform ausgedrückt, auch hier ist man also unabhängig von einem bestimmten Koordinatensystem und insofern eben auch unabhängig vom Zustand der Beobachter, welche die Energien oder die Krümmungen betrachten. Kannst du dem folgen?«

»Ich glaube schon. Alles wird dargestellt in Tensoren. Diese sind unabhängig von einem bestimmten Koordinatensystem und damit auch von einem bestimmten Beobachter und dessen Bewegung. Das Problem, das Einstein lösen musste, war die Aufstellung der Gleichung in Tensorform. Er fühlte, dass es möglich sein müsste, aber er wusste nicht sofort, wie.«

»Genau.«

»Ich habe noch eine Frage. Mal angenommen, in ein paar Jahrzehnten hat man noch viel schnellere Computer als heute oder man kann Tausende von Computern zu solchen Berechnungen verbinden und man kennt auch alle Massen, würden wir diese Gleichungen dann lösen können?«

»Nein. Denn es gibt nicht genügend Gleichungen. Im Grunde formulieren diese Gleichungen die Bedingungen, denen die Krümmung der Raumzeit für eine bestimmte Ansammlung von Massen entsprechen muss. Es gibt jedoch nicht genügend Gleichungen, um die Krümmung selbst eindeutig zu berechnen. Das heißt, auf der Grundlage der Gleichungen gibt es für eine bestimmte Ansammlung von Massen jede Menge möglicher Lösungen für die Krümmung der Raumzeit. Nur wenn man hinzukommende Bedingungen berücksichtigt, so wie ein kugelsymmetrisches Weltall, kann man eine Lösung vollständig berechnen. Das beinhaltet also, dass man manchmal Lösungen findet, von denen überhaupt nicht feststeht, ob sie auch wirklich im Weltall vorkommen können. Das gilt etwa für die Lösung von Kurt Gödel, du weißt schon, der mit dem Unvollständigkeitssatz, der ein guter Freund Einsteins gewesen ist. Er hat 1949 eine Lösung gefunden, bei der das Weltall rotiert.«

»Gödel hat eine Lösung für die Gleichungen gefunden?«

»Aber ja. Und nicht einfach nur irgendeine. Seine Lösung ermöglicht es, in der Zeit zu reisen!«

»Jetzt versuchst du wieder, mir einen Bären aufzubinden.«

»Aber glaub jetzt nicht, das würde schon beweisen, dass wir tatsächlich Zeitreisen unternehmen könnten. Wie ich vorhin sagte, nicht für alle Lösungen der Gleichungen der allgemeinen Relativitätstheorie muss es notwendigerweise entsprechende Zustände in der Wirklichkeit geben.«

»Wenn ich es richtig verstehe, ist die Theorie nicht ganz vollständig?«

»Du sagst es. Aber sie ist doch stark genug, um erfolgreich angewandt zu werden, beispielsweise in der Raumfahrt. Denn wenn man Raketen sehr weit in den Weltraum schickt, muss man die allgemeine Relativitätstheorie anwenden und nicht die Newtonsche Gravitationstheorie. Und das tut man mit Erfolg.«

»Dann, glaube ich, habe ich nur noch ein großes Problem. Ich verstehe immer noch nicht richtig, wieso ein Planet in einem gekrümmten Weltall eine ellipsenförmige Bahn beschreibt – so als gäbe es doch eine Schwerkraft. Genauso wenig verstehe ich, weshalb ein Körper zur Erde fällt, wenn es keine Schwerkraft gibt.«

»Ich will es dir kurz erklären. Erstens darfst du nicht vergessen, dass sich ein Planet in der Raumzeit bewegt und nicht im Raum. Der Planet vollführt also keine elliptische Bewegung im Raum, sondern eine Schraubbewegung in der Raumzeit. Wenn man dies aufzeichnen wollte, müsste man auch eine Zeitachse zeichnen. Tut man das, dann sieht man, dass die Bewegung eine Schraube ist und keine geschlossene Bahn – das sieht so ähnlich aus wie ein Korkenzieher.

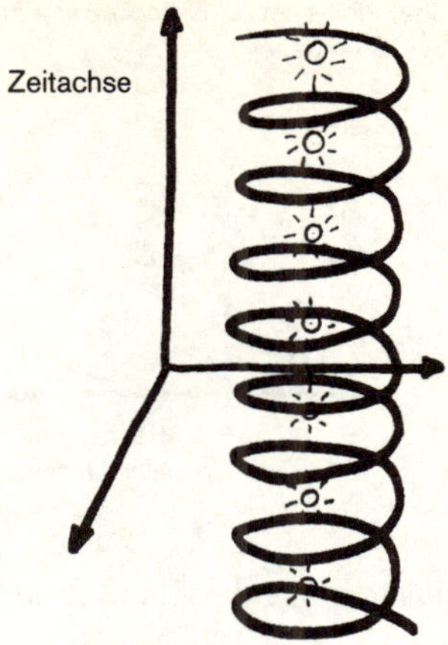

Kannst du dir das vorstellen? Die Raumzeit könnte so gekrümmt sein, dass ein Planet, der geradeaus fliegt, tatsächlich einer schraubenförmigen geodätischen Linie folgt.«

Mit der Zeichnung vor Augen sah das Ganze viel annehmbarer aus.

»Und jetzt zur Frage, warum ein Körper zur Erde fällt. Dafür genügt uns eine Zeichnung in zwei Dimensionen. Wir stellen uns vor, wir hätten nur eine Richtung im Raum und eine in der Zeit. In die Zeichnung setzen wir eine Reihe von Zeitkegeln. Diese Kegel geben die Vergangenheit und die Zukunft in einem bestimmten Punkt an. Im Kontext der speziellen Relativitätstheorie würden alle diese Kegel gerade stehen, weil sie Lichtstrahlen darstellen. Denn nach der speziellen Theorie sind Lichtstrahlen stets gerade und bilden auch immer einen Winkel von fünfundvierzig Grad. Aber nach der allgemeinen Relativitätstheorie werden auch Lichtstrahlen abgelenkt und sind dann nicht mehr gerade, sondern gekrümmt. Wenn wir als Masse nur die Sonne haben, dann werden die Kegel zur Sonne hin abgelenkt.«

Er zeichnete eine ganze Reihe von Lichtkegeln in ein Koordinatensystem. Je näher diese Kegel zur Sonne kommen, desto stärker sind sie zur Seite geneigt. In jeden Kegel zeichnete Nils auch Weltlinien. Sie lagen alle schön säuberlich innerhalb der Lichtkegel.

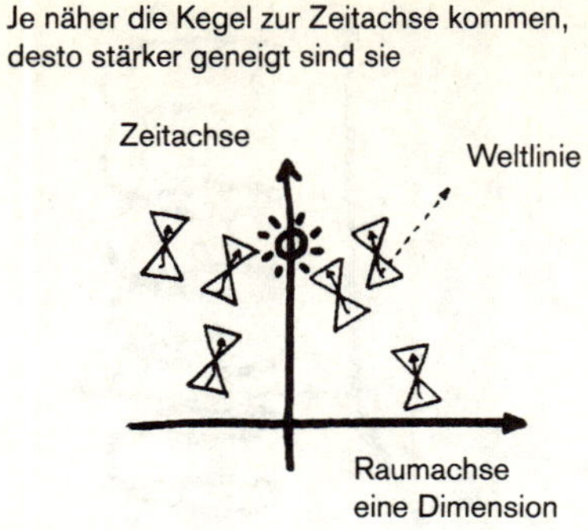

»Schau! Es sieht so aus, als läge die Zukunft der Körper in Richtung der Sonne. Da nichts aus den Kegeln entweichen kann und alle Weltlinien in ihrem Lichtkegel liegen müssen, muss die Zukunft all dessen, was sich innerhalb des Kegels befindet, ebenfalls in Richtung Sonne gehen. Man sieht auch, dass Weltlinien hier sehr wohl einen Winkel von weniger als fünfundvierzig Grad bilden können, was in der speziellen Relativitätstheorie nicht möglich war. Verstehst du?«

Darüber musste ich erst mal nachdenken.

»Am besten, du stellst dir wieder frei bewegte Körper vor. Eigentlich ist ein Körper, den du von einem Turm fallen lässt, ein frei bewegter Körper. Auf ihn wirken keine Kräfte ein. Also folgt der Körper einer geraden Bahn, allerdings einer geraden Bahn in einer gekrümmten Raumzeit. Das wird wieder viel anschaulicher, wenn du dir auch die Zeit vorzustellen versuchst. Der Körper folgt also einfach dieser gekrümmten Linie, die in Richtung Erde gezogen wird, so wie auf dieser Zeichnung.

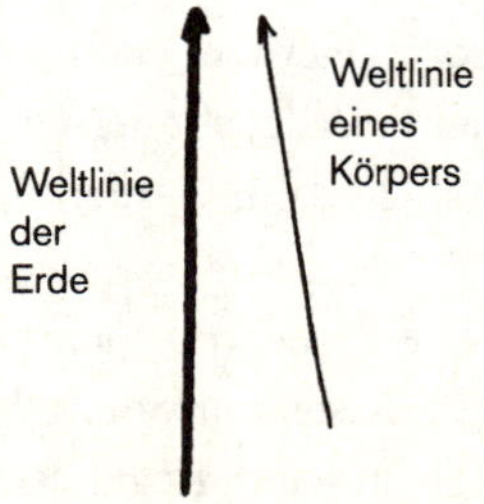

Die Weltlinie des Körpers wird also zum Erdmittelpunkt hin abgelenkt. Aber bevor der Körper am Erdmittelpunkt ankommt, wird er von der Erdoberfläche aufgehalten. Und erst in dem Augenblick, in dem der Körper mit der Erdoberfläche zusammenstößt, wird er eine Kraft verspüren. Nicht früher. Das erklärt auch, weshalb ein auf der Erde stillstehender Fahrstuhl gleichwertig ist mit einem Fahrstuhl, der im freien Raum beschleunigt nach oben gezogen wird. Die freie Bahn des Fahrstuhls auf der Erde ist zur Erdmitte hin ausgerichtet. Aber die Erdoberfläche hält den Fahrstuhl vom Erdmittelpunkt fern, wohin der Fahrstuhl eigentlich will. Der Fahrstuhl erfährt also eine permanente Kraft. Ein Fahrstuhl, der im freien Raum mit einer konstanten Beschleunigung nach oben gezogen wird, erfährt ebenfalls eine permanente Kraft. Und daher sind beide Situationen gleich.«

»Aber warum wird der Körper dann immer schneller? Du hast gesagt, ein frei fallender Körper unterliege keinen Kräften, also folgt er einer geodätischen Linie. Ich verstehe, dass diese Linie gekrümmt sein kann und dass ein fallender Körper darum eine gekrümmte Bahn verfolgt. Aber das erklärt nicht, wieso ein Körper immer schneller wird, je näher er der Erde kommt.«

»Erinnerst du dich noch an den ersten Hauptsatz der Thermodynamik?«

»Ja, sehr gut.«

»Nach diesem Gesetz bleibt, wie du weißt, die Energie eines fallenden Körpers erhalten. Ein fallender Körper besitzt kinetische Energie und potenzielle Energie. Je schneller ein Körper wird, desto mehr kinetische Energie besitzt er. Je niedriger sich ein Körper befindet, desto weniger potenzielle Energie hat er. Ein fallender Körper verliert potenzielle Energie. Weil die Gesamtenergie immer gleich bleiben muss, wird er schneller werden. Auf diese Weise gewinnt er genauso viel an kinetischer Energie, wie er an potenzieller Energie verliert.«

»Daran erinnere ich mich.«

»Und jetzt halt dich fest: Nach der allgemeinen Relativitätstheorie ist es anders. Wenn ein Körper fällt – ich muss eigentlich sagen, wenn er einer geodätischen Linie in der Raumzeit folgt, die durch die Erde gekrümmt wird –, dann gelangt er in Zonen, in denen die Zeit immer langsamer vergeht – jedenfalls vom Standpunkt eines weit entfernten Beobachters gesehen; vom Standpunkt des Körpers aus betrachtet, vergeht die Zeit gleich schnell. Hierdurch schwingen die Atome des Körpers langsamer. Ein Atom, das langsamer schwingt, hat weniger Energie. Und da Energie gleich Masse ist, hat der Körper weniger Ruhemasse. Zur Erinnerung: Die Ruhemasse ist die Masse eines Körpers, wie sie von einem relativ zum Körper ruhenden Beobachter gemessen wird. Da der Körper weniger Ruhemasse hat, je näher er der Erde kommt, hat er auch weniger Ruheenergie. Und genau deswegen muss der Körper eine andere Form von Energie bekommen. Und das ist in diesem Fall die kinetische Energie. Und weil mehr kinetische Energie eine höhere Geschwindigkeit bedeutet, wird der Körper immer schneller fallen.«

»Und schwarze Löcher? Wie ist es damit?«

»Schwarze Löcher üben eine derartig starke Anziehungskraft aus – eigentlich muss ich sagen, die Krümmung der Raumzeit ist dort so stark –, dass sogar das Licht vollständig davon angezogen wird. Das Licht kann nicht entkommen. Das hast du bestimmt schon mal gehört.«

»Richtig.«

»Die Anziehungskraft ist so groß, weil hier in einem sehr kleinen Volumen enorm viel Masse zusammengepresst ist. Ein schwarzes Loch soll, so die Theorie, dann entstehen, wenn ein Stern von einer bestimmten Größe ausgebrannt ist und sich zu einem sehr kleinen Volumen zusammenzieht. In der Nähe dieses kleinen Volumens wird die Schwerkraft enorm stark sein.«

»Nur in der Nähe?«

»Ja, aber das ist nicht so abwegig. Das unterscheidet sich nicht von den Folgerungen aus Newtons Gravitationstheorie. Die Schwerkraft ist proportional zur Masse und umgekehrt proportional zum Quadrat der Entfernung. Und diese Entfernung muss vom Mittelpunkt der Massen aus gemessen werden. Die Anziehungskraft auf der Erdoberfläche ist relativ klein, weil wir uns so weit vom Erdmittelpunkt entfernt befinden. Würden wir ein Loch in die Erde graben, würde sich die Schwerkraft verringern. Einerseits kommen wir näher zum Erdmittelpunkt, wodurch die Schwerkraft zunimmt. Andererseits sind wir auch der Anziehungskraft der Erdmasse über uns ausgesetzt. Und diese Kraft wirkt in die entgegengesetzte Richtung. Das Resultat aus diesen beiden Effekten lässt sich leicht berechnen. Das Resultat ist, dass die Schwerkraft an der Erdoberfläche am größten ist und entsprechend abnimmt, je näher man zum Mittelpunkt der Erde kommt. Dort ist die Schwerkraft null, weil man dort, wo die Erde uns ringsum umgibt, die Schwerkraft der Erde in allen Richtungen gleich stark spürt.«

»Aber würde man die Masse der Erde zu einem ganz kleinen Ball zusammenpressen, dann wäre die Schwerkraft nach dem Newtonschen Gravitationsgesetz doch viel größer?«

»Nur weil man dann näher an den Erdmittelpunkt herankäme. Der Radius der Erde beträgt ungefähr sechstausendfünfhundert Kilometer. Wir sind also sechstausendfünfhundert Kilometer vom Erdmittelpunkt entfernt. Würde man die Erde zu einem kleinen Ball von beispielsweise einem Kilometer Durchmesser zusammenpressen und hätte um diesen herum eine ebenfalls kugelförmige Oberfläche aus Pappe mit einem Radius von sechstausendfünfhundert Kilometern, dann wäre dort die Anziehungskraft dieses inneren Balles genauso groß wie die Anziehungskraft der Erde mit ihrem Radius von sechstausendfünfhundert Kilometern. Würde man sich diesem inneren Ball aber bis auf die Hälfte von sechstausendfünfhundert Kilometern nähern, dann wäre die Anziehungskraft viermal größer; bei einem Viertel des Radius bereits sechzehnmal größer. In sechshundertfünfzig Kilometern Entfernung wäre die Kraft auf das Hundertfache gestiegen; bei fünfundsechzig Kilometern auf das Zehntausendfache. Du siehst, selbst nach Newtons Formel hätte man dort eine enorme Kraft, wo man von einer zusammengepressten Masse nur wenig entfernt ist. Übertragen wir das mit einer Zeichnung von Kegeln in die allgemeine Relativitätstheorie, dann werden die Oberseiten der Lichtkegel innerhalb eines bestimmten Gebietes rund um das schwarze Loch derartig geneigt sein, dass sie vollständig innerhalb dieses Gebietes liegen. Die Grenzen dieses Gebietes nennt man die Schwarzschildgrenze. Innerhalb dieser Grenze kann nichts mehr aus dem schwarzen Loch entkommen, auch das Licht nicht. Daher kann man ein schwarzes Loch auch nicht sehen. Wir können das anhand einer Zeichnung ganz einfach zeigen.

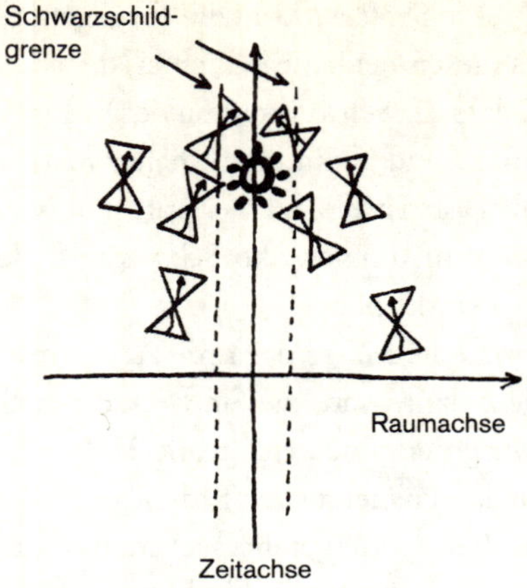

Die gestrichelten Linien bezeichnen die Schwarzschildgrenze. Die Lichtkegel auf der Grenze sind so weit gekippt, dass sie eine Weltlinie haben, die gerade auf der Schwarzschildgrenze liegt. Die Oberseite der Lichtkegel innerhalb der Schwarzschildgrenze liegt vollständig innerhalb der Schwarzschildgrenze.«

»Und das steht nicht im Widerspruch zu Newton?«

»Nein. Bereits Laplace, du weißt schon, der Landsmann und Zeitgenosse Napoleons, hat derartige schwarze Löcher vorausgesagt: Er war überzeugt, dass auch Licht einer sehr großen Schwerkraft nicht würde entkommen können.«

»Aber weil die allgemeine Relativitätstheorie in den Fällen einer sehr starken Anziehungskraft zu anderen Ergebnissen führt als die Newtonschen Gleichungen, wird man also vor allem in der Nähe einer starken Anziehungskraft die Unterschiede in den Voraussagen nach Newton beziehungsweise Einstein messen können.«

»Ich hätte es nicht klarer ausdrücken können. Beide sagen eine sehr große Anziehungskraft voraus, und doch wird es Unterschiede geben.«

»Bleiben noch die Wurmlöcher.«

»Auch die haben mit der Krümmung im Weltall zu tun. Mal angenommen, du hast eine Gummihaut. Für jemand, der auf dieser Gummihaut lebt, ist die Haut eine Fläche. Selbst wenn wir die Gummihaut dehnen oder falten oder verformen, merkt der Mann auf der

Gummihaut davon nicht viel. Jetzt mal angenommen, wir rollen die Gummihaut zu einem Köcher: Die beiden Enden der Haut berühren sich. Wenn ein Männchen jetzt geradeaus läuft, immer den Köcher entlang – nicht in der Länge, sondern um den Köcher herum –, wird er irgendwann wieder bei seinem Ausgangspunkt angekommen sein. Aus seiner Sicht ist er immer geradeaus gelaufen, und doch kommt er wieder beim gleichen Punkt heraus. In unserem Universum würde genau das Gleiche passieren. Bei genügender Krümmung könnte es sich auch auf sich selbst zurückbiegen. Eine wichtige Frage in diesem Zusammenhang ist, ob das Universum unendlich groß ist oder nicht. Früher hat es Menschen gegeben, die sich das Ende des Weltalls als eine Art Mauer vorgestellt haben. Aber das ist vollkommen unsinnig. Denn das Weltall ist alles. Und wenn das All tatsächlich »Alles« ist, kann nicht irgendwo eine Mauer sein, denn dann müsste hinter dieser Mauer wiederum etwas sein, wenn auch vielleicht nur leerer Raum. Also stellt sich eher die Frage, ob das Universum geschlossen ist oder nicht. Denn ›geschlossen‹ ist etwas anderes als ›begrenzt‹. Stell dir mal eine Kugeloberfläche vor. Eine Ameise auf dieser Kugeloberfläche kennt nur zwei Richtungen: links/rechts und vorn/hinten. Sie kennt kein Oben und Unten. Für sie gibt es also nur zwei Dimensionen, und sie kann sich absolut keine dritte Dimension vorstellen. Für diese Ameise ist die Welt nicht begrenzt. Sie kann immerzu geradeaus gehen und wird dabei nie an eine Grenze stoßen. Wenn sie immer geradeaus geht, wird sie zwar irgendwann wieder bei ihrem Ausgangspunkt ankommen, aber an eine Grenze stoßen wird sie nie. Weil die Kugel aber eine bestimmte Oberfläche hat, ist sie endlich. Die Kugeloberfläche der Ameise ist also endlich und unbegrenzt. Auch das Weltall ist unbegrenzt. Andernfalls müsste irgendwo eine Mauer stehen. Aber die Frage war, ob das Weltall endlich oder unendlich ist. Nach dem Vorbild unserer Ameise können wir uns eine zweidimensionale unendliche Oberfläche vorstellen: eine ebene Fläche, die in alle Richtungen unendlich groß ist. Eine solche Fläche hat eine unendliche Oberfläche und keine Grenzen. Für unser Universum könnte etwas Vergleichbares gelten. Entweder dehnt sich unser Universum in sämtliche Richtungen immer weiter aus, oder es ist endlich. Letzteres würde bedeuten, dass wir irgendwann wieder bei unserem Ausgangspunkt ankämen, würden wir uns immerzu geradeaus bewegen.«

»So als würden wir einen Laserstrahl gerade nach vorn schießen und ihn dann eine Zeit lang später gegen unseren Rücken fliegen sehen?«

»Genau.«

»Das ist doch ein bisschen unglaubwürdig?«

»Auf den ersten Blick schon. Aber denk wieder an die Krümmung des Universums. Diese Krümmung wird verursacht durch Materie oder durch Energie, die ja gleich Materie ist. Vergiss auch nicht, dass nicht der Raum das Gekrümmte ist, sondern die Raumzeit. Ist die Krümmung so stark, dass sich das Universum, so wie man aus einem Teppich eine Rolle machen kann, gewissermaßen zu sich selbst hin rollt, dann hätte man ein endliches Universum. Die Krümmung ist abhängig von der Menge an Energie – oder eben Materie – im Universum. Man kann diese Menge schätzen, und sie könnte nach aktuellen Schätzungen gerade reichen, um das Universum genau in sich zu krümmen. Aber wir wissen das nicht mit Bestimmtheit. Möglicherweise gibt es etwas zu wenig Masse, vielleicht auch gerade genug oder ein klein wenig zu viel. Darum lässt sich derzeit nicht feststellen, ob wir in einem endlichen oder in einem unendlichen Universum leben.«

»Ist das denn wichtig?«

»Das ist eine der wichtigsten Fragen, die es gibt. Denn die Antwort lässt nicht nur Rückschlüsse darauf zu, wie das Universum entstanden ist, sondern auch darauf, wie es eventuell enden kann.«

»Wie das?«

»Nach dem heutigen Stand der Wissenschaft ist das Universum mit dem Urknall entstanden. Vor ungefähr zehn oder zwölf Milliarden Jahren war alle Materie, oder alle Energie, und auch das Universum zu einer kleinen Kugel zusammengeballt.«

»Auch das Universum selbst?«

»Ja, denn die kleine Kugel war das Universum. Am Anfang war also nicht eine kleine Massekugel in einem leeren Universum, sondern am Anfang war nur die kleine Kugel. Diese Kugel war alles: alle Masse und aller Raum und vielleicht auch alle Zeit. Plötzlich ist diese Kugel explodiert. Das war der Urknall oder Big Bang, und das war zugleich der Augenblick, in dem das Universum entstand. Alle Materie ist auseinander geflogen. Gleichzeitig wurde das Universum geschaffen. Während die Kugel auseinander flog, dehnte sich das Universum ebenfalls aus. In der Zeit danach sind dann die Milchstraßensysteme und die Sterne, unsere Sonne samt Planeten, also auch die Erde entstanden. Weil es den Anschein hat, als flögen alle Sterne von uns weg, sieht es auch so aus, als ob wir uns im Mittelpunkt des Universums befänden. Aber das scheint nur so, weil in die eine Richtung gesehen, alle Sterne schneller fliegen als wir, und deshalb fliegen sie von uns weg. Die Sterne in der anderen Richtung fliegen langsamer als wir, und deshalb scheinen auch sie von uns wegzufliegen, tatsächlich aber bleiben sie nur hinter uns zurück. Stell dir einen gepunkteten Luftballon vor, dessen Punkte alle gleich weit voneinander entfernt sind. Bläst du diesen Ballon auf, wird die Entfernung zwischen zwei beliebigen Punkten immer größer. Vom Standpunkt eines bestimmten Punktes aus gesehen, scheint es, als würden sich alle anderen Punkte von ihm entfernen. Tatsächlich aber erscheint das nur so: von diesem Punkt aus betrachtet. Denn alle Punkte entfernen sich von allen. Nicht ein Punkt befindet sich im Mittelpunkt.«

»Und wie kann das Universum dann enden?«

»Alles fliegt immerzu weiter, und so wird das Universum immer größer. Möglicherweise fängt es aber, infolge der Anziehungskräfte, auch an zu schrumpfen: Die Sterne fliegen zwar durch die Kraft des Urknalls weiter auseinander, gleichzeitig jedoch ziehen sie sich gegenseitig an. Haben sie nicht genug Geschwindigkeit mitbekommen, dann könnte es sein, dass sie Geschwindigkeit verlieren, bis sie wieder rückwärts und allesamt aufeinander zufliegen, wodurch das Universum wieder schrumpfen würde. Auf diese Weise würde das Universum enden, wie es entstanden ist.«

»Aber niemand weiß, was genau passieren wird?«

»Nein, denn das hängt ab von der Menge an Materie im Universum, und die kennen wir nicht.«

»Das Universum funktioniert aber ganz schön merkwürdig.«

»Das stimmt. Und dann kommen einige Leute auch noch mit Wurmlöchern und dergleichen, wie du selbst schon bemerkt hast.«

»Und wie erklären sie diese Wurmlöcher?«

»Nun, stell dir eine Papierrolle vor. Diese Papierrolle steht für eine bestimmte Krümmung des Universums. Eine Rolle ist eigentlich die Krümmung einer zweidimensionalen Fläche, aber wir müssen uns damit behelfen, weil wir uns keinen gekrümmten Raum vorstellen können. Wir markieren jetzt zwei Punkte auf dieser Rolle. Zuerst einen Punkt, den wir an eine beliebige Stelle irgendwo mitten auf der Außenseite der Rolle setzen können. Dann einen zweiten Punkt ebenfalls auf der Außenseite, und zwar an einer Stelle, die dem ersten Punkt genau gegenüberliegt. Angenommen, wir drücken die Rolle dort zusammen, wo wir die beiden Punkte markiert haben. Wenn wir nun genau dort, wo sich die beiden Punkte berühren, ein kleines Loch durch die ganze Rolle hindurchstechen, dann haben wir ein Wurmloch. Durch dieses Loch kann man von der einen Seite des Universums auf die andere gelangen. Auf diese Weise könnten wir gewissermaßen schneller als das Licht reisen.«

»Ist das wirklich möglich, so ein Wurmloch?«

»Es könnte nur durch eine sehr starke Krümmung entstehen. Da Krümmung eine Folge von Materie – oder Energie – ist, braucht es enorm viel Energie, damit ein Wurmloch entstehen kann. Und zwar eine so gewaltige Menge, dass die Existenz von Wurmlöchern eher unwahrscheinlich ist. So viel Energie, wie nötig wäre, um ein Wurmloch zu ermöglichen, enthält das Universum gar nicht. Insofern ist es sehr unwahrscheinlich, dass es Wurmlöcher gibt.«

»Und doch gibt es Leute, die glauben felsenfest daran.«

»Absolut. Es ist ja auch eine faszinierende Vorstellung, schließlich würden sich mit so einem Loch Möglichkeiten bieten, Reisen zu anderen Seiten des Universums zu machen, an Orte, die unerreichbar sind, weil die Lichtgeschwindigkeit eine Beschränkung darstellt, die nicht überschritten werden kann. Dank dieser Wurmlöcher könnte man also im Handumdrehen eine Entfernung zurücklegen, für die das Licht Millionen oder Milliarden von Jahren brauchen würde.«

Nils schwieg und sah mich an. Und jetzt, so dachte ich, wird wohl die große Glocke läuten, die das Ende des Unterrichts anzeigt.

»Nils, wenn du heute Abend gehst, kommst du dann überhaupt noch mal wieder?«

»Weshalb sollte ich nicht mehr wiederkommen?«

»Ich habe das Gefühl, mein Traum ist zu Ende …«

»Du kleiner Dickkopf. Glaubst du immer noch, das hier wäre ein Traum?«

»Nein, eher nicht.«

»Und weshalb machst du dir dann Sorgen?«

»Ist das hier das Ende der Relativitätstheorie?«

»Eigentlich erst der Anfang … Wie ich schon sagte, spielt die allgemeine Relativitätstheorie eine große Rolle in der Kosmologie – in der Wissenschaft also, die das Universum erforscht. Aber darüber ist viel geschrieben worden, das liest du besser nach; das ist auch nicht gerade mein Spezialgebiet.«

»Muss das sein, Bücher lesen?«

Nils musste lachen.

»Ja, vielleicht solltest du jetzt deine Ferien noch etwas genießen. Du hast noch Zeit genug, dich über das Weltall zu informieren.«

Ich muss wohl sehr müde ausgesehen haben, denn Nils sagte: »Besser, du legst dich jetzt schlafen.«

Ich nickte. »Ich weiß nicht, wie ich dir danken soll.«

»Es hat mir Spaß gemacht. Und jetzt schlaf schön.«

»Schlaf schön, Nils.«

»Bis morgen, Esther.«

Mein letzter Gedanke vorm Einschlafen war: Gibt es wirklich ein Morgen mit Nils?

Einsteins Gehirn

Ich saß mit angewinkelten Beinen auf meinem Bett, das Kinn auf den Knien, und hatte die Arme darumgeschlagen. Um meine Knie natürlich, nicht ums Bett. Das war meine Lieblingsstellung, wenn ich nachdenken wollte. Und es gab einiges zum Nachdenken. Eigentlich dachte ich weniger an all das, was ich in den letzten Tagen gehört und gelernt hatte. Der Abschied von Nils rückte näher. Aber ging es nicht immer so? Alles kommt notwendigerweise an ein Ende, nur beim Universum scheint das Ende noch nicht ausgemacht. Kein Ende, das auf nichts hinausläuft, sondern eins, das gleichzeitig einen Anfang einläutet. Das ist auch etwas in sich Gekrümmtes. Und selbst wenn das melodramatisch klingen mag, ein Ende bedeutet meistens auch einen Abschied von einer lieb gewonnenen Person. Bilder schossen mir durch den Kopf. Suus, die mir das Foto geschenkt hatte, mit dem alles anfing. Das erste Treffen mit Nils. Mein Opa, der mir so viel erklärt hat. Nils, der mir wieder andere Dinge erläutert hat. Merkwürdig, wie gut die beiden sich ergänzt hatten …

»Esther!«

Ich schrak hoch.

»Ich rufe dich schon zum dritten Mal …«

Es war Nils.

»Entschuldige. Ich war in Gedanken.«

»Das habe ich gemerkt. Woran hast du gedacht?«

»An Opa. An das Foto. An alles, was ich gelernt habe.«

Und dann, nach einigem Zögern: »Und an dich. Und den Abschied.«

»Weshalb sollten wir uns voneinander verabschieden?«

»Ach, Nils. Du schienst mir gestern Abend schon so unruhig. Es ist, als wolltest du weg.«

»Denkst du, ich will von dir weg?«

»Nein. Oder nicht direkt. Einerseits willst du nicht wirklich weg. Andererseits musst du deine Wege gehen, weil du etwas Wichtiges zu tun hast. Ich nehme es dir nicht übel. Wirklich nicht. Ich bin dir so dankbar, dass du mir so vieles erklärt hast. Schließlich kannst du nicht für immer hier bleiben. Du hast noch jede Menge Albertisierungsarbeit vor dir. Aber daneben drückt dich noch irgendwas …«

Er schien ziemlich überrascht. »Und was sollte das sein?«

»Das Zwillingsparadox. Du willst doch deinen Zwillingsbruder zurückholen, oder? Ich bin mir ganz sicher. Du bist der letzte Beobachter. Du willst deinen Zwillingsbruder wiedersehen. Du weißt, dass er noch irgendwo ist, und du willst ihn zurückholen.«

»Und wie sollte ich das tun?«

»Das weiß ich nicht. Du ja auch nicht. Und das bedrückt dich. Wenn du es wüsstest, hättest du es längst getan.«

Er seufzte tief.

»Du hast Recht. Es bedrückt mich. Ich weiß, dass Max noch irgendwo da draußen ist. Und ich weiß, dass ich ihn zurückholen sollte. Aber ich weiß überhaupt nicht, wie. Seit Jahren zerbreche ich mir den Kopf darüber. Hätte ich nur eine Zeitmaschine. Dann würde ich in der Zeit zurückreisen, bis zu dem Augenblick, als Herr Albert noch lebte. Und dann würde ich ihn einfach daran erinnern, dass er Max zurückholen muss, und das wäre alles.«

Er lachte bitter.

»Brauchst du wirklich Herrn Albert dafür?«

»Es gibt keinen anderen Weg. Das Experiment mit dem Zwillingsparadox wurde von Herrn Albert durchgeführt. Es ist das Ergebnis seiner Gedanken. Nur Herr Albert kann das Experiment fortsetzen oder abbrechen. Folglich kann nur er Max zurückbringen.«

»Oder sein Gehirn …«

»Esther! Über solche Dinge spottet man nicht!«

Seine heftige Reaktion erschreckte mich.

»Nils, ich wollte dich nicht verletzen. Ich meinte es ernst. Du hast doch gerade gesagt, das Experiment sei das Ergebnis von Herrn Alberts Gedanken? Also hat sein Gehirn etwas damit zu tun.«

»Ja, und?«

»Alles, was wir wissen, ist auf irgendeine Weise in unserem Gehirn gespeichert. Hast du mir nicht von diesen konservierten Gehirnen erzählt? Indem man bestimmte Teile des Gehirns mit einem winzigen Elektroschock aktiviert, könne man Erinnerungen wieder zum Leben erwecken, hast du gesagt.«

»Das stimmt. Aber worauf willst du hinaus?«

»Wenn man Erinnerungen wieder zum Leben erwecken kann, könnte man, wie du ebenfalls gesagt hast, auch Gedanken steuern.«

»Esther, willst du mir vielleicht sagen, dass du jetzt doch daran glaubst? Dass man eine bestimmte Person etwas Neues denken lassen kann, indem man das Gehirn mit ein paar elektrischen Strömen stimuliert? Dinge, an die sie selbst nicht gedacht hat?«

»Nein. Das meine ich nicht. Herr Albert hatte das Gedankenexperiment angefangen mit der Absicht, es zu beenden.«

»Das scheint mir ziemlich eindeutig zu sein.«

»Also war schon in seinen Gedanken, dass er das Experiment später beenden würde. Er muss gedacht haben: Zuerst lasse ich Max eine Weile durch den Raum fliegen. Und in ein paar Stunden oder Tagen oder Wochen lasse ich ihn zurückkehren. Und dann vergleiche ich sein Alter mit dem von Nils. So etwas muss er damals doch gedacht haben?«

»Hm.«

»Also gibt es den Gedanken, dass er Max zurückkehren lassen würde. Er hat nur einfach nicht mehr daran gedacht. Er wurde unterbrochen, weil das Essen fertig war oder was auch immer. Und er hat es vergessen. Aber irgendwo in seinem Gehirn ist dieser Gedanke gespeichert, dass er Max zurückkommen lassen muss.«

»War, wolltest du sagen.«

»Nein, ist.«

»Esther. Einstein ist seit über vierzig Jahren tot. Ich will nicht respektlos sein, aber ich fürchte, sein Körper hat sich mittlerweile in Staub und Asche aufgelöst. Von seinem Geist will ich nicht reden. Das ist etwas für Philosophen.«

»Das Gehirn von Herrn Albert existiert noch.«

»Und wo wäre es zu finden, kleiner Naseweis?«

»In Amerika.«

»Ach, Amerika. Im Land der unbegrenzten Möglichkeiten. Man braucht nur rasch eine kleine Bestellung aufgeben. Dürfte ich bitte mal das Gehirn von Herrn Albert haben? Könnte ich es am Montag abholen? Freitag schon? Wie schön! Also dann bis Freitag.«

»Nils, es ist mein Ernst.«

»Meiner auch. Blutiger Ernst.«

»Ich weiß, es klingt unglaubwürdig, aber Opa hat eine Videokassette mit einer Reportage über das Gehirn des Herrn Albert. Als er starb, hat ein Arzt sein Gehirn aus seinem Körper entfernt, um es studieren zu können. Viele Jahre später hat ein japanischer Professor davon gehört und sich auf die Suche nach Einsteins Gehirn gemacht. Diese Suche wurde gefilmt. Schließlich hat er einen Professor gefunden, der einen Teil des Gehirns von Herrn Albert aufbewahrt. Der japanische Professor hat sogar ein Stück von diesem amerikanischen Professor bekommen.«

»Ein Stück von diesem amerikanischen Professor?«

»Nein, vom Gehirn des Herrn Albert natürlich!«

Ich war froh, dass Nils wieder Witze machte.

Aufgeregt sagte ich: »Du kannst doch auch nach dem Gehirn suchen. Vielleicht kannst auch du ein Stück davon bekommen und es aktivieren. Und so versuchen, Max zurückzuholen.«

Nils sprang auf. »Natürlich. Das muss gehen. Wenn wir den Ort im Gehirn kennen, an dem Gedanken gespeichert werden, müssten wir die richtige Stelle aktivieren können.«

»Nils, ich will deine Begeisterung nicht gleich wieder bremsen, aber es wird nicht einfach sein. In Einsteins Gehirn stecken vielleicht Milliarden von Gedanken und Wissensstückchen gespeichert. Wenn du darin den richtigen Gedanken wiederfinden sollst …«

»Esther. Das kann nicht das Problem sein. Mit Gedankenexperimenten kann man viel erreichen. Wenn wir Herrn Alberts Gehirn haben und Gedankenexperimente durchführen, wobei wir sein Gehirn an allen möglichen Stellen aktivieren, müssen wir die richtige Stelle lokalisieren können. Dann brauchen wir den Gedanken, Max zurückkehren zu lassen, nur noch auszuführen, und fertig.«

Es schien mir doch allzu einfach, aber warum auch nicht! Hatte nicht auch Herr Albert phantastische Dinge mit seinen Gedankenexperimenten entdeckt? Weshalb sollte das nicht gelingen?

Aufgeregt sprang ich auf.

»Komm, wir gehen zu Opa und fragen ihn nach dem Video. Darauf können wir dann Namen und Adresse des amerikanischen Professors suchen.«

»Glaubst du, dein Großvater lässt dich das Video noch mal ansehen? Wie willst du ihm das erklären?«

»Ich sage ihm einfach, dass ich das Video noch mal sehen will. Du kannst ruhig mitkommen. Dich kann ja doch keiner sehen.«

Nils lachte. Wir gingen nach unten, und nach einem hastigen »Mama, ich gehe noch mal kurz zu Opa!« rannten wir so schnell wir konnten.

»Hallo Opa.«

»Hallo Kleines. Eine ungewöhnliche Zeit für einen Besuch bei deinem Opa!«

»Darf ich das Video von Einsteins Gehirn noch mal sehen?«

»Mein Video mit Einsteins Gehirn? Das habe ich nicht mehr.«

Ich spürte, wie ich erstarrte. Ich schnappte nach Luft.

Dann brach Opa in schallendes Gelächter aus.

»Haha, du hättest dein Gesicht sehen sollen …«

Dass er mich immer noch derart reinlegen konnte! Schon als kleines Mädchen bin ich immer auf seine Späße hereingefallen, und ich bin doch kein kleines Mädchen mehr.

Opa schüttelte sich immer noch vor Lachen. Nils lachte genauso laut wie er. Dann musste ich auch mitlachen.

»Hihi, komm rein, Kleines. Dann schauen wir uns das Video an.«

Dann wurde sein Gesicht wieder ernst.

»Tritt dir bitte die Schuhe ab, und lass den jungen Mann auch reinkommen.« Er nickte in Nils' Richtung.

Jetzt war ich völlig perplex.

Zuerst versuchte ich noch: »Diesen jungen Mann? Wen meinst du?«

»Ach, Kleines. Nils natürlich. Oder bist du blind geworden?«

Da wurde mir ganz und gar schwindelig. Wie ein Blitz durchzuckte mich die Wahrheit. Natürlich. Opa war albertisiert. Als Opa und Nils merkten, dass ich es endlich begriffen hatte, brachen sie erneut in Gelächter aus. Sie schlugen sich gegenseitig auf die Schultern vor Vergnügen. Bestimmt kannten sie sich schon seit Jahren. Und bestimmt hatten sie einen Heidenspaß gehabt, weil ich nicht begriffen hatte, dass mich beide zusammen albertisiert hatten, und mich immer nur wunderte, wie gut sie sich ergänzten …

Als sie wieder zu sich gekommen waren, erzählte mir Opa die Geschichte.

»Nicht böse sein, Kleines, aber Nils und ich, wir kennen uns schon seit Jahren, schon länger, als es das Foto gibt. Wir sind immer in Verbindung geblieben, aber das blieb unser kleines Geheimnis. Als du aufgetaucht bist, haben wir auch dich nicht eingeweiht.«

Zuerst war ich ein bisschen böse, weil sie mich so außen vor gelassen hatten. Aber sie kannten sich schon so viele Jahre, und ein solches Geheimnis teilt man nicht so leicht mit jemand anderem. Eigentlich durfte ich froh sein, dass sie mich überhaupt eingeweiht hatten.

Wir gingen ins Haus, und Nils erzählte Opa von Einsteins Gehirn. Opa hörte sich die ganze Geschichte schweigend an. Als Nils sagte, dass wir Einsteins Gehirn aktivieren wollten, schaute Opa sehr bedenklich.

»Opa, meinst du, es könnte klappen?«

»Kleines, das weiß ich nicht. Aber es ist sicher einen Versuch wert.«

An diesem Abend sahen wir uns zu dritt das Video über die Suche nach Einsteins Gehirn an. Als das Band zu Ende war, entstand eine große Stille.

Endlich ergriff Nils das Wort.

»Jan, Esther, ich muss es versuchen. Tue ich es nicht, dann werde ich mir mein ganzes Leben lang Vorwürfe machen. Ich muss mich auf die Suche machen nach diesem Professor.«

Opa und ich nickten. Wir wussten, dass der Abschied – vielleicht der endgültige? – nicht mehr lange auf sich waren lassen würde.

Wieder in der Schule

»Esther! Hängst du wieder deinen Träumen nach!«

Ich erschrak. Verflixt. Jetzt war ich mit meinen Gedanken schon wieder nicht beim Unterricht.

»Tut mir leid, aber ich musste gerade an Einstein denken.«

Die ganze Klasse brach in Lachen aus.

»An Einstein. Soso. Die junge Dame dachte an Einstein. Und welchem Zusammenhang, wenn ich mal fragen darf?«

»Ich habe mir überlegt, ob es mit Einstein irgendwann so geht wie mit Newton. Ich meine, jeder erfährt heute in der Schule von Newton. Zwar kennen wir alle Einsteins Namen, aber im Unterricht lernen wir nichts über ihn. Wenn Menschen älter werden, dann vergessen sie, was sie über Newton gelernt haben. Doch wenn ihnen jemand sagt, Newton sei derjenige gewesen, der die Schwerkraft entdeckt hat, nachdem ihm fast ein Apfel auf den Kopf gefallen ist, dann fällt es auch ihnen wieder ein. Ich fragte mich gerade, ob das mit Einstein auch einmal so sein wird. Man hat in der Schule etwas über ihn gelernt, vergisst das und erinnert sich wieder, sobald man seinen Namen hört.«

»Und wie lange ist es her, dass Newton seine Entdeckungen gemacht hat?«

»Über dreihundert Jahre.«

Der Lehrer war jetzt wirklich überrascht. »Ausgezeichnet. Und wann hat Einstein seine Entdeckungen gemacht?«

»Vor rund neunzig Jahren.«

»Richtig. Also müssten wir noch an die zweihundert Jahre warten, um zu sehen, ob es Einstein genauso ergeht wie Newton. Aber wie wäre es mit einem Gedankenexperiment?«

Er zwinkerte mir zu. Ich fühlte mich etwas beruhigt.

»Mal angenommen, bei Einstein würde es nur zweihundert Jahre dauern und wir wären jetzt im Jahr 2105, genau zweihundert Jahre nach der Veröffentlichung der speziellen Relativitätstheorie. Nehmen wir weiter an, deine Ur-Ur-Urenkelin ist eine Frau, die eine fast fünfzehnjährige Tochter hat. Sie liest in der Zeitung, dass Einsteins Theorie vor genau zweihundert Jahren veröffentlicht worden ist. Sie fragt ihre Tochter, die immer gut aufpasst in der Schule und nie vor sich hin träumt, was dieser Einstein denn entdeckt hat. Was würde die Tochter antworten?«

Ich zögerte.

»Na los, keine Angst. Das wirst du doch wissen, wenn du über Einstein nachdenkst? Komm einfach nach vorn, und erkläre uns in fünf Minuten, was Einstein getan hat, so wie dieses Schulmädchen es ihrer Mutter erklären würde, die es fünfundzwanzig Jahre vorher zwar auch gelernt, aber mittlerweile wieder vergessen hat.«

Ich ging zur Tafel und setzte ein erstauntes Gesicht auf.

»Weißt du das nicht mehr, Mama?«

Die ganze Klasse fing an zu lachen, auch unser Lehrer lachte mit.

»Einstein hat Galileis Relativitätsprinzip ein bisschen angepasst.«

Jetzt lachte in der Klasse niemand mehr.

»Ein Relativitätsprinzip besagt, dass Beobachter, die sich relativ zueinander bewegen, die gleichen physikalischen Gesetzmäßigkeiten erfahren. Und so können sie nicht sagen, ob sie stillstehen oder sich bewegen. Nach der von Galilei beschriebenen Relativität entdecken Beobachter, die sich mit konstanter Geschwindigkeit bewegen, die gleichen mechanischen Gesetze. ›Mit konstanter Geschwindigkeit‹ heisst, dass sie keinen Kräften ausgesetzt sind: Sie werden nicht geschoben oder gezogen, sie unterliegen auch nicht der Schwerkraft. Mechanische Gesetze sind Gesetze, die mit Bewegung zu tun haben.«

Ich kam allmählich in Fahrt.

»Wenn Beobachter einen Körper genau über ihren Füßen fallen lassen, dann fällt der auch genau auf ihre Füße. Was eigentlich merkwürdig ist, weil die Erde mit einer enormen Geschwindigkeit durch das Weltall rast. Andere Beobachter sitzen zum Beispiel in einem Fahrzeug, das sich relativ zur Erde mit konstanter Geschwindigkeit fortbewegt; und auch ihnen fällt der Körper gerade auf die Füße. Weil diese Beobachter die gleichen Gesetzmäßigkeiten erfahren, können sie nicht überprüfen, ob sie sich im absoluten Sinn oder bloß im relativen Sinn bewegen. In relativem Sinn bedeutet: bezogen auf etwas anderes. Relativ auf einen anderen Körper also, oder relativ auf die Erde oder die Sonne.«

Meine Klassenkameraden gafften mit offenen Mündern. Auch der Lehrer war beeindruckt. Bestärkt fuhr ich fort.

»Auf diesen Entdeckungen Galileis hat Newton weiter aufgebaut. Beide waren davon überzeugt, dass man zwar keine absolute Bewegung feststellen kann, dass es aber dennoch eine absolute Bewegung gibt. Ihrer Meinung nach bewegt sich alles in Bezug auf das Weltall. Daneben waren sie auch davon überzeugt, dass die Zeit absolut ist.«

Jetzt herrschte in der Klasse völlige Stille.

»Einstein war davon überzeugt, dass die Relativität der Bewegung nicht nur für Gesetze über fallende Körper gilt, sondern für alle physikalischen Gesetze. Er leitete dies aus der Tatsache ab, dass die Geschwindigkeit des Lichtes für alle Beobachter, die sich mit einer konstanten Geschwindigkeit bewegen, immer den gleichen Wert hat. Das wiederum hatte Einstein aus den Maxwellschen Gesetzen über elektromagnetische Phänomene abgeleitet. Außerdem war die Konstanz der Lichtgeschwindigkeit durch eine Menge Experimente bestätigt worden. Auf dieser Grundlage entwickelte Einstein seine spezielle Relativitätstheorie. Sie geht von zwei Thesen aus. Die erste lautet: Die Lichtgeschwindigkeit ist für alle Beobachter, die sich mit konstanter Geschwindigkeit bewegen, gleich. Aus dieser Feststellung, aus der Konstanz der Lichtgeschwindigkeit, machte er ein physikalisches Gesetz. Die zweite These lautet: Alle Bewegung ist relativ. Und zwar nicht deshalb, weil man keine absolute Bewegung feststellen kann, sondern weil es gar keine absolute Bewegung gibt. Die zweite These kann man auch anders formulieren: Alle physikalischen Gesetze sind für Beobachter, die sich mit konstanter Geschwindigkeit bewegen, die gleichen.«

Meine Klassenkameraden staunten noch immer. Ich strahlte.

»Aus diesen Thesen hat er eine ganze Reihe von Konsequenzen abgeleitet. Zum Beispiel: Gleichzeitigkeit ist kein absoluter, sondern ein relativer Begriff. Das heißt, der Zeitunterschied zwischen zwei Ereignissen ist nicht für alle Beobachter gleich. Auch die Länge eines Körpers ist nicht absolut: Ein Körper, der sich relativ zu einem Beobachter bewegt, erscheint für diesen Beobachter in der Bewegungsrichtung verkürzt. Auch der Zeitverlauf ist relativ: Uhren, die sich relativ zu Beobachtern bewegen, gehen im Vergleich zu deren eigenen Uhren langsamer. Und auch die Masse eines Körpers, der sich relativ zu einem Beobachter bewegt, ist für diesen Beobachter größer.«

Nun konnte ich mal eine Pause machen.

»Was diese kürzer werdenden Körper angeht und diese Uhren, die langsamer gehen, muss man sich eines immer klar vor Augen halten: Es gibt keine absolute Bewegung. Also kann man auch nicht sagen, dass sich ein Körper, und nur dieser, relativ auf einen ruhenden Beobachter zubewegt. Aus diesem Grund sind die Verkürzung des Körpers und die Verlangsamung der Uhr nicht absolut. Ein Körper, der sich relativ zu einem Beobachter bewegt, erscheint für diesen Beobachter kürzer. Doch bewegt sich dieser Beobachter ja auch, nämlich relativ zu jenem Körper. Würde sich ein zweiter Beobachter mit diesem Körper mitbewegen, würde dieser ebenfalls feststellen, dass ein Körper beim ersten Beobachter kürzer wird. Außerdem werden beide Beobachter feststellen, dass die Uhr des jeweils anderen im Vergleich zur eigenen nachgeht. Was der eine sieht oder misst, sieht auch der andere. Darum sind alle Beobachter gleichwertig. Und noch ein wichtiges Ergebnis folgt aus der speziellen Relativitätstheorie: die Feststellung, dass Energie und Masse das Gleiche sind. Daraus hat Einstein die berühmte Formel $E = mc^2$ abgleitet.«

Auf einigen Gesichtern sah ich so etwas wie ein Aha aufblitzen. »Jetzt müssen wir gut aufpassen. Die spezielle Relativität sagt nicht, dass alles relativ ist. Denn nach der ersten These ist die Lichtgeschwindigkeit absolut. Die Lichtgeschwindigkeit ist also eine absolute Größe. Daneben, so hat der Mathematiker Minkowski herausgefunden, gibt es noch eine weitere absolute Größe. Er hat eine bestimmte Schlussfolgerung aus der speziellen Relativitätstheorie gezogen: dass nämlich Zeit und Raum nicht unabhängig voneinander bestehen, sondern zusammen eine vierdimensionale Raumzeit bilden. In dieser vierdimensionalen Raumzeit sind Zeitverlauf und Entfernungen für sich genommen relativ, eine bestimmte Kombination von Zeit und Entfernung dagegen ist absolut. Mit anderen Worten: Die spezielle Kombination von Zeit und Raum ist unabhängig vom Beobachter.«

Man hätte in der Klasse jetzt die berühmte Stecknadel fallen hören können. Ich war in meinem Element. Und jetzt kam erst das Wichtigste.

»An dieser Stelle muss ich noch einen sehr wichtigen Punkt erwähnen. Vorhin habe ich von der Masse gesprochen. Die Masse, von der ich sprach, ist die träge Masse. Das ist die Masse eines Körpers, die dessen Widerstand gegen seine Beschleunigung ausdrückt. Wenn ich ein Auto anschieben soll, muss ich viel fester schieben, als wenn ich ein Spielzeugauto in Bewegung bringen will. Das kommt, weil die träge Masse des Autos viel größer ist als die des Spielzeugautos. Diese träge Masse wiederum muss man von der schweren Masse unterscheiden. Diese gibt an, wie stark der Körper durch die Schwerkraft angezogen wird, zum Beispiel durch die Schwerkraft der Erde. Träge und schwere Masse sind also völlig unterschiedliche Begriffe. Seit Newton hatte es damit jedoch etwas Merkwürdiges auf sich: Man hatte herausgefunden, dass die träge Masse eines Körpers exakt genauso groß ist wie dessen schwere Masse. Das war deshalb so merkwürdig, weil die beiden Massenbegriffe nichts miteinander zu tun haben. Die Tatsache, dass die träge Masse eines Körpers gleich der schweren Masse ist, hat übrigens auch zur Folge, dass zwei verschiedene Körper gleich schnell fallen, das aber nur nebenbei. Wenn Einstein also sagte, Masse und Energie sind gleich, dann meinte er damit, dass die träge Masse und Energie gleich sind. Über die schwere Masse konnte er nichts sagen, weil die spezielle Relativitätstheorie nur etwas über Beobachter aussagt, die sich mit konstanter Geschwindigkeit bewegen und keinen Kräften ausgesetzt sind, auf die also auch keine Schwerkraft wirkt. Die Körper, die sich relativ zu diesen Beobachtern bewegen, müssen sich nicht mit konstanter Geschwindigkeit bewegen, aber sie unterliegen in keinem Fall der Schwerkraft, weil die spezielle Relativitätstheorie die Schwerkraft ausklammert.«

Ich machte eine kleine Pause.

»Wie ich schon sagte, hat die spezielle Relativitätstheorie nur einen eingeschränkten Geltungsbereich: Sie gilt ausschließlich für Beobachter, die sich mit konstanter Geschwindigkeit bewegen. Einstein war aber davon überzeugt, dass die physikalischen Gesetze für alle Beobachter gleich sein müssen. Man müsste sie also so formulieren können, dass sie ohne Einschränkung gelten. Einstein war darauf gekommen, als er über die Schwerkraft nachdachte. Er konnte nicht akzeptieren, dass die träge Masse nur durch Zufall genauso schwer ist wie die schwere Masse. Ein Mann, der von einem Dach gestürzt war und später erklärt hatte, er habe bei seinem Sturz die Schwerkraft nicht gespürt, hat ihn mit diesem Hinweis auf den richtigen Weg gebracht. In einem ersten Schritt kam er zu dem Schluss, dass Licht durch die Schwerkraft abgelenkt wird. Das hatte er aus der Tatsache abgeleitet, dass träge Masse Energie ist, und weil er ahnte, dass es einen Zusammenhang zwischen träger und schwerer Masse gibt. Licht ist Energie, ist auch träge Masse, hat auch schwere Masse und muss deshalb durch die Schwerkraft angezogen werden.«

Jetzt musste ich nach Luft schnappen. Ich fühlte, wie meine Wangen glühten.

»In einer zweiten Phase entwickelte Einstein seine Äquivalenz-Experimente. Das waren Gedankenexperimente, mit denen er zeigte, dass ein Beobachter in einem geschlossenen, frei auf die Erde zufallenden Fahrstuhl nicht sicher feststellen kann, ob er sich in diesem oder nicht doch einem Fahrstuhl befindet, der sich mit konstanter Geschwindigkeit durch den Raum bewegt. Aus einem analogen Gedankenexperiment leitete er des Weiteren ab, dass ein Beobachter in einem ruhenden Fahrstuhl auf der Erde nicht bestimmen kann, ob er sich in ebendiesem oder aber in einem Fahrstuhl im freien Raum befindet, der mit konstanter Beschleunigung nach oben gezogen wird. Jedenfalls gilt das, solange der Fahrstuhl nicht sehr groß ist oder wenn der Fahrstuhl nicht über eine längere Zeit fällt, das heißt, solange man lokale, also örtliche Experimente durchführt. Beschränkt man sich aber nicht auf lokale Experimente, dann wird man Unterschiede zwischen beiden Situationen feststellen. Einstein wollte nun die physikalischen Gesetze so beschreiben, dass diese Unterschiede keine Rolle mehr spielten; die Gesetze, die er formulieren wollte, sollten in allen Situationen gelten können, auch bei nichtlokalen Experimenten. Hierbei half ihm die nichteuklidische Geometrie, die Geometrie der gekrümmten Flächen. Diese verschaffte Einstein die perfekten Hilfsmittel, und er konnte schließlich die Gesetze der Schwerkraft so beschreiben, dass Schwerkraft, und damit auch die schwere Masse, herausfielen aus seinen Formulierungen. Der Grund, weshalb die schwere Masse gleich groß ist wie die träge Masse, ist also simpel: Schwere Masse *ist* träge Masse.«

Ich warf einen Blick durch die Klasse.

»Der Grund, weshalb Körper zur Erde fallen, ist eine Folge der Tatsache, dass die Materie der Erde die Raumzeit krümmt. Dass sich die Erde um die Sonne dreht, folgt aus der gleichen Tatsache: Die Sonne krümmt die Raumzeit. Alle Körper, damit auch die Erde, bewegen sich geradeaus, allerdings in einer gekrümmten Raumzeit. Wegen ihrer Krümmung ist die Raumzeit eben kein euklidischer Raum, auf den wir die euklidische Geometrie anwenden können, wie wir sie aus dem Schulunterricht kennen. Sondern sie ist ein nichteuklidischer Raum, auf den man auch die nichteuklidische Geometrie anwenden muss. Auch in diesem nichteuklidischen Raum können wir Geraden definieren: als die kürzeste Verbindung zwischen zwei Punkten. Im gekrümmten Raum heißen sie geodätische Linien. Eine geodätische Linie auf der Erdoberfläche ist zum Beispiel ein Stück des Äquators oder ein Stück von einem Meridian. Geodätische Linien sind gekrümmt, aber dennoch die kürzeste Verbindung zwischen zwei Punkten auf der Erdoberfläche. Auch alle Körper im Universum bewegen sich entlang solcher geodätischen Linien: Sie folgen der kürzesten Verbindung zwischen zwei Punkten. Sie werden also nicht von der Erde oder der Sonne oder von sonst einer Masse angezogen. Sie bewegen sich in diesem gekrümmten Raum einfach ›geradeaus‹, eben entlang der geodätischen Linien. Dies tut auch das Licht. Und weil die Materie nicht nur den Raum, sondern die Raumzeit krümmt, unterliegen auch unsere Uhren dem Einfluss großer Körper. Wo die Schwerkraft groß ist, oder mit den Begriffen der allgemeinen Relativitätstheorie gesagt: Wo die Krümmung der Raumzeit groß ist, gehen unsere Uhren langsamer. Eine Uhr in einem Ballon hoch in der Luft geht also schneller als eine Uhr hier auf der Erde. Wie das mathematisch funktioniert, weiß ich nicht, denn um das zu berechnen, braucht man eine sehr schwierige Mathematik. Aber man kann das alles auch ohne Mathematik verstehen. Nicht wahr?«

Keiner sagte etwas. Nach ein paar Minuten ergriff der Lehrer das Wort.

»Esther, das hast du toll gemacht. Verstehst du alles, was du uns vorgetragen hast?«

»Ich verstehe alles, was ich gesagt habe. Aber ich weiß damit nicht alles über die Relativitätstheorie. Ich weiß, dass es viele Fragen gibt, die ich nicht beantworten könnte.«

»Das ist eine ehrliche Antwort. Will jemand eine Frage stellen?«

Nathalie, das gescheiteste Mädchen der Klasse, hob den Finger.

»Esther, du hast gesagt, Einstein hätte beim Aufstellen der allgemeinen Relativitätstheorie zu zeigen versucht, dass die physikalischen Gesetze für alle Beobachter gleich sind. Er hat die Gesetze der Schwerkraft tatsächlich in eine solche Form gießen können. Heißt das, dass es ihm nicht gelungen ist, den anderen Gesetzen eine solche Form zu geben?«

Zum Glück hatte ich inzwischen ein Buch über Einstein gelesen.

»Einstein hat während seiner vielen Jahre in Princeton versucht, auch die elektromagnetischen Gesetze mit seiner allgemeinen Relativitätstheorie zu vereinen. Zuletzt glaubte er, dass ihm das gelungen sei, später hat sich allerdings herausgestellt, dass er es nicht geschafft hat. Das heißt, dass die allgemeine Relativitätstheorie in der Tat nicht alle physikalischen Gesetzmäßigkeiten abdeckt. Außerdem hat man beweisen können, dass die allgemeine Relativitätstheorie unvereinbar ist mit der Quantenmechanik, mit der Theorie also, die Atome und Derartiges beschreibt. Und das ist merkwürdig, denn beide Theorien führen zu korrekten Ergebnissen: die allgemeine Relativitätstheorie für das sehr Große und die Quantenmechanik für das sehr Kleine. Aber sie können trotzdem nicht beide richtig sein. Um alles noch komplizierter zu machen, glaubt man, dass schwarze Löcher wahrscheinlich besser mit der Quantenmechanik als mit der allgemeinen Relativitätstheorie beschrieben werden können. Womit ich nur sagen will, dass die alles umfassende Theorie noch nicht gefunden ist.«

Nathalie nickte nachdenklich. Es würde mich nicht wundern, wenn sie sich gerade vornahm, sich selbst auf die Suche nach dieser umfassenden Theorie zu machen.

»Aber ich glaube nicht, dass man die im Jahr 2105 schon gefunden haben wird. Wahrscheinlich wird es viel länger dauern. Was denken Sie?«, fragte ich den Lehrer.

Der Lehrer nickte. »Du sagst es.«

Ich ging zurück auf meinen Platz. Ich hätte noch so viel mehr erzählen können. Über das Zwillingsparadox zum Beispiel. Ich fragte mich, ob sich Max schon auf seiner Rückreise befand. Ist es Nils gelungen, das Gehirn von Herrn Albert zu finden? Hat er den Gedanken von Herrn Albert lokalisieren können? Vielleicht hatte der amerikanische Professor das richtige Stück Gehirn gar nicht mehr. Vielleicht ist es längst verloren gegangen. Vielleicht steckt der Gedanke in dem Stück Hirn, das der japanische Professor bekommen hatte. Das wäre vielleicht ein Zufall …

Ich warf einen Blick aus dem Fenster. Ich bildete mir ein, dass gerade eine Raumrakete mit zwei Beobachtern vorbeisauste. In einem Sekundenbruchteil waren sie vorübergezischt, aber ich bildete mir ein, dass ich sie hatte winken sehen. Ach, das konnte doch gar nicht sein. Herr Albert hatte das Experiment vor über siebzig Jahren begonnen. Max war also schon siebzig Jahre unterwegs. Wenn er jetzt zurückkehrte, würde es nochmals siebzig Jahre dauern, ehe er wieder auf der Erde sein würde. Es sei denn, Max wäre durch ein Wurmloch zurückgekommen …

Ich seufzte tief und versuchte, mit meinen Gedanken beim Unterricht zu bleiben. Das mit den Wurmlöchern glaubte ich nicht so richtig. Noch siebzig Jahre also. Dann würde ich schon sehr alt sein. In jedem Fall hätte ich das Foto, mit dem alles anfing, längst an meine Tochter oder Nichte weitergegeben. Und die hätte es auch schon wieder an ihre Tochter oder Nichte weitergegeben. Die Fortsetzung einer Tradition, die mit mir begonnen hatte. Ich war Suus immer noch sehr dankbar.

Dann sah ich, dass Ruth, meine beste Freundin, die ein paar Reihen vor mir saß, sich deutlich auffordernd zu mir umdrehte. Sie grinste breit und zwinkerte. Dann formte sie den Mund zu einem unhörbaren einsilbigen Wort. Ich machte ein fragendes Gesicht. Noch einmal bewegte sie stumm die Lippen. Es war ein kurzes Wort, das mit »N« anfing. Dann sah ich es … Ich zwinkerte und grinste breit zurück. Nachher würden wir uns viel zu erzählen haben.

Epilog

Ein Wohnzimmer im Jahr 2105

»Esther?«

»Ja, Mama?«

»Ich lese hier in der Zeitung, dass Einstein seine spezielle Relativitätstheorie vor genau zweihundert Jahren veröffentlicht hat. Es ist schon eine Weile her, dass man uns das in der Schule beigebracht hat. Kannst du mir noch mal kurz erklären, wovon diese Theorie handelt?«

»Weißt du das nicht mehr, Mama? Einstein hat das Relativitätsprinzip von Galilei etwas angepasst. Ein Relativitätsprinzip besagt, dass Beobachter, die sich relativ zueinander bewegen, die gleichen physikalischen Gesetzmäßigkeiten erfahren. Also können sie nicht sagen, ob sie stillstehen oder sich bewegen. Nach der Relativität von Galilei entdecken Beobachter, die sich mit konstanter Geschwindigkeit bewegen, die gleichen mechanischen Gesetze. Mit ›konstanter Geschwindigkeit‹ meint man, dass sie keinen Kräften ausgesetzt sind: Sie werden nicht geschoben oder gezogen, sie unterliegen auch nicht der Schwerkraft. Mechanische Gesetze sind Gesetze, die mit Bewegung zu tun haben.«

Die Mutter hörte aufmerksam zu.

»Wenn Beobachter genau über ihren Füßen einen Körper fallen lassen, dann fällt dieser genau auf ihre Füße. Eigentlich ist das merkwürdig, weil die Erde mit einer enormen Geschwindigkeit durch das Weltall rast. Andere Beobachter sitzen zum Beispiel in einem Fahrzeug, das sich relativ zur Erde mit konstanter Geschwindigkeit fortbewegt; und auch ihnen fällt der Körper gerade auf die Füße. Weil diese Beobachter die gleichen Gesetzmäßigkeiten erfahren, können sie nicht überprüfen, ob sie sich im absoluten Sinn oder bloß im relativen Sinn bewegen. In relativem Sinn bedeutet: bezogen auf etwas anderes. Relativ auf einen anderen Körper also oder relativ auf die Erde oder die Sonne.«

Die Mutter nickte.

»Auf Galileis Entdeckungen hat Newton weiter aufgebaut …

… Wie das mathematisch funktioniert, weiß ich nicht, denn dazu braucht man eine sehr komplizierte Mathematik. Aber das ist es so ungefähr. Weißt du es jetzt wieder?«

»Doch, ja, ich erinnere mich. Zu dumm, dass man so schnell vergisst, was man in der Schule gelernt hat.«

»Meinst du, mir wird es genauso gehen?«

»Liebes, ich will dich nicht beunruhigen, aber ich fürchte schon.«

»Ich weiß nicht, ob ich je vergessen werde, wie diese Theorie funktioniert. Ich glaube nicht, dass es nach Einstein eine intelligentere Person auf der Welt gegeben hat.«

Die Mutter blätterte eine Zeitungsseite um. Um ihren Mund spielte ein leises Lächeln. Sie wusste schon, was sie Esther zu ihrem fünfzehnten Geburtstag schenken würde.

James Burke

Gutenbergs Irrtum und Einsteins Traum

Eine Zeitreise durch das Netzwerk menschlichen Wissens. Aus dem Englischen von Harald Stadler. 394 Seiten mit 34 Abbildungen. Serie Piper

Was hat der einfache Kronenkorken, der eine Bierflasche verschließt, mit dem expandierenden Universum zu tun? Was verbindet die Dauerwelle, die der deutsche Friseur Nessler in London erfand, mit einem Luxusdampfer? James Burke zeigt, daß alles mit allem zusammenhängt und wir in einem dynamischen Netz des Wandels leben. Weil der deutsche Goldschmied Johannes Gutenberg sich im Datum irrte, entstand im 15. Jahrhundert der Buchdruck. So führt eine Reise vom Kohlepapier über Edisons Telefon und die Entstehung von Vorstädten bis zur Röntgenkristallographie und zur Entschlüsselung der DNA-Struktur. Die vielen überraschenden Fakten verbinden sich auf verschlungenen Pfaden zu einer höchst vergnüglichen Kulturgeschichte des Wissens.

05/1189/01/L

Einstein sagt

Zitate, Einfälle, Gedanken. Herausgegeben von Alice Calaprice. Vorwort von Freeman Dyson. Betreuung der deutschen Ausgabe und Übersetzungen von Anita Ehlers. 280 Seiten mit 26 Abbildungen. Serie Piper

Mit Einstein ist es wie mit Goethe: Mit einem Zitat von ihm liegt man immer richtig! Er formulierte glänzend und einfallsreich, seine Worte und Sprüche waren nicht nur witzig, sondern hatten auch bedenkenswerten Tiefgang. Die hier versammelten fünfhundert Einstein-Zitate ordnen zum ersten Mal seine Gedanken und Ideen nach Themen: Der Leser findet also Einsteins Äußerungen über sich selbst, Deutschland, Amerika, die Juden und Israel, den Tod, die Ehre und die Familie, Krieg und Frieden, Gott und Religion, Freunde, Wissenschaftler und die Frauen. Er selbst würde vermutlich über die Sammlung seiner geflügelten Worte schallend lachen und seinen Stoßseufzer von 1930 wiederholen: »Bei mir wird jeder Piepser zum Trompetensolo!«

05/1241/01/R

Robert L. Wolke

Was Einstein seinem Friseur erzählte

Naturwissenschaft im Alltag. Aus dem Amerikanischen von Helmut Reuter. 352 Seiten. Serie Piper

Ertrinkt man, wenn die Luftfeuchtigkeit 100 Prozent erreicht? Können wir in einem Auto, das mit Schallgeschwindigkeit unterwegs ist, noch Radio hören? Warum haben die meisten Länder Rechtsverkehr? Kann man sich in einem abstürzenden Aufzug retten, wenn man vor dem Aufprall in die Höhe springt? Albert Einstein – ging er überhaupt zum Friseur? – hätte an solchen Fragen sicher so viel Spaß gehabt wie Robert L. Wolke. Sein Bucherfolg »Woher weiß die Seife, was der Schmutz ist?« hat bewiesen, daß viele Menschen über die Rätsel und eigenartigen Phänomene des Alltags nachdenken. Erneut hilft Robert L. Wolke bei der Lösung mit amüsanten Erklärungen auf die Sprünge, außerdem liefert er viele Anregungen für Versuche und Kneipenwetten.

»Wissenschaftsbuch des Jahres«

Bild der Wissenschaft

05/1458/01/L

Ernst Peter Fischer

Aristoteles, Einstein & Co.

Eine kleine Geschichte der Wissenschaft in Porträts. 447 Seiten mit 26 Abbildungen. Serie Piper

Wer sind die Menschen, die in die Geschichte der Wissenschaft eingingen? Was wissen wir über ihr Leben, ihr Werk, ihre privaten Vorlieben und Gewohnheiten? Ernst Peter Fischer weckt in diesem Buch die Neugier auf die Wissenschaft und ihre »stillen Stars«. In sechsundzwanzig leicht und vergnüglich zu lesenden Porträts stellt er die Großen der Wissenschaft von der Antike über das mittelalterliche und moderne Europa bis in unser Jahrhundert vor. Er erzählt unter anderem von Bacon, Galilei, Kepler und Descartes, den vier Wissenschaftlern, die vor vierhundert Jahren die Wende zur Moderne möglich machten, und von Newton, Marie Curie und Albert Einstein. Ernst Peter Fischer zeigt, wie spannend die Geschichte der Wissenschaft und ihrer Protagonisten ist, wenn sie mit biographischer Neugier erzählt wird.

05/1190/01/R